高等学校应用型会计人才精细化培养系列教材

李 雪 ◎ 总主编　　徐国君 ◎ 主审

经济学基础

王国娜 ◎ 主编

肖英红　秦桂兰 ◎ 副主编

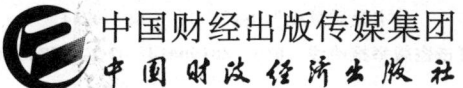

图书在版编目（CIP）数据

经济学基础/王国娜主编 . —北京：中国财政经济出版社，2017.8
高等学校应用型会计人才精细化培养系列教材/李雪主编
ISBN 978-7-5095-7614-4

Ⅰ.①经⋯ Ⅱ.①王⋯ Ⅲ.①经济学-高等学校-教材 Ⅳ.①F0

中国版本图书馆 CIP 数据核字（2017）第 177821 号

责任编辑：马　真　　　　　　　　责任校对：胡永立
封面设计：智点创意　　　　　　　版式设计：录文通

中国财政经济出版社 出版

URL: http://ckfz.cfeph.cn
E-mail: cfeph@cfeph.cn

（版权所有　翻印必究）

社址：北京市海淀区阜成路甲 28 号　邮政编码：100142
营销中心电话：88190406
天猫网店：中国财政经济出版社旗舰店
网址：https://zgczjjcbs.tmall.com
北京财经印刷厂印刷　各地新华书店经销
710×1000 毫米　16 开　22.75 印张　463 000 字
2017 年 8 月第 1 版　2017 年 8 月北京第 1 次印刷
定价：59.00 元
ISBN 978-7-5095-7614-4
（图书出现印装问题，本社负责调换）
本社质量投诉电话：010-88190744
打击盗版举报热线：010-88190414　QQ：447268889

总 序

经济社会越发展，会计人才越重要。经济社会发展需要会计改革与之相适应，会计事业全面发展又对经济社会发展具有重要的促进作用。新中国成立以来，特别是改革开放以来的实践证明，各项重大改革几乎都离不开会计改革，同时对会计人才培养不断提出新的要求。当下金融创新、虚拟经济、强化监管、内部控制等成为时代主旋律，会计人才的培养必将成为当前和今后一个时期经济社会发展的关键要素之一。

高等学校作为会计人才培养的主阵地，必须面对经济社会对会计人才的新要求，对会计人才培养的理论和实践作出新的设想和探索。经过多年的研究和探索，培养高素质应用型会计人才已经成为我国部分公办大学、所有独立学院和民办大学财会类专业共同的人才培养目标。其中，运用精细化管理的思想，探索和人才需求密切结合的精细化会计人才培养模式是各高校运用较多的做法。该培养模式按照市场需求、学生的就业方向和学习兴趣细分专业方向和专业课程，分层次、分方向培养会计诚信度高、实践能力强的应用型会计人才，取得了良好的培养效果。实施会计人才的精细化培养已成为提高会计人才培养质量的重要保证，是高校打造办学特色的重要途径。

与培养模式相对应的教材是培养合格人才的基本保证，是实现培养目标的重要工具。教材是高校实现应用型会计人才的精细化培养目标的重要载体，教材及教材建设对高校发展具有举足轻重的作用。应用型会计人才培养的教材编写和出版这些年相对比较热闹，但教材质量和适用性仍然存在一些问题，如：出版社对应用型会计本科教材的出版还不够重视，没有进行有效的组织；应用型本科院校多为新建院校，教材建设相对滞后，主观上也较愿意使用其他本科教材；在教材使用中存在比较严重的混用现象，出版的教材目标读者群不明确等。这些问题都影响了会计人才精细化培养目标的实现。

为了更好地适应会计人才精细化培养的需要，我们组织具有多年应用型人才培养经验的优秀教师和实务界专家编写了这套应用型会计人才精细化培养教材。本系列教材由会计学科导引、会计学、财务管理概论、高级财务会计、政府与非营利组织会计、金融企业会计、涉外企业会计、房地产企业会计、施工企业会计、旅游饮食服务业会计、小企业会计、商品流通企业会计、内部控制、资产评估、财经法规与会计职业道德、高级财务管理、税收筹划、政府审计、内部审计、经济责任审计、效益审计、经济学基础、证券投资学、会计综合模拟实验（手工实验）和会计综合模拟实验（财务软件的应用）等构成。为了保证教材的质量，本套教材聘请了著名高校的专家教授进行专门指导和审核。每本教材至少有一名本学科的知名专家或学科带头人提出审核指导意见，至少有一名高等院校教学一线的高级职称教师参与组织编写，至少有一名行业协会、实务界专家和教学研究机构人员提出编写建议。

本套教材的特色如下：

1. 应用性

本系列教材建设坚持培养精细化的应用型会计人才，体现了应用型人才培养的定位，体现了素质教育和"以学生发展为本"的教育理念，遵循了高等教育教学基本规律，重视知识、能力和素质的协调发展，从内容选材、教学方法、学习方法、实验配套等方面突出了应用性特征。

2. 针对性

本系列教材的编写符合会计学、财务管理和审计学专业的培养目标、培养需求、业务规格和教学大纲的基本要求，与各专业的课程结构和课程设置相对应，与课程平台和课程模块相对应。教材在结构纵横布局、内容重点选取、示例习题设计等方面符合教改目标和教学大纲的要求，把教师的备课、试讲、授课、辅导答疑等教学环节有机地结合起来。

3. 先进性

本系列教材反映了应用型会计人才精细化培养的内容，能够反映学科领域的新发展。教材的整体规划、每一种教材构造等均体现了实用性和创新性。教材还强调了系列配套，包括了教材、学习指导书、教学课件等。

4. 基础性

本系列教材力争打破传统教材自身知识框架的封闭性，尝试多方面知识的融会贯通，注重知识层次的递进，体现每一科目的基本内容，同时在具体内容上突出实际运用知识的能力，使本系列教材做到"教师易教，学生乐学，技能实用"。

5. 自学性

自学能力是高等教育应该教授给学生的一项基本能力。只有具备了自主学习的能力，才能最终建立起终身学习的保障体系，这也是应用型本科的客观要求。本系列教材要能调动学生的学习积极性，理论方面尽量通俗易懂，实践方面尽量采用案例式教学。为了有利于学生课后自主学习，本套教材配套了学习指导书和PPT。

本套教材的定位把握准确，教材特色明显，适用于应用型高校选用，容易得到学生和市场的认可，便于教师的教学和学生的自学。

高等学校应用型会计人才精细化培养系列教材凝聚了众多领导、教授、专家和老师多年来的经验和心血。当然，由于我们的经验和人力有限，教材中难免存在不足，我们期待着各位同行、专家和读者的批评指正。我们将伴随着经济发展和会计环境的变迁不断修订教材，以便及时反映学科的最新发展和应用型人才精细化培养的最新变化。

李 雪

2017年6月

前 言

本书为高等学校应用型会计人才精细化培养系列教材之一,具有应用性、针对性、先进性、基础性、自学性的特点,在充分吸收和借鉴传统的普通本科教材与高职高专类教材建设的优点和经验的基础上,以就业为导向,做到理论上高于高职高专类教材、动手能力的培养上高于传统的本科学校教材。

在现代市场经济条件下,经济学理论既是社会大众从事经济活动的潜在行为准则,也是政府调控经济的基本理论依据。学习经济学理论有助于读者正确认识身边的经济现象,解读经济信息与经济政策,更加理性地参与经济活动,经济学是其他经济管理类课程的理论基础。本教材以介绍基本概念、基本理论为出发点,运用少量的数学公式,结合案例分析,研究经济现象,解决经济问题。

本教材在编写风格上,注重循序渐进,由浅入深,注重经济基本理论的阐述和应用。每章的重点难点提示和复习思考题有助于读者对本书基本内容和方法的理解与把握。

本教材为《经济学基础》,定位明确,紧扣应用型人才培养目标,突出应用。全书共分 16 章,主要内容包括导论、价格理论、消费者行为理论、生产论、成本论、不同市场结构中的厂商均衡理论、生产要素市场理论、一般均衡理论和福利经济学、市场失灵和微观经济政策、国民收入核算理论、简单国民收入决定理论、产品市场和货币市场的一般均衡、总需求和总供给模型、失业与通货膨胀、宏观经济政策、经济增长和经济周期。每章都有内容提要、重点难点、学习目标,讲解时加入了"引入案例""知识扩展""案例讨论""相关思考""特别提示""引例解析""本章小结""重要概念"等内容,以培养学生的分析能力和探索能力。本书主要作为普通高等教育经济管理类专业教材，也可供相关专业人员参考。

本教材的编写特点：

（1）突出理论的基础性。本书主要介绍经济学的基本知识、基本原理和分析方法，舍弃了需要较深数理基础的经济模型及其推导过程，以降低学习难度，增强可读性。

（2）展现理论的实用性。本书以大量的经济现象为素材，采用案例讨论、相关思考、特别提示等多种形式，将抽象的经济学理论与鲜活的实例紧密结合，引导学生从现实生活入手，学习运用经济学的基本原理来分析问题。

（3）注重可读性和互动性。本书每章之前都设有引例，引例选取每章内容最具代表性的重要话题来引导学生学习新内容。具体到相关知识点时结合引例进行解析；同时还设置了案例讨论、相关思考、特别提示等环节，增强与读者的互动性。

（4）注重层次性和实用性。教材中穿插了很多扩展知识或相关案例，一方面丰富了教材的内容，扩展了学生的视野，提高学生的知识层次性；另一方面强化了学生分析实际问题的能力。

本教材由王国娜主编，肖英红、秦桂兰副主编，高金清、李晓琳、周静波、彭影为编者。具体分工如下：第1章、第6章、第11章、第12章由王国娜编写，第10章、第15章由肖英红编写，第9章、第14章、第16章由秦桂兰编写，第8章、第13章由高金清编写，第2章、第3章由李晓琳编写，第4章、第5章由周静波编写，第7章由彭影编写。

本书在编写过程中参考了大量相关教材和论著，在此向有关作者致以深深的谢意！

本书的编写先后经过多次讨论研究，力求内容编排合理、避免错误，但难免存在考虑不周、表达不妥当的地方，书中疏漏不足之处，敬请读者批评指正。

编　者
2017年6月

目 录

第 1 章　导论 …………………………………………………………………（ 1 ）
　　内容提要 ……………………………………………………………………（ 1 ）
　　重点难点 ……………………………………………………………………（ 1 ）
　　学习目标 ……………………………………………………………………（ 1 ）
　　知识框架 ……………………………………………………………………（ 1 ）
　　1.1　什么是经济学 …………………………………………………………（ 2 ）
　　1.2　经济学的主要内容 ……………………………………………………（ 4 ）
　　1.3　经济学的基本假设 ……………………………………………………（ 5 ）
　　1.4　经济学三大基本问题 …………………………………………………（ 7 ）
　　1.5　经济学的分析方法 ……………………………………………………（ 9 ）
　　本章小结 ……………………………………………………………………（ 11 ）
　　重要概念 ……………………………………………………………………（ 11 ）
　　本章练习 ……………………………………………………………………（ 11 ）

第 2 章　价格理论 ……………………………………………………………（ 14 ）
　　内容提要 ……………………………………………………………………（ 14 ）
　　重点难点 ……………………………………………………………………（ 14 ）
　　学习目标 ……………………………………………………………………（ 14 ）
　　知识框架 ……………………………………………………………………（ 15 ）
　　2.1　需求曲线 ………………………………………………………………（ 16 ）
　　2.2　供给曲线 ………………………………………………………………（ 18 ）
　　2.3　供求曲线的共同作用 …………………………………………………（ 20 ）
　　2.4　弹性理论 ………………………………………………………………（ 23 ）
　　2.5　运用供求曲线的事例 …………………………………………………（ 31 ）
　　本章小结 ……………………………………………………………………（ 32 ）
　　重要概念 ……………………………………………………………………（ 33 ）

本章练习 ………………………………………………………（33）

第3章　消费者行为理论 ………………………………………（35）
　　内容提要 ………………………………………………………（35）
　　重点难点 ………………………………………………………（35）
　　学习目标 ………………………………………………………（35）
　　知识框架 ………………………………………………………（36）
　　3.1　消费者行为理论概述 ……………………………………（37）
　　3.2　基数效用论 ………………………………………………（38）
　　3.3　序数效用论 ………………………………………………（45）
　　3.4　价格变化和收入变化对消费者均衡的影响 ……………（52）
　　本章小结 ………………………………………………………（55）
　　重要概念 ………………………………………………………（55）
　　本章练习 ………………………………………………………（55）

第4章　生产理论 ………………………………………………（58）
　　内容提要 ………………………………………………………（58）
　　重点难点 ………………………………………………………（58）
　　学习目标 ………………………………………………………（58）
　　知识框架 ………………………………………………………（58）
　　4.1　企业的目标 ………………………………………………（59）
　　4.2　一种可变要素生产函数 …………………………………（62）
　　4.3　两种可变要素生产函数 …………………………………（67）
　　本章小结 ………………………………………………………（74）
　　重要概念 ………………………………………………………（74）
　　本章练习 ………………………………………………………（74）

第5章　成本理论 ………………………………………………（76）
　　内容提要 ………………………………………………………（76）
　　重点难点 ………………………………………………………（76）
　　学习目标 ………………………………………………………（76）
　　知识框架 ………………………………………………………（77）
　　5.1　成本的概念 ………………………………………………（78）
　　5.2　短期成本曲线 ……………………………………………（81）
　　5.3　长期成本曲线 ……………………………………………（85）

本章小结 …………………………………………………………………………（89）
　　重要概念 …………………………………………………………………………（90）
　　本章练习 …………………………………………………………………………（90）

第 6 章　不同市场结构中的厂商均衡理论 ……………………………………（92）
　　内容提要 …………………………………………………………………………（92）
　　重点难点 …………………………………………………………………………（92）
　　学习目标 …………………………………………………………………………（92）
　　知识框架 …………………………………………………………………………（93）
　　6.1　厂商和市场的类型 …………………………………………………………（94）
　　6.2　利润最大化原则 ……………………………………………………………（95）
　　6.3　完全竞争市场 ………………………………………………………………（95）
　　6.4　垄断市场 …………………………………………………………………（105）
　　6.5　垄断竞争市场 ……………………………………………………………（113）
　　6.6　寡头垄断市场 ……………………………………………………………（116）
　　本章小结 ………………………………………………………………………（122）
　　重要概念 ………………………………………………………………………（122）
　　本章练习 ………………………………………………………………………（122）

第 7 章　生产要素市场 …………………………………………………………（125）
　　内容提要 ………………………………………………………………………（125）
　　重点难点 ………………………………………………………………………（125）
　　学习目标 ………………………………………………………………………（125）
　　知识框架 ………………………………………………………………………（126）
　　7.1　完全竞争厂商使用生产要素的原则 ……………………………………（127）
　　7.2　完全竞争厂商对生产要素的需求曲线 …………………………………（130）
　　7.3　生产要素的供给曲线 ……………………………………………………（133）
　　本章小结 ………………………………………………………………………（140）
　　重要概念 ………………………………………………………………………（140）
　　本章练习 ………………………………………………………………………（140）

第 8 章　一般均衡论和福利经济学 ……………………………………………（143）
　　内容提要 ………………………………………………………………………（143）
　　重点难点 ………………………………………………………………………（143）
　　学习目标 ………………………………………………………………………（143）

知识框架 ·· (144)
　　8.1　一般均衡理论 ·· (145)
　　8.2　判断经济效率的标准 ·· (149)
　　8.3　交换的帕累托最优条件 ··· (150)
　　8.4　生产的帕累托最优条件 ··· (153)
　　8.5　交换和生产的帕累托最优条件 ··· (155)
　　8.6　完全竞争和帕累托最优状态 ·· (157)
　　8.7　社会福利函数 ·· (159)
　　本章小结 ·· (162)
　　重要概念 ·· (162)
　　本章练习 ·· (162)

第9章　市场失灵与微观经济政策 ·· (165)
　　内容提要 ·· (165)
　　重点难点 ·· (165)
　　学习目标 ·· (165)
　　知识框架 ·· (166)
　　9.1　垄断 ··· (167)
　　9.2　外部影响 ·· (173)
　　9.3　公共物品 ·· (176)
　　9.4　不完全信息 ··· (181)
　　本章小结 ·· (186)
　　重要概念 ·· (186)
　　本章练习 ·· (186)

第10章　国民收入核算理论 ·· (190)
　　内容提要 ·· (190)
　　重点难点 ·· (190)
　　学习目标 ·· (190)
　　知识框架 ·· (191)
　　10.1　国内生产总值 ·· (192)
　　10.2　国民收入的其他指标 ··· (202)
　　10.3　国民收入的基本公式 ··· (206)
　　10.4　名义GDP和实际GDP ·· (208)
　　10.5　GDP指标的评价 ··· (210)

本章小结 …… (214)

重要概念 …… (214)

本章练习 …… (214)

第11章 简单国民收入决定理论 …… (217)

内容提要 …… (217)

重点难点 …… (217)

学习目标 …… (217)

知识框架 …… (218)

11.1 均衡产出 …… (219)

11.2 消费理论 …… (220)

11.3 国民收入的决定 …… (227)

11.4 乘数理论 …… (231)

本章小结 …… (236)

重要概念 …… (236)

本章练习 …… (236)

第12章 产品市场和货币市场的一般均衡 …… (239)

内容提要 …… (239)

重点难点 …… (239)

学习目标 …… (239)

知识框架 …… (239)

12.1 IS 曲线 …… (240)

12.2 LM 曲线 …… (245)

12.3 IS–LM 分析 …… (251)

本章小结 …… (253)

重要概念 …… (253)

本章练习 …… (253)

第13章 总需求—总供给模型 …… (256)

内容提要 …… (256)

重点难点 …… (256)

学习目标 …… (256)

知识框架 …… (256)

13.1 总需求曲线 …… (257)

13.2　总供给函数 …………………………………………………………（262）
　　13.3　总需求—总供给模型 ……………………………………………（268）
　　本章小结 ……………………………………………………………………（272）
　　重要概念 ……………………………………………………………………（272）
　　本章练习 ……………………………………………………………………（272）

第14章　失业与通货膨胀 ……………………………………………………（275）
　　内容提要 ……………………………………………………………………（275）
　　重点难点 ……………………………………………………………………（275）
　　学习目标 ……………………………………………………………………（275）
　　知识框架 ……………………………………………………………………（276）
　　14.1　失业 …………………………………………………………………（277）
　　14.2　通货膨胀 ……………………………………………………………（281）
　　14.3　菲利普斯曲线 ………………………………………………………（289）
　　本章小结 ……………………………………………………………………（293）
　　重要概念 ……………………………………………………………………（293）
　　本章练习 ……………………………………………………………………（293）

第15章　宏观经济政策 …………………………………………………………（296）
　　内容提要 ……………………………………………………………………（296）
　　重点难点 ……………………………………………………………………（296）
　　学习目标 ……………………………………………………………………（296）
　　知识框架 ……………………………………………………………………（297）
　　15.1　宏观经济政策目标 …………………………………………………（298）
　　15.2　财政政策及其效果 …………………………………………………（302）
　　15.3　货币政策及其效果 …………………………………………………（313）
　　15.4　两种政策的混合使用 ………………………………………………（325）
　　本章小结 ……………………………………………………………………（329）
　　重要概念 ……………………………………………………………………（329）
　　本章练习 ……………………………………………………………………（329）

第16章　经济增长与经济周期理论 ……………………………………………（333）
　　内容提要 ……………………………………………………………………（333）
　　重点难点 ……………………………………………………………………（333）
　　学习目标 ……………………………………………………………………（333）

知识框架 …………………………………………………………………（333）
16.1　经济增长理论 ………………………………………………………（334）
16.2　经济周期理论 ………………………………………………………（341）
本章小结 …………………………………………………………………（344）
重要概念 …………………………………………………………………（344）
本章练习 …………………………………………………………………（345）

参考文献 ………………………………………………………………（347）

第 1 章

导　论

内容提要

本章共分为五节，主要讲解了什么是经济学、经济学的前提、经济学的基本假设、经济学三大基本问题、经济学的主要内容及经济学的研究方法等。

重点难点

本章重点为经济学的前提、经济学的基本假设、经济学三大基本问题（生产什么、如何生产、为谁生产）及经济学研究的主要内容。本章难点为经济学的分析方法，其中实证分析与规范分析极其抽象，不易掌握。

学习目标

通过本章学习，学生应对经济学有初步了解，理解这一学科的前提及学习目的，能够掌握经济学的基本假设及分析经济学三大基本问题，了解经济学的主要内容分为微观经济学和宏观经济学，能够初步运用经济学的分析方法看待经济问题。

知识框架

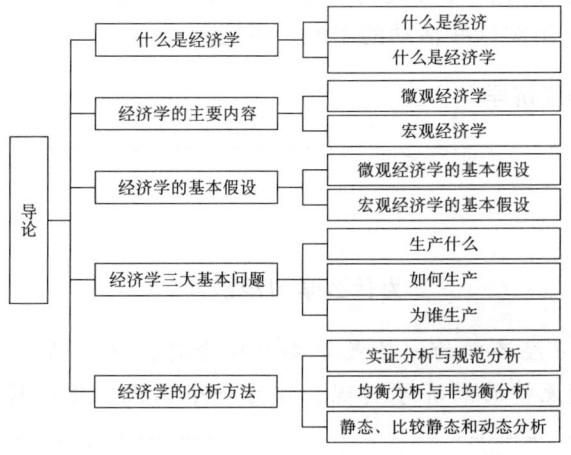

 **引入案例**

身边的经济学

在我们身边，你经常会听到人们在谈论以下问题："一部分人的收入增加，必然会导致另外一部分人的收入减少""交通、邮电、水利、电力等国家命脉事业，应该由政府操办，而且不应该以盈利为目的""规定最低工资可以避免工人被剥削"等等。当你听到以上讨论时，你怎样回答？用数学的方式？还是哲学的、物理的？显然都无法解决，能够解决以上问题只有一个途径，通过经济学理论进行解释。

那么，什么是经济学？经济学的研究对象和方法是什么？它包括哪些主要内容？我们要学习的经济学和原先所想的经济学是一回事吗？

下面，就让我们一起来研究经济学。

1.1 什么是经济学

1.1.1 什么是经济

中文"经济"一词对应的英文名词是 economy，该英文单词源于希腊文，原意是家务或家政管理，后来被引申为节俭的意思。在中国古汉语中，"经济"一词包括："经邦"和"济民"、"经国"和"济世"以及"经世济民"等含义，经济是这些词的综合和简化，隐喻"治国平天下"的意思。

经济一词在现代汉语中主要有两个方面的含义：一是指节省、有效率，以较少的人力、物力、时间等耗费获得较大的成果；二是用来统称人类社会生产、消费、分配、交换等活动以及组织这些活动的制度、系统。

1.1.2 什么是经济学

 **相关思考**

为什么学习经济学？

"为什么要学习经济学的一条最重要的理由是，在你的一生中——从摇篮到坟墓，你都会碰到无情的经济学真理。作为一个选民，你要对政府赤字、税收、自由贸易、通货膨胀以及失业等问题做出判断，而对这些问题只有在你掌握了经济学基本原理之后，才能够得以理解。"

诺贝尔经济学奖获得者：【美】保罗·萨缪尔森

17世纪的法国，公共事业管理的范围扩大，出现了"政治经济学"一词，18世纪70年代以后，政治经济学专指与国家资源相联系的财富的生产和分配。经过古典学派的发展与完善，政治经济学成为一门关于财富的性质、再生产分配和使用的学科。

19世纪中叶以后，对政治经济学的含义出现了两类批评意见，一种是马克思和恩格斯，批判政治经济学研究范围和方法；另一种意见是建议改变名称。麦克劳德（Macleod）提议改称为经济学，之后马歇尔也将其论著命名为《经济学原理》。

资源是有限的。资源即在生产中投入的生产要素，用来满足人们需要的商品和劳务。在生活中，满足人们欲望或需要的商品和劳务可以分为两大类，即自由取用物品和经济物品。前者在量上是无限的，因而可以自由取用，比如阳光、空气；后者则是有限的，不能无限制地自由取用，只能通过生产或交换才能得到，这种物品被称为经济物品。人类的欲望或需要主要依靠经济物品来满足，而实际生活中，经济物品又是稀缺的。资源的稀缺性是一个非常重要的概念，它是经济学研究的出发点，它指的是相对于人类欲望或需要的无限性所表现出来的资源的有限性。经济学上所说的稀缺性是指相对稀缺性，即不是指资源的绝对数量的多少，而是说相对于人类欲望的无限性而言，再多的资源也是不足的。

 特别提示

"经济学的精髓在于承认稀缺的现实存在，并研究一个社会如何进行组织，以便最有效地利用资源。这一点是经济学独特的贡献。"

［美］保罗·萨缪尔森、威廉·诺德豪斯

人类的欲望是无穷的。需要，就是人们想要得到的任何东西，包括物品、劳务、娱乐、旅游和某种环境。同一个人在一定时期内对同一种物品的需要是有限的，但从整体看，人类需要是无限的。这种无限性首先表现为人类需要或欲望具有多样性。其次，当人们原有的需要得到满足后，就会产生新的欲望。此外，人们各种欲望的发展总是超前于生产力的发展。人类欲望的无穷性是不能否认的，正是这种需要的无限性构成了人类经济活动不断进步的永恒动力，也可以说，没有无穷的欲望，人类社会和文明就不会进步。

 **趣味阅读**

不足歌

终日奔波只为饥，方才一饱便思衣；衣食两般皆俱足，又思娇娥美貌妻；
娶的美妻生下子，恨无田地少根基；良田置的多广阔，出门又嫌少马骑；
槽头扣了骡和马，恐无官职被人欺；七品县官还嫌小，又想朝中挂紫衣；
一品当朝为宰相，还想山河夺帝基；心满意足为天子，又想长生不老期；
一旦求得长生药，再跟上帝论高低；若要世人心满足，除非南柯一梦兮。

关于经济学的定义，迄今西方经济学界也不存在一个被所有的经济学家都一致接受的说法，但不同的定义都包括以下三方面内容：无限的欲望、稀缺性以及由此而产生的选择。到了20世纪20年代，英国经济学家罗宾斯（Robbins）概括出了现代通行意义上的经济学概念，即经济学是一门研究人类如何将稀缺资源分配于多种欲望以取得最大福利的学科。

 知识拓展

亚当·斯密，著有《国民财富的性质和原因的研究》（1776年），简称《国富论》，标志着现代经济学的诞生。

1.2 经济学的主要内容

1.2.1 微观经济学

微观经济学是以单个经济单位为研究对象，通过研究单个经济单位的经济行为和相应经济变量来说明价格机制如何解决社会的资源配置问题，微观经济学实质包含以下三个方面内容：

（1）微观经济学是专门研究单个经济单位的经济行为。其研究对象包括互相联系的两个方面，其一是单个经济单位或经济主体的行为方式，例如单个消费者的消费行为；其二是与单个经济单位或主体的行为方式相联系的各种经济个量的决定和变化问题，例如单个厂商产量、成本、收益、利润的决定和变化问题，这些都属于微观经济学的研究内容。

（2）微观经济学解决的问题是资源配置问题。在任何社会条件下，任何一个经济单位或经济主体所拥有的经济资源都是有限的，而它们的用途却是多方面的，因而，每一个经济单位或主体都面临着一个如何在这些彼此竞争的可能用途之间合理分配其数量有限的资源问题，单个经济单位或主体的经济行为实质上也就是它们的资源配置行为。如单个消费者所拥有的资源就是一定量的货币收入和时间，这两种资源都存在着许多可能的用途，它所面临的抉择就是在所有这些相互竞争的目标和用途之间合理分配其货币和时间资源，以获取最大可能的满足。

（3）微观经济学也被称为价格理论。在一个市场经济社会里，任何经济单位或主体的经济行为都在相当大的程度上与市场价格水平及其变动密切相关，都要接受价格水平及其变化的调节。如厂商的生产、经营行为也在很大程度上接受市场价格的决定和调节。正因为价格对各种单位和主体的经济行为有着如此重要的作用和影响，所以，以单个经济单位或主体的经济行为为研究对象的微观经济学自然就必须把价格理论置于自己的研究中心，也正是由于这个原因，微观经济学有时又被称之为"价格理论"。

1.2.2 宏观经济学

宏观经济学是以整个国民经济为研究对象，通过研究经济中的总量指标，比如国民生产总值、总储蓄、总投资、就业量等的变化，来说明资源如何才能得到充分利用。宏观经济学包括以下三个方面的内容：

（1）宏观经济学的研究对象是经济总量。宏观经济学的研究对象包括相互联系的两个方面，其一是国民经济的总体运行状况及其规律性，如一国的经济增长、失业等问题；其二是与国民经济总体运行状况相联系的各种经济总量的决定和变化问题。宏观经济学在分析国民经济的总体运行时，就是通过对这些经济总量的决定和变化过程的分析来实现的，正因为这样，所以宏观经济学有时也被称为"总量经济学"。

（2）宏观经济学的中心理论是国民收入理论。宏观经济学就是通过对一国国民收入水平的决定、变化及其与就业量、物价水平和经济增长之间的关系的分析来揭示失业、通货膨胀和增长停滞的原因，并寻找医治这些弊病的办法和措施的。正因为如此，所以它有时也被称为"国民收入理论"。

（3）宏观经济学解决的是资源利用问题。宏观经济学把资源配置作为既定前提，研究现有资源未能得到充分利用的原因、达到充分利用的途径，以及如何增长等问题。

1.3 经济学的基本假设

1.3.1 微观经济学的基本假设

1. 经济人

在经济活动中，经济主体（居民户、厂商或政府）所追求的唯一目标是自身经济利益的最大化。例如，消费者追求的是最大限度的自身满足，生产者追求的是最大限度的自身利润，生产要素所有者追求的是最大限度的自身报酬。经济主体所有的经济行为都是有意识和理性的，不存在经验型的或随机的决策，因此，经济人又被称为理性人。

 **知识拓展**

> 我们的晚餐，并非来自屠宰商、酿酒师和面包师的恩惠，而是来自他们对自身利益的关切。
>
> ——亚当·斯密《国富论》

2. 完全信息

即假定各经济主体都能迅速而免费地获得各种信息，并根据这些信息及时调整自己的行为，以便实现自身利益最大化目标。由于各主体信息完备，因此他们能确切地知道自己行为的后果，从而处于无风险的境界。例如，每个消费者都能充分地了解每一种产品的性能和特点，准确地判断一定产品给自己带来的消费满足程度，掌握产品价格在不同时期的变化等，从而做出最优的消费决策以获得最大效用。

3. 市场出清

即假定市场价格能自由而迅速地上下变动，足以对供求关系变化做出及时反应，从而导致供需总是相等的状态。具体讲，在产品市场，商品价格自由而及时地波动，总能使商品供需均衡；在货币市场，利率能自由而及时地上下波动，能使资本供需均衡。在这种均衡状态下，不存在资源的闲置和浪费，资源的充分利用问题已经得到解决。

1.3.2 宏观经济学的基本假设

1. 市场失灵

市场经济发挥作用是建立在前述理性人、完全信息、市场出清三个基本假设基础之上的。然而，市场主体的不完全理性、信息的不完全及商品的短缺或过剩，使市场经济的效率大打折扣，价格机制也不能很好地发挥其作用。换句话说，市场机制在很多场合不能导致资源的有效配置，而垄断、外部影响、公共物品、不完全信息成为市场的常态，经济萧条、失业、通货膨胀常常伴随市场经济的发展而产生。因此，只靠市场机制、价格手段实现不了我们的经济目标。

2. 政府调节

人类不只是尊重市场机制的作用，而且还能在了解、遵守市场经济基本规律的前提下，对经济进行调节。因此，在市场失灵的情况下，政府作为市场的替代物，可以采取适当的政策和手段调节经济。尽管经济学家对正度调节经济的手段、目标及有效性还有很大的争议，但各国政府的经济作用显然在不断加强。政府调节经济常常被称为"看得见的手"。

1.4 经济学三大基本问题

1.4.1 生产什么

生产决策机制是如何形成的？这是经济学所必须首先研究的问题。"生产什么"这个问题的内涵是极其丰富的。大到一个国家，小到一个企业或者家庭，其拥有的资源是有限的，面对众多的而且一时又难以完全满足的需求，如何确定生产的产品种类和数量呢？对一个国家来讲，我们一般能够找到其所拥有的经济资源所能生产产品的种类及其组合的最大产量，这样的产出组合我们称其为生产可能性曲线。为了在一个二维的平面上表达这样一种生产可能性边界，我们假定一个国家某一类经济资源只能用来生产两种产品：消费品和基础设施。消费品是一个国家的人民维持生存所必需的，由食品、衣物和生活用品等构成；基础设施在不同时代有不同内容，在中国古代，交通需要的运河和国防需要的长城等都属于基础设施，在今天，高速公路、铁路、通信设施等属于基础设施。

生产可能性边界描述了一个国家在一定时期内和一定技术水平下用其所拥有的经济资源所能生产的各种产品的最大组合。如果我们将二维商品推广到 n 维商品，其道理是一样的，只是我们无法在平面上表达这样的生产可能性曲线。见图 1-1。

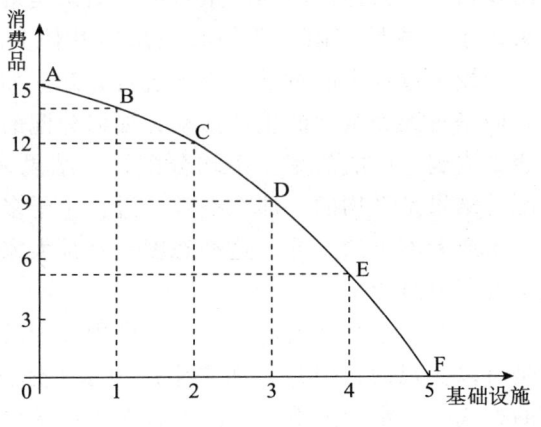

图 1-1 生产可能性边界

1.4.2 如何生产

生产什么确定之后，如何生产又是一个重要的问题。同样的产品组合，人类可以采取很多种不同的方式进行生产。是分工协作进行生产，还是个体单独进行生产？是多用机器的方式进行生产，还是多用劳动的方式进行生产？是采用 A 种技术进行生产，还是采用 B 种技术进行生产？一般来说，共同的协作生产要比个体生产有效率。如何生产的问题涉及生产的效率问题，而效率问题是经济学需要关注的至高无上的问题。有人认为，经济学家从分工上来讲，其主要职能是讨论生产的效率问题。生产方式的选择、技术水平的改进、生产关系的改善，都能够提高生产的效率，结果是前面讨论的生产可能性边界不断向外扩展。

当前如何生产的问题也涉及环境的保护。生产和效率是经济学关注的主要问题，但是，一味地追求产出的最大化，有时往往忽视了对环境的保护，其结果，虽然一时的产品生产有了大幅度的提高，人们的物质生活丰富了，但是人类赖以生存的环境却遭到了不可恢复的破坏。从长远来看，这样的生产的增长是不可持续的，并不可取。

1.4.3 为谁生产

这是经济学需要回答的第三个基本问题。生产什么和如何生产决定了生产的组合和生产的效率（包括长期效率）。也就是说，产品已经生产出来，结果放在那里了。但是，我们如何对产品进行分配呢？举个例子来说，某个星期天，五六位同学聚在一起包了一锅饺子。在饺子的生产过程中，不同的同学做了不同的事情，有的和面，有的剁馅，有的包饺子，有的烧水，最后饺子被端到桌子上，大家如何分配这些饺子呢？如果饺子数量很多，我们可以根据按需分配的方式进行分配，即每个人根据胃口敞开吃。但是，如果饺子的数量有限，这样的分配方式是不可行的。

20 世纪 50 年代我们曾经在农村的人民公社实行过一段按需分配（吃饭不要钱）的大食堂方式，很快出现粮食及其他产品的严重短缺，结果是饥饿蔓延终结了这样的分配方式。因此，如果饺子的数量有限，我们必须想出其他分配方式，或者平均分配，或者根据每人在生产饺子过程中的贡献大小来进行分配。如果包饺子这样的生产不是星期天偶尔为之，而是每天经常性的生产活动，如何分配的问题就不是一件可以随便选择的事情，它会影响到生产的效率。平均分配，从结果来看是公平的，但是，如果人们原先指导分配的结果是平均的，那么在生产过程中干多干少都一样，就会有人在生产过程中采取少干或者不干的态度，这种态度一旦被大家所认可，或者大家纷纷模仿，生产的低效率就不可避免了。

马克思曾经设想过，在共产主义社会里，由于生产力极度发达和人们的觉悟非常高，按需分配的原则是可以实现的，但是，如果生产力水平还没有达到这个程度时，我们就实行按需分配的方式，一定会失败的。因为，对生产结果如何分配的制度涉及生产过程中的激励机制问题。在生产力水平较低和人们的觉悟较低的情况下，其他激励机制（如精神奖励等）难以持续发挥效果时，如果我们能够成功地将每人在生产过程中所做的贡献很好地衡量出来的话，那么根据每人在生产过程中的贡献大小进行社会产出的分配就是一个非常好的激励机制。

1.5 经济学的分析方法

1.5.1 实证分析与规范分析

1. 实证分析

实证分析是指一门试图超越一切社会伦理观念和价值标准的干扰，纯粹以经济主体的经济行为及其客观结果为研究对象的经济科学。实证分析有以下两个显著特点：

（1）所要回答的问题主要是"是什么"的问题。具体而言，即如果经济主体做出了某种经济选择，或者采取了某种经济行为，那么，会产生什么样的结果。至于这种选择或行为本身是好的还是不好的，是应该的还是不应该的，则不属于实证分析所回答的问题范围。因此，试图超越和摆脱价值判断的干扰，仅对经济运行过程及其规律性进行客观描述，是实证经济学的第一个特征。

（2）它的研究结论具有客观性、可检测性。它们正确与否可以通过经验事实予以证实或证伪，不存在"公说公有理，婆说婆有理"的情形。例如，在其他条件不变时，如果价格上涨，则需求量就会下降。这是一个典型的实证经济学命题，它的成立与否完全可以通过价格上涨后商品实际销售量的变化情况来验证。

2. 规范分析

规范分析是一门依据或运用一定的社会伦理观念和价值标准对经济主体的经济行为进行是非好坏判断的经济科学。与实证分析相比，它也具有两个显著的特点。

（1）它所要回答的问题是"应该是什么"的问题。规范分析所要回答的并不是如果经济主体采取什么经济行为会产生什么结果诸如此类的问题，而是什么样的经济行为才是好的、合理的、应该采取的，什么样的行为是不好的、不合理的、不应该采取的之类的问题。它所注重的并不是经济主体的经济行为与其结果之间的客观规律性的关系，而是经济主体行为本身的是非好坏判断。

（2）它的结论不具有客观性，无法通过经验事实来证实或证伪。由于规范分析研究是以一定的价值判断为依据或出发点的，而不同的人的价值观念、价值准则又是不完全相同的，因此，对于同一个经济问题，不同的人往往会得出截然不同的结论。公说公有理，婆说婆有理，很难得出一个客观的结论，更难通过经验事实予以验证。以经济增长为例，有学者认为，经济增长会带来整个社会经济福利的增进，是社会经济福利不断改进的基础和源泉，因此，对于任何社会而言，都必须保持一定的经济增长率。然而，有些学者认为，经济增长会导致资源枯竭、生态环境恶化、人口爆炸，因此必须予以限制，甚至主张零增长，著名的罗马俱乐部成员就持有这种观点。这两种截然对立的观点分别立足于不同的价值判断，究竟谁是谁非，很难证明。

1.5.2 均衡分析与非均衡分析

均衡是物理学中的名词。当一物体同时受到方向相反的两个外力的作用，这两种力量恰好相等时，该物体由于受力相等而处于静止状态，这种状态就是均衡。19世纪末的英国经济学家马歇尔把这一概念引入经济学中，指经济中各种对立的、变动着的力量处于一种力量相当、相对静止、不再变动的状态。

均衡分析是分析各种经济变量之间的关系，说明均衡的实现及其变动。均衡分析又可以分为局部均衡分析和一般均衡分析。局部均衡分析考察在其他条件不变时单个市场的均衡的建立与变动。一般均衡分析考察各个市场之间均衡的建立与变动，它是在各个市场的相互关系中来考察一个市场的均衡问题的。

均衡分析偏重于数量分析，非均衡分析则认为经济现象及其变化的原因是多方面的、复杂的，不能单纯用有关变量之间的均衡与不均衡来加以解释，而主张以历史的、制度的、社会的因素作为分析的基本方法，即使是数量的分析，均衡分析也不是强调各种力量相等时的均衡状态，而是强调各种力量不相等时的非均衡状态。微观经济学和宏观经济学中运用的主要分析工具是均衡分析。

1.5.3 静态分析、比较静态分析和动态分析

1. 静态分析

静态分析是与均衡分析密切联系的，是分析经济现象的均衡状态以及有关的经济变量达到均衡状态所需具备的条件，但并不论及达到均衡状态的过程。静态分析的特征就是所有的变量都是同一时期的，即不考虑时间因素。例如，供给、需求和均衡的形成，供给曲线是一条斜率为正的曲线，表明价格越高，供给量越大；需求曲线为一条斜率为负的曲线，表明价格越高，需求量越小。只有当供给等于需求时，这一商品市场才处于均衡状态，即市场出清。这种均衡分析方法实质是一种典型的静态分析，因为所考虑的变量都是同一时期的。

2. 比较静态分析

所谓比较静态分析，就是在原有的已知条件发生变化的情况下，考察或比较在这些条件变化以后均衡状态相应发生了什么样的变化，但并不论及怎样从原有的均衡状态过渡到新的均衡状态的实际变化过程。运用这种分析方法的经济学，被称为比较静态经济学。

例如，假定由于人们的嗜好发生了变化，以至对某种商品的需求有所增加，价格有所提高，现在供给状况保持不变的情况下，当该商品的供求达到新的均衡时，其价格和产量都将比以前有所提高或增加。可见，比较静态分析的主要特点是仅就个别经济现象发生变动的前后以及两个或两个以上的均衡位置进行分析研究，而完全抛开了对转变期间和变动过程本身的分析。换句话说，所谓"比较"静态分析，就是比较一个变动过程的起点和落点。

3. 动态分析

与上述静态分析方法不同,动态分析则是要考察经济活动的实际发展和变化的过程,它假定人口、生产技术、资本数量、生产组织和消费者偏好等因素在随时间推移过程中是会发生变化的,研究这些因素的变化如何影响一个经济体系的运动发展。其主要特点是加入了时间因素,从时间序列上对社会经济活动作时点分析和期间分析、事前分析和事后分析,并特别重视预期和计划在经济活动中的作用,试图说明经济活动如何由一种均衡向另一种均衡过渡。所以,动态分析方法也称作"期间分析"或"序列分析"方法。例如,微观经济学中的"蛛网理论"就是运用这种分析方法分析生产周期较长的商品在供求失衡时所发生的价格与产量循环影响和变动的理论。

动态分析与比较静态分析的相似之处在于变量为不同时期的,差异在于后者不考虑实现新均衡的途径、过程,而前者要研究调整的过程。

本章小结

本章主要学习了什么是经济学、经济学的前提、经济学的主要内容(微观经济学和宏观经济学)、经济学的基本假设、经济学三大基本问题(生产什么、如何生产、为谁生产)以及经济学的研究方法等。

重要概念

经济学 微观经济学 宏观经济学 市场出清 生产可能性边界 实证分析 规范分析 静态分析 比较静态分析 动态分析

本章练习

单选题

1. 经济学可定义为(   )。
   A. 政府对市场制度的干预
   B. 消费者如何获取收入
   C. 研究如何最合理地配置稀缺资源用于诸多用途
   D. 企业取得利润的活动

2. 经济物品是指(   )。
   A. 有用的物品   B. 稀缺的物品
   C. 要用钱购买的物品   D. 有用且稀缺的物品

3. 经济学研究的基本问题包括(   )。
   A. 生产什么,生产多少   B. 怎样生产
   C. 为谁生产   D. 以上问题均正确

4. 资源的稀缺性是指(   )。

A. 资源的绝对数量的有限性

B. 相对于人类社会的无穷欲望而言，资源总是不足的

C. 生产某种物品所需资源的绝对数量的有限性

D. 自然资源总有一天会枯竭

5. 宏观经济学中心理论是（　　）。

A. 失业与通货膨胀理论　　　　　　B. 经济周期与经济增长理论

C. 价格理论　　　　　　　　　　　D. 国民收入决定理论

6. 经济学中，"一方是无限的需要，一方是有限的商品"，这句话的含义是（　　）。

A. 人类的本性是自私的，不愿与他人分享

B. 政府应当对产出进行再分配

C. 目前的生产方式是无效率的

D. 不存在简单的办法以解决稀缺性与人类需要的无限性之间的矛盾

7. 以市场机制为主要资源配置方式的经济中，（　　）起到了关键的作用。

A. 需求　　　　　　　　　　　　　B. 供给

C. 价格　　　　　　　　　　　　　D. 均衡价格

8. 一国生产可能性曲线以内一点表示（　　）。

A. 通货膨胀

B. 失业或者说资源没有被充分利用

C. 该国可能利用的资源减少以及技术水平降低

D. 一种产品最适度的产出水平

9. 以下问题中不属微观经济学所考察的问题是（　　）。

A. 一个厂商的产出水平

B. 失业率的上升或下降

C. 联邦货物税的高税率对货物销售的影响

D. 某一行业中雇佣工人的数量

10. 宏观经济学是经济学的一个分支，主要研究（　　）。

A. 计划经济　　　　　　　　　　　B. 经济总体状况，如失业与通货膨胀

C. 不发达国家经济增长　　　　　　D. 计算机产业的价格决定问题

判断题

1. 资源的稀缺性决定了资源可以得到充分利用，不会出现资源浪费的现象。（　　）

2. 因为资源是稀缺的，所以产量是既然定的，永远无法增加。（　　）

3. 在不同的经济体制下，资源配置和利用问题的解决方法是不同的。（　　）

4. 经济学根据其研究范畴不同，可分为微观经济学和宏观经济学。（　　）

5. 实证经济学要解决"应该是什么"的问题，规范经济学要解决"是什么"的

问题。   (   )

简答题

1. 西方经济学的理论体系是由哪两部分构成？它们之间的关系怎样？
2. 你认为研究人们的消费问题是属于微观经济学现象还是宏观经济学现象？
3. 经济学中的均衡的含义是什么？

第 2 章

价格理论

📝 内容提要

本章主要讲解了影响市场均衡价格的两个因素：需求与供给，包括需求与供给的表达方式、影响因素等，同时讲解了供求曲线的共同作用以及弹性理论，并分为五节课进行讲解；本章全部为重点；难点为弹性理论以及运用供求曲线的事例。

📖 重点难点

本章重点为需求、供给的含义及其影响因素；市场均衡的定义及其形成；需求价格弹性的概念、公式、分类、影响因素及其与收入的关系；难点为运用供求曲线的事例以及弹性与收入之间关系在实际生活中的应用案例。

🔍 学习目标

通过本章学习，学生应掌握需求曲线、供给曲线、市场均衡、弹性理论；明确需求、供给包括的基本内容和有关的基本概念，如什么是需求与供给、均衡价格、均衡数量、弹性；进一步掌握运用供求曲线的事例。

知识框架

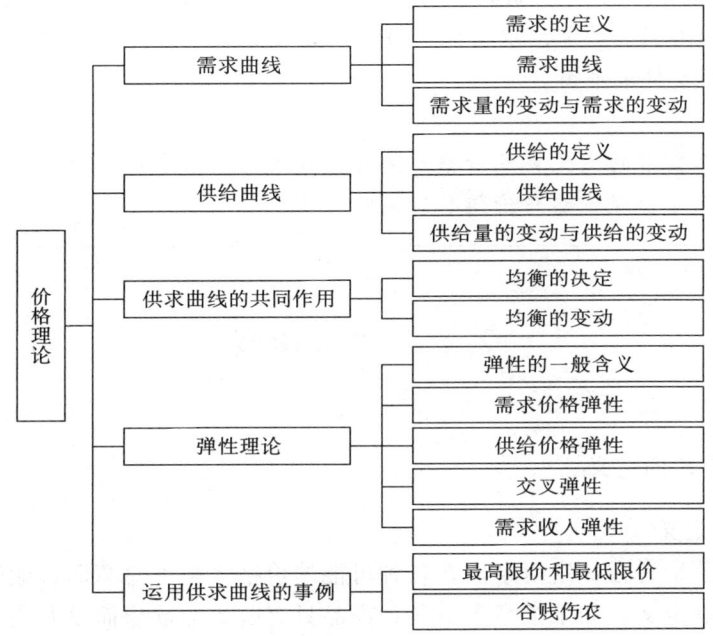

 引入案例

家电市场价格的变化

我国在改革开放初期，生产力水平落后生产厂家少，家电产品的总需求量远远高于其总供给量，出现了 1989 年凭票排队抢购冰箱的场面，当时最普通的一款冰箱卖到 2800 元左右，还要凭票供应。虽然不排除通货膨胀的影响，但就当时国内各家电生产厂家的技术水平和产品质量而言，连续几年的高价倾销，家电市场长期供小于求，厂商的利润可观，因此有越来越多的厂家投身于家电产品的生产，由原来的几个增加到几十个。随着改革开放的不断发展，国外先进技术的不断引进以及国外家电产品的不断进入，如索尼、东芝、三星、菲利浦等也都看准了中国家电市场这块蛋糕，竞争越发激烈，供求平衡随之改变，由原来的供小于求，逐步转变为供大于求。同时，由于竞争的需要，产品的质量优化了，品种式样不断增加，由低端产品到高端数字化产品一应俱全，产品的价格更加市场化，厂家的服务也更加优质化，带给消费者的实惠也就越多。再加之消费者的收入影响着商品的需求，收入越高消费的档次越高，对劣等产品的需求成反方向变动。如今的家电市场竞争已进入白热化，各厂家为了争夺市场不断用降价、促销等手段来

赢得顾客，甚至推出了大批低于成本价的特价机来争得一时的高市场份额，而这样做往往是饮鸩止渴，不少品牌由于厂家的收不抵支而逐渐退出家电市场。我们可以看到，价格调节供求，市场竞争最后的结果，使得家电市场更加规范化、品牌化，逐渐趋于供求平衡。

讨论：
1. 为什么需求的变化影响价格？为什么收入影响需求？
2. 为什么会出现价格与价值的背离？

2.1 需求曲线

2.1.1 需求的定义

1. 需求的定义

需求是指消费者在一定时期内在各种可能的价格水平下愿意而且能够购买的该商品的数量。根据定义，如果消费者对某种商品只有购买的欲望而没有购买的能力，就不能算作需求。需求必须是指消费者既有购买欲望又有购买能力的有效需求。

2. 需求的影响因素

一种商品的需求数量是由许多因素共同决定的。其中主要的因素有：该商品的价格、消费者的收入水平、相关商品的价格、消费者的偏好和消费者对该商品的价格预期等。它们各自对商品的需求数量的影响如下：

关于商品的自身价格。一般说来，一种商品的价格越高，该商品的需求量就会越小。相反，价格越低，需求量就会越大。

关于消费者的收入水平。对于大多数商品来说，当消费者的收入水平提高时，就会增加对商品的需求量。相反，当消费者的收入水平下降时，就会减少对商品的需求量。

关于相关商品的价格。当一种商品本身的价格保持不变，而与它相关的其他商品的价格发生变化时，这种商品本身的需求量也会发生变化。例如，在其他条件不变的前提下，当馒头的价格不变而花卷的价格上升时，人们往往就会增加对馒头的购买，从而使得馒头的需求量上升。

关于消费者的偏好。当消费者对某种商品的偏好程度增强时，该商品的需求量就会增加。相反，偏好程度减弱，需求量就会减少。

关于消费者对商品的价格预期。当消费者预期某种商品的价格在未来下一期会上升时，就会增加对该商品的现期需求量；当消费者预期某商品的价格在将来下一期会下降时，就会减少对该商品的现期需求量。

2.1.2 需求表和需求曲线

需求函数表示一种商品的需求量和该商品的价格之间存在着一一对应的关系。这种函数关系可以分别用商品的需求表和需求曲线来加以表示。

商品的需求表是表示某种商品的各种价格水平和与各种价格水平相对应的该商品的需求数量之间关系的数字序列表。表 2-1 是某商品的需求表。

从表 2-1 可以清楚地看到商品价格与需求量之间的函数关系。例如，当商品价格为 1 元时，商品的需求量为 700 单位；当价格上升为 2 元，需求量下降为 600 单位；当价格进一步上升为 3 元时，需求量下降为更少的 500 单位；如此等等。

表 2-1　　　　　　　　　　某商品的需求表

价格—数量组合	A	B	C	D	E	F	G
价格（元）	1	2	3	4	5	6	7
需求量（单位数）	700	600	500	400	300	200	100

商品的需求曲线是根据需求表中商品不同的价格—需求量的组合在平面坐标图上所绘制的一条曲线。图 2-1 是根据表 2-1 绘制的一条需求曲线。在图 2-1 中，横轴 OQ 表示商品的数量，纵轴 OP 表示商品的价格。根据表 2-1 中每一个商品的价格—需求量的组合，便得到需求曲线 $Q^d = f(P)$。它表示在不同价格水平下消费者愿意而且能够购买的商品数量。线性需求函数的通常形式为：

$$Q^d = \alpha - \beta P \tag{2.1}$$

式中 α、β 为常数，且 α、$\beta > 0$。该函数所对应的需求曲线为一条直线。

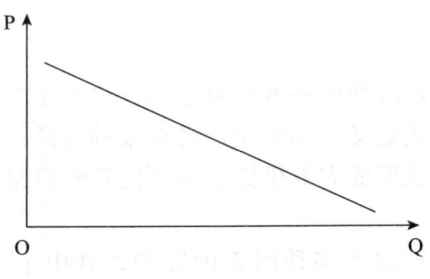

图 2-1　需求曲线

2.1.3 需求量的变动和需求的变动

需求量变动是指在其他条件不变时，单纯由商品本身价格变动而引起的需求量变化。需求量变动表现在需求曲线上就是价格与需求量的组合沿着同一条需求曲线移动。

需求量变动是指由于价格变动引起的消费者愿意并且能够购买数量的变动，需求的变动是指除价格以外的其他因素变动引起的消费者在每一可能的价格下所有需求量的变动。需求量的变动表现为在同一条需求曲线上的移动。而需求的变动则表现为需求曲线的移动，并且一般的，如果需求曲线因商品本身价格以外的因素而向上方移动，则称消费者的需求增加；反之，如果需求曲线向左下方移动，则称需求减少。

需求量是需求概念的一个方面，是单纯用数字表示的量化概念。故需求量的变化就仅仅是指数量的增加或减少；需求是一个综合的概念，包括需求的对象、类型、时间、数量等等，故需求的变化可能仅仅只是其中某个元素的变化。如图2-2。

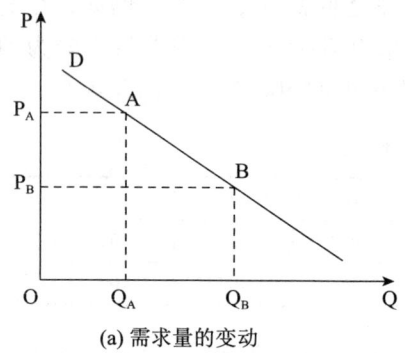
(a) 需求量的变动

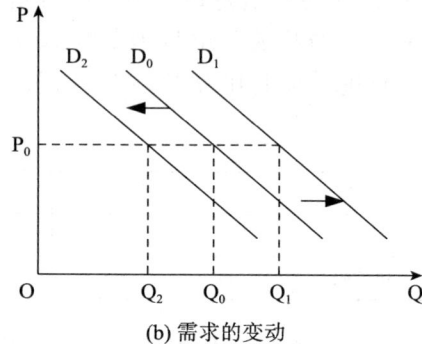
(b) 需求的变动

图 2-2

2.2 供给曲线

2.2.1 供给的定义

1. 供给的定义

供给是指生产者在一定时期内在各种可能的价格水平下愿意而且能够提供出售的该种商品的数量。根据上述定义，如果生产者对某种商品只有提供出售的愿望，而没有提供出售的能力，则不能形成有效供给，也不能算作供给。

2. 供给的影响因素

一种商品的供给数量取决于多种因素的影响，其中主要的因素有：该商品的价格、生产的成本、生产的技术水平、相关商品的价格和生产者对未来的预期。它们各自对商品的供给量的影响如下：

关于商品的自身价格。一般说来，一种商品的价格越高，生产者提供的产量就越大。相反，商品的价格越低，生产者提供的产量就越小。

关于生产的成本。在商品自身价格不变的条件下，生产成本上升会减少利润，从而使得商品的供给量减少。相反，生产成本下降会增加利润，从而使得商品的供给量增加。

关于生产的技术水平。在一般的情况下，生产技术水平的提高可以降低生产成本，增加生产者的利润，生产者会提供更多的产量。

关于相关商品的价格。在一种商品的价格不变,而其他相关商品的价格发生变化时,该商品的供给量会发生变化。例如,对某个生产小麦和玉米的农户来说,在玉米价格不变而小麦价格上升时,该农户就可能增加小麦的耕种面积而减少玉米的耕种面积。

关于生产者对未来的预期。如果生产者对未来的预期看好,如预期商品的价格会上涨,生产者往往会扩大生产,增加产量供给。如果生产者对未来的预期是悲观的,如预期商品的价格会下降,生产者往往会缩减生产,减少产量供给。

2.2.2 供给表和供给曲线

供给函数 $Q^S = f(P)$ 表示一种商品的供给量和该商品价格之间存在着一一对应的关系。这种函数关系可以分别用供给表和供给曲线来表示。

商品的供给表是表示某种商品的各种价格和与各种价格相对应的该商品的供给数量之间关系的数字序列表。表 2-2 是某商品的供给表。

表 2-2　　　　　　　　　某商品的供给表

价格—数量组合	A	B	C	D	E
价格（元）	2	3	4	5	6
供给量（单位数）	0	200	400	600	800

表 2-2 清楚地表示了商品的价格和供给量之间的函数关系。例如,当价格为 6 元时,商品的供给量为 800 单位;当价格下降为 4 元时,商品的供给量减少为 400 单位;当价格进一步下降为 2 元时,商品的供给量减少为零。

商品的供给曲线是根据供给表中的商品的价格—供给量组合在平面坐标图上所绘制的一条曲线。图 2-3 便是根据表 2-2 所绘制的一条供给曲线。图中的横轴 OQ 表示商品数量,纵轴 OP 表示商品价格。它表示在不同的价格水平下生产者愿意而且能够提供出售的商品数量。供给曲线是以几何图形表示商品的价格和供给量之间的函数关系。在微观经济分析中,使用较多的是线性供给函数。它的通常形式为:

$$Q^S = -\delta + \gamma \cdot P \tag{2.2}$$

式中,δ、γ 为常数,且 γ、$\delta > 0$。与该函数相对应的供给曲线为一条直线。

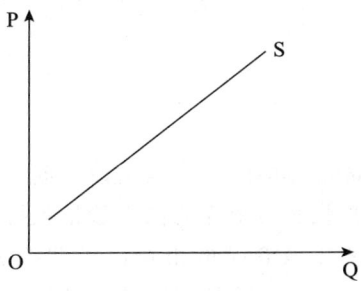

图 2-3　供给曲线

2.2.3 供给量的变动和供给的变动

供给量变动是指只由商品本身价格变动引起的该商品供给量的变动，其他影响供给的因素假设不变。在供给曲线上，供给量变动反映为供给曲线上的任何一点在同一条供给曲线上的移动。也就是说，一条供给曲线上的任何一点到该供给曲线上其他各点的移动是供给量变动，它表明当商品本身价格变动时商品的供给量变动。点向左下方移动表明价格下降供给量减少，点向右上方移动表明价格上升供给量增加。

供给变动是指除了商品本身价格以外的其他影响供给量的因素变动引起的该商品供给量的变动，如厂商的生产成本、生产的技术水平、其他商品的价格等因素变动引起的该商品供给量的变动。在供给曲线上，供给变动反映为整个供给曲线的移动。也就是说，一条供给曲线从一个位置移动到另一个位置是供给变动。

它表明在同一个价格水平上，当除商品本身价格外的其他影响供给的因素发生变化时商品的供给量变动。供给曲线向右移动表示为供给增加，它表明在同一价格水平上的供给量增加；供给曲线向左移动表示为供给减少，它表明在同一价格水平上的供给量减少。如图 2-4。

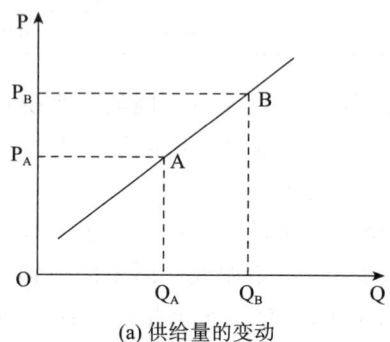
(a) 供给量的变动

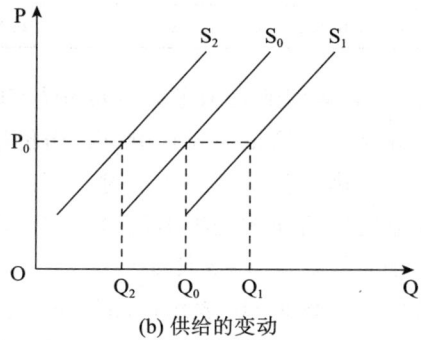
(b) 供给的变动

图 2-4

2.3 供求曲线的共同作用

2.3.1 均衡的决定

在西方经济学中，一种商品的均衡价格是指该种商品的市场需求量和市场供给量相等时的价格。在均衡价格水平下的相等的供求数量被称为均衡数量。从几何意义上说，一种商品市场的均衡出现在该商品的市场需求曲线和市场供给曲线相交的交点上，该交点被称为均衡点。均衡点上的价格和相等的供求量分别被称为均衡价格和均衡数量。市场上需求量和供给量相等的状态，也被称为市场出清的状态。

现在把需求曲线和供给曲线结合在一起，用图 2-5 说明一种商品的市场均衡价格的决定。需求曲线 D 和供给曲线 S 相交于 E 点，E 点为均衡点。在均衡点 E，均衡价格 $\overline{P}=4$ 元，均衡数量 $\overline{Q}=400$。显然，在均衡价格 4 元的水平，消费者的购买量和生产者的销售量是相等的，都为 400 单位。也可以反过来说，在均衡数量 400 的水平上，消费者愿意支付的最高价格和生产者愿意接受的最低价格是相等的，都为 4 元。因此，这样一种状态便是一种使买卖双方都感到满意并愿意持续下去的均衡状态。

商品的均衡价格表现为商品市场上需求和供给这两种相反的力量共同作用的结果，它是在市场的供求力量的自发调节下形成的。当市场价格偏离均衡价格时，市场上会出现需求量和供给量不相等的非均衡的状态。一般说来，在市场机制的作用下，这种供求不相等的非均衡状态会逐步消失，实际的市场价格会自动地回复到均衡价格水平。

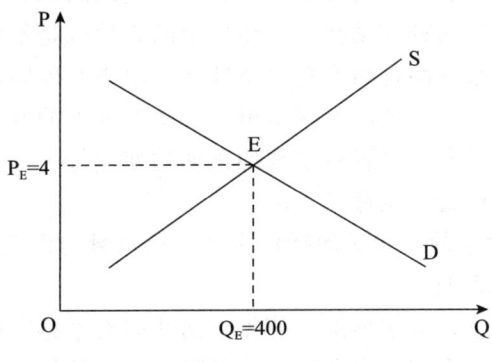

图 2-5　均衡价格与均衡产量

知识拓展

均衡含义的由来

均衡是经济学家从物理学中借鉴并发展出来的一个概念。在经济学中，均衡最直接的含义就是"力量的平衡"，或者用来表示没有内在"变革倾向"的一种状态。所以，均衡最一般的意义是指经济体系中一个特定的经济单位或者经济变量在一系列经济力量的相互制约下所达到的一种相对静止并保持不变的状态。与物体的运动一样，经济体系中一个特定经济单位也同样受到来自不同方向的各种经济力量的制约。当作用于这一经济单位的各种力量相互抵消时，表明有关各方的愿望得到了充分协调，从而经济单位失去了进一步变动的动力，处于一种稳定的状态。在这里，均衡不仅仅表现为一种特定状态，同时也给出了经济单位运动的倾向性结果。因此，经济学研究往往通过寻找趋于静止的均衡状态，以揭示经济事物或经济变量实现均衡的条件以及相应的变化规律。

2.3.2 均衡的变动

1. 需求曲线的移动

要了解需求曲线的移动,必须区分需求量的变动和需求的变动这两个概念。它们的区别在于引起这两种变动的因素是不相同的,而且,这两种变动在几何图形中的表示也是不相同的。需求的变动是指在某商品价格不变的条件下,由于其他因素变动所引起的该商品的需求数量的变动。这里的其他因素变动是指消费者收入水平变动、相关商品的价格变动、消费者偏好的变化和消费者对商品的价格预期的变动等。

2. 供给曲线的移动

要了解供给曲线的移动,必须区分供给量的变动和供给的变动这两个概念。类似于以上关于需求量的变动和需求的变动的区分,它们的区别在于引起这两种变动的因素是不相同的,而且,这两种变动在几何图形中的表示也是不相同的。

供给的变动是指在某商品价格不变的条件下,由于其他因素变动所引起的该商品的供给数量的变动。这里的其他因素变动可以指生产成本的变动、生产技术水平的变动、相关商品价格的变动和生产者对未来的预期的变化等等。在几何图形中,供给的变动表现为供给曲线的位置发生移动。

3. 需求的变动和供给的变动对均衡价格和均衡数量的影响

先分析需求变动的影响。

在供给不变的情况下,需求增加会使需求曲线向右平移,从而使得均衡价格和均衡数量都增加;需求减少会使需求曲线向左平移,从而使得均衡价格和均衡数量都减少。如图2-6所示。

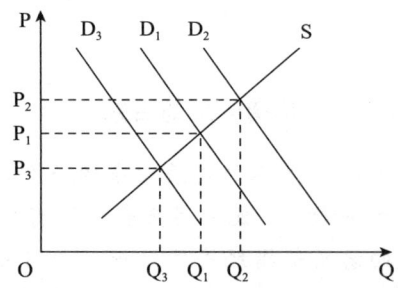

图 2-6 需求的变动和均衡价格的变动

在图2-6中,既定的供给曲线S和最初的需求曲线D_1相交,均衡价格为P_1,均衡数量为Q_1。需求增加使需求曲线向右平移至曲线D_2的位置,均衡价格上升为P_2,均衡数量增加为Q_2。相反,需求减少使需求曲线向左平移至曲线D_3的位置,均衡价格下降为P_3,均衡数量减少为Q_3。

再分析供给变动的影响。

在需求不变的情况下,供给增加会使供给曲线向右平移,从而使得均衡价格下降，均衡数量增加；供给减少会使供给曲线向左平移，从而使得均衡价格上升，均衡数量减少。如图 2-7 所示。

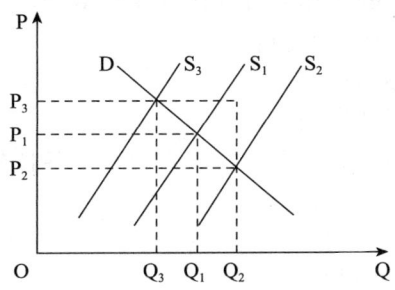

图 2-7 供给的变动和均衡价格的变动

在图 2-7 中，既定的需求曲线 D 和最初的供给曲线 S_1 相交。均衡价格和均衡数量分别为 P_1 和 Q_1。供给增加使供给曲线向右平移至曲线 S_2 的位置，均衡价格下降为 P_2，均衡数量增加为 Q_2 相反，供给减少使供给曲线向左平移至曲线 S_3 的位置，均衡价格上升为 P_3，均衡数量减少为 Q_3。

综上所述，可以得到供求定理：在其他条件不变的情况下，需求变动分别引起均衡价格和均衡数量的同方向的变动；供给变动引起均衡价格的反方向的变动，引起均衡数量同方向的变动。

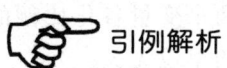 引例解析

家电市场价格的变化

根据供求规律，当需求量大于供给量时，价格上升；当需求小于供给量时，价格下降，这是市场价格变化的具体规律。影响需求的因素除价格外主要是收入，收入越高消费者的消费水平就越高。供求规律在我们现实生活中随处可见。价值规律告诉我们商品的价格是围绕着商品的价值上下浮动的，但同时也受市场供求的影响，有时甚至出现价格背离价值的现象。家电市场价格的变化正是价值规律和供求规律共同作用的结果。

2.4 弹性理论

2.4.1 弹性的一般含义

只要两个经济变量之间存在着函数关系，我们就可用弹性来表示因变量对自变量

变化的反应的敏感程度。它告诉我们，当一个经济变量发生 1% 的变动时，由它引起的另一个经济变量变动的百分比。例如，弹性可以表示当一种商品的价格上升 1% 时，相应的需求量和供给量的变化的百分比具体是多少。

在经济学中，弹性的一般公式为：

$$弹性系数 = \frac{因变量的变动比例}{自变量的变动比例}$$

设两个经济变量之间的函数关系为 Y = f(X)，则弹性的一般公式还可以表示为：

$$e = \frac{\frac{\triangle Y}{Y}}{\frac{\triangle X}{X}} = \frac{\triangle Y}{\triangle X} \cdot \frac{X}{Y} \tag{2.3}$$

式中，e 为弹性系数；△X、△Y 分别为变量 X、Y 的变动量。该式表示：当自变量 X 变化 1% 时，因变量 Y 变化百分之几。

若经济变量的变化量趋于无穷小，即：当（2.3）式中的△X→0，且△Y→0 时，则弹性公式为：

$$e = \lim_{\triangle x \to 0} \frac{\frac{\triangle Y}{Y}}{\frac{\triangle X}{X}} = \frac{\frac{dY}{Y}}{\frac{dX}{X}} = \frac{dY}{dx} \cdot \frac{X}{Y} \tag{2.4}$$

通常将（2.3）式称为弧弹性公式，将（2.4）式称为点弹性公式。

需要指出的是，由弹性的定义公式可以清楚地看到，弹性是两个变量各化比例的一个比值，所以，弹性是一个具体的数字，它与自变量和因变量的单位无关。

本节将以需求的价格弹性为重点，考察与需求和供给有关的几个弹性概念。

2.4.2 需求价格弹性

1. 需求的价格弹性的含义

需求的价格弹性表示在一定时期内一种商品的需求量变动对于该商品的价格变动的反应程度。或者说，表示在一定时期内当一种商品的价格变化 1% 时所引起的该商品的需求量变化的百分比。其公式为：

$$需求的价格弹性系数 = -\frac{需求量变动率}{价格变动率}$$

需求的价格弹性可以分为弧弹性和点弹性。

需求的价格弧弹性表示某商品需求曲线上两点之间的需求量的变动对于价格的变动的反应程度。简单地说，它表示需求曲线上两点之间的弹性。假定需求函数为 Q = f(P)，△Q 和△P 分别表示需求量的变动量和价格的变动量，以 e_d 表示需求的价格弹性系数，则需求的价格弧弹性的公式为：

$$e_d = -\frac{\frac{\triangle Q}{Q}}{\frac{\triangle P}{P}} = -\frac{\triangle Q}{\triangle P} \cdot \frac{P}{Q} \tag{2.5}$$

这里需要指出的是,在通常情况下,由于商品的需求量和价格是成反方向变动的,$\frac{\triangle Q}{P}$ 为负值,所以,为了便于比较,就在公式(2.5)中加了一个负号,以使需求的价格弹性系数 e_d 取正值。

当需求曲线上两点之间的变化量趋于无穷小时,需求的价格弹性要用点弹性来表示。也就是说,它表示需求曲线上某一点上的需求量变动对于价格变动的反应程度。在公式(2.5)的基础上,需求的价格点弹性的公式为:

$$e_d = \lim_{\triangle P \to 0} -\frac{\frac{\triangle Q}{Q}}{\frac{\triangle P}{P}} = \frac{\frac{-dQ}{Q}}{\frac{dP}{P}} = \frac{-dQ}{dP} \cdot \frac{P}{Q} \tag{2.6}$$

比较(2.5)式和(2.6)式可见,需求的价格弧弹性和点弹性的本质是相同的。它们的区别仅在于:前者表示价格变动量较大时的需求曲线上两点之间的弹性,而后者表示价格变动量无穷小时的需求曲线上某一点的弹性。

 **趣味阅读**

食用油涨价

某天国内食用油集体调价了,结果人们一方面怨声载道,另一方面又赶快买点囤在家里,预防以后再涨。记者采访的时候,居民的反应就是,涨价也没办法了,也要买的了。为什么食用油价格涨了,人们却没有减少购买呢?

因为在我们的日常生活中,食用油是必需品,不管是做饭、炒菜,几乎家家户户每天都要用到。而且替代品也有限,食用油的种类也只有花生油、调和油、葵花籽油、玉米油等。这几种油价格上涨,人们也还是要食用。顶多减少一点用量,况且平均下来,食用油占生活支出的比例非常有限。因此食用油是属于价格缺乏弹性的商品,即便价格上涨,对需求量的影响也是非常有限的。

2. 需求价格弹性的类型

(1) $e_d = 0$,即需求完全无弹性。无论价格怎样变动,需求量都不会变动,其需求曲线是与横轴垂直的一条直线,如图 2-8。这是一种现实中罕见的情况,一般认为殡葬服务、军火武器、特效药物等近似这类商品。

(2) $e_d \to \infty$,即无限弹性。它表示在既定的价格水平下,需求量是无限的。而一旦高于既定价格,需求量即为零,说明商品的需求变动对其价格变动异常敏感。其需求曲线是与横轴平行的一条直线，如图 2-8。这也是一种现实中罕见的极端情况。

（3）$e_d = 1$，即需求的单位弹性。它表示需求量与价格按同一比率发生变动，即价格每上升（下降）1%，需求量就相应减少（增加）1%，这种情况在现实中也是极为罕见的。

（4）$0 < e_d < 1$，即需求缺乏弹性。它表示需求量变动率小于价格变动率，即价格每上升（下降）1%，需求量减少（增加）的变动率小于 1%，如图 2-8。生活必需品，如衣食住行等大多属此类型。

（5）$e_d > 1$，即需求富有弹性。它表示需求量变动率大于价格变动率，即价格每上升（下降）1%，需求量减少（增加）的变动率大于 1%，如图 2-8。奢侈品、非生活必需品，价格昂贵的享受性服务等多属此类型。

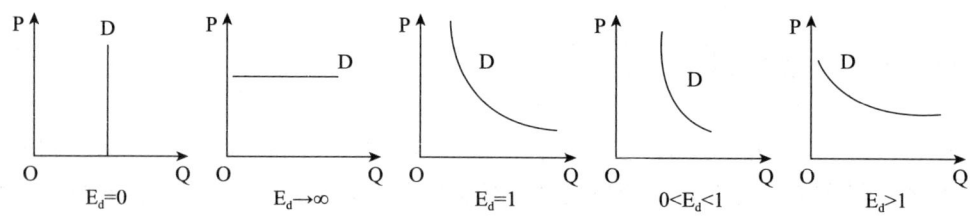

图 2-8 需求价格弹性的类型

3. 需求的价格弹性和厂商的销售收入

厂商的销售收入等于商品的价格乘以商品的销售量。在此假定厂商的商品销售量等于市场上对其商品的需求量。这样，厂商的销售收入就又可以表示为商品的价格乘以商品的需求量，即厂商销售收入 $= P \times Q$，其中，P 表示商品的价格，Q 表示商品的销售量即需求量。

（1）对于 $e_d > 1$ 的富有弹性的商品，降低价格会增加厂商的销售收入，相反，提高价格会减少厂商的销售收入，即厂商的销售收入与商品的价格成反方向的变动。这是因为，当 $e_d > 1$ 时，厂商降价所引起的需求量的增加率大于价格的下降率。这意味着价格下降所造成的销售收入的减少量必定小于需求量增加所带来的销售收入的增加量。所以，降价最终带来的销售收入 $P \times Q$ 值是增加的。相反，在厂商提价时，最终带来的销售收入 $P \times Q$ 值是减少的。

（2）对于 $0 < e_d < 1$ 的缺乏弹性的商品，降低价格会使厂商的销售收入减少，相反，提高价格会使厂商的销售收入增加，即销售收入与商品的价格成同方向的变动。其原因在于：$0 < e_d < 1$ 时，厂商降价所引起的需求量的增加率小于价格的下降率。这意味着需求量增加所带来的销售收入的增加量并不能全部抵消价格下降所造成的销售收入的减少量。所以，降价最终使销售收入 $P \times Q$ 值减少。相反，在厂商提价时，最终带来的销售收入 $P \times Q$ 值是增加的。

（3）对于 $e_d = 1$ 的单位弹性的商品，降低价格或提高价格对厂商的销售收入都没有影响。这是因为，当 $e_d = 1$ 时，厂商变动价格所引起的需求量的变动率和价格的变动率是相等的。这样一来，由价格变动所造成的销售收入的增加量或减少量刚好等于由需求量变动所带来的销售收入的减少量或增加量，所以，无论厂商是降价还是提价，销售收入 P×Q 值是固定不变的。

将 $e_d \to \infty$ 和 $e_d = 0$ 这两种特殊情况考虑在内，商品的需求价格弹性和厂商的销售收入之间的综合关系如表 2 - 3 表示。

表 2 - 3　　　　　　　　　　需求的价格弹性和销售收入

	$e_d > 1$	$e_d = 1$	$0 < e_d < 1$	$e_d = 0$	$e_d \to \infty$
降价	增加	不变	减少	同比例于价格的下降而减少	既定价格下，收益可以无限增加，因此，厂商不会降价
涨价	减少	不变	增加	同比例于价格的上升而增加	收益会减少为零

趣味阅读

家电下乡政策

政府为了鼓励农民更新家里的家电，拉动农村消费，采取家电下乡的政策，而实际中，在落实到地方时出现了一些不大不小的问题。其一，某些不法商贩，借家电下乡的名义向农民兄弟们出售伪劣的家电，既损害了农民兄弟的利益，又威胁到了农民兄弟的生命安全；其二，家电下乡产品一般利润较薄，农民较为欢迎。根据补贴规定，需要提供"家电下乡"产品销售发票，这就给经销商增添了税负。经销商的积极性不高，不能很好地落实政策，造成了电视上说的"如果你买家电下乡的产品，就没有发票"的局面。

对于家电来说，第一，家电属于较高档的商品，但是对国内而言，家电的生产商具有很多的竞争者，即造成家电的替代品很多。第二，好的家电更是不易消耗，所以导致需求对价格变动的敏感度较高，即弹性较大，而且对人们的日常娱乐需求能够很好的满足，参加"家电下乡"的企业在政府的号召下降低了商品价格无可厚非，既很好地拉动了农村消费，又获得了农村这一块很具有潜力的市场，对厂家来说是很有利的，但是对于经销商来说则缺少了大力宣传家电下乡的动力。而且，近年来农民兄弟的收入在增加，较高档的家电在农民兄弟的预算总支出中所占比例在逐年上涨，这种种原因使得需求量大大增加了。

4. 影响需求价格弹性的因素

影响需求价格弹性的因素是很多的，其中主要有以下几个：

（1）商品的可替代性。一般说来，一种商品的可替代品越多，相近程度越高，则该商品的需求价格弹性往往就越大;相反,该商品的需求价格弹性往往就越小。例如,在苹果市场,当国光苹果的价格上升时,消费者就会减少对国光苹果的需求量,增加对相近的替代品如香蕉苹果的购买。这样,国光苹果的需求弹性就比较大。又如,对于食盐来说,没有很好的可替代品,所以,食盐价格的变化所引起的需求量的变化几乎等于零,它的需求价格弹性是极其小的。

(2)商品用途的广泛性。一般说来,一种商品的用途越是广泛,它的需求价格弹性就可能越大;相反,用途越是狭窄,它的需求价格弹性就可能越小。这是因为,如果一种商品具有多种用途,当它的价格较高时,消费者只购买较少的数量用于最重要的用途上。当它的价格逐步下降时,消费者的购买量就会逐渐增加,将商品越来越多地用于其他的各种用途上。

(3)商品对消费者生活的重要程度。一般说来,生活必需品的需求价格弹性较小,非必需品的需求价格弹性较大。例如,馒头的需求价格弹性是较小的,电影票的需求价格弹性是较大的。

(4)商品的消费支出在消费者预算总支出中所占的比重。消费者在某商品上的消费支出在预算总支出中所占的比重越大,该商品的需求价格弹性可能越大;反之,则越小。例如,火柴、盐、铅笔、肥皂等商品的需求价格弹性就是比较小的。因为,消费者在这些商品上的支出是很小的,消费者往往不太重视这类商品价格的变化。

(5)所考察的消费者调节需求量的时间。一般说来,所考察的调节时间越长,则需求的价格弹性就可能越大。因为,当消费者决定减少或停止对价格上升的某种商品的购买之前,他一般需要花费时间去寻找和了解该商品的可替代品。例如,当石油价格上升时,消费者在短期内不会较大幅度地减少需求量。但设想在长期内,消费者可能找到替代品,于是,石油价格上升会导致石油的需求量较大幅度地下降。

需要指出的是,一种商品需求的价格弹性的大小是各种影响因素综合作用的结果。所以,在分析一种商品的需求价格弹性的大小时,要根据具体情况进行全面的综合分析。

2.4.3 供给价格弹性

供给的价格弹性表示在一定时期内一种商品的供给量的变动对于该商品的价格变动的反应程度。或者说,表示在一定时期内当一种商品的价格变化1%时所引起的该商品的供给量变化的百分比。它是商品的供给量变动率与价格变动率之比。

与需求的价格弹性一样,供给的价格弹性也分为弧弹性和点弹性。

供给的价格弧弹性表示某商品供给曲线上两点之间的弹性。供给的价格点弹性表示某商品供给曲线上某一点的弹性。假定供给函数为 $Q = f(P)$,以 e_S 表示供给的价格弹性系数,则供给的价格弧弹性的公式为:

$$e_s = \frac{\frac{\triangle Q}{Q}}{\frac{\triangle P}{P}} = \frac{\triangle Q}{\triangle P} \cdot \frac{P}{Q} \tag{2.7}$$

供给的价格点弹性的公式为：

$$e_s = \frac{\frac{dQ}{Q}}{\frac{dP}{P}} = \frac{dQ}{dP} \cdot \frac{P}{Q} \tag{2.8}$$

在通常情况下，商品的供给量和商品的价格是同方向变动的，供给量的变化量和价格的变化量的符号是相同的。

供给的价格弹性根据 e_s 值的大小也分为五个类型。$e_s > 1$ 表示富有弹性；$0 < e_s < 1$ 表示缺乏弹性；$e_s = 1$ 表示单一弹性或单位弹性；$e_s \to \infty$ 表示完全弹性；$e_s = 0$ 表示完全无弹性。

供给的价格弹性的计算方法和需求的价格弹性是类似的。给定具体的供给函数，则可以根据要求，由（2.7）式求出供给的价格弧弹性，或由中点公式求出供给的价格弧弹性。供给的价格弧弹性的中点公式为：

$$e_s = \frac{\triangle Q}{\triangle P} \cdot \frac{\frac{P_1 + P_2}{2}}{\frac{Q_1 + Q_2}{2}} \tag{2.9}$$

2.4.4 交叉弹性

需求的交叉价格弹性表示在一定时期内一种商品的需求量的变动对于它的相关商品的价格变动的反应程度。或者说，表示在一定时期内当一种商品的价格变化 1% 时所引起的另一种商品的需求量变化的百分比。它是该商品的需求量的变动率和它的相关商品的价格变动率的比值。

假定商品 X 的需求量 Q_x 是它的相关商品 Y 的价格 P_y 的函数，即 $Q_x = f(P_y)$，则商品 X 的需求的交叉价格弧弹性公式为：

$$e_{XY} = \frac{\frac{\triangle Q_X}{Q_X}}{\frac{\triangle P_Y}{P_Y}} = \frac{\triangle Q_X}{\triangle P_Y} \cdot \frac{P_Y}{Q_X} \tag{2.10}$$

式中，$\triangle Q_X$ 为商品 X 的需求量的变化量；$\triangle P_Y$ 为相关商品 Y 的价格的变化量；e_{XY} 为当 Y 商品的价格发生变化时的 X 商品的需求的交叉价格弹性系数。

当商品 X 的需求量的变化量 $\triangle Q_X$ 和相关商品价格的变化量 $\triangle P_Y$ 均为无穷小时，则商品 X 的需求的交叉价格点弹性公式为：

$$e_{XY} = \lim_{\triangle P_Y \to 0} \frac{\frac{\triangle Q_X}{Q_X}}{\frac{\triangle P_Y}{P_Y}} = \frac{dQ_X}{dP_Y} \cdot \frac{P_Y}{Q_X} \tag{2.11}$$

需求的交叉价格弹性系数的符号取决于所考察的两种商品的相关关系。

若两种商品之间存在着替代关系,则一种商品的价格与它的替代品的需求量之间成同方向的变动,相应的需求的交叉价格弹性系数为正值。这是因为,例如,当苹果的价格上升时,人们自然会在减少苹果的购买量的同时,增加对苹果的替代品如梨的购买量。若两种商品之间存在着互补关系,则一种商品的价格与它的互补品的需求量之间成反方向的变动,相应的需求的交叉价格弹性系数为负值。这是因为,例如,当录音机的价格上升时,人们会减少对录音机的需求量,这样,作为录音机的互补品的磁带的需求量也会因此而下降。若两种商品之间不存在相关关系,则意味着其中任何一种商品的需求量都不会对另一种商品的价格变动做出反应,相应的需求的交叉价格弹性系数为零。

2.4.5 需求收入弹性

需求的收入弹性表示在一定时期内消费者对某种商品的需求量的变动对于消费者收入量变动的反应程度。或者说,表示在一定时期内当消费者的收入变化1%时所引起的商品需求量变化的百分比。它是商品的需求量的变动率和消费者的收入量的变动率的比值。

假定某商品的需求量 Q 是消费者收入水平 M 的函数,即 $Q = f(M)$,则该商品的需求的收入弹性公式为:

$$e_M = \frac{\frac{\triangle Q}{Q}}{\frac{\triangle M}{M}} = \frac{\triangle Q}{\triangle M} \cdot \frac{M}{Q} \quad (2.12)$$

或

$$e_M = \lim_{\triangle M \to 0} \frac{\frac{\triangle Q}{Q}}{\frac{\triangle M}{M}} = \frac{dQ}{dM} \cdot \frac{M}{Q} \quad (2.13)$$

以上(2.12)式和(2.13)式分别为需求的收入弧弹性和点弹性公式。

根据商品的需求收入弹性系数值,可以给商品分类。首先,商品可以分为两类,分别是正常品和劣等品。其中,正常品是指需求量与收入成同方向变化的商品;劣等品是指需求量与收入成反方向变化的商品。然后,还可以将正常品再进一步区分为必需品和奢侈品两类。以上的这种商品分类方法,可以用需求的收入弹性来表示。具体地说,$e_M > 0$ 的商品为正常品,因为,$e_M > 0$ 意味着该商品的需求量与收入水平成同方向变化。$e_M < 0$ 的商品为劣等品,因为,$e_M < 0$ 意味着该商品需求量与收入水平成反方向变化。在正常品中,$e_M < 1$ 的商品为必需品,$e_M > 1$ 的商品为奢侈品。当消费者的收入水平上升时,尽管消费者对必需品和奢侈品的需求量都会有所增加,但对必需品的需求量的增加是有限的,或者说,是缺乏弹性的;而对奢侈品的需求量的增加是较多的,或者说,是富有弹性的。

在需求的收入弹性的基础上，如果具体地研究消费者用于购买食物的支出量对于消费者收入量变动的反应程度，就可以得到食物支出的收入弹性。西方经济学中的恩格尔定律指出：在一个家庭或在一个国家中，食物支出在收入中所占的比例随着收入的增加而减少。用弹性概念来表述恩格尔定律可以是：对于一个家庭或一个国家来说，富裕程度越高，则食物支出的收入弹性就越小；反之，则越大。许多国家经济发展过程的资料表明恩格尔定律是成立的。

除了上述在西方经济学文献中经常出现的弹性概念外，根据所研究的具体经济问题的不同需要，经济学家也经常建立一些新的弹性关系。例如，一些经济学家研究一个国家的电力消耗量和国民生产总值 GNP 之间的弹性关系，这对于如何根据对一国经济增长的预测来合理安排本国的电力工业的发展是有实际意义。

2.5 运用供求曲线的事例

2.5.1 最高限价和最低限价

1. 最高限价

最高限价也称为限制价格。它是政府所规定的某种产品的最高价格。最高价格总是低于市场的均衡价格的。如图 2-9 左图表示政府对某种产品实行最高限价的情形。开始时，该产品市场的均衡价格为 P_E，均衡数量为 Q_E。若政府实行最高限价政策，规定该产品的市场最高价格为 P_0。由图可见，最高限价 P_0 小于均衡价格 P_E，且在最高限价 P_0 的水平，市场需求量 Q_2 大于市场供给量 Q_1，市场上出现供不应求的情况。

政府实行最高限价的目的往往是为了抑制某些产品的价格上涨，尤其是为了对付通货膨胀。有时，为了限制某些行业，特别是限制一些垄断性很强的公用事业的价格，政府也会采取最高限价的做法。但政府实行最高限价的做法也会带来一些不良的影响。最高限价下的供不应求会导致市场上消费者排队抢购和黑市交易盛行。在这种情况下，政府往往又不得不采取配给的方法来分配产品。此外，生产者也可能粗制滥造，降低产品质量，形成变相涨价。

2. 最低限价

最低限价也称为支持价格。它是政府所规定的某种产品的最低价格。最低价格总是高于市场的均衡价格的。图 2-9 右图表示政府对某种产品实行最低限价的情形。开始时的市场均衡价格为 P_E，均衡数量为 Q_E。政府实行最低限价所规定的市场价格为 P_0。由图中可见，最低限价 P_0 大于均衡价格 P_E，且在最低限价 P_0 水平，市场供给量 Q_2 大于市场需求量 Q_1，市场上出现产品过剩的情况。

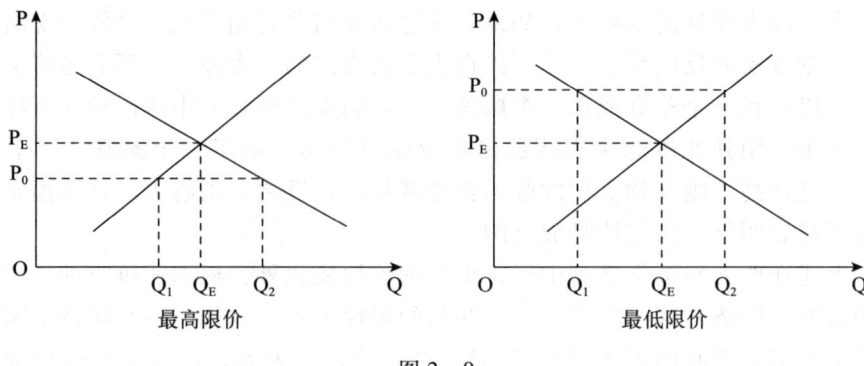

图 2 - 9

2.5.2 谷贱伤农

"谷贱伤农"是一种流传已久的说法,是指粮食获得丰收不仅不能使农民从中获益,反而还会因为粮食价格的下降而导致收入降低。造成这种现象的根本原因在于农产品往往是缺乏需求价格弹性的商品。这种现象实际上可用农产品的需求弹性原理加以解释。

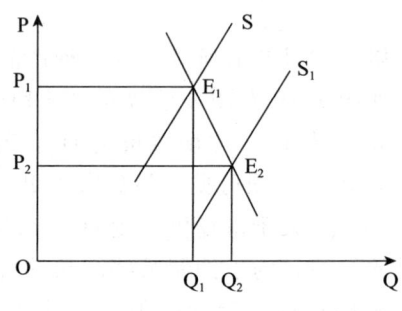

图 2 - 10 谷贱伤农

作为谷物的农产品往往是缺乏需求弹性的,如图 2 - 10 所示,农产品的市场需求曲线比较陡峭。当农业丰收时,农产品的供给曲线向右移动到 S_1 的位置,在缺乏需求弹性条件下,农产品价格会大幅度下降,即农产品均衡价格的下降幅度大于农产品均衡数量的增加幅度,最后导致农民的总收入减少,总收入的减少量相当于矩形 $OP_1E_1Q_1$ 和 $OP_2E_2Q_2$ 的面积之差。相反,在歉收的年份,农产品的减少会导致农产品价格大幅上升,使农民的总收入增加。

本章小结

本章主要学习需求曲线、供给曲线、市场均衡、弹性理论;通过讲授要求掌握需求、供给包括的基本内容和有关的基本概念;要求学生能进一步结合实际案例,解释日常生活中的经济现象,进一步掌握运用供求曲线的事例以及谷贱伤农案例,将理论与实际生活紧密联系起来。

重要概念

需求　供给　市场均衡　弹性　需求价格弹性　最高限价　最低限价

本章练习

单选题

1. 猪肉需求曲线左移的原因可能是（　　）。
A. 猪肉价格上涨　　　　　　　　B. 猪肉预期价格上涨
C. 牛肉价格上涨　　　　　　　　D. 牛肉预期价格上涨

2. 如果某种商品的供给曲线斜率为正，在保持其他因素不变的情况下，该商品的价格上升，必将导致（　　）。
A. 供给量增加　　　　　　　　　B. 供给量减少
C. 供给增加　　　　　　　　　　D. 供给减少

3. 鸡蛋的供给量增加是指供给量由于（　　）。
A. 鸡蛋的需求量增加而引起的增加　B. 人们对鸡蛋偏好的增加
C. 收入增加而引起的增加　　　　　D. 鸡蛋的价格提高而引起的增加

4. 在需求和供给同时减少的情况下（　　）。
A. 均衡价格和均衡交易量都将下降
B. 均衡价格将下降，均衡交易量的变化无法确定
C. 均衡价格的变化无法确定，均衡交易量将减少
D. 均衡价格将上升，均衡交易量将下降

5. 对劣质商品需求的收入弹性 E_m 是（　　）。
A. $E_m < 1$　　　　　　　　　　B. $E_m = 0$
C. $E_m < 0$　　　　　　　　　　D. $E_m > 0$

多选题

1. 满足需求的条件包括（　　）。
A. 欲望　　　　　　　　　　　　B. 愿意购买
C. 满足心理要求　　　　　　　　D. 有能力购买
E. 满足自我实现的要求

2. 供给定理是指（　　）。
A. 商品价格提高，对该商品的供给量减少
B. 商品价格提高，对该商品的供给量增加
C. 商品价格下降，对该商品的供给量增加

D. 商品价格下降，对该商品的供给量减少

E. 商品与价格成同向变化

3. 影响需求价格弹性的因素有（　　）。

A. 购买欲望　　　　　　　　　　B. 商品的可替代程度

C. 用途的广泛性　　　　　　　　D. 商品的价格

E. 商品的使用时间

 判断题

1. 消费者实际收入增加，会带来商品需求的普遍上升。（　　）
2. 需求曲线的斜率和需求的价格弹性是相同的概念。（　　）
3. 均衡价格就是供给量等于需求量时的价格。（　　）
4. 根据供求定律，需求的变动方向与均衡价格变动方向相同；供给的变动方向与均衡价格变动方向相反。（　　）
5. 限制价格应高于市场价格，支持价格应低于市场价格。（　　）
6. 如果需求曲线富有弹性，其确切的含义是价格上的上升会引起购买者的总支出减少。（　　）
7. 已知某商品的收入弹性小于零，则这种商品是一般的正常商品。（　　）
8. 线性需求曲线斜率不变，所以其价格弹性也是不变的。（　　）
9. 一般在表示需求价格弹性的图中，较陡峭的曲线弹性较大，较平直的曲线弹性较小。（　　）
10. 需求收入弹性因商品而异。相比之下，一般生活必需品需求收入弹性较小，奢侈品需求收入弹性较大。（　　）

 简答题

1. 简述需求规律与供给规律。
2. 简述供求定理。
3. 简述需求价格弹性的类型和影响因素。

 计算题

1. 令需求曲线的方程式为 $P = 30 - 4Q$，供给曲线的方程式为 $P = 20 + 2Q$，试求均衡价格与均衡产量。

2. 假定下表是需求函数 $Q_d = 500 - 100P$ 在一定价格范围内的需求表：

价格（元）	1	2	3	4	5
需求量	400	300	200	100	0

（1）求出价格 2 元和 4 元之间的需求的价格弧弹性。

（2）根据给出的需求函数，求 $P = 2$ 元时的需求的价格点弹性。

第 3 章

消费者行为理论

 内容提要

本章主要讲解总效用、边际效用的概念、关系,需求曲线的推导,消费者剩余,无差异曲线的概念、特点,预算约束线的概念,边际替代率,消费者均衡;分别从基数效用论和序数效用论两方面推导出消费者均衡的条件。

 重点难点

本章重点为总效用、边际效用的概念、关系,无差异曲线的概念、特点,预算约束线的概念,边际替代率,消费者均衡;难点为基数效用论、序数效用论的消费者均衡。

 学习目标

通过本章的学习,应掌握总效用、边际效用的概念与关系,明确无差异曲线的概念、特点,预算约束线的概念,边际替代率,消费者均衡;了解需求曲线的推导,消费者剩余。

知识框架

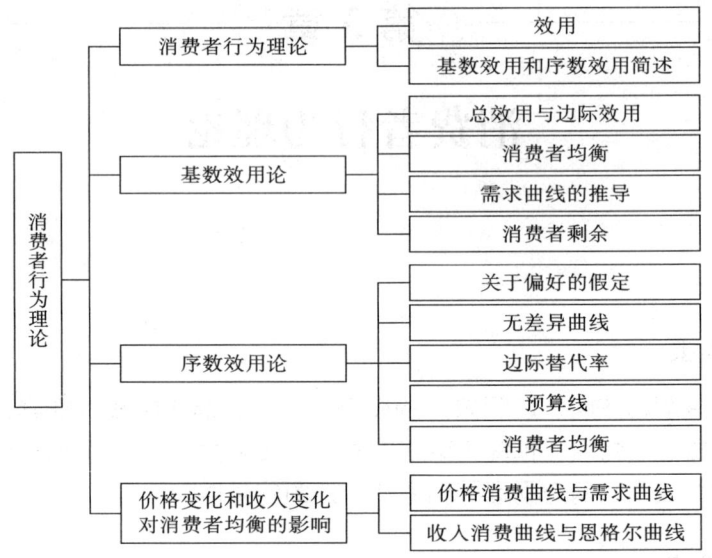

垃圾中的边际效用

美国是世界上经济最为强大的国家，人均消费商品数量居世界第一，人均垃圾量也没有一个国家能与之相比。美国的垃圾不但包括各种废弃物，也包括各种用旧了的家具、地毯、鞋子、炊具，乃至电视机和冰箱。美国是一个提供消费的社会，它的生产力巨大，产品积压常常成为主要的经济问题。如果每个人将自己生产出来的产品（更精确地讲，是生产出来的价值）全部消费掉，经济则正常运转。如果生产旺盛，消费不足，或者说，居民由于富裕而增加了储蓄，产品就会积压。所以对于美国来说，医治经济萧条的主要措施是鼓励消费。

在美国旧东西有几条出路：或举办"后院拍卖"，或捐赠给教堂，或捐赠给旧货商店，或当垃圾扔掉。旧东西在美国很不值钱，你可以在"后院拍卖"中买到1美元一个的电熨斗，在教堂拍卖中买到10美元一套的百科全书（20本）和5美元一套的西装。相反，旧东西在中国就值钱多了。在大城市，经常看到有人在收购各种旧的生活用品，然后运到贫穷、偏僻的农村地区以几倍的价格卖出。表面上看，这是一个矛盾的现象：相对穷的中国人，却愿意花几倍于相对富的美国人愿意出的价钱去买这些旧东西。这是为什么呢？

3.1 消费者行为理论概述

3.1.1 效用

效用是指商品满足人的欲望的能力评价，或者说，效用是指消费者在消费商品时所感受到的满足程度。一种商品对消费者是否具有效用，取决于消费者是否有消费这种商品的欲望，以及这种商品是否具有满足消费者欲望的能力。效用这一概念与人的欲望是联系在一起的，它是消费者对商品满足自己欲望的能力的一种主观心理评价。

趣味阅读

对效用的理解——宝石和木碗

一个穷人家徒四壁，头顶一只木碗四处流浪。一天，穷人上渔船帮工，不幸遇到特大风浪，穷人幸免于难，被海水冲到一个小岛。岛上的酋长看见穷人头顶的木碗，感到新奇，便用一口袋宝石换走木碗，派人把穷人送回家。一个富人听到穷人的奇遇，心中暗想，一只木碗都能换回这么多宝贝，如果我送去很多可口的食物，该换回多少宝贝！于是，富翁装了满一船山珍海味和美酒，找到小岛。酋长接受了富人送来的礼物，品尝之后赞不绝口，声称要送给他最珍贵的东西。富人心中暗自得意。一抬头，富人猛然看见酋长双手捧着的"珍贵礼物"，不由得愣住了！

3.1.2 基数效用和序数效用

既然效用是用来表示消费者在消费商品时所感受到的满足程度，于是，就产生了对这种"满足程度"即效用大小的度量问题。在这一问题上，西方经济学家先后提出了基数效用和序数效用的概念，并在此基础上，形成了分析消费者行为的两种方法，它们分别是基数效用论者的边际效用分析方法和序数效用论者的无差异曲线的分析方法。

基数和序数这两个术语来自数学。基数是指 1，2，3，…，基数是可以加总求和的。例如，基数 3 加 9 等于 12，且 12 是 3 的 4 倍等。序数是指第一、第二、第三，…，序数只表示顺序或等级，序数是不能加总求和的。例如，序数第一、第二和第三，可以是 10、20 和 50，也可以是 11、19 和 21。它所要表明的仅仅是第二大于第一，第三大于第二，至于第一、第二和第三本身各自的数量具体是多少，是没有意义的。

在 19 世纪和 20 世纪初期，西方经济学家普遍使用基数效用的概念。基数效用论者认为，效用如同长度、重量等概念一样，可以具体衡量并加总求和，具体的效用量之间的比较是有意义的。表示效用大小的计量单位被称作效用单位。例如，对某一个人来说，吃一顿丰盛的晚餐和看一场高水平的足球赛的效用分别为 5 效用单位和 10 效用单位，则可以说这两种消费的效用之和为 15 效用单位，且后者的效用是前者的效用的 2 倍。

到了 20 世纪 30 年代，序数效用的概念为大多数西方经济学家所使用。序数效用论者认为，效用是一个有点类似于香、臭、美、丑那样的概念，效用的大小是无法具体衡量的，效用之间的比较只能通过顺序或等级来表示。仍就上面的例子来说，消费者要回答的是偏好哪一种消费，即哪一种消费的效用是第一，哪一种消费的效用是第二。或者是说，要回答的是宁愿吃一顿丰盛的晚餐，还是宁愿看一场高水平的足球赛。进一步的，序数效用论者还认为，就分析消费者行为来说，基数效用的特征是多余的，以序数来度量效用的假定比以基数来度量效用的假定所受到的限制要少，它可以减少一些被认为是值得怀疑的心理假设。

在现代微观经济学里，通常使用的是序数效用的概念。本章的重点是介绍序数效用论者是如何运用无差异曲线的分析方法来研究消费者行为的。至于基数效用论者的边际效用分析方法，仅在本节的余下部分作一简单的介绍。

3.2 基数效用论

基数效用论者除了提出效用可以用基数衡量的假定以外，还提出了边际效用递减规律的假定。边际效用递减规律贯穿于基数效用理论，是基数效用论者分析消费者行为，并进一步推导消费者需求曲线的基础。

3.2.1 总效用与边际效用

1. 总效用与边际效用的概念

基数效用论者将效用区分为总效用（Total Utility）和边际效用（Marginal Utility），它们的英文简写分别为 TU 和 MU。总效用是指消费者在一定时间内从一定数量的商品的消费中所得到的效用量的总和。边际效用是指消费者在一定时间内增加一单位商品的消费所得到的效用量的增量。假定消费者对一种商品的消费数量为 Q，则总效用函数为：

$$TU = f(Q)$$

相应的边际效用函数为：$MU = \dfrac{\triangle TU(Q)}{\triangle Q}$

当商品的增加量趋于无穷小，即 Q→0 时有：

$$MU = \lim_{\triangle Q \to 0} \frac{\triangle TU(Q)}{\triangle Q} = \frac{dTU(Q)}{dQ} \tag{3.1}$$

这里要指出的是，在西方经济学中，边际分析方法是最基本的分析方法之一，"边际"概念则是很重要的一个基本概念，边际效用是本书出现的第一个边际概念。在此，我们有必要强调一下，边际量的一般含义是表示一单位的自变量的变化量所引起的因变量的变化量。抽象的边际量的定义公式为：

$$边际量 = \frac{因变量的变化量}{自变量的变化量}$$

当然，我们也可以利用表 3-1，换一个角度来进一步说明边际效用递减规律以及如何理解总效用和边际效用之间的关系。由表中可见，当商品的消费量由 0 增加为 1 时，总效用由 0 增加为 10 效用单位，总效用的增量即边际效用为 10 效用单位（因为 10-0=10）。当商品的消费量由 1 增加为 2 时，总效用由 10 效用单位上升为 18 效用单位，总效用的增量即边际效用为 8 效用单位（因为 18-10=8）。依此类推，当商品的消费量增加为 6 时，总效用达最大值为 30 效用单位，而边际效用已递减为 0（因为 30-30=0）。此时，消费者对该商品的消费已达到饱和点。当商品的消费量再增加为 7 时，边际效用会进一步递减为负值，即 -2 效用单位（因为 28-30=-2），总效用便下降为 28 效用单位了。

表 3-1　　　　　　　　　　某商品的效用表　　　　　　　货币的边际效用 $\lambda = 2$

商品数量 （1）	总效用 （2）	边际效用 （3）	价格 （4）
0	0		
1	10	10	5
2	18	8	4
3	24	6	3
4	28	4	2
5	30	2	1
6	30	0	0
7	28	-2	

根据表 3-1 所绘制的总效用和边际效用曲线如图 3-1 所示。图中的横轴表示商品的数量，纵轴表示效用量，TU 曲线和 MU 曲线分别为总效用曲线和边际效用曲线。由于边际效用被定义为消费品的一单位变化量所带来的总效用的变化量，又由于图中的商品消费量是离散的，所以，MU 曲线上的每一个值都记在相应的两个消费数量的中点上。

在图 3-1 中，MU 曲线是向右下方倾斜的，它反映了边际效用递减规律，相应的，TU 曲线是以递减的速率先上升后下降的。当边际效用为正值时，总效用曲线呈上升趋势；当边际效用递减为零时，总效用曲线达最高点；当边际效用继续递减为负值时，总效用曲线呈下降趋势。从数学意义上讲，如果效用曲线是连续的，则每一消费量上的边际效用值就是总效用曲线上相应的点的切线的斜率。

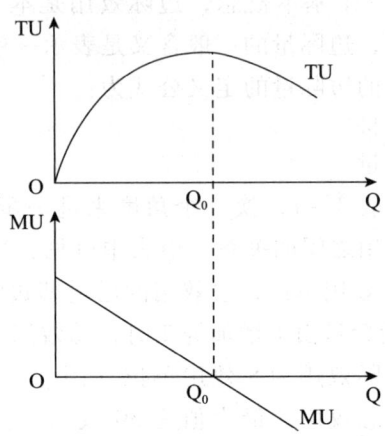

图 3-1　总效用和边际效用

为什么在消费过程中会呈现出边际效用递减规律呢？据基数效用论者解释，边际效用递减规律成立的原因，可以是由于随着相同消费品的连续增加，从人的生理和心理的角度讲，从每一单位消费品中所感受到的满足程度和对重复刺激的反应程度是递减的。还可以是由于在一种商品具有几种用途时，消费者总是将第一单位的消费品用在最重要的用途上，第二单位的消费品用在次重要的用途上，如此等等。这样，消费品的边际效用便随着消费品的用途重要性的下降而递减。

边际效用递减规律的内容是：在一定时间内，在其他商品的消费数量保持不变的条件下，随着消费者对某种商品消费量的增加，消费者从该商品连续增加的每一消费单位中所得到的效用增量即边际效用是递减的。例如在一个人饥饿的时候，吃第一个包子给他带来的效用是很大的；以后，随着这个人所吃包子数量的连续增加，虽然总效用是不断增加的，但每一个包子给他所带来的效用增量即边际效用却是递减的；当他完全吃饱的时候，包子的总效用达到最大值，而边际效用却降为零。如果他还继续吃包子，就会感到不适，这意味着包子的边际效用进一步降为负值，总效用也开始下降。

趣味阅读

春晚危机

大约从 20 世纪的 80 年代初期开始，我国老百姓在过春节的年夜饭中增添了

一个诱人的内容，那就是春节联欢晚会。记得1982年第一届春节联欢晚会的播出，在当时娱乐事业尚不发达的我国引起了极大的轰动。晚会的节目成为全国老百姓在街头巷尾和茶余饭后津津乐道的题材。晚会年复一年地办下来了，投入的人力物力越来越大，技术效果越来越先进，场面设计越来越宏大，节目种类也越来越丰富。但不知从哪一年起，人们对春节联欢晚会的评价却越来越差了，原先在街头巷尾和茶余饭后的赞美之词变成了一片骂声，春节联欢晚会成了一道众口难调的大菜，晚会也陷入了"年年办，年年骂；年年骂，年年办"的怪圈。春晚本不该代人受过，问题其实与边际效用递减规律有关。在其他条件不变的前提下，当一个人在消费某种物品时，随着消费量的增加，他（她）从中得到的效用是越来越少的，这种现象普遍存在，就被视为一种规律。边际效用递减规律虽然是一种主观感受，但在其背后也有生理学的基础：反复接受某种刺激，反应神经就会越来越迟钝。第一届春节联欢晚会让我们欢呼雀跃，但举办次数多了，由于刺激反应弱化，尽管节目本身的质量在整体提升，但人们对晚会节目的感觉却越来越差了。边际效用递减规律时时在支配着我们的生活，尽管有时我们没有明确地意识到。

2. 关于货币的边际效用

基数效用论者认为，货币如同商品一样，也具有效用。消费者用货币购买商品，就是用货币的效用去交换商品的效用。商品的边际效用递减规律对于货币也同样适用。对于一个消费者来说，随着货币收入量的不断增加，货币的边际效用是递减的。这就是说，随着某消费者货币收入的逐步增加，每增加一元钱给该消费者所带来的边际效用是越来越小的。

但是，在分析消费者行为时，基数效用论者又通常假定货币的边际效用是不变的。据基数效用论者的解释，在一般情况下，消费者的收入是给定的，而且，单位商品的价格只占消费者总货币收入量的很小部分，所以，当消费者对某种商品的购买量发生很小的变化时，所支出的货币的边际效用的变化是非常小的。对于这种微小的货币的边际效用的变化，可以略去不计。这样，货币的边际效用便是一个不变的常数。

3.2.2 消费者均衡

消费者均衡是研究单个消费者如何把有限的货币收入分配在各种商品的购买中以获得最大的效用。也可以说，它是研究单个消费者在既定收入下实现效用最大化的均衡条件。这里的均衡是指消费者实现最大效用时既不想再增加，也不想再减少任何商品购买数量的这样一种相对静止的状态。

基数效用论者认为，消费者实现效用最大化的均衡条件是：如果消费者的货币收入水平是固定的，市场上各种商品的价格是已知的，那么，消费者应该使自己所购买的各种商品的边际效用与价格之比相等。或者说，消费者应使自己花费在各种商品购买上的最后一元钱所带来的边际效用相等。

假定：消费者用既定的收入 I 购买 n 种商品。P_1，P_2，…，P_n 分别为 n 种商品的既定价格，λ 为不变的货币的边际效用；X_1，X_2，…，X_n 分别表示 n 种商品的数量，MU_1，MU_2，…，MU_n 分别表示 n 种商品的边际效用，则上述消费者效用最大化的均衡条件可以用公式表示为：

$$P_1X_1 + P_2X_2 + \cdots + P_nX_n = I \tag{3.2}$$

$$\frac{MU_1}{P_1} = \frac{MU_2}{P_2} = \cdots = \frac{MU_n}{P_n} = \lambda \tag{3.3}$$

式中，（3.2）式是限制条件；（3.3）式是在限制条件下消费者实现效用最大化的均衡条件。（3.3）式表示消费者应选择最优的商品组合，使得自己花费在各种商品上的最后一元钱所带来的边际效用相等，且等于货币的边际效用。

 引例解析

垃圾中的边际效用

引例中的现象可以用经济学中的效用理论来解释。即商品价格的高低与商品所提供的边际效用的大小成正比。商品的边际效用越大，消费者所愿意支付的价格越高，反之越低。旧东西对美国人来说边际效用小，所以价格便宜，但对中国偏远地区的居民来说来之不易，因此价格高。

3.2.3 需求曲线的推导

基数效用论者以边际效用递减规律和建立在该规律上的消费者效用最大化的均衡条件为基础推导消费者的需求曲线。

商品的需求价格是指消费者在一定时期内对一定量的某种商品所愿意支付的最高价格。基数效用论者认为，商品的需求价格取决于商品的边际效用。具体地说，如果某一单位的某种商品的边际效用越大，则消费者为购买这一单位的该种商品所愿意支付的最高价格就越高；反之，如果某一单位的某种商品的边际效用越小，则消费者为购买这一单位的该种商品所愿意支付的最高价格就越低。由于边际效用递减规律的作用，随着消费者对某一种商品消费量的连续增加，该商品的边际效用是递减的，相应的，消费者为购买这种商品所愿意支付的最高价格即需求价格也是越来越低的，这意味着，建立在边际效用递减规律上的需求曲线是向右下方倾斜的。

进一步的，联系消费者效用最大化的均衡条件进行分析。考虑消费者购买一种商品的情况，那么，上述的消费者均衡条件可以表示为：

$$\frac{MU}{P} = \lambda \tag{3.4}$$

它表示：消费者对任何一种商品的最优购买量应该是使最后一元钱购买该商品所带来的边际效用和所付出的这一元钱的货币的边际效用相等。该式还意味着：由于对

于任何一种商品来说，随着需求量的不断增加，边际效用 MU 是递减的，于是，为了保证（3.4）式均衡条件的实现，在货币的边际效用不变的前提下，商品的需求价格 P 必然同比例于 MU 的递减而递减。仍以前面的表 3-1 为例来说明。假定表中的 $\lambda = 2$。为了实现 $\frac{MU}{P} = \lambda$ 的均衡衡条件，当商品的消费量为 1 时，边际效用为 10，则消费者为购买第 1 单位的商品所愿意支付的最高价格为 5（即 $10 \div 2 = 5$）。当商品的消费量增加为 2 时，边际效用递减为 8，则消费者为购买第 2 单位的商品所愿意支付的最高价格也同比例地降为 4（即 $8 \div 2 = 4$）……直至商品的消费量增加为 5 时，边际效用进一步递减为 2，消费者为购买第 5 单位的商品所愿意支付的最高价格降为 1（即 $2/2 = 1$）。显然，商品的需求价格同比例于 MU 的递减而递减。

就这样，基数效用论者在对消费者行为的分析中，运用边际效用递减规律的假定和消费者效用最大化的均衡条件，推导出了单个消费者的需求曲线，同时，解释了需求曲线向右下方倾斜的原因，而且说明了需求曲线上的每一点都是满足消费者效用最大化均衡条件的商品的价格—需求量组合点。

3.2.4 消费者剩余

在消费者购买商品时，一方面，我们已经知道，消费者对每一单位商品所愿意支付的最高价格取决于这一单位商品的边际效用。由于商品的边际效用是递减的，所以，消费者对某种商品所愿意支付的最高价格是逐步下降的。但是，另一方面，需要区分的是，消费者对每一单位商品所愿意支付的最高价格并不等于该商品在市场上的实际价格。事实上，消费者在购买商品时是按实际的市场价格支付的。于是，在消费者愿意支付的最高价格和实际的市场价格之间就产生了一个差额，这个差额便构成了消费者剩余的基础。例如，某种汉堡包的市场价格为 3 元，某消费者在购买第一个汉堡包时，根据这个汉堡包的边际效用，他认为值得付 5 元去购买这个汉堡包，即他愿意支付的最高价格为 5 元。于是当这个消费者以市场价格 3 元购买这个汉堡包时，就创造了额外的 2 元的剩余。在以后的购买过程中，随着汉堡包的边际效用递减，他为购买第二个、第三个、第四个汉堡包所愿意支付的最高价格分别递减为 4.50 元、4.00 元和 3.50 元。这样，他为购买 4 个汉堡包所愿意支付的最高总金额为 5.00 元 + 4.50 元 + 4.00 元 + 3.50 元 = 17 元。但他实际按市场价格支付的总金额为 3.00 元 × 4 = 12 元。两者的差额 = 17 元 - 12 元 = 5 元，这个差额就是消费者剩余。也正是从这种感觉上，他认为购买 4 个汉堡包是值得的，是能使自己的状况得到改善的。由此可见，消费者剩余是消费者在购买一定数量的某种商品时愿意支付的最高总价格和实际支付的总价格之间的差额。

消费者剩余可以用几何图形来表示。简单地说，消费者剩余可以用消费者需求曲线以下、市场价格线之上的面积来表示，如图 3-2 中的阴影部分面积所示。具体地看，在图 3-2 中，需求曲线以反需求函数的形式 $P^d = f(Q)$ 给出，它表示消费者对每一单位商品所愿意支付的最高价格。假定该商品的市场价格为 P_0，消费者的购买量为 Q_0。那么，根据消费者剩余的定义，我们可以推断，在产量 0 到 Q_0 区间需求曲线以下的面积表示消费者为购买 Q_0 数量的商品所愿意支付的最高总金额（即总价格），即相当于图中的面积 $OABQ_0$。而实际支付的总金额（即总价格）等于市场价格 P_0 乘以购买量 Q_0，即相当于图中的矩形面积 OP_0BQ_0。这两块面积的差额即图中的阴影部分面积 P_0AB，就是消费者剩余。

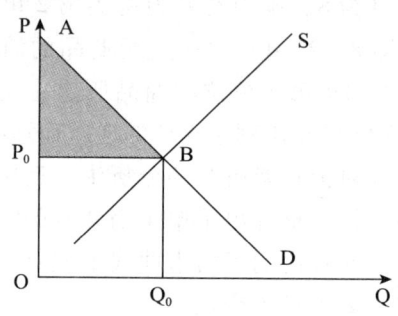

图 3-2 消费者剩余

消费者剩余也可以用数学公式来表示。令反需求函数为 $P^d = f(Q)$，价格为 P_0 时的消费者的需求量为 Q_0，则消费者剩余为：

$$CS = \int_0^{Q_0} f(Q) dQ - P_0 Q_0 \tag{3.5}$$

式中，CS 为消费者剩余的英文简写，式子右边的第一项即积分项表示消费者愿意支付的最高总金额，第二项表示消费者实际支付的总金额。

以上，我们利用单个消费者的需求曲线得到了单个消费者剩余，这一分析可以扩展到整个市场：相类似的，我们可以由市场的需求曲线得到整个市场的消费者剩余，市场的消费者剩余可以用市场需求曲线以下、市场价格线以上的面积来表示。读者可以在学习本章第七节关于市场需求曲线的内容之后，自己分析市场的消费者剩余，并画出相应的图形。

最后需要指出，消费者剩余是消费者的主观心理评价，它反映消费者通过购买和消费商品所感受到的状态的改善。因此，消费者剩余通常被用来度量和分析社会福利问题。

趣味阅读

奶粉的消费者剩余

以前在我国，奶粉这种产品一直是低价销售。每一袋奶粉大约在 10 元钱左

右，全中国的奶粉基本上都是这个价格。随着国门开放，外国商人大量进入中国。这些外国商人学习过"微观经济学"，他们十分了解消费者剩余这个概念。某些外国商人就想："每一袋奶粉仅仅卖10元钱，但是肯定存在某些人对奶粉的需求特别迫切，他们愿意100元买下一袋奶粉。这些人是什么人？"这些外国商人终于想明白了，有些年轻的中国母亲刚刚生下婴儿的时候，由于缺乏母乳，她们需要质量比较好的婴儿奶粉。于是，外国商人研制出质量略微好一些的奶粉，适合婴儿食用。再加上广告以及宣传的作用，包装上再下功夫，这样一袋婴儿奶粉卖到80元至100元。直到现在，奶粉的价格越来越贵。年轻的中国母亲为了让婴儿健康成长，所以她们愿意花费较多的钱去买质量比较好的婴儿奶粉。由于中国人口较多，众多的年轻的中国母亲在购买奶粉时的消费者剩余都跑到外国商人的口袋里去了。外国商人利用了消费者剩余这一简单的概念确实发了一笔大财。

3.3 序数效用论

3.3.1 关于偏好的假定

序数效用论者用无差异曲线分析方法来考察消费者行为，并在此基础上推导出消费者的需求曲线，深入地阐述需求曲线的经济含义。

序数效用论者认为，商品给消费者带来的效用大小应用顺序或等级来表示。为此，序数效用论者提出了消费者偏好的概念。所谓偏好，就是爱好或喜欢的意思。序数效用论者认为，对于各种不同的商品组合，消费者的偏好程度是有差别的，正是这种偏好程度的差别，反映了消费者对这些不同的商品组合的效用水平的评价。具体地讲，给定A、B两个商品组合，如果某消费者对A商品组合的偏好程度大于B商品组合，那也就是说，这个消费者认为A组合的效用水平大于B组合，或者说，A组合给该消费者带来的满足程度大于B组合。

序数效用论者提出了关于消费者偏好的三个基本假定：

(1) 偏好的完全性。偏好的完全性指消费者总是可以比较和排列所给出的不同商品组合。换言之，对于任何两个商品组合A和B，消费者总是可以做出，而且也只能做出以下三种判断中的一种：对A的偏好大于对B的偏好；或者对B的偏好大于对A的偏好；或者对A和B的偏好相同（即A和B是无差异的）。偏好的完全性的假定保证消费者对于偏好的表达方式是完备的，消费者总是可以把自己的偏好评价准确地表达出来。

(2) 偏好的可传递性。可传递性指对于任何三个商品组合A、B和C，如果消费者对A的偏好大于对B的偏好，对B的偏好大于对C的偏好，那么，在A、C这两个组合中,消费者必定有对 A 的偏好大于对 C 的偏好。偏好的可传递性假定保证了消费者偏好的一致性,因而也是理性的。

(3)偏好的非饱和性。该假定指如果两个商品组合的区别仅在于其中一种商品的数量不相同,那么,消费者总是偏好于含有这种商品数量较多的那个商品组合。这就是说,消费者对每一种商品的消费都没有达到饱和点,或者说,对于任何一种商品,消费者总是认为数量多比数量少好。

3.3.2 无差异曲线

为了简化分析,假定消费者只消费两种商品。这样,我们就可以直接在二维平面图上讨论无差异曲线。

无差异曲线是用来表示消费者偏好相同的两种商品的所有组合的。或者说,它是表示能够给消费者带来相同的效用水平或满足程度的两种商品的所有组合。下面用表 3-2 和图 3-3 具体说明无差异曲线的构建。

表 3-2 是某消费者关于商品 X_1 和商品 X_2 的无差异表列,表中列出了关于这两种商品各种不同的组合。该表由三个子表即表 A、表 B 和表 C 组成,每一个子表中都包含六个商品组合,且假定每一个子表中六个商品组合的效用水平是相等的。而且,消费者对这六个组合的偏好程度是无差异的。同样的,消费者对表 B 中的所有六个商品组合的偏好程度也都是相同的,表 C 中六个商品组合给消费者带来的满足程度也都是相同的。

表 3-2 某消费者的无差异表

商品组合	表 A		表 B		表 C	
	X	Y	X	Y	X	Y
a	10	50	20	70	30	90
b	20	30	30	50	40	70
c	30	23	40	40	50	52
d	40	18	50	30	60	44
e	50	14	60	25	70	42
f	60	10	80	20	80	37

但需要注意的是,表 A、表 B 和表 C 三者各自所代表的效用水平的大小是不一样的。只要对表中的商品组合进行仔细观察和分析,就可以发现,根据偏好的非饱和性假设,或者说,根据商品数量"多比少好"的原则,可以得出结论:表 A 所代表的效用水平低于表 B,表 B 又低于表 C。

根据表 3-2 绘制的无差异曲线如图 3-3 所示。图中的横轴和纵轴分别表示商品 1 的数量 X 和商品 2 的数量 Y,曲线分别代表与表 A、表 B 和表 C 相对应的三条无差异曲线。这三条无差异曲线是这样得到的:以无差异曲线 U 为例,先根据表 B 描绘出相应的六个商品组合点 a、b、c、d、e 和 f，然后用曲线把这六个点连接起来（在假定商品数量可以无限细分的假定下），便形成了光滑的无差异曲线 U。用相同的方法，可以根据表 A 和表 C，分别绘制出无差异曲线 U_1 和 U_2。

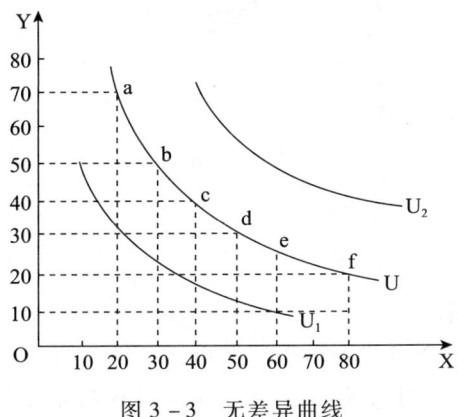

图 3-3　无差异曲线

需要指出，在表 3-2 中我们只列出了三个子表，相应的，在图 3-3 中我们只得到了三条无差异曲线。实际上，我们可以假定消费者的偏好程度可以无限多，也就是说，我们可以有无穷个无差异子表，从而得到无数条无差异曲线。

在此，我们再进一步引入效用函数的概念。效用函数表示某一商品组合给消费者所带来的效用水平。假定消费者只消费两种商品，则效用函数为：

$$U = f(X_1, X_2) \tag{3.6}$$

无差异曲线具有以下三个基本特征：

（1）由于通常假定效用函数是连续的，所以，在同一坐标平面上的任何两条无差异曲线之间，可以有无数条无差异曲线。如图 3-3，我们可以画出无数条无差异曲线，以至覆盖整个平面坐标图。所有这些无差异曲线之间的相互关系是：离原点越远的无差异曲线代表的效用水平越高，离原点越近的无差异曲线代表的效用水平越低。

（2）在同一坐标平面图上的任何两条无差异曲线不会相交。根据无差异曲线的定义，如图 3-4，由无差异曲线 U_1 可得 a、b 两点的效用水平是相等的，由无差异曲线 U_2 可得 a、c 两点的效用水平是相等的。于是，根据偏好可传递性的假定，必定有 b 和 c 这两点的效用水平是相等的。但是，根据偏好的非饱和性假定，必定有 c 点的效用水平大于 b 点的效用水平。这样一来，矛盾产生了，由此证明：对于任何一个消费者来说，两条无差异曲线相交的画法是错误的。

（3）无差异曲线是凸向原点的。这就是说，无差异曲线不仅向右下方倾斜，即无差异曲线的斜率为负值，而且，无差异曲线是以凸向原点的形状向右下方倾斜的，即无差异曲线的斜率的绝对值是递减的。为什么无差异曲线具有凸向原点的特征呢？这取决于商品的边际替代率递减规律。关于这一点，将在下一个问题中得到详细地说明。

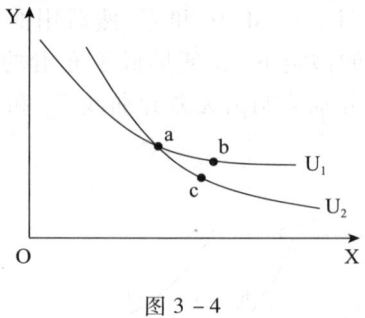

图 3-4

3.3.3 边际替代率

1. 商品的边际替代率

可以想象一下,当一个消费者沿着一条既定的无差异曲线上下滑动的时候,两种商品的数量组合会不断地发生变化,而效用水平却保持不变。这就说明,在维持效用水平不变的前提条件下,消费者在增加一种商品的消费数量的同时,必然会放弃一部分另一种商品的消费数量,即两种商品的消费数量之间存在着替代关系。由此,经济学家建立了商品的边际替代率(英文缩写为 MRS)的概念。在维持效用水平不变的前提下,消费者增加一单位某种商品的消费数量时所需要放弃的另一种商品的消费数量,被称为商品的边际替代率。商品 1 对商品 2 的边际替代率的定义公式为:

$$MRS_{12} = -\frac{\triangle X_2}{\triangle X_1} \tag{3.7}$$

式中,$\triangle X_1$ 和 $\triangle X_2$ 分别为商品 1 和商品 2 的变化量。由于 $\triangle X_1$ 是增加量,$\triangle X_2$ 是减少量,两者的符号肯定是相反的,所以,为了使 MRS_{12} 的计算结果是正值,以便于比较,就在公式中加了一个负号。

当商品数量的变化趋于无穷小时,则商品的边际替代率公式为:

$$MRS_{12} = \lim_{\triangle X_1 \to 0} -\frac{\triangle X_2}{\triangle X_1} = -\frac{dX_2}{dX_1} \tag{3.8}$$

显然,无差异曲线上某一点的边际替代率就是无差异曲线在该点的斜率的绝对值。

2. 商品的边际替代率递减规律

商品的边际替代率递减规律是指:在维持效用水平不变的前提下,随着一种商品的消费数量的连续增加,消费者为得到每一单位的这种商品所需要放弃的另一种商品的消费数量是递减的。之所以会普遍发生商品的边际替代率递减的现象,其原因在于:随着一种商品的消费数量的逐步增加,消费者想要获得更多的这种商品的愿望就会递减,从而,他为了多获得一单位的这种商品而愿意放弃的另一种商品的数量就会越来越少。从几何意义上讲,由于商品的边际替代率就是无差异曲线的斜率的绝对值,所以,边际替代率递减规律决定了无差异曲线的斜率的绝对值是递减的,即无差异曲线是凸向原点的。

3.3.4 预算线

1. 预算线的含义

预算线又称为预算约束线、消费可能线和价格线。预算线表示在消费者的收入和商品的价格给定的条件下，消费者的全部收入所能购买到的两种商品的各种组合。假定某消费者的一笔收入为120元，全部用来购买商品1和商品2，其中，商品1的价格 $P_1=4$ 元，商品2的价格 $P_2=3$ 元。那么，全部收入都用来购买商品1可得30单位，全部收入用来购买商品2可得40单位。由此做出的预算线为图3-5中的线段AB。

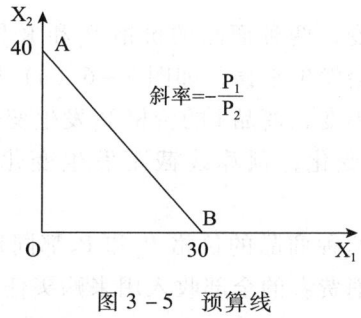

图3-5 预算线

图中预算线的横截距OB和纵截距OA分别表示全部收入用来购买商品1和商品2的数量。预算线的斜率是两商品的价格之比的相反数即 $-\dfrac{P_1}{P_2}$，因为，预算线的斜率可以写为：

$$-\frac{OA}{OB} = -\frac{\dfrac{120}{P_2}}{\dfrac{120}{P_1}} = -\frac{P_1}{P_2}$$

下面，我们由以上的具体例子转向对预算线的一般分析。

假定以 I 表示消费者的既定收入，以 P_1 和 P_2 分别表示商品1和商品2的价格，以 X_1 和 X_2 分别表示商品1和商品2的数量，那么，相应的预算等式为：

$$P_1 X_1 + P_2 X_2 = I \tag{3.9}$$

该式表示：消费者的全部收入等于他购买商品1和商品2的总支出。而且，可以用 $\dfrac{I}{P_1}$ 和 $\dfrac{I}{P_2}$ 来分别表示全部收入仅购买商品1或商品2的数量，它们分别表示预算线的横截距和纵截距。此外，(3.9)式可以改写成如下形式：

$$X_2 = -\frac{P_1}{P_2} X_1 + \frac{I}{P_2} \tag{3.10}$$

(3.10) 式的预算线方程告诉我们,预算线的斜率为 $-\dfrac{P_1}{P_2}$,纵截距为 $\dfrac{I}{P_2}$。

2. 预算线的变动

由预算线方程可以看出,预算线与商品 1 的价格、商品 2 的价格以及收入水平有关。P_1、P_2、I 的改变将导致预算线的变动。以下是预算线变动的几种情况:

(1) 两商品的价格 P_1 和 P_2 不变,消费者的收入 I 发生变化。这时,相应的预算线的位置会发生平移。如图 3-6 (a),假定原有的预算线为 AB,消费者收入 I 增加,使预算线由 AB 向右平移至 A′B′。相反,消费者收入 I 减少,使预算线 AB 向左平移至 A″B″。前者表示消费者的全部收入用来购买任何一种商品的数量都因收入的增加而增加,相反,后者表示消费者的全部收入用来购买任何一种商品的数量都因收入的减少而减少。

(2) 消费者的收入 I 不变,两种商品的价格 P_1 和 P_2 同比例同方向发生变化,这时,相应的预算线的位置也会发生平移,如图 3-6 (a) 所示。

(3) 当消费者的收入 I 不变,商品 1 的价格 P_1 发生变化而商品 2 的价格 P_2 保持不变,这时,预算线斜率发生变化,预算线截距发生变化,如图 3-6 (b) 和 (c) 所示。

(4) 消费者的收入 I 与两种商品的价格 P_1 和 P_2 都同比例同方向发生变化。这时预算线不发生变化。它表示消费者的全部收入用来购买任何一种商品的数量都未发生变化。

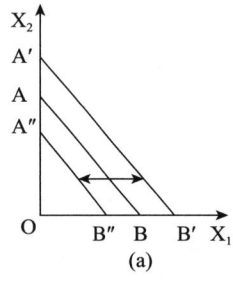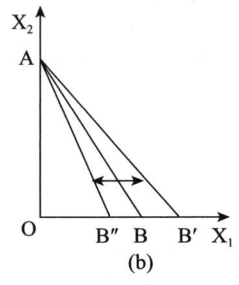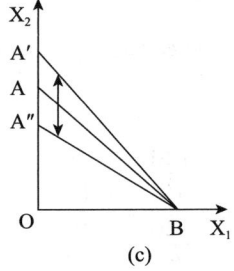

图 3-6 预算线的变动

3.3.5 消费者均衡

在已知消费者的偏好和预算线约束的前提下,就可以分析消费者对最优商品组合的选择。具体的做法是,把前面考察过的消费者的无差异曲线和预算线结合在一起,来分析消费者追求效用最大化的购买选择行为。

消费者的最优购买行为必须满足两个条件:(1) 最优的商品购买组合必须是消费者最偏好的商品组合。也就是说,最优的商品购买组合必须是能够给消费者带来最大效用的商品组合。(2) 最优的商品购买组合必须位于给定的预算线上。

下面,利用图 3-7 来具体说明消费者的最优购买行为。

首先,把要分析的问题准确表述如下:假定消费者的偏好给定,再假定消费者的收入和两种商品的价格给定,那么,消费者应该如何选择最优的商品组合以获得最大的效用呢?认真考虑一下这个问题,可以得到以下两点:(1)消费者偏好给定的假定,意味着给定了一个由该消费者的无数条无差异曲线所构成的无差异曲线簇。为了简化分析,我们从中取出三条,这便是图 3-7 中三条无差异曲线 U_1、U_2 和 U_3 的由来。(2)消费者的收入和两种商品的价格给定的假定,意味着给定了该消费者的一条预算线,这便是图 3-7 中唯一的一条预算线 AB 的由来。

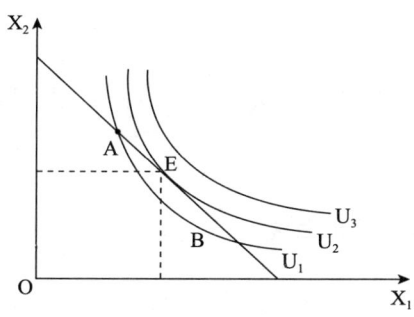

图 3-7 消费者均衡

然后,在图 3-7 中找出该消费者实现效用最大化的最优商品组合。面对图 3-7 中的一条预算线和三条无差异曲线,我们说,只有预算线 AB 和无差异曲线 U_2 的相切点 E,才是消费者在给定的预算约束下能够获得最大效用的均衡点。

为什么只有 E 点才是消费者效用最大化的均衡点呢?这是因为,就无差异曲线 U_3 来说,虽然它代表的效用水平高于无差异曲线 U_2,但它与既定的预算线 AB 既无交点又无切点。这说明消费者在既定的收入水平下无法实现无差异曲线 U_3 上的任何一点的商品组合的购买。就无差异曲线 U_1 来说,虽然它与既定的预算线 AB 相交于 A、B 两点,这表明消费者利用现有收入可以购买 A、B 两点的商品组合。但是,这两点的效用水平低于无差异曲线 U_2,因此,理性的消费者不会用全部收入去购买无差异曲线 U_1 上 A、B 两点的商品组合。事实上,就 A 点和 B 点来说,若消费者能改变购买组合,选择 AB 线段上位于 A 点右边或凸点左边的任何一点的商品组合,则都可以达到比 U_1 更高的无差异曲线,以获得比 A 点和 B 点更大的效用水平。这种沿着 AB 线段由 A 点往右和由 B 点往左的运动,最后必定在 E 点达到均衡。显然,只有当既定的预算线 AB 和无差异曲线 U_2 相切于 E 点时,消费者才在既定的预算约束条件下获得最大的满足。故 E 点就是消费者实现效用最大化的均衡点。

最后,找出消费者效用最大化的均衡条件。在切点 E,无差异曲线和预算线两者的斜率是相等的。我们已经知道,无差异曲线的斜率的绝对值就是商品的边际替代率 MRS_{12},预算线的斜率的绝对值可以用两种商品的价格之比 $\dfrac{P_1}{P_2}$ 来表示。

由此，在均衡点 E 有：

$$MRS_{12} = \frac{P_1}{P_2} \tag{3.11}$$

这就是消费者效用最大化的均衡条件。它表示：在一定的预算约束下，为了实现最大的效用，消费者应该选择最优的商品组合，使得两种商品的边际替代率等于两种商品的价格之比。也可以这样理解：在消费者的均衡点上，消费者愿意用一单位的某种商品去交换的另一种商品的数量（即 MRS_{12}），应该等于该消费者能够在市场上用一单位的这种商品去交换得到的另一种商品的数量（即 $\frac{P_1}{P_2}$）。

3.4 价格变化和收入变化对消费者均衡的影响

3.4.1 价格消费曲线与需求曲线

1. 价格消费曲线

在其他条件均保持不变时，一种商品价格的变化会使消费者效用最大化的均衡点的位置发生移动，并由此可以得到价格—消费曲线。价格—消费曲线是在消费者的偏好、收入以及其他商品价格不变的条件下，与某一种商品的不同价格水平相联系的消费者效用最大化的均衡点的轨迹。具体以图3-8来说明价格—消费曲线的形成。

在图中，假定商品1的初始价格为 P_1^1，相应的预算线为 AB，它与无差异曲线 U_1 相切于效用最大化的均衡点 E_1。如果商品1的价格由 P_1^1 下降为 P_1^2，相应的预算线由 AB 移至 AB′，于是，AB′ 与另一种较高无差异曲线 U_2 相切于均衡点 E_2。如果商品1的价格再由 P_1^2 继续下降为 P_1^3，相应的预算线由 AB′ 移至 AB″，于是，AB″ 与另一条更高的无差异曲线 U_3 相切于均衡点 E_3，不难发现，随着商品1的价格的不断变化，可以找到无数个诸如 E_1、E_2 和 E_3 那样的均衡点，它们的轨迹就是价格—消费曲线。

2. 消费者的需求曲线

由消费者的价格—消费曲线可以推导出消费者的需求曲线。分析图3-8（a）中价格—消费曲线上的三个均衡点 E_1、E_2 和 E_3，可以看出，在每一个均衡点上，都存在着商品1的价格与商品1的需求量之间一一对应的关系。根据商品1的价格和需求量之间的这种对应关系，把每一个 P_1 数值和相应的均衡点上的 X_1 数值绘制在商品的价格—数量坐标图上，便可以得到单个消费者的需求曲线。在图3-8（b）中，横轴表示商品1的数量 X_1，纵轴表示商品1的价格 P_1。图（b）中需求曲线 $X_1 = f(P_1)$ 上的 a、b、c 点分别和图（a）中的价格—消费曲线上的均衡点 E_1、E_2、E_3 相对应。

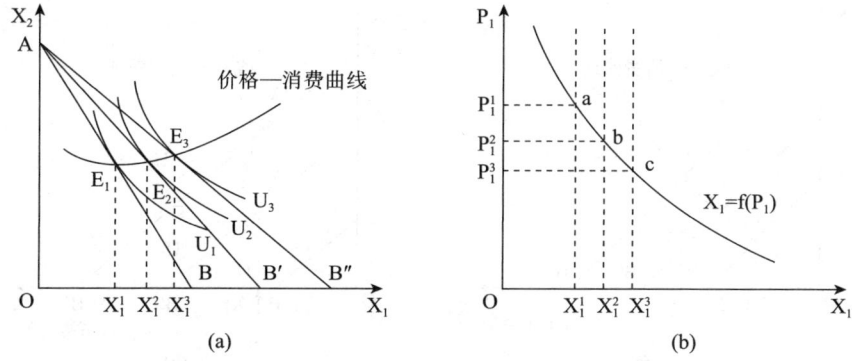

图 3-8 价格—消费曲线和消费者的需求曲线

由图 3-8 可见,序数效用论者所推导的需求曲线一般是向右下方倾斜的,它表示商品的价格和需求量成反方向变化。尤其是需求曲线上与每一价格水平相对应的商品需求量都是可以给消费者带来最大效用的均衡数量。

3.4.2 收入消费曲线与恩格尔曲线

1. 收入消费曲线

在其他条件不变而仅有消费者的收入水平发生变化时,也会改变消费者效用最大化的均衡量的位置,并由此可以得到收入—消费曲线。收入—消费曲线是在消费者的偏好和商品的价格不变的条件下,与消费者的不同收入水平相联系的消费者效用最大化的均衡点的轨迹。

以图 3-9 来具体说明收入—消费曲线的形成。

在图 3-9(a)中,随着收入水平的不断增加,预算线由 AB 移至 A′B′,再移至 A″B″,于是,形成了三个不同收入水平下的消费者效用最大化的均衡点 E_1、E_2 和 E_3。如果收入水平的变化是连续的,则可以得到无数个这样的均衡点的轨迹,这便是图 3-9(a)中的收入—消费曲线。图中的收入—消费曲线是向右上方倾斜的,它表示:随着收入水平的增加,消费者对商品 1 和商品 2 的需求量都是上升的,所以,图 3-9(a)中的两种商品都是正常品。

在图 3-9(b)中,采用与图 3-9(a)中相类似的方法,随着收入水平的连续增加,描绘出了另一条收入—消费曲线。但是图 3-9(b)中的收入—消费曲线是向后弯曲的,它表示:随着收入水平的增加,消费者对商品 1 的需求量开始是增加的,但当收入上升到一定水平之后,消费者对商品 1 的需求量反而减少了。这说明在一定的收入水平上,商品 1 由正常品变成了劣等品。我们可以在日常经济生活中找到这样的例子。例如,对某些消费者来说,在收入水平较低时,土豆是正常品;在收入水平较高时,土豆就有可能成为劣等品。因为在这些消费者变得较富裕的时候,他们可能会减少对土豆的消费量,而增加对其他食物的消费量。

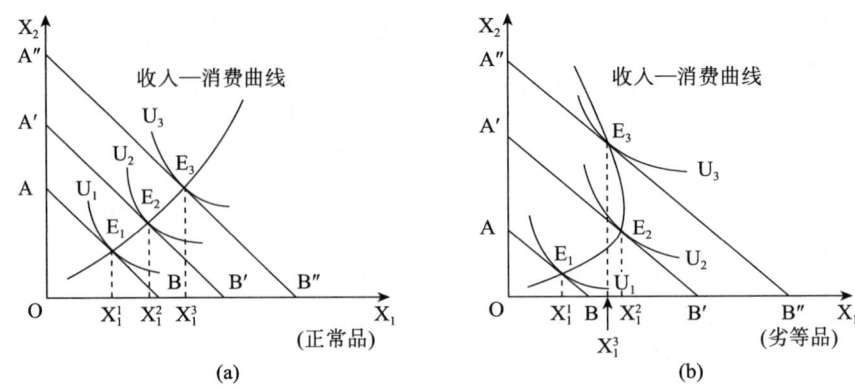

图 3-9 收入—消费曲线

2. 恩格尔曲线

由消费者的收入—消费曲线可以推导出消费者的恩格尔曲线。

恩格尔曲线表示消费者在每一收入水平对某商品的需求量。与恩格尔曲线相对应的函数关系为 $X=f(I)$，其中，I 为收入水平；X 为某种商品的需求量。图 3-9 中的收入—消费曲线反映了消费者的收入水平和商品的需求量之间存在着一一对应的关系：以商品 1 为例，当收入水平为 I_1 时，商品 1 的需求量为 X_1^1；当收入水平增加为 I_2 时，商品 1 的需求量增加为 X_1^2；当收入水平再增加为 I_3 时，商品 1 的需求量变动为 X_1^3，把这种一一对应的收入和需求量的组合描绘在相应的平面坐标图中，便可以得到相应的恩格尔曲线，如图 3-10 所示。

图 3-9（a）和图 3-10（a）是相对应的，图中的商品 1 是正常品，商品 1 的需求量 X_1 随着收入水平 I 的上升而增加。图 3-9（b）和图 3-10（b）是相对应的，在一定的收入水平上，图中的商品 1 由正常品转变为劣等品。或者说，在较低的收入水平范围，商品 1 的需求量与收入水平成同方向的变动；在较高的收入水平范围，商品 1 的需求量与收入水平成反方向的变动。

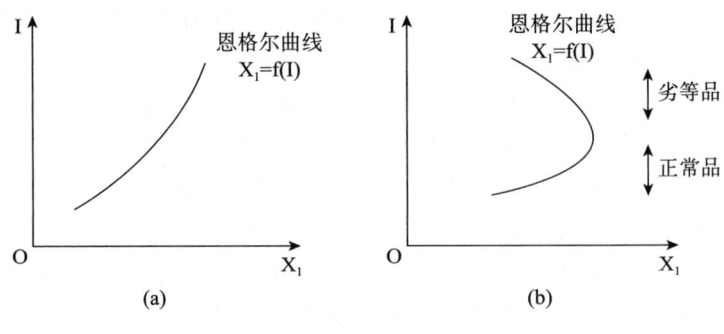

图 3-10 恩格尔曲线

本章小结

本章主要学习总效用、边际效用的概念、关系,需求曲线的推导,消费者剩余,无差异曲线的概念、特点,预算约束线的概念,边际替代率,消费者均衡;通过讲授总效用、边际效用无差异曲线、预算约束线、边际替代率、消费者均衡的学习,深刻理解消费者的购买行为。

 ## 重要概念

总效用　　边际效用　　无差异曲线　　边际替代率　　预算约束线　　消费者均衡

 ## 本章练习

 ### 单选题

1. 总效用达到最大时(　　)。
A. 边际效用为正　　　　　　　　B. 边际效用为负
C. 边际效用为零　　　　　　　　D. 边际效用为最大

2. 同一条无差异曲线上的不同点表示(　　)。
A. 效用水平相同,商品组合相同　　B. 效用水平不同,商品组合不同
C. 效用水平不同,商品组合相同　　D. 效用水平相同,商品组合不同

3. 以下(　　)情况指的是边际效用。
A. 张某吃了第二个面包,满足程度从10个效用单位增加到了15个效用单位,增加了5个效用单位。
B. 张某吃了两个面包,共获得15个效用单位的满足感
C. 张某吃了两个面包,平均每个面包的满足程度为7.5个效用单位
D. 以上都不对

4. 某消费者逐渐增加某种商品的消费量,直至达到了效用最大化,在这个过程中,该商品的(　　)。
A. 总效用和边际效用不断增加
B. 总效用不断下降,边际效用不断增加
C. 总效用不断增加,边际效用不断下降
D. 总效用和边际效用同时下降

5. 若无差异曲线上任何一点的斜率 $d_X/d_Y = -1/2$,这意味着消费者有更多的商品 X 时,他愿意放弃(　　)单位商品 X 而获得一单位商品 Y。
A. 1/2　　　　　　　　　　　　　B. 2
C. 1　　　　　　　　　　　　　　D. 1.5

6. 在山东荔枝的价格比苹果的价格贵5倍,而在广东荔枝的价格只是苹果的

1/2，那么两地的消费者都达到效用最大化时，（   ）。

A. 消费者的荔枝对苹果的边际替代率都相等

B. 荔枝对苹果的边际替代率，济南消费者要大于广东消费者

C. 苹果对荔枝的边际替代率，济南消费者要大于广东消费者

D. 无法确定

7. 根据序数效用理论，消费者均衡是（   ）。

A. 无差异曲线与预算约束线的相切之点

B. 无差异曲线与预算约束线的相交之点

C. 离原点最远的无差异曲线上的任何一点

D. 离原点最近的预算约束线上的任何一点

8. 预算线的斜率和位置取决于（   ）。

A. 商品的价格和消费者的收入　　B. 商品的价格

C. 消费者的收入　　D. 消费者的偏好

9. 消费品 X 和 Y 的价格不变，如果 MRS_{XY} 大于 P_X/P_Y，则消费者（   ）。

A. 增加 X，增加 Y　　B. 增加 X，减少 Y

C. 减少 X，增加 Y　　D. 减少 X，减少 Y

10. 消费者剩余是消费者的（   ）。

A. 价值剩余　　B. 商品剩余

C. 实际所得　　D. 主观感受

多选题

1. 关于消费者均衡点的下列看法中正确的有（   ）。

A. 均衡点位于预算约束线上

B. 消费者均衡点在理论上可以脱离预算约束线而存在

C. 均衡点由预算线和无差异曲线的切点决定

D. 在消费者均衡点上，预算约束线与无差异曲线斜率相等但符号相反

2. 以下关于边际效用的说法正确的有（   ）。

A. 边际效用不可能为负值

B. 边际效用与总效用呈同方向变动

C. 对于通常情况来讲，消费者的商品消费服从边际效用递减规律

D. 在边际效用大于等于零时，边际效用与总效用反方向变动

3. 下列关于边际替代率的说法正确的有（   ）。

A. 劣等品的需求曲线向右上方倾斜

B. 商品价格下降，其替代效应为正数值

C. 商品价格下降，其收入效应为负数值

D. 商品价格下降，收入效应的绝对值大于替代效应的绝对值

4. 消费者无差异曲线具有以下特点（   ）。
A. 具有正斜率 B. 斜率递减
C. 任意两条无差异曲线都不相交 D. 有无数条

判断题

1. 在无差异曲线图上存在无数条无差异曲线，是因为消费者的收入有时高有时低。（   ）
2. 总效用决定产品的价格，而边际效用则决定了消费的数量。（   ）
3. 在消费者均衡条件下，消费者购买的商品的总效用一定等于他所支付的货币的总效用。（   ）
4. 根据基数效用论的观点，假设货币收入不变，则消费者获得效用最大化的条件是使单位货币的边际效用不变。（   ）
5. 当两种产品的边际替代率的绝对值递减时，无差异曲线凸向原点。（   ）
6. 预算线上的每一点代表着当收入一定时消费者可能购买的不同数量的商品组合。（   ）

简答题

1. 试述基数效用论与序数效用论的区别与联系。
2. 什么是消费者均衡？消费者均衡的条件是什么？
3. 试用边际效用递减规律来解释为什么钻石极为稀少但是却价格昂贵？

计算题

1. 已知某家庭的总效用方程为 $TU = 14Q - Q^2$，Q 为消费商品数量，试求该家庭消费多少商品效用最大，效用最大额是多少？
2. 已知某人的效用函数为 $TU = 4X + Y$，如果消费者消费 16 单位 X 产品和 14 单位 Y 产品，试求：
（1）消费者的总效用。
（2）如果因某种原因消费者只能消费 4 个单位 X 产品，在保持总效用不变的情况下，需要消费多少单位 Y 产品？
3. 假设消费者张某对 X 和 Y 两种商品的效用函数为 $U = X^2Y^2$，张某收入为 500 元，X 和 Y 的价格分别为 $P_X = 2$ 元，$P_Y = 5$ 元，求：张某对 X 和 Y 两种商品的最佳组合？

第 4 章

生产理论

 内容提要

本章主要讲解了企业的生产理论，包括企业的目标、生产函数等，并分为三节课进行讲解：第一节为企业的目标，重点需要掌握企业长期和短期的划分；第二节为一种可变要素的生产函数，重点为边际报酬递减规律，难点为生产三区间；第三节为两种可变要素的生产函数，重点为边际技术替代率递减规律，难点为生产要素最优组合。

 重点难点

本章重点为一种可变要素的生产函数；难点为两种可变要素的生产函数。

 学习目标

通过本章学习，学生应掌握企业的目标、生产函数等，能够计算一种可变要素的生产函数的相关问题，了解并掌握两种可变要素生产函数的使用问题。

 知识框架

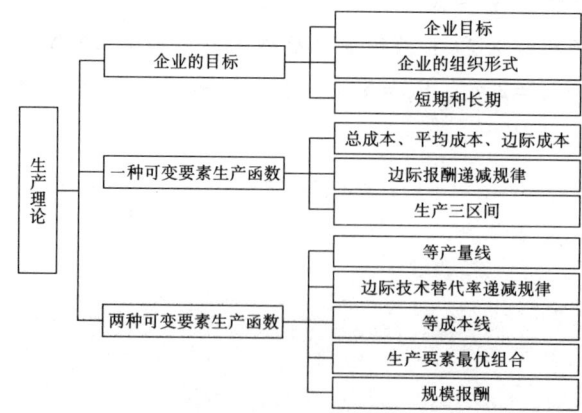

 引入案例

美国红牛案

2014年，功能性饮料红牛在美国输了两场官司，起因是一位顾客以虚假宣传为名，将红牛告上了法庭。因为红牛在美国和欧洲的广告语是：红牛给你插上翅膀（Red Bull gives you Wings）。

这位名叫本杰明的顾客说：他在过去10年中连续饮用红牛，但"并未长出翅膀"，而且广告里提到的那些好处，什么提高反应速度啊、提升运动水平啊，都是未经过科学验证的虚假宣传。另外一位顾客也说，他喝红牛并没有让他的运动员生涯有什么改观！

而法院认为他们提出的控诉好像有点道理："从这种带有欺骗性的行为，可以看出（红牛公司的）广告和营销并不完全符合事实，而是带有强烈的误导性，所以这项判决合理。"

红牛最终承认，"红牛给不了你翅膀"，因此同意向这些年来的顾客做出总额为1300万美元的赔偿，用以弥补不实广告语给消费者带来的伤害。

请大家思考，在该案件中，红牛公司为什么会承认自己对顾客进行了欺骗？这就是企业的目标，大部分企业的目标是盈利，而有些规模达到一定程度的企业，目标就不仅仅是盈利了，还会有社会地位、社会影响力，以及在顾客心目中的形象，因此红牛公司之所以承认错误，并不是因为理论上真的错了，而是对于这样一家大公司来讲，企业的形象比企业的盈利更重要。

4.1 企业的目标

4.1.1 企业的目标

1. 传统意义上企业的目标

传统意义上企业目标就是创造价值，实现其宗旨所要达到的预期成果，没有目标的企业是没有希望的企业，企业目标就是企业发展的终极方向，是指引企业航向的灯塔，是激励企业员工不断前行的精神动力。在微观经济学中，一般总是假定厂商的目标是追求最大的利润。这一基本假定是理性经济人的假定在生产理论中的具体化。

2. 实践中企业的目标

上文讲述的是企业传统意义上目标的概念，但是在现实经济生活中，厂商有时并不一定选择实现最大利润的决策。在信息不完全的条件下，厂商所面临的市场需求可

能是不确定的,而且厂商也有可能对产量变化所引起的生产成本的变化情况缺乏准确的了解,于是,厂商长期生存的经验做法也许就是实现销售收入最大化或市场销售份额最大化,以此取代利润最大化的决策。

更为一般的情况是,在现代公司制企业组织中,企业的所有者往往并不是企业的真正经营者,企业的日常决策是由企业所有者的代理人——经理做出的。企业所有者和企业经理之间是委托人和代理人之间的契约关系。由于信息的不完全性,尤其是信息的不对称性,所有者并不能完全监督和控制公司经理的行为,经理会在一定的程度上偏离企业利润最大化的目标,而追求其他一些有利于自身的利益目标。例如,经理会追求自身效用最大化,他们并不一定很努力工作,而追求豪华舒适的办公环境,讲究排场;他们也可能追求销售收入最大化和销售收入持续增长,一味扩大企业规模,以此来扩张自己的特权和增加自己的收入,并提高自己的社会知名度;他们也可能只顾及企业的短期利益,而牺牲企业的长期利润目标,等等。

但是,经理对利润最大化目标的偏离会受到制约。例如,如果经理经营不善,企业效率下降,公司的股票价值就会下降,投资者就会抛售公司股票。在这种情况下,企业就有可能被其他投资者低价收购,或者董事会也有可能直接解雇经营不善的经理。总之,经理的职位将难以保住,而且被解雇的经理再寻找合适的工作,往往是很困难的。

 特别提示

本章中的企业指的是所有的企业形式。

4.1.2 企业的组织形式

厂商主要可以采取三种组织形式:个人企业、合伙制企业和公司制企业。

个人企业指单个人独资经营的厂商组织。个人企业家往往同时就是所有者和经营者。个人业主的利润动机明确、强烈;决策自由、灵活;企业规模小,易于管理。但个人企业往往资金有限,限制了生产的发展,而且也较易于破产。

合伙制企业指两个人以上合资经营的厂商组织。相对个人企业而言,合伙制企业的资金较多,规模较大,比较易于管理;分工和专业化得到加强。但由于多人所有和参与管理,不利于协调和统一;资金和规模仍有限,在一定程度上不利于生产的进一步发展;合伙人之间的契约关系欠稳定。

公司制企业指按公司法建立和经营的具有法人资格的厂商组织。它是一种重要的现代企业组织形式。公司由股东所有,公司的控制权掌握在董事监督下的总经理手中。在资本市场上,公司制企业是一种非常有效的融资组织形式,它主要利用发行债券和股票来筹集资金。其中,公司债券是由公司发出的债权凭证,或者说,它是以公司做出在将来某一特定时间偿还一定的固定数量的货币，并按期付息的许诺的方式，从居民户或其他厂商那里借款。债券所有人不是公司的所有者，也不参加管理。公司股票是由公司发行的一定数量的具有一定票面价值的投资凭证。股票所有者是公司的股东，股东是公司的所有者，股东有权利参加公司的管理和索取公司利润，也有义务承担公司的损失。

4.1.3　短期和长期

1. 短期和长期的划分

短期指生产者来不及调整全部生产要素的数量，至少有一种生产要素的数量是固定不变的时间周期。

长期指生产者可以调整全部生产要素的数量的时间周期。

相应的，在短期内，生产要素投入可以区分为不变投入和可变投入：生产者在短期内无法进行数量调整的那部分要素投入是不变要素投入。例如，机器设备、厂房等。生产者在短期内可以进行数量调整的那部分要素投入是可变要素投入。例如，劳动、原材料、燃料等。在长期，生产者可以调整全部的要素投入。

具体来说，生产者根据企业的经营状况，可以缩小或扩大生产规模，甚至还可以加入或退出一个行业的生产。由于在长期所有的要素投入量都是可变的，因而也就不存在可变要素投入和不变要素投入的区分。对于不同的产品生产，短期和长期的界限规定是不相同的。

 知识拓展

短期和长期在实践中的应用

对于不同的产品生产，短期和长期的具体时间的规定是不同的。例如，变动一个大型炼油厂的规模可能需要五年，则其短期和长期的划分以五年为界，而变动一个小食店的规模可能只需要一个月，则其短期和长期的划分仅为一个月。

2. 生产函数

（1）厂商的生产要素

厂商进行生产的过程就是从投入生产要素到生产出产品的过程。在西方经济学中，生产要素一般被划分为劳动、土地、资本和企业家才能这四种类型。

劳动指人类在生产过程中提供的体力和智力的总和。

土地不仅指土地本身，还包括地上和地下的一切自然资源，如森林、江河湖泊、海洋和矿藏等。

资本可以表现为实物形态或货币形态。资本的实物形态又称为资本品或投资品，如厂房、机器设备、动力燃料、原材料等。资本的货币形态通常称为货币资本。

企业家才能指企业家组织建立和经营管理企业的才能。通过对生产要素的运用，厂商可以提供各种实物产品，如房屋、食品、机器、日用品等，也可以提供各种无形产品即劳务，如理发、医疗、金融服务、旅游服务等。

(2) 生产函数的定义

厂商的生产函数表示在一定时期内，在技术水平不变的情况下，生产中所使用的各种生产要素的数量与所能生产的最大产量之间的关系。

任何生产函数都以一定时期内的生产技术水平作为前提条件，一旦生产技术水平发生变化，原有的生产函数就会发生变化，从而形成新的生产函数。新的生产函数可能是以相同的生产要素投入量生产出更多或更少的产量，也可能是以变化了的生产要素的投入量进行生产。

(3) 生产函数的推导

假定 X_1，X_2，$\cdots$，X_n 顺次表示某产品生产过程中所使用的 n 种生产要素的投入数量，Q 表示所能生产的最大产量，则生产函数可以写成：$Q = f(X_1, X_2 \cdots X_n)$。

该生产函数表示在一定时期内在既定的生产技术水平下的生产要素组合（X_1，$X_2 \cdots X_n$）所能生产的最大产量为 Q。

在经济学的分析中，为了简化分析，通常假定生产中只使用劳动和资本这两种生产要素。若以 L 表示劳动投入数量，以 K 表示资本投入数量，则生产函数写为：$Q = f(L, K)$。

生产函数表示生产中的投入量和产出量之间的依存关系，这种关系普遍存在于各种生产过程之中。一家工厂必然具有一个生产函数，一家饭店也是如此，甚至一所学校或医院同样会存在着各自的生产函数。估算和研究生产函数，对于经济理论研究和生产实践都具有一定意义。这也是很多经济学家和统计学家对生产函数感兴趣的原因。

4.2 一种可变要素生产函数

4.2.1 一种可变要素的生产函数

由生产函数 $Q = f(L, K)$ 出发，假定资本投入量是固定的，用 K 表示，劳动投入量是可变的，用 L 表示，则生产函数可以写成：$Q = f(L, K)$。

这就是通常采用的一种可变生产要素的生产函数的形式，它也被称为短期生产函数。

4.2.2 总产量、平均产量和边际产量

1. 总产量、平均产量和边际产量定义

总产量 TP_L 表示与一定的可变要素劳动的投入量相对应的最大产量。公式为

$TP_L = f(L, K)$。

平均产量 AP_L 指平均每一单位可变要素劳动的投入量所生产的产量。公式为：$AP_L = TP_L/L$。

边际产量 MP_L 指增加一单位可变要素劳动投入量所增加的产量。公式为：$MP_L = dTP_L/dL$。

对于生产函数 $Q = f(L, K)$ 来说，它表示在劳动投入量固定时，由资本投入量变化所带来的最大产量的变化。由该生产函数可以得到相应的资本的总产量、资本的平均产量和资本的边际产量，它们的定义公式分别是：$TP_K = f(L, K)$；$AP_K = TP_K/K$；$MP_K = dTP_K/dK$。

2. 总产量、平均产量和边际产量图解

下文我们将用图表和图示的方式来解释三种产量之间的关系。

表 4 – 1　　　　　　　总产量、边际产量和平均产量表

资本量 (K)	劳动量 (L)	劳动增量 (△L)	总产量 (TP)	边际产量 (MP)	平均产量 (AP)
10	0	0	0	0	0
10	1	1	8	8	8
10	2	1	20	12	10
10	3	1	36	16	12
10	4	1	48	12	12
10	5	1	55	7	11
10	6	1	60	5	10
10	7	1	60	3	8.6
10	8	1	56	-4	7

根据表 4 – 1 可以做出图 4 – 1：横轴 OL 代表劳动量，纵轴 OQ 代表产量，TP 为总产量曲线，AP 为平均产量曲线，MP 为边际产量曲线。

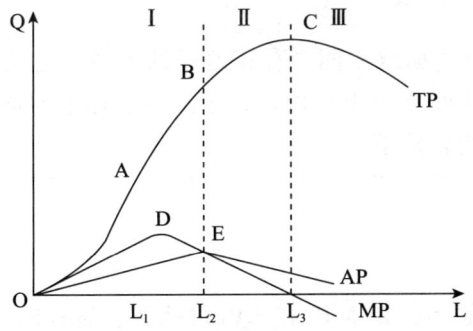

图 4 – 1　总产量、边际产量、平均产量曲线

由边际报酬递减规律决定的劳动的边际产量曲线 MP 先是上升的,并在 D 点达到最高点,然后再下降。接下来我们来分析三条曲线之间的关系。

第一,关于边际产量和总产量之间的关系。根据边际产量的定义公式 $MP_L = dTP_L/dL$ 可以推知,过 TP_L 曲线任何一点的切线的斜率就是相应 MP_L 值。

正是由于每一个劳动投入量上的边际产量 MP_L 值就是相应的总产量 TP_L 曲线的斜率,所以,在图中 MP_L 曲线和 TP_L 曲线之间存在着这样的对应关系:在劳动投入量小于 L_3 的区域,MP_L 均为正值,则相应的 TP_L 曲线的斜率为正,即 TP_L 曲线是上升的;在劳动投入量大于 L_3 的区域,MP_L 均为负值,则相应的 TP_L 曲线的斜率为负,即 TP_L 曲线是下降的。当劳动投入量恰好为 L_3 时,MP_L 为零,则相应的 TP_L 曲线的斜率为零,即 TP_L 曲线达极大值点。也就是说,MP_L 曲线的零值点 L_3 和 TP_L 曲线的最大值点 C 点是相互对应的。以上这种关系可以简单地表述为:只要边际产量是正的,总产量总是增加的;只要边际产量是负的,总产量总是减少的;当边际产量为零时,总产量达最大值点。

进一步的,由于在边际报酬递减规律作用下的边际产量 MP_L 曲线先上升,在 D 点达到最大值,然后再下降,所以,相应的总产量 TP_L 曲线的斜率先是递增的,A 点为拐点,然后再是递减的。也就是说,MP_L 曲线的最大值点 D 和 TP_L 曲线的拐点 A 是相互对应的。

第二,关于平均产量和总产量之间的关系。根据平均产量的定义公式 $AP_L = TP_L/L$ 可以推知,连接 TP_L 曲线上任何一点和坐标原点的线段的斜率,就是相应的 AP_L 值。

正是由于这种关系,在图中当 AP_L 曲线在 E 点达最大值时,TP_L 曲线必然有一条从原点出发的最陡的切线,其切点为 B 点。

第三,关于边际产量和平均产量之间的关系。在图 4-1 中,我们可以看到 MP_L 曲线和 AP_L 曲线之间存在着这样的关系:两条曲线相交于 AP_L 曲线的最高点 E。在 E 点以前,MP_L 曲线高于 AP_L 曲线,MP_L 曲线将 AP_L 曲线拉上;在 E 点以后,MP_L 曲线低于 AP_L 曲线,MP_L 曲线将 AP_L 曲线拉下。不管是上升还是下降,MP_L 曲线的变动都快于 AP_L 曲线的变动。

为什么 MP_L 曲线和 AP_L 曲线之间会存在这样的关系?这是因为,就任何一对边际量和平均量而言,只要边际量大于平均量,边际量就把平均量拉上;只要边际量小于平均量,边际量就把平均量拉下。

 相关思考

想一想为什么 MP_L 和 AP_L 之间存在这样的关系?

举一个简单的实际例子:假定一个举重队队员的平均体重为 80 公斤。如果新加入的一名队员的体重为 90 公斤（相当于边际量），那么整个队的平均体重就会增加。相反，如果新加入的一名队员的体重为 70 公斤（相当于边际量），那么，整个队的平均体重会下降。因此，就平均产量 AP_L 和边际产量 MP_L 来说，当 $MP_L > AP_L$ 时，AP_L 曲线是上升的；当 $MP_L < AP_L$ 时，AP_L 曲线是下降的；当 $MP_L = AP_L$ 时，AP_L 曲线达极大值。又由于边际报酬递减规律作用下的 MP_L 曲线是先升后降的，所以，当 MP_L 曲线和 AP_L 曲线相交时，AP_L 曲线必达最大值。

此外，由于在可变要素劳动投入量的变化过程中，边际产量的变动相对平均产量的变动而言要更敏感一些，所以，不管是增加还是减少，边际产量的变动均快于平均产量的变动。

4.2.3 边际报酬递减规律

1. 边际报酬递减规律内容

边际报酬递减规律，又称边际效益递减规律，或边际产量递减规律，指在短期生产过程中，在其他条件不变（如技术水平不变）的前提下，增加某种生产要素的投入，当该生产要素投入数量增加到一定程度以后，增加一单位该要素所带来的效益增加量是递减的，边际收益递减规律是以技术水平和其他生产要素的投入数量保持不变为条件进行讨论的一种规律。

2. 边际报酬递减规律原因

边际报酬递减规律成立的原因在于：对于任何产品的短期生产来说，可变要素投入和固定要素投入之间存在着一个最佳的数量组合比例。在开始时，由于不变要素投入量给定，而可变要素投入量为零，因此，生产要素的投入量远远没有达到最佳的组合比例。随着可变要素投入量的逐渐增加，生产要素累计投入量逐步接近最佳的组合比例，相应的可变要素的边际产量呈现出递增的趋势。一旦生产要素的投入量达到最佳的组合比例时，可变要素的边际产量达到最大值。在这一点之后，随着可变要素投入量的继续增加，生产要素的投入量越来越偏离最佳的组合比例，相应的可变要素的边际产量便呈现出递减的趋势了。边际报酬递减规律强调的是：在任何一种产品的短期生产中，随着一种可变要素投入量的增加，边际产量最终必然会呈现出递减的特征。或者说，该规律提醒人们要看到在边际产量递增阶段后必然会出现的边际产量递减阶段。

3. 边际报酬递减规律举例

例如，对于给定的 10 公顷麦田来说，在技术水平和其他投入不变的前提下，考虑使用化肥的效果。如果只使用一公斤化肥，那可想而知，这一公斤化肥所带来的总产量的增加量即边际产量是很小的，可以说是微不足道的。随着化肥使用量的增加，其边际产量会逐步提高，直至达到最佳的效果即最大的边际产量。但必须看到，若超过化肥的最佳使用量后，还继续增加化肥使用量，就会对小麦生长带来不利影响，化肥的边际产量就会下降。过多的化肥甚至会烧坏庄稼，导致负的边际产量。

4.2.4 短期生产的三个区间

根据短期生产的总产量曲线、平均产量曲线和边际产量曲线之间的关系将短期生产划分为三个阶段。如图 4-2 所示。

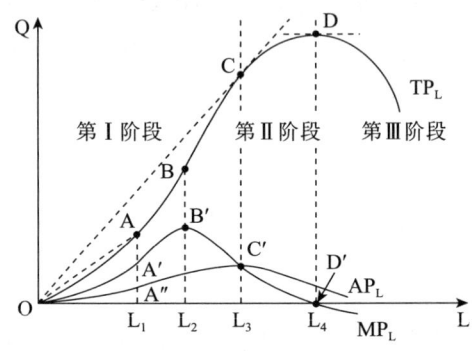

图 4-2 生产三区间

在第Ⅰ阶段，产量曲线的特征为：劳动的平均产量始终是上升的，且达到最大值；劳动的边际产量上升达最大值，然后开始下降，且劳动的边际产量始终大于劳动的平均产量；劳动的总产量始终是增加的。这说明：在这一阶段，不变要素资本的投入量相对过多，生产者增加可变要素劳动的投入量是有利的。或者说，生产者只要增加可变要素劳动的投入量，就可以较大幅度地增加总产量。因此，任何理性的生产者都不会在这一阶段停止生产，而是连续增加可变要素劳动的投入量，以增加总产量，并将生产扩大到第Ⅱ阶段。

在第Ⅲ阶段，产量曲线的特征为：劳动的平均产量继续下降，劳动的边际产量降为负值，劳动的总产量也呈现下降趋势。这说明：在这一阶段，可变要素劳动的投入量相对过多，生产者减少可变要素劳动的投入量是有利的。因此，这时即使劳动要素是免费供给的，理性的生产者也不会增加劳动投入量，而是通过减少劳动投入量来增加总产量，以摆脱劳动的边际产量为负值和总产量下降的局面，并退回到第Ⅱ阶段。

由此可见，任何理性的生产者既不会将生产停留在第Ⅰ阶段，也不会将生产扩张到第Ⅲ阶段，所以，生产只能在第Ⅱ阶段进行。在生产的第Ⅱ阶段，生产者可以得到由第Ⅰ阶段增加可变要素投入所带来的全部好处，又可以避免将可变要素投入增加到第Ⅲ阶段而带来的不利影响。因此，第Ⅱ阶段是生产者进行短期生产的决策区间。在第Ⅱ阶段的起点处，劳动的平均产量曲线和劳动的边际产量曲线相交，即劳动的平均产量达最高点。在第Ⅱ阶段的终点处，劳动的边际产量曲线与水平轴相交，即劳动的边际产量等于零。至于在生产的第Ⅱ阶段，生产者所应选择的利润最大化的最佳投入数量究竟在哪一点，这一问题还有待于以后结合成本、收益和利润进行深入的分析。

4.3 两种可变要素生产函数

4.3.1 两种可变要素生产函数

在长期内,所有的生产要素的投入量都是可变的,多种可变生产要素的长期生产函数可以写为:$Q = f(X_1, X_2 \cdots X_n)$。

在本式中,Q 为产量;$Xi(i=1,2,\cdots,n)$为第 n 种可变生产要素的投入数量。该生产函数表示:长期内在技术水平不变的条件下由 n 种可变生产要素投入量的一定组合所能生产的最大产量。

在生产理论中,为了简化分析,通常以两种可变生产要素的生产函数来考察长期生产问题。假定生产者使用劳动和资本两种可变生产要素来生产一种产品,则两种可变生产要素的长期生产函数可以写为:$Q = f(L, K)$,在该式中,L 为可变要素劳动的投入量;K 为可变要素资本的投入数量;Q 为产量。

4.3.2 等产量曲线

1. 等产量曲线的定义

等产量曲线表示技术水平不变的条件下生产同一产量的两种生产要素投入量的所有不同组合的轨迹。

等产量曲线反映的是两种投入和一种产出的关系。它是一条无差异曲线。两种投入的不同组合,带来的产量是无差异的。

等产量曲线是经济学上用来探讨生产行为时的一个专有名词,指在进行生产活动时,必须使用两种不同生产因素(例如 K 资本以及 L 劳力)时,厂商对这两种因素需求量的不同组合却能达到同样的产量时,这两种因素需求量的组合轨迹,即是等产量曲线。以常数 Q^0 表示既定的产量水平,则与等产量曲线相对应的生产函数为:$Q = f(L, K) = Q^0$,如图 4-3 所示。

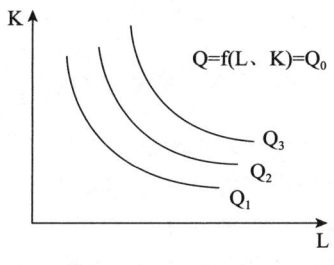

图 4-3 等产量线

图 4-3 中有三条等产量曲线，它们分别表示可以生产出 $Q_1 = 50$ 单位、$Q_2 = 100$ 单位和 $Q_3 = 150$ 单位产量的各种生产要素的组合。

2. 等产量曲线的特征

与无差异曲线相似，等产量曲线具有以下特征：

第一，等产量曲线是一条向右下方倾斜的线，其斜率为负值。这就表明：在生产者的资源与生产要素价格既定的条件下，为了达到相同的产量，在增加一种生产要素时，必须减少另一种生产要素。两种生产要素的同时增加，是资源既定时无法实现的；两种生产要素的同时减少，不能保持相等的产量水平。

第二，在同一平面图上，可以有无数条等产量曲线。同一条等产量曲线代表相同的产量，不同的等产量曲线代表不同的产量水平，离原点越远的等产量曲线所代表的产量水平越高，离原点越近的等产量曲线所代表的产量水平越低。

第三，在同一平面图上，任意两条等产量曲线不能相交。因为在交点上两条等产量曲线代表了相同的产量水平，与第二个特征相矛盾。

第四，等产量曲线是一条凸向原点的线，这是由边际技术替代率递减所决定的。

4.3.3 边际技术替代率

1. 边际技术替代率定义

边际技术替代率（英文缩写为 MRTS），表示在维持产量水平不变的条件下，增加一单位某种生产要素投入量时所减少的另一种要素的投入数量。

一条等产量曲线表示一个既定的产量水平可以由两种可变要素的各种不同数量的组合生产出来。这意味着，生产者可以通过对两要素之间的相互替代，来维持一个既定的产量水平。

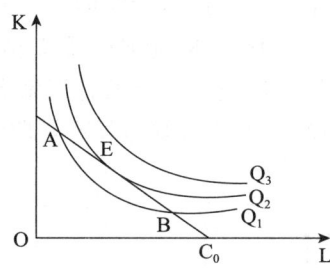

图 4-4 等产量线与等成本线

例如：为了生产 $Q_1 = 50$ 单位的某种产品，生产者可以使用较多的劳动和较少的资本，也可以使用较少的劳动和较多的资本。前者可以看成是劳动对资本的替代，后者可以看成是资本对劳动的替代。想象一下，在图 4-4 中，为了维持固定的 $Q_1 = 50$ 单位产量，在厂商的产量沿着既定的等产量曲线由 A 点滑动到 B 点的过程中，劳动投入量必然会随着资本投入量的不断减少而增加；相反，由 B 点运动到 A 点的过程中，劳动投入量必然会随着资本投入量的不断增加而减少。由两要素之间这种相互替代的关系，劳动对资本的边际技术替代率的定义公式为：$MRTS_{LK} = -\Delta K/\Delta L$。

在上式中，ΔK 和 ΔL 分别为资本投入量的变化量和劳动投入量的变化量。公式中加一负号是为了使 MRTS 值在一般情况下为正值，以便于比较。

在图 4 – 4 中，当生产 $Q_1 = 50$ 单位产量的要素组合由 A 点变为 B 点时，劳动对资本的边际技术替代率等于资本投入的减少量与劳动投入的增加量之比，即 $MRTS_{LK} = -\Delta K/\Delta L$。当图中的 A 点沿着既定的等产量曲线的变动为无穷小时，即 ΔL 趋近于 0 时，则相应的边际技术替代率的定义公式为：$MRTS_{LK} = \lim -\Delta K/\Delta L = -dK/dL$。显然，等产量曲线上某一点的边际技术替代率就是等产量曲线在该点斜率的绝对值。

边际技术替代率还可以表示为两要素的边际产量之比。这是因为，边际技术替代率的概念是建立在等产量曲线的基础上的，所以，对于任意一条给定的等产量曲线来说，当用劳动投入去替代资本投入时，在维持产量水平不变的前提下，由增加劳动投入量所带来的总产量的增加量和由减少资本量所带来的总产量的减少量必定是相等的，即必有：$MP_L \Delta L = -MP_K \Delta K$，整理得：$-\Delta K/\Delta L = MP_L/MP_L$。

由边际技术替代率的定义公式得：$MRTS_{LK} = -\Delta K/\Delta L = MP_L/MP_L$。可见，边际技术替代率可以表示为两要素的边际产量之比。

2. 边际技术替代率递减规律

在两种生产要素相互替代的过程中，普遍地存在这样一种现象：在维持产量不变的前提下，当一种生产要素的投入量不断增加时，每一单位的这种生产要素所能替代的另一种生产要素的数量是递减的。这一现象被称为边际技术替代率递减规律。

以图 4 – 5 为例，在两要素的投入组合沿着既定的等产量曲线 Q 由 A 点顺次运动到 B、C 和 D 点的过程中，劳动投入量等量地由 L_1 增加到 L_2 再增加到 L_3 和 L_4，即有 $OL_2 - OL_1 = OL_3 - OL_2 = OL_4 - OL_3$，而相应的资本投入量的减少量为 $OK_1 - OK_2 > OK_2 - OK_3 > OK_3 - OK_4$。这表示：在产量不变的条件下，在劳动投入量不断增加和资本投入量不断减少的替代过程中，边际技术替代率是递减的。

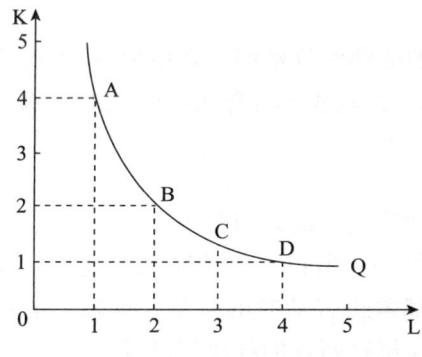

图 4 – 5　边际技术替代率

边际技术替代率递减的主要原因在于：任何一种产品的生产技术都要求各要素投入之间有适当的比例，这意味着要素之间的替代是有限制的。简单地说，以劳动和资本两种要素投入为例,在劳动投入量很少和资本投入量很多的情况下,减少一些资本投入量可以很容易地通过增加劳动投入量来弥补,以维持原有的产量水平,即劳动对资本的替代是很容易的。但是,在劳动投入增加到相当多的数量和资本投入量减少到相当少的数量的情况下,再用劳动去替代资本就将是很困难的了。

前面提到,等产量曲线一般具有凸向原点的特征,这一特征是由边际技术替代率递减规律所决定的。因为,由边际技术替代率的定义公式可知,等产量曲线上某一点的边际技术替代率就是等产量曲线在该点的斜率的绝对值,又由于边际技术替代率是递减的,所以,等产量曲线的斜率的绝对值是递减的,即等产量曲线是凸向原点的。

4.3.4 等成本线

1. 等成本线的定义

在现实生活中,各种生产要素都是有价的。例如,雇佣工人,需要支付工人的工资;到银行贷款,需要支付银行的利息;办工厂,需要租用土地,需支付地租等等。厂商要想购买这些生产要素,就必须有一定的货币支出,这种货币的支出构成了厂商的生产成本。一个厂商若想追求最大利润,就必须考虑成本。

等产量曲线告诉我们,生产一定数量的某种产品可以采取多种要素组合方式,生产一定数量的要素组合还要受到生产者支付要素总的预算开销和要素价格的限制。即要受到总成本和要素价格的制约。为此,需要引入等成本线这一概念。

生产理论中的等成本线也叫企业预算线,是在既定的成本和生产要素价格条件下生产者可以购买到的两种生产要素的各种不同数量组合的轨迹。等成本线表明了厂商进行生产的限制,即它所购买生产要素所花的钱不能大于或小于所拥有的货币成本。大于货币成本无法实现的,小于货币成本则无法实现产量最大化。在生产要素市场上,厂商对生产要素的购买支付,构成了厂商的生产成本。成本问题是追求利润最大化的厂商必须要考虑的一个经济问题。

2. 等成本线的推导

假定要素市场上既定的劳动的价格即工资率为 ω,既定的资本的价格即利息率为 γ,厂商既定的成本支出为 C,则成本方程为:$C = \omega L + \gamma K$,由成本方程可得:

$$K = -\frac{\omega}{\gamma}L + \frac{C}{\gamma} \tag{4.1}$$

根据以上式子可以得到等成本线,如图 4-6 所示。

由于成本方程式是线性的,所以,等成本线必定是一条直线。图中横轴上的点 C/ω 表示既定的全部成本都购买劳动时的数量,纵轴上的点 C/γ 表示既定的全部成本都购买资本时的数量,连接这两点的线段就是等成本线。它表示既定的全部成本所能购买到劳动和资本的各种组合。等成本线的纵截距为 C/γ,等成本线的斜率为 $-\omega/\gamma$,即为两种生产要素价格之比的负值。

在图 4-6 中,等成本线以内区域中的任何一点都表示既定的全部成本都用来购

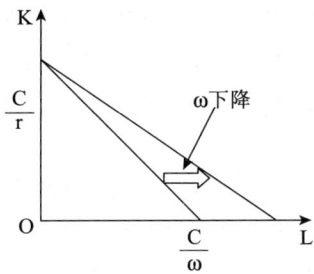

图 4-6 等成本线的移动

买该点的劳动和资本的组合以后还有剩余。等成本线以外的区域中的任何一点都表示用既定的全部成本购买该点的劳动和资本的组合是不够的。唯有等成本线上的任何一点，才表示用既定的全部成本能刚好购买到的劳动和资本的组合。

4.3.5 生产要素的最优组合

在长期，所有的生产要素的投入数量都是可变动的，任何一个理性的生产者都会选择最优的生产要素组合进行生产。本节将把等产量曲线和等成本线结合在一起，研究生产者是如何选择最优的生产要素组合，从而实现既定成本条件下的最大产量，或者实现既定产量条件下的最小成本。

1. 关于既定成本条件下的产量最大化

假定在一定的技术条件下厂商用两种可变生产要素劳动和资本生产一种产品，且劳动的价格 ω 和资本的价格 γ 是已知的，厂商用于购买这两种要素的全部成本 C 是既定的。如果企业要以既定的成本获得最大的产量，那么，它应该如何选择最优的劳动投入量和资本投入量的组合呢？

把厂商的等产量曲线和相应的等成本线画在同一个平面坐标系中，就可以确定厂商在既定成本下实现最大产量的最优要素组合点，即生产的均衡点。如图 4-7 所示。

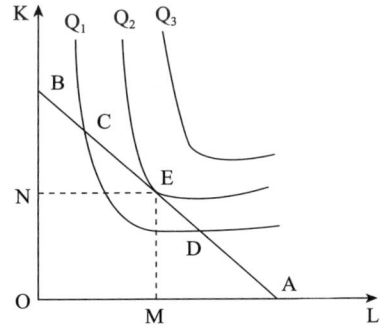

图 4-7 既定成本下的最大产量的最优组合

在图 4-7 中，有一条等成本线 AB 和三条等产量曲线 Q_1、Q_2 和 Q_3。等成本线 AB 的位置和斜率决定于既定的成本量 C 和既定的已知的两要素的价格比例 $-\omega/\gamma$。

由图中可见，唯一的等成本线 AB 与其中一条等产量曲线 Q_2 相切于 E 点，该点就是生产的均衡点。它表示：在既定成本条件下，厂商应该按照 E 点的生产要素组合进行生产，即劳动投入量和资本投入量分别为 M 和 N，这样，厂商就会获得最大的产量。

由于边际技术替代率反映了两要素在生产中的替代比率，要素的价格比例反映了两要素在购买中的替代比率，所以，只要两者不相等，厂商总可以在总成本不变的条件下通过对要素组合的重新选择，使总产量得到增加。只有在两要素的边际技术替代率和两要素的价格比例相等时，生产者才能实现生产的均衡。在图中则是唯一的等成本线 AB 和等产量曲线 Q_2 的相切点 E 才是厂商的生产均衡点。于是，在生产均衡点 E 有：$MRTS_{LK} = -\omega/\gamma$

它表示：为了实现既定成本条件下的最大产量，厂商必须选择最优的生产要素组合，使得两要素的边际技术替代率等于两要素的价格比例。这就是两种要素的最优组合原则。进一步，可以有：$MP_L/\omega = MP_K/\gamma$，它表示厂商可以通过对两要素投入量的不断调整，使得最后一单位的成本支出无论用来购买哪一种生产要素所获得的边际产量都相等，从而实现既定成本条件下的最大产量。

2. 利润最大化得到的最优生产要素组合

厂商生产的目的是为了追求最大的利润。在完全竞争条件下，对厂商来说，商品的价格和生产要素的价格都是既定的，厂商可以通过对生产要素投入量的不断调整来实现最大的利润。厂商在追求最大利润的过程中，可以得到最优的生产要素组合。这一点可以用数学方法证明如下。

假定：在完全竞争条件下，企业的生产函数为 $Q = f(L,K)$，既定的商品的价格为 P，既定的劳动的价格和资本的价格分别为 ω 和 γ，π 表示利润。由于厂商的利润等于总收益减去总成本，于是，厂商的利润函数为：

$$\pi(L,K) = P \cdot f(L,K) - (\omega L + \gamma K) \tag{4.2}$$

式中，$P \cdot f(L,K)$ 表示总收益，$\omega L + \gamma K$ 表示总成本。

利润最大化的一阶条件为：

$$\frac{\partial \pi}{\partial L} = P \frac{\partial f}{\partial L} - \omega = 0$$

$$\frac{\partial \pi}{\partial K} = P \frac{\partial f}{\partial K} - \gamma = 0$$

根据以上两式，可以整理得到：

$$\frac{\frac{\partial f}{\partial L}}{\frac{\partial f}{\partial K}} = \frac{MP_L}{MP_K} = \frac{\omega}{\gamma}$$

上式与前面的最优生产要素组合的条件是相同的。这说明，追求利润最大化的厂商是可以得到最优的生产要素的组合的。

4.3.6 规模报酬

1. 规模报酬定义

规模报酬（Returns to Scale）是指在其他条件不变的情况下，企业内部各种生产要素按相同比例变化时所带来的产量变化。规模报酬分析的是企业的生产规模变化与所引起的产量变化之间的关系。企业只有在长期内才能变动全部生产要素，进而变动生产规模，因此企业的规模报酬分析属于长期生产理论问题，规模报酬分析涉及的是企业的生产规模变化与所引起的产量变化之间的关系。

在生产理论中，通常是以全部的生产要素都以相同的比例发生变化来定义企业的生产规模的变化。相应的，规模报酬变化是指在其他条件不变的情况下，企业内部各种生产要素按相同比例变化时所带来的产量变化。

2. 规模报酬分类

企业的规模报酬变化可以分规模报酬递增、规模报酬不变和规模报酬递减三种情况。

关于规模报酬递增。产量增加的比例大于各种生产要素增加的比例，称之为规模报酬递增。例如，当全部的生产要素劳动和资本都增加100%时，产量的增加大于100%。产生规模报酬递增的主要原因是企业生产规模扩大所带来的生产效率的提高。它可以表现为：生产规模扩大以后，企业能够利用更先进的技术和机器设备等生产要素，而较小规模的企业可能无法利用这样的技术和生产要素。随着对较多的人力和机器的使用，企业内部的生产分工能够更合理和专业化。此外，人数较多的技术培训和具有一定规模的生产经营管理，也都可以节省成本。

关于规模报酬不变。产量增加的比例等于各种生产要素增加的比例，称之为规模报酬不变。例如，当全部生产要素劳动和资本都增加100%时，产量也增加100%。一般可以预计两个相同的工人使用两台相同的机器所生产的产量，是一个这样的工人使用一台这样的机器所生产的产量的两倍。这就是规模报酬不变的情况。

关于规模报酬递减。产量增加的比例小于各种生产要素增加的比例，称之为规模报酬递减。例如，当全部生产要素劳动和资本都增加100%时，产量的增加小于100%。产生规模报酬递减的主要原因是由于企业生产规模过大，使得生产的各个方面难以得到协调，从而降低了生产效率。它可以表现为企业内部合理分工的破坏、生产有效运行的障碍、获取生产决策所需的各种信息的不易等等。

我们也可以用以下的数学公式来定义规模报酬的三种情况。

令生产函数 $Q = f(L, K)$。如果 $f(\lambda L, \lambda K) > \lambda f(L, K)$，其中，常数 $\lambda > 0$，则生产函数 $Q = f(L, K)$ 具有规模报酬递增的性质。如果 $f(\lambda L, \lambda K) = \lambda f(L, K)$，其中，常数 $\lambda > 0$，则生产函数 $Q = f(L, K)$ 具有规模报酬不变的性质。如果 $f(\lambda L, \lambda K) < \lambda f(L, K)$，其中，常数 $\lambda > 0$，则生产函数 $Q = f(L, K)$ 具有规模报酬递减的性质。

一般说来，在长期生产过程中，企业的规模报酬的变化呈现出如下的规律：当企业从最初的很小的生产规模开始逐步扩大的时候,企业面临的是规模报酬递增的阶段。在企业得到了由生产规模扩大所带来的产量递增的全部好处以后,一般会继续扩大生产规模,将生产保持在规模报酬不变的阶段。这个阶段有可能比较长。在这以后,企业若继续扩大生产规模,就会进入一个规模报酬递减的阶段。

本章小结

本章主要学习生产理论的主要内容,通过讲授要求掌握企业的目标和企业的组织形式,了解企业的短期和长期的区分标准,了解一种可变要素生产函数的相关问题,了解并掌握总产量、平均产量和边际产量之间的关系,掌握边际报酬递减规律的内容,了解短期生产的三个区间。

重要概念

企业　生产函数　生产要素　总产量　边际产量　生产三区间

本章练习

单选题

1. 以下组织机构属于法人的是（　　）。
   A. 个人独资企业　　　　　　　B. 股份有限公司
   C. 合伙企业　　　　　　　　　D. 个体户

2. 边际产量和平均产量的关系是（　　）。
   A. 边际产量大于平均产量,平均产量上升
   B. 边际产量大于平均产量,平均产量下降
   C. 边际产量小于平均产量,平均产量上升
   D. 平均产量大于边际产量,平均产量上升

3. 等产量曲线上某一点的切线的斜率的绝对值等于（　　）。
   A. 预算线的斜率　　　　　　　B. 等成本线的斜率
   C. 边际技术替代率　　　　　　D. 边际报酬

4. 若厂商增加使用一个单位劳动,减少两个单位的资本,仍能生产相同产量,则 $MRTS_{Lk}$ 是（　　）。
   A. 1/2　　　　　　　　　　　　B. 2
   C. 1　　　　　　　　　　　　　D. 4

5. 等成本线向外平行移动表明（　　）。
   A. 产量提高了　　　　　　　　B. 成本增加了
   C. 生产要素价格按相同的比例上升了　　D. 以上都正确

6. 在以横轴表示生产要素 X,纵轴表示生产要素 Y 的坐标系中,等成本曲线的

斜率等于 –2，这表明（　　）。

A. $P_X/P_Y = 2$ B. $Q_X/Q_Y = 2$

C. $P_Y/P_X = 2$ D. 上述都不正确

7. 当生产函数 $Q = f(L, K)$ 的 AP_L 为正且递减时，MP_L 可以是（　　）。

A. 递减且为正   B. 递减且为负

C. 为零   D. 以上均正确

8. 下列说法中错误的一种说法是（　　）。

A. 只要总产量减少，边际产量一定是负数

B. 只要边际产量减少，总产量一定也减少

C. 随着某种生产要素投入量的增加，边际产量和平均产量到一定程度将趋于下降，其中边际产量的下降一定先于平均产量

D. 边际产量曲线一定在平均产量曲线的最高点与之相交

 判断题

1. 企业是以营利为目的经济组织。（　　）
2. 边际技术替代率为两种投入要素的边际产量之比，其值为负。（　　）
3. 如果连续地增加某种生产要素的投入量，总产量将不断递增，边际产量开始时递增然后递减。（　　）
4. 只要边际产量减少，总产量一定也在减少。（　　）
5. 利用等产量曲线上任意一点所表示的生产要素组合都可以生产出同一数量的产品。（　　）

 名词解释

1. 边际报酬递减规律
2. 等产量曲线
3. 边际技术替代率递减规律

简答题

1. 等产量曲线的特点有哪些？请详细说明。
2. 在生产论中涉及四个生产要素，请分别说明都是哪些。

第 5 章

成本理论

 **内容提要**

本章主要讲解成本理论的主要内容,主要从成本的角度出发,了解企业生产面临的各种成本,掌握机会成本的概念,了解显性成本和隐性成本的区别,掌握短期成本的分类,了解并能画出短期成本的曲线图,了解短期产量曲线和短期成本曲线的关系,了解长期成本曲线的相关内容。

 重点难点

本章重点为短期成本的分类、短期成本的曲线图,以及短期产量曲线和短期成本曲线之间的关系。本章难点为长期成本曲线的分类,长期成本曲线的相关内容和长期边际成本曲线。

 学习目标

通过本章的学习,应掌握企业生产面临的各种成本,掌握机会成本的概念,了解显性成本和隐性成本的区别,掌握短期成本的分类,了解并能画出短期成本的曲线图,了解短期产量曲线和短期成本曲线的关系,了解长期成本曲线的相关内容。重点是:短期成本的分类、短期成本的曲线图,以及短期产量曲线和短期成本曲线之间的关系。难点是:长期成本曲线的分类、长期成本曲线的相关内容和长期边际成本曲线。重点难点要进行严格的区分和重点的学习。

第 5 章　成本理论　　77

知识框架

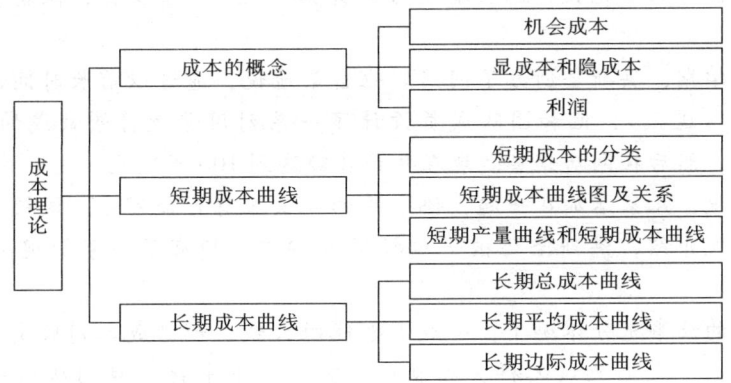

引入案例

小成本创业故事——洪斯坚：武汉大学澳门文科生大一开店年入百万

　　昨天下午，武汉大学汉语言文学专业大四学生洪斯坚开着 40 多万元的奔驰车来到教 4 楼，上完课后应学院老师要求给同学们分享他这几年在武汉创业的故事。

　　洪斯坚读中学时就喜欢书法和古诗词的创作，也爱钻研易经术数以及道教佛教的经书，高三下半年他已经被提前保送武大，他把收藏的易经、佛教等古籍复印挂网上卖，每张几块钱的成本卖几百元，半年竟赚了 3 万元。带着澳门特区政府颁发的 2.4 万元奖学金以及以往积蓄——共 7 万元来武大上学。

　　大一下学期，洪斯坚瞄准大学生聚会市场，为了开间聚会吧店子，他几乎把带来的钱全投进去。店子于 2013 年 5 月开起来，但只有 1 个月的旺季，赚的两万元很快在接下来的暑期中亏完，其间还遇到同行捣鬼。但他还是咬牙坚持下来，这一年他赚到了人生第一桶金——15 万元。

　　他决定把自己的兴趣做成大产业，创造带有道教等传统文化色彩的珠宝产品。因为缺乏经验，初期吃了几次玻璃代替水晶、正式货品不如样品的闷亏。后来，他将合同漏洞一个个堵住，团队壮大起来，开了全球首家信仰文化藏品网店，从开始的月入几百元，到最后月入几万甚至十几万元。

　　洪斯坚今年 23 岁，就读于武大汉语言文学专业。在澳门读高三时，他因成绩拔尖被保送到武汉大学。他告诉记者，自己从小就对传统文化感兴趣，当时收藏有一些道教、佛教相关的手抄古籍资料。想到上大学要花不少钱，他利用课余时间，将这些古籍进行复印，在网上销售。"当时复印一本古籍的成本不过几块钱，但是愿意花几百元跟我买资料的人却非常多。"半年下来，他就赚了 3 万多元。

高三毕业时，他获得了澳门政府颁发的约 2 万元人民币奖学金。"加上我赚的钱，以及以前存的零花钱，总共有 7 万元左右。"2012 年 9 月，他就揣着这些钱来了武大。

大二下学期，洪斯坚创办了网店。他自豪地说，通过以前长时间阅读和收集的道教书籍《道藏》，他和团队成员设计了一系列用道教符箓做成的珠宝产品，请厂家制作，然后在网店销售。现在年销售额达到 100 多万元。

洪斯坚说，几家店加在一起，他今年的纯收入有百余万元。该校文学院党委副书记王怀民介绍，洪斯坚还被一位投资人相中，拥有了一家影视公司 30% 的股份。

洪似坚的故事充分体现了，小成本也能赚大钱，那么成本到底是什么？成本包括哪些方面？我们又该怎样去控制成本呢？接下来就让我们从这一章开始学习吧。

5.1 成本的概念

5.1.1 机会成本

1. 机会成本的概念

机会成本是指当把一定的经济资源用于生产某种产品时放弃的另一些产品生产上最大的收益。

西方经济学家认为，经济学是要研究一个经济社会如何对稀缺的经济资源进行合理配置的问题。从经济资源的稀缺性这一前提出发，当一个社会或一个企业用一定的经济资源生产一定数量的一种或者几种产品时，这些经济资源就不能同时被使用在其他的生产用途方面。这就是说，这个社会或这个企业所获得的一定数量的产品收入，是以放弃用同样的经济资源来生产其他产品时所能获得的收入作为代价的。由此，便产生了机会成本的概念。

机会成本的应用

例如，当一个厂商决定利用自己所拥有的经济资源生产一辆汽车时，这就意味着该厂商不可能再利用相同的经济资源来生产 200 辆自行车。于是，可以说，生产一辆汽车的机会成本是所放弃生产的 200 辆自行车。如果用货币数量来代替对实物商品数量的表述，且假定 200 辆自行车的价值为 10 万元，则可以说，一辆汽车的机会成本是价值为 10 万元的其他商品。一般的，生产一单位的某种商品的机会成本是指生产者所放弃的使用相同的生产要素在其他生产用途中所能得到的最高收入。在西方经济学中，企业的生产成本应该从机会成本的角度来理解。

2. 机会成本的条件

（1）所使用的资源具有多种用途

机会成本本质上是对不能利用的机会所付出的成本，因为企业选择了这种用途，就必然丧失其他用途所能带来的收益。如果资源的使用方式是单一的，那就谈不上各个机会的利益比较。只有当资源具有多用性的时候，企业才要考虑机会成本，这是考虑机会成本的一个前提条件。

（2）把可能获得的最大收入视为机会成本

考虑机会成本时并不是指任何一个使用方式，而是指可能获得最大收入的使用方式。在这里，需要强调可能性。

5.1.2 显成本和隐成本

企业的生产成本可以分为显成本和隐成本两个部分。

1. 企业的显成本

显性成本（Explicit Cost）是指厂商在生产要素市场上购买或租用所需要的生产要素的实际支出，即企业支付给企业以外的经济资源所有者的货币额。例如支付的生产费用、工资费用、市场营销费用等，因而它是有形的成本。

例如，某厂商雇用了一定数量的工人，从银行取得了一定数量的贷款，并租用了一定数量的土地，为此，这个厂商就需要向工人支付工资，向银行支付利息，向土地出租者支付地租，这些支出便构成了该厂商的生产的显成本。从机会成本的角度讲，这笔支出的总价格必须等于这些生产要素的所有者将相同的生产要素使用在其他用途时所能得到的最高收入。否则，这个企业就不能购买或租用到这些生产要素，并保持对它们的使用权。

2. 企业的隐成本

企业生产的隐成本是指厂商本身自己所拥有的且被用于该企业生产过程的那些生产要素的总价格。

例如，为了进行生产，一个厂商除了雇用一定数量的工人、从银行取得一定数量的贷款和租用一定数量的土地之外（这些均属于显成本支出），还动用了自己的资金和土地，并亲自管理企业。

西方经济学家指出，既然借用了他人的资本需付利息，租用了他人的土地需付地租，聘用他人来管理企业需付薪金，那么，同样道理，在这个例子中，当厂商使用了自有生产要素时，也应该得到报酬。所不同的是，现在厂商是自己向自己支付利息、地租和薪金。所以，这笔价值就应该计入成本之中。由于这笔成本支出不如显成本那么明显，故被称为隐成本。隐成本也必须从机会成本的角度按照企业自有生产要素在其他用途中所能得到的最高收入来支付，否则，厂商会把自有生产要素转移出本企业，以获得更高的报酬。

5.1.3 利润

企业的所有显成本和隐成本之和构成总成本。企业的经济利润指企业的总收益和总成本之间的差额，简称企业的利润。企业所追求的最大利润，指的就是最大的经济利润。经济利润也被称为超额利润。

 知识拓展

小成本，大利润

图德拉是美国的一位工程师，他很想在石油界大展宏图、大显身手，但苦于没有钱。怎么办？有一天，他从一个朋友那里得到一条信息：阿根廷想采购2000万吨的丁烷气体，图德拉突发奇想，决定去碰碰运气。当他来到阿根廷之后，才发现自己碰到了强劲的对手——英国石油公司和壳牌石油公司。是打退堂鼓，还是迎难而上？他决定用自己的智慧，跟两家公司叫板。图德拉精心调查，苦思良策。

一天，他在报纸上发现一则消息：阿根廷牛肉过剩，积压严重，亏损大增，他们正不惜代价卖掉这些牛肉。这条消息引起了他的注意，这不是天赐良机吗？为什么不利用一下？于是，他找到阿根廷政府说：如果你买我2000万吨的丁烷，我就买你2000万吨的牛肉，也就是说，你不花一分钱，只要给我你积压的牛肉，就可以得到2000万吨的丁烷。这正是阿根廷梦寐以求的，于是当场签了协议。合同签好后，图德拉拿着牛肉的供货单，跑到西班牙，因为那里的造船厂没有订单，濒临倒闭。图德拉对西班牙政府说：如果你买我2000万吨的牛肉，我就在你们的造船厂，打一艘2000万吨的超级油轮。西班牙政府的难题轻而易举地解决了，非常高兴。他马上通过他们驻阿根廷的大使，叫他们把图德拉要的牛肉发往西班牙。牛肉有了买主，那么油轮又卖给谁呢？图德拉离开西班牙后，返回美国，直接跑到费城的石油公司。图德拉对他们说，如果你们买我在西班牙建造的2000万吨的超级油轮，我就买你们2000万吨的丁烷气体。太阳石油公司见有利可图，就同意了。就这样，图德拉一分不花，空手打进了石油界，从此大发其财。

这就是关于利润的经典故事，从该案例中我们可以看出，利润是我们追求的目标，但是如何赢得利润，却是我们应该研究的问题。

在西方经济学中，还需区别经济利润和正常利润。正常利润通常指厂商对自己所提供的企业家才能的报酬支付。需要强调的是，正常利润是厂商生产成本的一部分，它是以隐成本计入成本的。为了理解正常利润是成本的一部分这一说法，我们需要运用前面讲到的机会成本的概念。从机会成本的角度看，当一个企业所有者同时又拥有管理企业的才能时，他将面临两种选择机会，一种选择是在自己的企业当经理，另一种选择是到别人所拥有的企业当经理。如果他到别人所拥有的企业当经理，他可以获得收入报酬。如果他在自己的企业当经理，他就失去了到别的企业当经理所能得到的收入报酬，而他所失去的这份报酬就是他在自己所拥有的企业当经理的机会成本。或者说，如果他在自己的企业当经理的话，他应当自己向自己支付报酬，而且这份报酬数额应该等于他在别的企业当经理时可以得到的最高报酬。所以，从机会成本的角度看，正常利润属于成本，并且属于隐成本。

由于正常利润属于成本，因此，经济利润中不包含正常利润。又由于厂商的经济利润等于总收益减去总成本，所以，当厂商的经济利润为零时，厂商仍然得到了全部的正常利润。

成本理论是建立在生产理论的基础之上的。我们已经知道，生产理论分为短期生产理论和长期生产理论，则相应地，成本理论也分为短期成本理论和长期成本理论。由于在短期内企业根据其所要达到的产量，只能调整部分生产要素的数量而不能调整全部生产要素的数量，所以，短期成本有不变成本和可变成本之分。由于在长期内企业根据其所要达到的产量，可以调整全部生产要素的数量，所以，长期内所有的要素成本都是可变的，长期成本没有不变成本和可变成本之分。本章从第二节起将先后研究短期成本函数及其曲线和长期成本函数及其曲线。

5.2 短期成本曲线

5.2.1 短期成本的分类

在短期内，厂商的成本有不变成本部分和可变成本部分之分。具体地讲，厂商的短期成本有以下七种：总不变成本、总可变成本、总成本、平均不变成本、平均可变成本、平均总成本和边际成本。它们的英文缩写顺次为：TFC、TVC、TC、AFC、AVC、AC 和 MC。

总不变成本 TFC 是厂商在短期内为生产一定数量的产品对不变生产要素所支付的总成本。例如，建筑物和机器设备的折旧费等。由于在短期内不管企业的产量为多少，这部分不变要素的投入量都是不变的，所以，总不变成本是一个常数，它不随产量的变化而变化。即使产量为零时，总不变成本也仍然存在。如图 5-1 (a) 所示，图中的横轴 Q 表示产量，纵轴 C 表示成本，总不变成本 TFC 曲线是一条水平线。它表示在短期内，无论产量如何变化，总不变成本 TFC 是固定不变的。

总可变成本 TVC 是厂商在短期内生产一定数量的产品对可变生产要素支付的总成本。例如，厂商对原材料、燃料动力和工人工资的支付等。总可变成本 TVC 曲线如图 5－1（b）所示，它是一条由原点出发向右上方倾斜的曲线。TVC 曲线表示：由于在短期内厂商是根据产量的变化不断地调整可变要素的投入量，所以，总可变成本随产量的变动而变动。当产量为零时，总可变成本也为零，在这以后，总可变成本随着产量的增加而增加。总可变成本的函数形式为：TVC = TVC(Q)。

总成本 TC 是厂商在短期内为生产一定数量的产品对全部生产要素所支出的总成本。它是总固定成本和总可变成本之和。总成本 TC 曲线如图 5－1（c）所示，它是从纵轴上相当于总固定成本 TFC 高度的点出发的一条向右上方倾斜的曲线。TC 曲线表示：在每一个产量上的总成本由总固定成本和总可变成本共同构成。总成本用公式表示为：TC(Q) = TFC + TVC(Q)。

平均不变成本 AFC 是厂商在短期内平均每生产一单位产品所消耗的不变成本。平均不变成本 AFC 曲线如图 5－1（d）所示，它是一条向两轴渐近的双曲线。AFC 曲线表示：在总不变成本固定的前提下，随着产量的增加，平均不变成本是越来越小的。平均不变成本用公式表示为：AFC(Q) = TFC/Q。

平均可变成本 AVC 是厂商在短期内平均每生产一单位产品所消耗的可变成本。用公式表示为：AVC(Q) = TVC(Q)/Q。

平均总成本 AC 是厂商在短期内平均每生产一单位产品所消耗的全部成本，它等于平均不变成本和平均可变成本之和。用公式表示为：AC(Q) = TC(Q)/Q = AFC(Q) + AVC(Q)。

边际成本 MC 是厂商在短期内增加一单位产量时所增加的成本。用公式表示为：$MC(Q) = \Delta TC(Q)/\Delta Q$，当 ΔQ 趋近于 0 时，$MC(Q) = \Delta TC(Q)/\Delta Q = dTC/dQ$。

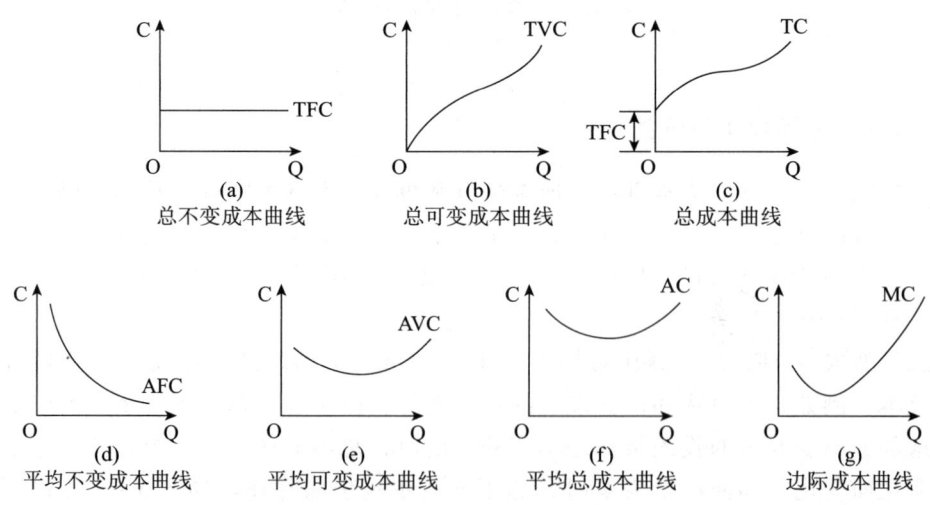

图 5－1　短期成本曲线

在每一个产量水平上的边际成本 MC 值就是相应的成本 TC 曲线的斜率。

平均可变成本 AVC 曲线、平均总成本 AC 曲线和边际成本 MC 曲线依次如图 5-1（e）、（f）和（g）所示。这三条曲线都呈现出 U 型的特征。它们表示：随着产量的增加，平均可变成本、平均总成本和边际成本都是先递减，各自达到本身的最低点之后再递增。最后，需要指出的是，从以上各种短期成本的定义公式中可知，由一定产量水平上的总成本（包括 TFC、TVC 和 TC）出发，是可以得到相应的平均成本（包括 AFC、AVC 和 AC）和边际成本（即 MC）的。

5.2.2 短期成本曲线图及关系

1. 短期成本曲线图

在上节中，我们分别画出了 7 条不同类型的短期成本曲线。现在，我们将把这些不同类型的短期成本曲线置于同一张图中，以分析不同类型的短期成本曲线相互之间的关系。

表 5-1 中的平均成本和边际成本的各栏均可以分别由相应的总成本的各栏推算出来。该表体现了各种短期成本之间的相互关系。

表 5-1　　　　　　　　　　　短期成本的关系表

产量 Q	总成本			平均成本			边际成本
	总不变成本 TFC	总可变成本 TVC	总成本 TC	平均不变成本 AFC	平均可变成本 AVC	平均总成本 AC	边际成本 MC
0	1200	0	1200				
1	1200	600	1800	1200.0	600.0	1800.0	600
2	1200	800	2000	600.0	400.0	1000.0	200
3	1200	900	2100	400.0	300.0	700.0	100
4	1200	1050	2250	300.0	262.5	562.5	150
5	1200	1400	2600	240.0	280.0	520.0	350
6	1200	2100	3300	200.0	350.0	550.0	700

图 5-2 是根据表 5-1 绘制的短期成本曲线图，它是一张典型的短期成本曲线的综合图。

2. 短期成本之间的关系分析

仔细观察可以发现：TC 曲线是一条由水平的 TFC 曲线与纵轴的交点出发的向右上方倾斜的曲线。在每一个产量上，TC 曲线和 TVC 曲线两者的斜率都是相同的，并且，TC 曲线和 TVC 曲线之间的垂直距离都等于固定的不变成本 TFC。这显然是由于 TC 曲线是通过把 TVC 曲线向上垂直平移 TFC 的距离而得到的。

此外，TVC 曲线和 TC 曲线在同一个产量水平各自存在一个拐点 B 和 C。在拐点

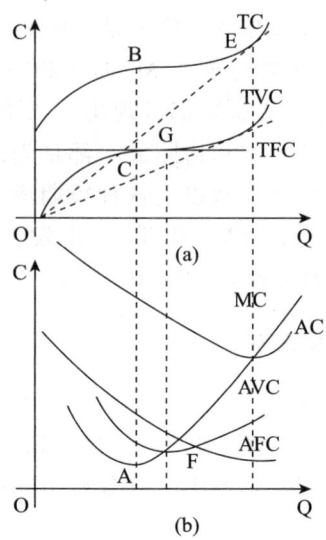

图 5-2 短期成本关系图

以前,TVC 曲线和 TC 曲线的斜率是递减的;在拐点以后,TVC 曲线和 TC 曲线的斜率是递增的。

(1) TC 曲线、TVC 曲线和 MC 曲线之间的相互关系。由于在每一个产量水平上的 MC 值就是相应的 TC 曲线和 TVC 曲线的斜率。于是,TC 曲线、TVC 曲线和 MC 曲线之间表现出这样的相互关系:与边际报酬递减规律作用的 MC 曲线的先降后升的特征相对应,TC 曲线和 TVC 曲线的斜率也由递减变为递增。而且,MC 曲线的最低点与 TC 曲线的拐点和 TVC 曲线的拐点相对应。

(2) AC 曲线、AVC 曲线和 MC 曲线之间的相互关系。我们已经知道,对于任何一对边际量和平均量而言,只要边际量小于平均量,边际量就把平均量拉下;只要边际量大于平均量,边际量就把平均量拉上;当边际量等于平均量时,平均量必达本身的极值点。将这种关系具体到 AC 曲线、AVC 曲线和 MC 曲线的相互关系上,可以推知,由于在边际报酬递减规律作用下的 MC 曲线有先降后升的 U 形特征,所以,AC 曲线和 AVC 曲线也必定是先降后升的 U 形特征。而且,MC 曲线必定会分别与 AC 曲线相交于 AC 曲线的最低点,与 AVC 曲线相交于 AVC 曲线的最低点。因此,U 形的 MC 曲线分别与 U 形的 AC 曲线相交于 AC 曲线的最低点,与 U 形的 AVC 曲线相交于 AVC 曲线的最低点。在 AC 曲线的下降段,MC 曲线低于 AC 曲线;在 AC 曲线的上升段,MC 曲线高于 AC 曲线。

此外,对于产量变化的反应,边际成本 MC 要比平均成本 AC 和平均可变成本 AVC 敏感得多。不管是下降还是上升,MC 曲线的变动都快于 AC 曲线和 AVC 曲线。

5.3 长期成本曲线

本节将对厂商的长期成本进行分析。我们将顺次对长期总成本、长期平均成本和长期边际成本进行分析,并进一步考察这三条长期成本曲线之间的相互关系。

在长期内,厂商可以根据产量的要求调整全部的生产要素投入量,甚至进入或退出一个行业,因此,厂商所有的成本都是可变的。厂商的长期成本可以分为长期总成本、长期平均成本和长期边际成本。它们的英文缩写顺次为 LTC、LAC 和 LMC。

为了区分短期成本和长期成本,从本节开始,在短期总成本、短期平均成本和短期边际成本前都冠之于"S",如短期总成本写为 STC 等,在长期成本前都冠之于"L",如长期总成本写为 LTC 等。

5.3.1 长期总成本曲线

1. 长期总成本函数

厂商在长期对全部要素投入量的调整意味着对企业的生产规模的调整。也就是说,从长期看,厂商总是可以在每一个产量水平上选择最优的生产规模进行生产。长期总成本 LTC 是指厂商在长期中在每一个产量水平上通过选择最优的生产规模所能达到的最低总成本。相应的,长期总成本函数写成以下形式:$LTC = LTC(Q)$。

2. 长期总成本曲线

根据对长期总成本函数的规定,可以由短期总成本曲线出发,推导长期总成本曲线。如图 5-3 所示。

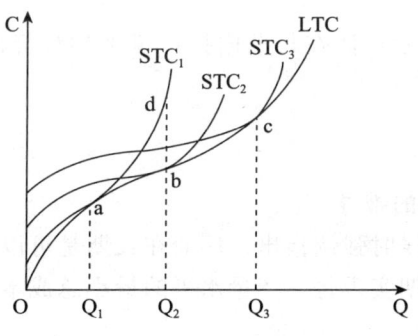

图 5-3 长期总成本曲线

图 5-3 中有三条短期总成本曲线 STC_1、STC_2 和 STC_3,它们分别代表三个不同的生产规模。由于短期总成本曲线的纵截距表示相应的总不变成本 TFC 的数量,因此,从图中三条短期总成本曲线的纵截距可知,STC_1 曲线所表示的总不变成本小于 STC_2 曲线,STC_2 曲线所表示的总不变成本又小于 STC_3 曲线,而总不变成本的多少(如厂

房、机器设备等)往往表示生产规模的大小。因此,从三条短期总成本曲线所代表的生产规模看,STC_1 曲线最小,STC_2 曲线居中,STC_3 曲线最大。

假定厂商生产的产量为 Q_2,那么厂商应该如何调整生产要素的投入量以降低总成本呢?在短期内,厂商可能面临 STC_1 曲线所代表的过小的生产规模或 STC_3 曲线所代表的过大的生产规模,于是,厂商只能按较高的总成本来生产产量 Q_2,即在 STC_1 曲线上的 d 点进行生产。但在长期,情况就会发生变化。

厂商在长期可以变动全部的要素投入量,选择最优的生产规模,于是,厂商必然会选择 STC_2 曲线所代表的生产规模进行生产,从而将总成本降低到所能达到的最低水平,即厂商是在 STC_2 曲线上的 b 点进行生产。类似的,在长期内,厂商会选择 STC_1 曲线所代表的生产规模,在 a 点上生产 Q_1 的产量;选择 STC_3 曲线所代表的生产规模,在 c 点上生产 Q_3 的产量。这样厂商就在每一个既定的产量水平实现了最低的总成本。

虽然在图 5-3 中只有三条短期总成本线,但在理论分析上可以假定有无数条短期总成本曲线。这样一来,厂商可以在任何一个产量水平上,都找到相应的一个最优的生产规模,都可以把总成本降到最低水平。也就是说,可以找到无数个类似于 a、b 和 c 的点,这些点的轨迹就形成了图中的长期总成本 LTC 曲线。

显然,长期总成本曲线是无数条短期总成本曲线的包络线。在这条包络线上,在连续变化的每一个产量水平上,都存在着 LTC 曲线和一条 STC 曲线的相切点,该 STC 曲线所代表的生产规模就是生产该产量的最优生产规模,该切点所对应的总成本就是生产该产量的最低总成本。所以,LTC 曲线表示长期内厂商在每一产量水平上由最优生产规模所带来的最小生产总成本。

5.3.2 长期平均成本曲线

长期平均成本 LAC 表示厂商在长期内按产量平均计算的最低总成本。长期平均成本函数可以写为:

$$LAC(Q) = \frac{LTC(Q)}{Q} \tag{5.1}$$

1. 长期平均成本曲线的推导

在分析长期总成本曲线时强调指出,厂商在长期是可以实现每一个产量水平上的最小总成本的。厂商在长期实现每一产量水平的最小总成本的同时,必然也就实现了相应的最小平均成本。

长期平均成本曲线具体的做法是:把长期总成本 LTC 曲线上每一点的长期总成本值除以相应的产量,便得到这一产量上的长期平均成本值。再把每一个产量和相应的长期平均成本值描绘在产量和成本的平面坐标图中,便可得到长期平均成本 LAC 曲线。此外,长期平均成本曲线也可以根据短期平均成本曲线求得。如图 5-4 所示。

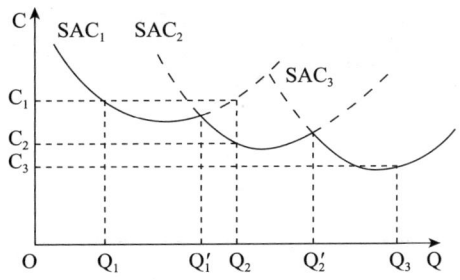

图 5-4 长期平均成本曲线推导图

图 5-4 中有三条短期平均成本曲线 SAC_1、SAC_2 和 SAC_3，它们各自代表了三个不同的生产规模。在长期，厂商可以根据产量要求，选择最优的生产规模进行生产。假定厂商生产 Q_1 的产量，则厂商会选择 SAC_1 曲线所代表的生产规模，以 OC_1 的平均成本进行生产。而对于产量 Q_1 而言，平均成本 OC_1 是低于其他任何生产规模下的平均成本的。假定厂商生产的产量为 Q_2，则厂商会选择 SAC_2 曲线所代表的生产规模进行生产，相应的最小平均成本为 OC_2；假定厂商生产的产量为 Q_3，则厂商会选择 SAC_3 曲线所代表的生产规模进行生产，相应的最小平均成本为 OC_3。

如果厂商生产的产量为 Q_1'，则厂商既可选择 SAC_1 曲线所代表的生产规模，也可选择 SAC_2 曲线所代表的生产规模。因为，这两个生产规模都以相同的最低平均成本生产同一个产量。这时，厂商有可能选择 SAC_1 曲线所代表的生产规模，因为，该生产规模相对较小，厂商的投资可以少一些。厂商也有可能考虑到今后扩大产量的需要，而选择 SAC_2 曲线所代表的生产规模。厂商的这种考虑和选择，对于其他的类似的两条 SAC 曲线的交点，如 Q_2' 的产量，也是同样适用的。

在长期生产中，厂商总是可以在每一产量水平上找到相应的最优的生产规模进行生产。而在短期内，厂商做不到这一点。假定厂商现有的生产规模由 SAC_1 曲线所代表，而其需要生产的产量为 OQ_2，那么，厂商在短期内就只能以 SAC_1 曲线上的 OC_1 的平均成本来生产，而不可能是 SAC_2 曲线上的更低的平均成本 OC_2。

由以上分析可见，沿着图中所有的 SAC 曲线的实线部分，厂商总是可以找到长期内生产某一产量的最低平均成本的。由于在长期内可供厂商选择的生产规模是很多的，在理论分析中，可以假定生产规模可以无限细分，从而可以有无数条 SAC 曲线，于是，便得到图 5-5 中的长期平均成本 LAC 曲线。显然，长期平均成本曲线是无数条短期平均成本曲线的包络线。在这条包络线上，在连续变化的每一个产量水平，都存在 LAC 曲线和一条 SAC 曲线的相切点，该 SAC 曲线所代表的生产规模就是生产该产量的最优生产规模，该切点所对应的平均成本就是相应的最低平均成本。LAC 曲线表示厂商在长期内在每一产量水平上，通过选择最优生产规模所实现的最小的平均成本。

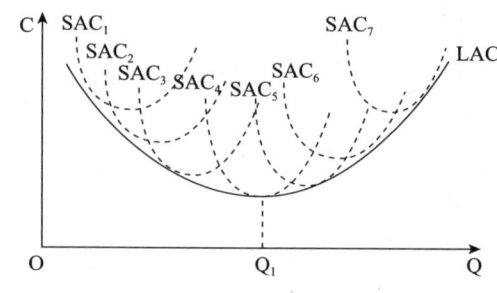

图 5-5 长期平均成本曲线

此外，从图 5-5 可以看到，LAC 曲线呈现出 U 形的特征。而且，在 LAC 曲线的下降段，LAC 曲线相切于所有相应的 SAC 曲线最低点的左边；在 LAC 曲线的上升段，LAC 曲线相切于所有相应的 SAC 曲线最低点的右边。只有在 LAC 曲线的最低点上，LAC 曲线才相切于相应的 SAC 曲线（图中为 SAC_4 曲线）的最低点。

2. 长期平均成本曲线形状的含义

长期平均成本曲线呈先降后升的 U 形，长期平均成本曲线的 U 形特征是由长期生产中的规模经济和规模不经济决定的。

在企业生产扩张的开始阶段，厂商由于扩大生产规模而使经济效益得到提高，这叫规模经济。当生产扩张到一定的规模以后，厂商继续扩大生产规模，就会使经济效益下降，这叫规模不经济。或者说，厂商产量增加的倍数大于成本增加的倍数，为规模经济；相反，厂商产量增加的倍数小于成本增加的倍数，为规模不经济。显然，规模经济和规模不经济都是由厂商变动自己的企业生产规模所引起的，所以，也被称作为内在经济和内在不经济。一般来说，在企业的生产规模由小到大的扩张过程中，会先后出现规模经济和规模不经济。正是由于规模经济和规模不经济的作用，决定了长期平均成本 LAC 曲线表现出先下降后上升的 U 形特征。

在上章生产论中分析长期生产问题时，我们已经指出，企业长期生产技术表现出规模报酬先是递增的，然后是递减的。规模报酬的这种变化规律，也是造成长期平均成本 LAC 曲线表现出先降后升的特征的一种原因。但是，规模报酬分析是以厂商以相同的比例变动全部要素投入量为前提条件的，即各生产要素投入量之间的比例保持不变。而事实上，厂商改变生产规模时，通常会改变各生产要素投入量之间的比例。所以，在一般的情况下，厂商的长期生产技术表现出由规模经济到规模不经济的过程。更确切地说，规模经济和规模不经济的分析包括了规模报酬变化的特殊情况。因此，从更普遍的意义上，我们说长期生产技术的规模经济和规模不经济是长期平均成本 LAC 曲线呈 U 形特征的决定因素。

3. 长期平均成本曲线的位置移动

上面提到的企业的规模经济和规模不经济（即企业的内在经济和内在不经济）是就一条给定的长期平均成本 LAC 曲线而言的。至于长期平均成本 LAC 曲线的位置的变化原因，则需要用企业的外在经济和外在不经济的概念来解释。企业外在经济是由于厂商的生产活动所依赖的外界环境得到改善而产生的。例如，整个行业的发展，可以使行业内的单个厂商从中受益。相反，如果厂商的生产活动所依赖的外界环境恶化了，则是企业的外在不经济。例如，整个行业的发展，使得生产要素的价格上升，交通运输紧张，从而给行业内的单个厂商的生产带来困难。外在经济和外在不经济是由企业以外的因素所引起的，它影响厂商的长期平均成本曲线的位置。

通过由内在经济和内在不经济所决定的长期平均成本曲线的 U 形特征，不仅可以解释下面将要分析的长期边际成本曲线的形状特征，而且还可以进一步解释前面所分析的长期总成本曲线的形状特征。这些都将在下面的有关内容中得到说明。

5.3.3　长期边际成本曲线

长期边际成本 LMC 曲线可以由长期总成本 LTC 曲线得到，如图 5-6 所示。

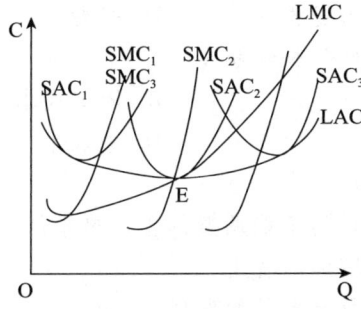

图 5-6　长期边际成本曲线

如上图所示，长期边际成本曲线呈 U 形，它与长期平均成本曲线相交于长期平均成本曲线的最低点。其原因在于：根据边际量和平均量之间的关系，当 LAC 曲线处于下降段时，LMC 曲线一定处于 LAC 曲线的下方，也就是说，此时 LMC < LAC，LMC 将 LAC 拉下；相反，当 LAC 曲线处于上升段时，LMC 曲线一定位于 LAC 曲线的上方，也就是说，此时 LMC > LAC，LMC 将 LAC 拉上。因为 LAC 曲线在规模经济和规模不经济的作用下呈先降后升的 U 形，LMC 曲线也必然呈先降后升的 U 形，并且，两条曲线相交于 LAC 曲线的最低点。进一步地，根据 LMC 曲线的形状特征，可以解释 LTC 曲线的形状特征。因为 LMC 曲线呈先降后升的 U 形，且 LMC 值又是 LTC 曲线上相应的点的斜率，所以，LTC 曲线的斜率必定要随着产量的增加表现出先递减达到拐点以后再递增的特征。

本章小结

本章主要学习企业生产面临的各种成本，例如机会成本的概念，显性成本和隐性成本的区别，通过学习，要掌握短期成本的分类，了解并能画出短期成本的曲线图，了解短期产量曲线和短期成本曲线的关系，了解长期成本曲线的相关内容。其中短期成本的分类、短期成本的曲线图，以及短期产量曲线和短期成本曲线之间的关系是重点。长期成本曲线的分类长期成本曲线的相关内容和长期边际成本曲线也需要掌握。

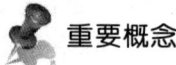

重要概念

机会成本　　显性成本　　隐性成本　　短期成本　　平均成本　　边际成本　　规模报酬

单选题

1. 以下哪一项是一个人选择上学而不是工作花费的机会成本（　　）。
   A. 学费
   B. 伙食费
   C. 如果工作可能带来的工资收入
   D. 书费

2. 不随产量变动而变动的成本称为（　　）。
   A. 平均成本
   B. 固定成本
   C. 长期成本
   D. 总成本

3. 固定成本是指（　　）。
   A. 厂商在短期内必须支付的不能调整的生产要素的费用
   B. 厂商要增加产量所要增加的费用
   C. 厂商购进生产要素时所要支付的费用
   D. 厂商支付的工资

4. 已知产量为 9 单位时，总成本为 95 元，产量增加到 10 单位时，平均成本为 10 元，由此可知边际成本为（　　）。
   A. 5 元
   B. 10 元
   C. 15 元
   D. 20 元

5. 某厂商每年从企业的总收入中取出一部分作为自己所提供的生产要素的报酬，这部分资金被视为（　　）。
   A. 显成本
   B. 隐成本
   C. 经济利润
   D. 毛利润

6. 对应于边际报酬的递增阶段，SMC 曲线（　　）。
   A. 以递增的速率上升
   B. 以递增的速率下降
   C. 以递减的速率上升
   D. 以递减的速率下降

7. 短期内在每一产量上的 MC 值应该（　　）。
   A. 是该产量上的 TVC 曲线的斜率，但不是该产量上的 TC 曲线的斜率
   B. 是该产量上的 TC 曲线的斜率，但不是该产量上的 TVC 曲线的斜率
   C. 既是该产量上的 TVC 曲线的斜率，又是该产量上的 TC 曲线的斜率
   D. 是该产量上的 TFC 曲线的斜率，但不是该产量上的 TVC 曲线的斜率

判断题

1. 在长期中无所谓固定成本与可变成本之分。 （   ）
2. 短期总成本曲线与长期总成本曲线都是从原点出发向右上方倾斜的一条曲线。
 （   ）
3. 厂商在给定产量下使成本最小化，即达到利润极大化。 （   ）
4. LAC 曲线的上升是由边际收益递减规律引起的。 （   ）
5. LAC 曲线相切于 SAC 曲线的最低点。 （   ）

 名词解释

1. 规模经济
2. 外在经济
3. 机会成本

 简答题

1. 等产量曲线与无差异曲线在性质上有何异同？
2. 试述规模经济产生原因。

第 6 章

不同市场结构中的厂商均衡理论

 内容提要

本章又称为厂商均衡理论,研究在不同类型的市场上厂商(即企业)如何决定其产品的价格和产量。主要讲解了厂商和市场的类型、利润最大化原则以及不同市场中厂商的短期及长期均衡等知识。

 重点难点

本章的重点为市场类型划分标准、利润最大化原则及完全竞争市场短期及长期均衡。本章难点为不完全竞争市场中厂商价格及产量的决定,特别是寡头市场中厂商行为决策极为抽象,有一定难度。

 学习目标

通过本章学习,学生应掌握市场类型的划分标准、最优产量的计算公式、完全竞争厂商的需求及收益曲线、完全竞争厂商的短期及长期均衡、完全垄断厂商短期及长期均衡、价格歧视等,了解垄断竞争厂商的短期长期均衡、寡头垄断厂商的典型模型等理论,并能够将理论与实践结合,解决实际中的经济问题。

第6章 不同市场结构中的厂商均衡理论

知识框架

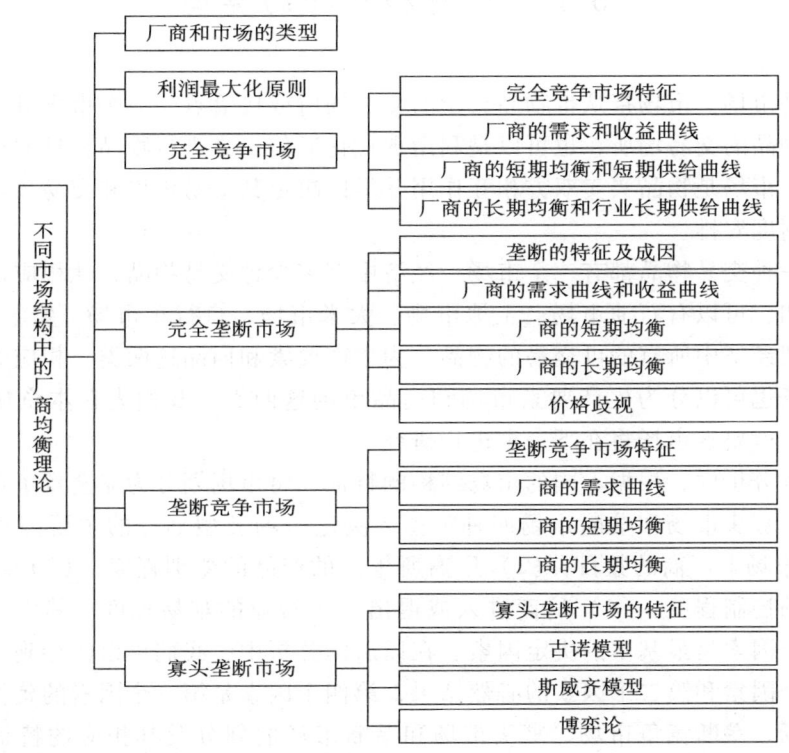

引入案例

生意冷清的餐馆和淡季的小型高尔夫球场

你是否曾经走进一家餐馆吃午饭,你会发现里面几乎没有人?你不禁要问为什么餐馆还要开门呢?因为看起来几个顾客的收入不可能弥补餐馆的经营成本。在做出是否经营的决策时,餐馆老板必须记住固定成本与可变成本的区别。餐馆的许多成本都是固定的,在午餐时停止营业并不能减少这些成本。换句话说,在短期中,这些是沉没成本——无法回收的成本支出,如因失误造成的不可收回的投资,是一种历史成本,对现有决策而言是不可控成本,不会影响当前行为或未来决策。当餐馆老板决定是否提供午餐时,只有可变成本是相关的。

夏季度假区小型高尔夫球场的经营者也面临着类似的决策。由于不同的季节收入变动很大,企业必须决定什么时候开门,什么时候关门。那么如何决定呢?

这两个案例说明什么问题呢?

6.1　厂商和市场的类型

什么是市场？市场指从事物品买卖的交易场所或接洽点。一个市场可以是一个有形的买卖物品的交易场所，也可以是利用现代化通信工具进行物品交易的接洽点。从本质上讲，市场是物品买卖双方相互作用并得以决定其交易价格和交易数量的一种组织形式或制度安排。

任何一种交易物品都有一个市场。经济中有多少种交易物品，就相应地有多少个市场。例如，可以有石油市场、土地市场、大米市场、自行车市场、铅笔市场等等。我们可以把经济中所有的可交易的物品分为生产要素和商品这两类，相应的，经济中所有的市场也可以分为生产要素市场和商品市场这两类。我们先在本章研究商品市场，至于生产要素市场将在下一章进行研究。

在经济分析中，根据不同的市场结构的特征，将市场划分为完全竞争市场、垄断竞争市场、寡头市场和垄断市场四种类型。决定市场类型划分的主要因素有以下四个：（1）市场上厂商的数目；（2）厂商所生产的产品的差别程度；（3）单个厂商对市场价格的控制程度；（4）厂商进入或退出一个行业的难易程度。其中，第一个因素和第二个因素是最基本的决定因素。在以后的分析中，我们可以体会到，第三个因素是第一个因素和第二个因素的必然结果，第四个因素是第一个因素的延伸。关于完全竞争市场、垄断竞争市场、寡头市场和垄断市场的划分及其相应的特征可以用表6-1来概括。

表6-1　市场类型的划分和特征

市场类型	厂商数目	产品差别程度	对价格控制的程度	进出一个行业的难易程度	接近哪种商品市场
完全竞争	很多	完全无差别	没有	很容易	一些农业品
垄断竞争	很多	有差别	有一些	比较容易	一些轻工产品、零售业
寡头	几个	有差别或无差别	相当程度	比较困难	钢、汽车、石油
垄断	唯一	唯一的产品，且无相近的替代品	很大程度，但经常受到管制	很困难，几乎不可能	公用事业，如水、电

表6-1只是一个简单的说明，读者能从表中获得一个初步的印象就可以了。在以后对每一类市场进行考察时，我们会对每一类市场的特征做出详细的分析。

与市场这一概念相对应的另一个概念是行业。行业指为同一个商品市场生产和提供商品的所有的厂商的总体。市场和行业的类型是一致的。例如，完全竞争市场对应的是完全竞争行业，垄断竞争市场对应的是垄断竞争行业，如此等等。

为什么在经济理论研究中要区分不同的市场结构呢？我们知道，市场的均衡价格和均衡数量取决于市场的需求曲线和供给曲线。消费者追求效用最大化的行为决定了市场的需求曲线，厂商追求利润最大化的行为决定了市场的供给曲线，（这后一点将是本章分析的一个结论）。厂商的利润取决于收益和成本。其中，厂商成本主要取决于厂商的生产技术方面的因素（生产论和成本论），而厂商的收益则取决于市场对其产品的需求状况。在不同类型的市场条件下，厂商所面临的对其产品的需求状况是不相同的，所以，在分析厂商的利润最大化的决策时，必须要区分不同的市场类型。

6.2 利润最大化原则

我们知道，经济学假设理性的厂商追求的目标为利润最大化，利润最大化原则就是指厂商追求最大利润时要遵循的一般原则。总利润是总收益和总成本的差额，要达到利润最大化就意味着厂商要力求使总收益和总成本之间的差额最大。

$$\pi = TR - TC \tag{6.1}$$

显然，总利润、总收益和总成本都是产量的函数，利润函数的极值点是其一阶导数为零，即：

$$d\pi/dQ = dTR/dQ - dTC/dQ = MR - MC$$

令 $d\pi/dQ = 0$，总利润达到最大，则有：

$$MR = MC \tag{6.2}$$

边际收益与边际成本相等即为利润最大化原则。假设 $MR > MC$，表明多生产一单位产品所增加的收益大于生产这一单位产品所耗费的成本，这时继续生产还有潜在的利润可以获得，对理性的厂商来说应继续进行生产，直至两者相等。反过来，假设 $MR < MC$，则表明多生产一单位产品所增加的收益小于生产这一单位产品所耗费的成本，这时厂商出现亏损，为了减少亏损，厂商必定要减少生产，直至两者相等。因此，只有在 $MR = MC$ 时，厂商想得到的利润都得到了，生产达到一种均衡状态。

总之，$MR = MC$ 既是利润最大化原则，同时又是亏损最小化原则。这一原则一直贯穿于对厂商行为分析的始终。

6.3 完全竞争市场

6.3.1 完全竞争市场的特征

1. 市场上有大量的买者和卖者

由于市场上有无数的买者和卖者，所以，相对于整个市场的总需求量和总供给量而言，每一个买者的需求量和每一个卖者的供给量都是微不足道的，都好比是一桶水中的一滴水。任何一个买者买与不买，或买多与买少，以及任何一个卖者卖与不卖，或卖多与卖少，都不会对市场的价格水平产生任何的影响。于是，在这样的市场中，每一个消费者或每一个厂商对市场价格没有任何的控制力量，他们每一个人都只能被动地接受既定的市场价格，他们被称为价格接受者。

2. 市场上每一个厂商提供的商品都是完全同质的

这里的商品同质指厂商之间提供的商品是完全无差别的，它不仅指商品的质量、规格、商标等完全相同，还包括购物环境、售后服务等方面也完全相同。这样一来，对于消费者来说，无法区分产品是由哪一家厂商生产的，或者说，购买任何一家厂商的产品都是一样的。在这种情况下，如果有一个厂商单独提价，那么，他的产品就会完全卖不出去。当然，单个厂商也没有必要单独降价。因为，在一般情况下，单个厂商总是可以按照既定的市场价格实现属于自己的那一份相对来说很小的销售份额。所以，厂商既不会单独提价，也不会单独降价。可见，完全竞争市场的第二个条件，进一步强化了在完全竞争市场上每一个买者和卖者都是被动的既定市场价格的接受者的说法。

3. 所有的资源具有完全的流动性

这意味着厂商进入或退出一个行业是完全自由和毫无困难的。所有资源可以在各厂商之间和各行业之间完全自由地流动，不存在任何障碍。这样，任何一种资源都可以及时地投向能获得最大利润的生产，并及时地从亏损的生产中退出。在这样的过程中，缺乏效率的企业将被市场淘汰，取而代之的是具有效率的企业。

4. 信息是完全的

即市场上的每一个买者和卖者都掌握与自己的经济决策有关的一切信息。这样，每一个消费者和每一个厂商可以根据自己所掌握的完全的信息，做出自己的最优的经济决策，从而获得最大的经济利益。而且，由于每一个买者和卖者都知道既定的市场价格，都按照这一既定的市场价格进行交易，这也就排除了由于信息不通畅而可能导致的一个市场同时按照不同的价格进行交易的情况。

符合以上四个假定条件的市场被称为完全竞争市场。经济学家指出，完全竞争市场是一个非个性化的市场。因为，市场中的每一个买者和卖者都是市场价格的被动接受者，而且，他们中的任何一个成员都既不会也没有必要去改变市场价格；每个厂商生产的产品都是完全相同的，毫无自身的特点；所有的资源都可以完全自由地流动，不存在同种资源之间的报酬差距；市场上的信息是完全的，任何一个交易者都不具备信息优势。因此，完全竞争市场中不存在交易者的个性。所有的消费者都是相同的，都是无足轻重的，相互之间意识不到竞争；所有的生产者也都是相同的，也都是无足轻重的，相互之间也意识不到竞争。因此，我们说，完全竞争市场中不存在现实经济生活中的那种真正意义上的竞争。

由以上分析可见：理论分析中所假设的完全竞争市场的条件是非常苛刻的。在现实经济生活中，真正符合以上四个条件的市场是不存在的。通常只是将一些农产品市场，如大米市场、小麦市场等，看成是比较接近完全竞争市场的。既然在现实经济生活中并不存在完全竞争市场，为什么还要建立和研究完全竞争市场模型呢？经济学家认为，从对完全竞争市场模型的分析中，可以得到关于市场机制及其配置资源的一些基本原理，而且，该模型也可以为其他类型市场的经济效率分析和评价提供一个参照对比。

 相关思考

大型养鸡场为什么赔钱？

在20世纪80年代，许多大城市为了保证居民的菜篮子，由政府投资修建了大型养鸡场，结果失败者多，一些大型养鸡场甚至竞争不过农民养鸡专业户，最后以破产而告终。这其中的原因很多，重要的一点在于鸡蛋市场是一个完全竞争的市场结构。

从经济学的角度看，鸡蛋市场有许多买者和卖者，每一个生产者包括大型养鸡场在市场上占的份额都是微不足道的，难以通过产量来控制市场价格，而且，鸡蛋是无差别产品，企业不能以产品差别形成自己的垄断地位，只能接受市场供求决定的价格。鸡蛋市场没有任何进入障碍，投资小，技术难度不高，谁想进入都可以，这些特点决定了鸡蛋市场是一个完全竞争市场。

在鸡蛋市场这样的完全竞争市场上，短期中，供小于求，价格高，养鸡可获得超额利润；如果供大于求，价格低，养鸡可能亏本。但在长期中，养鸡企业在确定产量规模或在做出进入还是退出的决策时，一定要考虑价格和平均成本的关系。如果价格大于平均成本，原有的养鸡企业就会扩大生产规模，其他的人也会进入该行业。如果价格小于平均成本，企业就会做出减产或退出养鸡业的决策。当价格等于平均成本时，鸡蛋市场实现了长期均衡，这时企业的总成本等于总收益，企业可以得到正常利润。

政府建立的大型养鸡场在完全竞争市场上没有任何优势。它的规模不足以大到控制市场，产品也没有特色。在鸡蛋市场竞争激烈，产品价格很低的情况下，养鸡的农户可以把成本压得很低，因为农民几乎没有什么固定成本，也不向自己支付工资，成本支出主要是购买种鸡和饲料。而大型养鸡场的成本则压不下来，养鸡场要建大鸡舍，采用机械化方式，具有一批管理人员，还要向工人支付工资。这使养鸡场的成本大大高于行业平均成本。而农民则以低成本占领了鸡蛋市场。农民的市场份额决定了他们的成本就是平均成本，养鸡场的成本高于农民的养鸡成本，也就是高于行业平均成本，当价格等于行业平均成本时，养鸡场的破产就是必然的。

> 政府出资兴办大型养鸡场的动机或许是好的,但是,鸡蛋市场不需要大型养鸡场这样的"庞然大物",即使农民养鸡没有实现现代化,也难以有大型养鸡场的地位。鸡蛋市场的行业技术特点决定了小规模、低成本是该市场合理的企业组织方式。政府花钱建养鸡场是出力不讨好,这些年政府不再干预鸡蛋市场,市民们反而吃到了物美价廉的鸡蛋。

6.3.2 完全竞争厂商的需求曲线和收益曲线

1. 完全竞争厂商的需求曲线

在完全竞争市场中,商品的价格是由市场需求曲线和市场供给曲线的交点决定的。市场需求曲线是个别消费者需求曲线的加总,市场供给曲线则是个别企业供给曲线的加总。但个别企业面临的需求曲线与市场需求曲线不同,因为处于完全竞争市场中的企业被认为是一个价格的接受者(Price Taker),其改变销售量也不会引起市场价格的变动。由于单个企业的产量只占总市场容量的一个非常微小的比例,因而该企业能按现行的市场价格销售它希望销售的全部数量,所以它没有必要降价;同时它也不能提价,因为产品完全同质,而且信息完全,它稍一提价,消费者就会转而购买其他企业的产品,自己产品的销售量便降为零。所以,在完全竞争条件下,企业不存在价格决策问题。单个企业面对的需求曲线是一条具有完全价格弹性的水平线,价格水平则由市场供求决定。如图 6-1 所示。

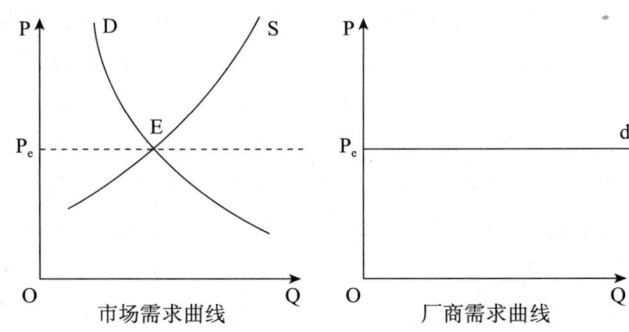

图 6-1 完全竞争市场和厂商的需求曲线

2. 完全竞争厂商的收益曲线

由于完全竞争企业面对既定的价格,企业的总收益 TR 在数量上等于商品的市场价格 P 乘以出售商品的数量 Q:

$$TR = P \cdot Q \tag{6.3}$$

价格 P 是常数,因此总收益曲线 TR 是一条向右上方倾斜的直线,并且以 P 作为曲线的斜率,如图 6-2 所示。

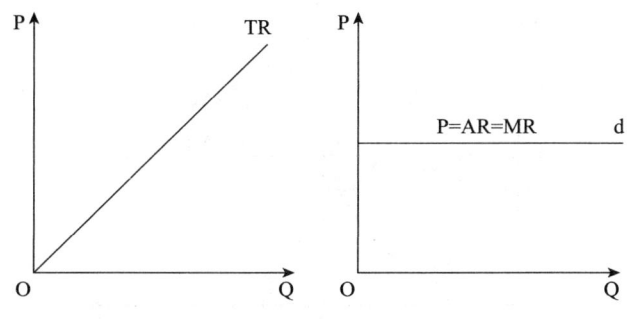

图6-2 完全竞争厂商的收益曲线

在完全竞争市场中，平均收益就等于商品的市场价格：
$$AR = TR/Q = (P \times Q)/Q = P \tag{6.4}$$
同时，边际收益也等于商品的市场价格：
$$MR = \triangle TR/\triangle Q = dTR/dQ = P \tag{6.5}$$

由此，我们得到 $P = AR = MR$ 这一完全竞争市场的显著特征。在图形上表现为企业的需求曲线（价格线）、平均收益曲线和边际收益曲线这三条线重合在一起，即"三线合一"。

既然在完全竞争条件下价格是由市场决定的，企业能出售它想出售的任何数量的产品，那么它的产量是否是无限的呢？回答是否定的。因为如果企业的产量超过了一定的限度，就会引起生产成本迅速提高，以至总利润反而减少，甚至亏本。这就促使我们进一步来研究企业的最优产量决策问题。

6.3.3 完全竞争厂商的短期均衡和短期供给曲线

1. 完全竞争厂商的短期均衡

尽管完全竞争厂商是价格的接受者，但它对产品的数量能够做出最有利的决策。如前所述，厂商遵循利润最大化原则来确定其应该生产的产量。因为在短期，厂商只能调整可变投入的要素量，来不及调整固定要素的投入量，所以，厂商在短期的均衡可能出现以下几种情况：

（1）存在经济利润或超额利润。如图6-3所示，厂商以 $MR = MC$ 这一利润最大化原则确定的 E 点来生产 Q_E，价格为 P_E，平均成本为 FQ_E，厂商在短期内获得的经济利润为阴影部分面积。显然，在价格既定的前提下，厂商生产产品的平均成本越低，经济利润就越丰厚。

（2）既不存在亏损，也不存在超额利润。图6-4显示了这种情况，为了追求利润最大化，厂商的产量为 Q_E，此时，总收益与总成本相等，经济利润为零，E 点被称为"收支相抵点"。

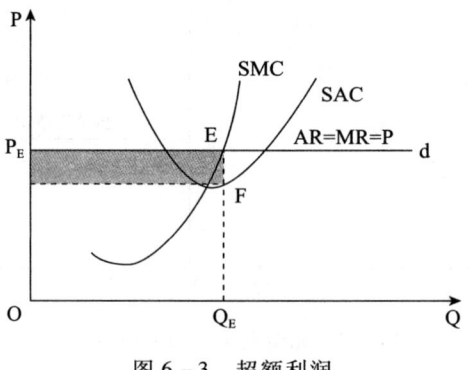

图 6-3 超额利润

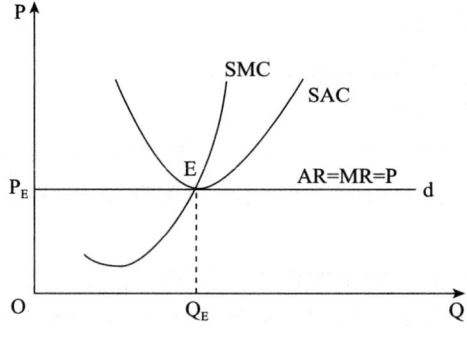

图 6-4 收支相抵点

(3) 有亏损，但继续生产。如图 6-5，平均收益小于平均成本，所以厂商是亏损的，但由于价格高于平均可变成本，所以厂商的收益不仅能弥补可变成本，还可以弥补一部分固定成本，厂商应选择继续生产，其亏损最小化的产量为 Q_E，亏损额为阴影部分的面积。如果厂商选择停产，亏损额会更大。

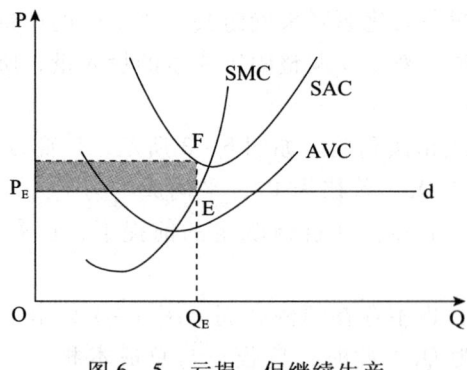

图 6-5 亏损，但继续生产

(4) 停止营业点。在 Q_E 产量上，价格只能弥补可变成本，对固定成本没有任何弥补，厂商生产或不生产的亏损额都是固定成本，故厂商生产或不生产是一样的，E

点被称为"停止营业点"或"关门点"。

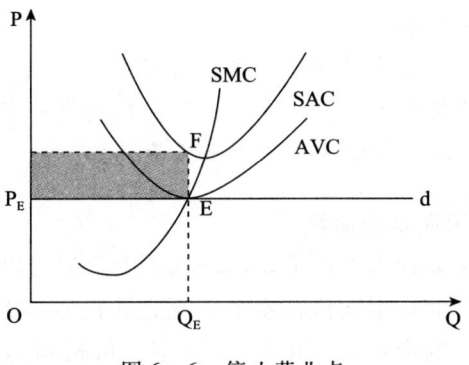

图 6-6 停止营业点

（5）必须停止营业。当厂商有亏损额且产品的价格低于 AVC 时，厂商不仅损失了固定成本，连可变成本都弥补不了，因此厂商停止营业是理性的选择，因为停止营业损失的仅仅是固定成本。如图 6-7 所示。

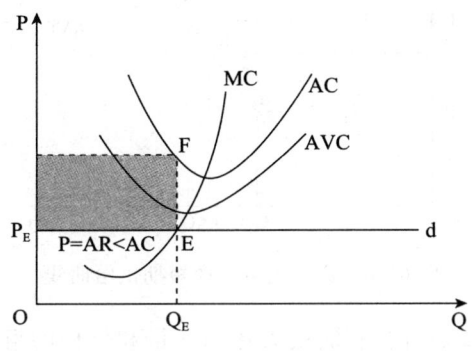

图 6-7 停止营业

综上，在短期厂商的均衡条件为 MR = MC，即根据边际收益等于边际成本的利润最大化原则来确定均衡产量，这个原则无论在何种市场结构中都适用于厂商，由于完全竞争市场的特殊性，因此，MR = MC 可以表述为：

$$P = MR = MC \tag{6.6}$$

 引例解析

生意冷清的餐馆和淡季的小型高尔夫球场

案例说明了这样的几个问题：

1. 餐馆的成本包括固定成本和变动成本。固定成本有租金、厨房设备、桌子、盘子、餐具等；固定成本有增加的食物价格和额外的侍者工资。只有在午餐时,从顾客得到的收入少到不能弥补餐馆的可变成本时,餐馆老板才会在午餐时间关门,否则就会经营下去。

2. 小型高尔夫球场也存在同样的情况,其固定成本有购买土地和建球场的成本;可变成本主要表现在雇佣服务人员的成本。只要在一年的这段时间里,收入大于可变成本,小型高尔夫球场就应该开业经营。

2. 完全竞争厂商的短期供给曲线

从完全竞争厂商的短期均衡条件 P = MR = MC 中我们可以得出厂商的短期供给曲线。所谓供给曲线是指厂商在不同价格水平上愿意并且能够提供的产量。而在完全竞争条件下,厂商愿意生产的产量由 MR = MC 决定,价格与边际收益又相等,因此厂商的短期供给曲线就是它的短期边际成本曲线高于平均可变成本的部分,即 MC 曲线停止营业点及以上的部分。如图 6-8 所示。

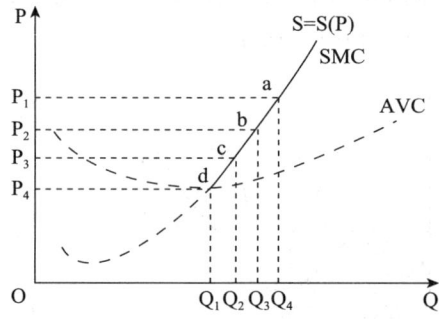

图 6-8 完全竞争厂商短期供给曲线

由此可知,供给曲线是符合利润最大化的产量和价格的组合轨迹。在完全竞争条件下,厂商的短期供给曲线从左下方向右上方倾斜,价格和产量呈正向相关,这与 MC 曲线的变化轨迹相一致。但需要注意的是,这两条曲线的经济学含义还是有区别的,供给曲线表示厂商供给量与价格间的关系,而 MC 曲线则是边际成本如何随产量变化的轨迹。

6.3.4 完全竞争厂商的长期均衡和行业的长期供给曲线

1. 完全竞争厂商的长期均衡

在长期,厂商有足够的时间调整所有要素投入的数量,使得生产规模达到最优。由于完全竞争市场不存在任何阻碍,所有资源都能自由进出,而且进出成本很低,因此如果行业内的完全竞争厂商可以获得超额利润的话,其他厂商就会把资源转移过来,进入该行业分享超额利润,同时行业内的某些厂商会扩大生产规模以求得更多的超额利润。在其他条件不变的前提下,随着新厂商的加入和规模的扩大,整个行业的供给会增加,供求重新达到均衡的结果就是产品的价格下降,直至单个厂商的超额利润消失为止,市场价格达到平均成本的最低点。反之,如果行业内的完全竞争厂商出现亏损,那么某些厂商会由于亏损而退出市场,某些厂商会减少生产,在其他条件不变的前提下,供给量的减少导致产品价格的上升,直至平均成本的最低点,即单个厂商的亏损消失为止。因此,完全竞争厂商长期均衡的条件为:

$$MR = LMC = LAC \tag{6.7}$$

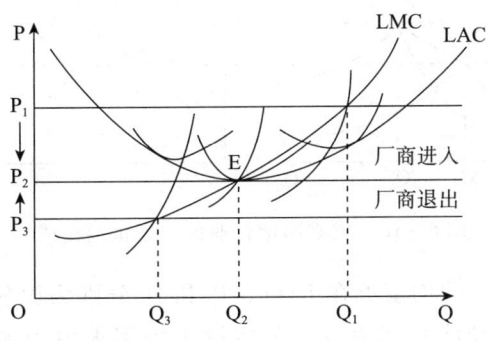

图 6-9 完全竞争厂商长期均衡

图 6-9 显示了完全竞争厂商的长期均衡。当市场价格为 P_1 时,厂商有超额利润;反之,当市场价格为 P_3 时,厂商亏损。随着新厂商的进入、原先厂商的扩张,随着该行业厂商的退出或缩减生产,价格最终由于供给量的增减而达 P_2。此时,厂商既没有超额利润也没有亏损,只获得正常利润。

2. 完全竞争行业的长期供给曲线

如前所述,长期均衡是指行业内的所有企业只获得正常利润,不存在超额利润也不存在亏损,价格为平均成本的最低点。这种均衡状态会由于整个市场需求的变动而被打破。我们假设由于人们的收入水平提高了,对产品的需求上升,导致均衡价格上扬,如此,行业内的企业有利可图,自然吸引其他行业的厂商进入,供给量增加,价格下跌,再次恢复到长期均衡状态。因此,行业长期供给曲线为行业长期均衡点的轨迹。

当整个行业的产量由于厂商的进出发生变动时,行业中厂商的长期平均成本曲线会受其影响。根据行业变动时对行业成本的影响,我们可以把行业划分为成本递增行业、成本不变行业和成本递减行业。

行业成本变动的主要因素在于外在经济和外在不经济。如果整个行业存在外在经济,随着行业规模的扩大,行业内厂商的数量增加,单个厂商的平均成本会下降;如果存在外在不经济,那么最终行业内的单个厂商随着行业规模的扩大其平均成本会上升。

（1）成本递增行业的长期供给曲线

成本递增行业指当整个行业的产量增加后,产品的平均成本会上升的行业。成本上涨可以由多种因素引起,如新厂商的进入造成生产要素的短缺,从而生产要素的价格上升等。成本递增行业的供给曲线是一条随着产量的增加逐渐向右上方倾斜的曲线。如图 6-10 所示。

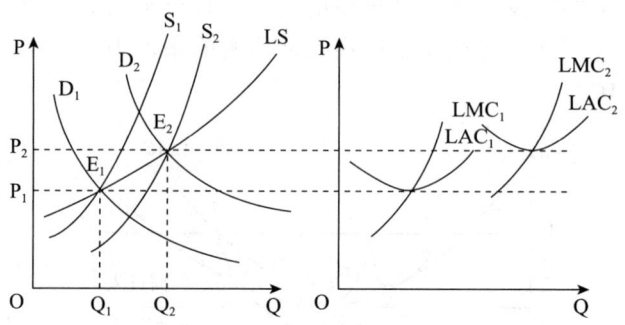

图 6-10　成本递增行业的长期供给曲线

由图可知，市场原先的均衡点在 E_1 点，P_1 和 Q_1 分别为原先的均衡价格和均衡产量，此时行业内的厂商经济利润为零。现假设市场需求由于人们的收入提高而增加了，需求曲线向右上方移动，产品的市场价格也随之提高到了 P_2，市场价格的提高使得完全竞争厂商又能获得超额利润，从而吸引着新厂商的进入，整个行业扩张。行业扩张导致对生产要素的需求增加，要素价格上涨，结果使厂商的平均成本曲线上移，行业产量的增加使市场的供给曲线从 S_1 向右下方移至 S_2，在 E_2 点达到新的均衡，厂商只能得到正常利润。E_1、E_2 两点的连线即为长期供给曲线，显然，长期供给曲线是厂商长期平均成本最低点的轨迹。

（2）成本递减行业的长期供给曲线

成本递减行业指行业的产量增加时，生产要素的价格下降，从而导致产品成本的下降。成本递减行业的长期供给曲线是一条随着产量的增加逐渐向右下方倾斜的曲线，其具体的形成过程与成本递增行业正好相反，在此不再赘述。如图 6-11 所示。

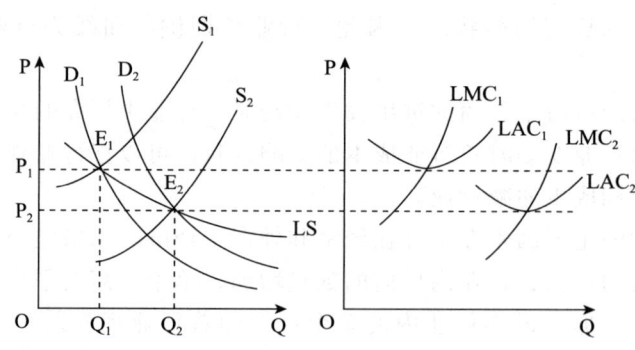

图 6-11　成本递减行业的长期供给曲线

（3）成本不变行业的长期供给曲线

成本不变行业指行业的产量增加时，生产要素价格不变。行业内厂商的平均成本曲线并不随着行业产量的变化而移动。成本不变行业的长期供给曲线则为一条水平线。如图 6-12 所示。

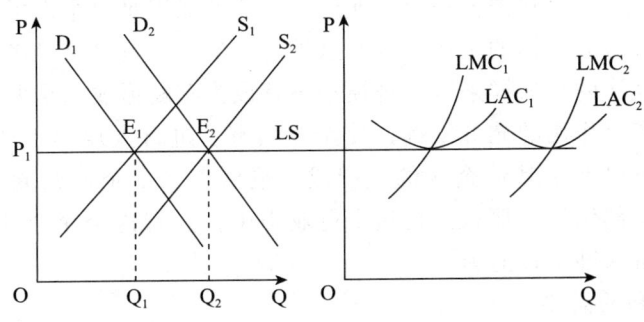

图 6-12　成本不变行业的长期供给曲线

6.4　垄断市场

6.4.1　垄断市场的特征及成因

1. 垄断市场的特征

（1）厂商数目唯一。一家厂商控制了某种产品的全部供给，完全垄断市场上垄断企业排斥其他竞争对手，独自控制了一个行业的供给。由于整个行业仅存在唯一的供给者，企业就是行业。

（2）完全垄断企业是市场价格的制定者。由于垄断企业控制了整个行业的供给，也就控制了整个行业的价格，成为价格制定者。完全垄断企业可以有两种经营决策：以较高价格出售较少产量，或以较低价格出售较多产量。

（3）完全垄断企业的产品不存在任何相近的替代品。否则，其他企业可以生产替代品来代替垄断企业的产品，完全垄断企业就不可能成为市场上唯一的供给者，因此消费者无其他选择。

（4）其他任何厂商进入该行业都极为困难或不可能，要素资源难以流动。完全垄断市场上存在进入障碍，其他厂商难以参与生产。

完全垄断市场和完全竞争市场一样，都只是一种理论假定，是对实际中某些产品的一种抽象，现实中绝大多数产品都具有不同程度的替代性。

2. 垄断市场的成因

垄断市场形成的原因很多，最根本的一个原因就是为了建立和维护一个合法的或经济的壁垒，从而阻止其他企业进入该市场，以便巩固垄断企业的垄断地位。垄断企业作为市场唯一的供给者，很容易控制市场某一种产品的数量及其市场价格，从而可连续获得垄断利润。具体地说，垄断市场形成的主要原因有以下几个方面：

(1) 规模经济的要求

有些行业的生产需要投入大量的固定资产和资金，如果充分发挥这些固定资产和资金的作用，则这个行业只需要一个企业进行生产就能满足整个市场的产品供给，这样的企业适合于进行大规模的生产。具有这种规模的生产就具有经济性，低于这种规模的生产则是不经济的。这样来看，规模经济就成为垄断形成的重要原因。同时，大量的固定资产和资金作用的充分发挥，使企业具有了进行大规模生产的能力和优势，因而这个企业能够以低于其他企业的生产成本或低于几个企业共同生产的成本、价格，向市场提供全部供给。那么，在这个行业当中，只有这个企业才能够生存下来，其他企业都不具备这种生存能力。

(2) 保护专利的需要

专利是政府授予发明者的某些权利。这些权利一般是指在一定时期内对专利对象的制作、利用和处理的排他性独占权，从而使发明者获得应有的收益。某项产品、技术或劳务的发明者拥有专利权以后，在专利保护的有效期内形成了对这种产品、技术和劳务的垄断。专利创造了一种保护发明者的产权，在专利的有效保护期内其他任何生产者都不得进行这种产品、技术和劳务的生产与使用，或模仿这些发明进行生产。若不保护发明专利，社会和生产就难以进步与发展。

(3) 对进入的自然限制

当某个生产者拥有并且控制了生产所必需的某种或某几种生产要素的供给来源时，就形成了垄断。这种垄断形成以后，其他任何生产者都难以参与此类要素的市场供给，从而就自然地限制或阻止了其他生产者的进入，这样，就维护了这个生产者的垄断地位及其垄断利益。这种垄断的形成得力于两个方面的原因，一是得力于生产中的先行进入。由于先行进入某一行业，从而使其在某种要素或某几种要素的生产中先行具有了某些优势，如生产技术或生产经营的优势，从而增加了其他生产者的进入难度，先行进入者就可以逐渐形成垄断。二是得力于生产中占据的自然地理优势。某种要素或某几种要素生产的自然地理优势被某个生产者占据以后，其他生产者生产同种要素或同几种要素时就不再具有自然地理优势，前者就形成了生产中的自然地理优势垄断。例如，拥有或控制主要原料可以阻止竞争，从而形成垄断。最常见的是通过对原料的垄断来限制竞争。

 知识拓展

德比尔的钻石垄断

产生于一种关键资源所有权垄断的典型例子是南非的钻石公司德比尔。德比尔控制了世界钻石80%左右的生产能力，虽然这家企业的市场份额并不是100%，但它也大到足以对世界钻石价格产生重大影响的程度。德比尔拥有多大的市场势

力呢？答案部分取决于有没有这种产品的相近替代品。如果人们认为翡翠、红宝石和蓝宝石都是钻石的良好替代品，那么，德比尔的市场势力就较小了。在这种情况下，德比尔任何一种想提高钻石价格的努力都会使人们转向其他宝石。但是，如果人们认为这些其他石头都与钻石非常不同，那么，德比尔就可以在相当大程度上影响自己产品的价格。德比尔支付了大量广告费。乍一看，这种决策似乎有点奇怪。如果垄断者是一种产品的唯一卖者，为什么它还需要广告呢？德比尔广告的一个目的是在消费者心目中把钻石与其他宝石区分开来。当德比尔的口号告诉你"钻石永恒"时，你马上会想到翡翠、红宝石和蓝宝石并不是这样。如果广告是成功的，消费者就将认为钻石是独特的，不是许多宝石中的一种，而且，这种感觉就使德比尔拥有更大的市场势力。

（4）对进入的法律限制

政府通过特许经营，给予某些企业独家经营某种物品或劳务的权利。这种独家经营的权利是一种排他性的独有权利，是国家运用行政和法律的手段赋予并进行保护的权利。政府的特许经营，使独家经营企业不受潜在新进入者的竞争威胁，从而形成合法的垄断。政府对进入市场进行法律限制形成法律垄断，主要是基于三个方面的考虑：一是基于某种公司福利需要的考虑，例如某些必须进行严格控制的药品生产，必须由政府特许独家经营；二是基于保证国家安全的考虑，例如各种武器、弹药的生产必须垄断；三是基于国家财政和税收收入的考虑，例如国家对某些利润丰厚的商品进行垄断经营等。

6.4.2 垄断厂商的需求曲线和收益曲线

1. 需求曲线

完全垄断条件下，市场上只有一家企业，企业和行业合二为一，企业就是行业，因此，垄断厂商所面临的需求曲线就是整个市场的需求曲线，这是垄断厂商的重要特征。垄断厂商的需求曲线向右下方倾斜，斜率为负，销售量和价格呈反比关系。如图 6-13 所示。

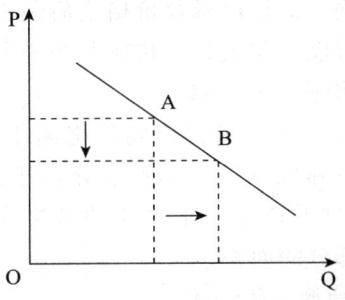

图 6-13 垄断厂商的需求曲线

2. 收益曲线

在完全垄断市场上，厂商是价格的制定者，消费者只是既定价格的接受者，厂商每卖出一个单位的产品给厂商带来的收益就等于产品的单价，即厂商的平均收益，故厂商的平均收益曲线与需求曲线重合。

完全垄断市场上，边际收益随着厂商产量的增加而递减。边际收益是指每增加一个单位产品所引起的总收益增加，而平均收益是指销售每一个单位产品获得的平均收入，当平均收益随着销售量的增加而下降时，边际收益比平均收益下降得更快，否则就不会出现平均收益的递减，这也是边际量和平均量的一般关系，所以 MR 曲线在 AR 曲线的下方。

图 6-14 说明完全垄断市场价格递减条件下的销售量、价格和收益之间的关系。

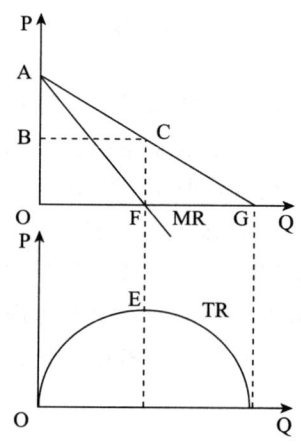

图 6-14 垄断厂商的收益曲线

6.4.3 垄断厂商的短期均衡

完全垄断厂商为了获得最大利润，也必须遵循 MR = MC 的原则。在短期内，垄断厂商无法改变不变要素投入量，它是在既定的生产规模下通过对产量和价格的同时调整，来实现 MR = MC 的利润最大化原则的。

垄断厂商根据边际原则确定最佳产量及价格之后是否有盈利，取决于他的平均成本状况。短期中，垄断厂商可能出现盈利、超额利润为零或存在亏损三种情况。

1. 获取超额利润的短期均衡：P > AC

在短期生产中，如果供给小于需求，市场价格高于平均成本，就会存在超额利润。如图 6-15 所示，运用边际成本—边际收益分析法，垄断厂商按照 MR = MC 的原则来确定产量水平 Q_E，这样的产量水平对应的价格为 P_E，显然，价格大于成本，厂商存在超额利润，为阴影部分的面积。

2. 超额利润为零的短期均衡：P = AC

如果市场供给等于需求，价格等于平均成本，则超额利润为零。如图 6-16，此

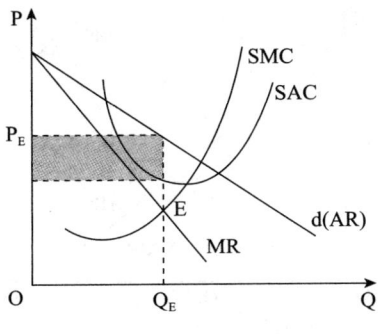

图 6-15 超额利润

时按照 MR = MC 确定产量水平,这一产量水平与需求曲线的交点正好是 SAC 曲线与需求曲线的切点,因此在这一产量水平上 P 与 AC 相等,即平均收益等于平均成本,因而垄断厂商的总收益等于总成本,厂商的超额利润为零。

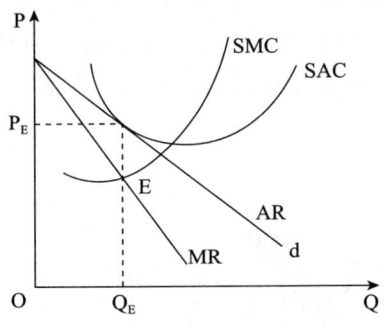

图 6-16 收支相抵

3. 亏损最小的短期均衡:AVC < P < AC

垄断厂商虽然可以通过控制产量和价格获得利润,但并不意味着总能获得利润,垄断厂商也可能发生亏损,这种情况可能是由于既定生产规模的生产成本过高,也可能是由于面临的市场需求过小。如图 6-17,按照 MR = MC 的原则确定的产量水平在 Q_E 上,从需求曲线得到与这一产量水平相对应的价格为 P_E,平均收益小于平均成本,厂商蒙受损失,但这时的损失额是最小的,等于阴影部分的面积。此时 P > AVC,因此垄断厂商继续进行生产,所获得的总收益在补偿了全部可变成本的基础上,最大限度地补偿了部分固定成本,如果 P < AVC,厂商将会停止生产。

6.4.4 垄断厂商的长期均衡

垄断厂商在长期内可以调整全部生产要素的投入量即生产规模,从而实现最大的利润。垄断行业排除了其他厂商加入的可能性,因此,与完全竞争厂商不同,如果垄断厂商在短期内获得利润,那么,他的利润在长期内不会因为新厂商的加入而消失,垄断厂商在长期内是可以保持利润的。如果垄断厂商在长期内只能获得正常利润或存

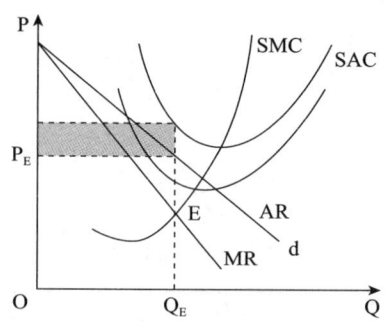

图 6-17 亏损,但生产

在亏损,在长期内厂商可以通过调整规模来获得超额利润或者消除亏损。

如图 6-18 所示,垄断厂商会把产量调整到 MR = LMC = SMC 所确定的产量 Q_2 水平上,此时对应的生产规模为 SAC_2 和 SMC_2 所表示的生产规模,对应的总利润为阴影部分所表示的面积,此时的总利润大于短期内所获得的总利润。在 Q_2 产量水平上,MR 曲线、LMC 曲线、SMC 曲线交于一点,这表明厂商利润最大化的条件 MR = MC 不仅在短期得到满足,在长期也得到满足,所以,垄断厂商的长期均衡条件是:

$$MR = LMC = SMC \tag{6.8}$$

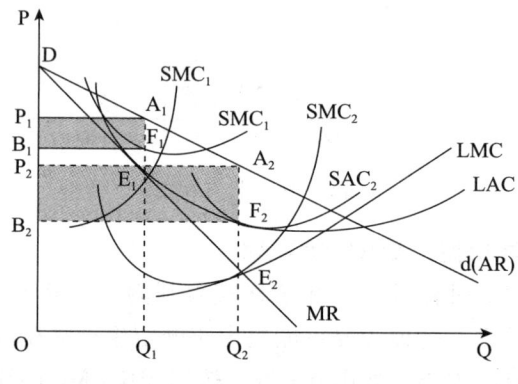

图 6-18 垄断厂商的长期均衡

 趣味阅读

垄断药品与非专利药品

垄断市场上的价格决定完全不同于竞争市场的决定方式。对这种理论的一种自然检验是药品市场,因为这个市场有两种市场结构。当一个企业开发了一种新药时,专利法使企业垄断了这种药品的销售。但最后企业的专利过期,任何公司

都可以生产并销售这种药品。在那时，市场就从垄断变为竞争的。

当专利过期以后，药品的价格会发生什么变动呢？生产药品的边际成本是不变的（这对许多药品是接近正确的）。在专利存在期内，垄断企业通过生产边际收益等于边际成本的产量并收取大大高于边际成本的价格使利润最大化。但是，当专利到期时，生产这种药品的利润将鼓励新企业进入市场。随着市场变为竞争的，价格将下降到等于边际成本。

实际上，经验与我们的理论一致。当药品专利到期时，其他公司迅速进入并开始销售所谓的无品牌药品，这种药品的化学成分与先前垄断者的有品牌产品相同。而且，正如我们的分析所预言的，竞争地生产的无品牌药品的价格大大低于垄断者收取的价格。

但是，专利到期并没有使垄断者失去全部市场势力。一些消费者仍忠于有品牌的药品，这也许是出于担心新的无品牌药品实际上与他们用了许多年的药不一样。因此，以前的垄断者至少可以继续收取比新竞争者略高一点的价格。

6.4.5 价格歧视

在有些情况下，垄断厂商会对同一种产品收取不同的价格，这种做法往往会增加垄断厂商的利润。以不同价格销售同一种产品，被称为价格歧视。

垄断厂商实行价格歧视，必须具备以下的基本条件：一是消费者需求价格弹性不同，即对商品的偏好不同。市场的消费者具有不同的偏好，且这些不同的偏好可以被区分开，这样，厂商才有可能对不同的消费者或消费群体收取不同的价格；二是不同的消费者群体或不同的销售市场是相互隔离的。这样就排除了中间商由低价处买进商品，转手又在高价处出售商品而从中获利的情况。

价格歧视可以分为一级、二级和三级价格歧视，下面分别予以考察。

1. 一级价格歧视

一级价格歧视，又称完全价格歧视，是指厂商根据消费者愿意为每单位商品付出的最高价格而为每单位产品制定不同的销售价格。即每一单位产品都有不同的价格，假定垄断者知道每一个消费者对任何数量的产品所要支付的最大货币量，并以此决定其价格，所确定的价格正好等于对产品的需求价格，因而获得每个消费者的全部消费剩余，这是一种极端的情况，现实中很少发生。

2. 二级价格歧视

二级价格歧视是指垄断厂商根据不同的购买量确定价格。在二级价格歧视下，购买相同数量产品的每个人都支付相同的价格，因此不是不同的人之间，而是不同的产量之间存在价格歧视。日常生活中，二级价格歧视比较普遍，如电力公司实行的分段定价等，二级价格歧视主要用于那些容易度量和记录的劳务，如煤气、电力、水、电话通信等的出售。

3. 三级价格歧视

三级价格歧视是指垄断厂商对同一种产品在不同的市场上（或对不同的消费者群体）收取不同的价格。一般来说，应在需求价格弹性小的市场上提高价格，而在需求价格弹性大的市场上降低价格。实际中的例子很多，如同一种产品，国内市场和国际市场价格不一样，黄金时间和非黄金时间的广告费不一样等。

 知识拓展

航空公司的价格歧视

暑假即将来临，当我们在规划行程的时候，难免会发现，暑假正值旅游旺季，机票的价格比平日淡季的时候翻了两倍。因此，不少人懂得了省钱的妙招，他们通常在暑假开始之前，就预先订好飞机票，因为机票越早买越便宜。运用价格歧视，航空市场也是如此。不同的票价为航空公司提供了一种有利可图的形式，采取不同时段、规则进行打折，可以细分客户市场，比如出游的学生或是公事出差的白领。需求弹性差距大的不同类型的顾客会分别购买不同类型的机票。提前订机票的乘客需求弹性较大，多数是出门旅游的人，他们对价格比较敏感，因此会选择更便宜的出行方式和更便宜的经济舱，机票打折就是为了吸引这一部分客户。而商务人士是临行前一刻变更出行安排的可能性比较大的群体，而且注重舒适的飞行体验，对于票价较不敏感，偏向于选择价格较高的头等舱和商务舱。因此，航空公司的策略是，对最后一刻才买票的乘客收全价。所以，在机场临时购买机票，即买即走的飞机票价高的原因也得以解释了。某家航空公司的总裁曾经道出了航空市场中价格歧视策略的意义："当有人愿意支付400美元买一个座位时，你就不会以60美元卖给他。同时，航空公司愿意以60美元卖掉一个座位，而不愿让它空着。"这里，还涉及了另外一个经济学原理——边际成本。边际成本是指每一单位新增生产或者购买的产品带来的总成本的增量。对于飞机而言，事实上每趟航班不论搭载多少名乘客，其成本是基本固定的。因此多载一人的边际成本是很小的，所以，航空公司通常在已收回固定成本的情况下，愿意为了多卖出一张票而降价。甚至是顾客只需要付出经济舱的价格，航空公司免费为你升级到头等舱或商务舱的位置。打折机票不仅可以使航空公司达到利润最大化，还可以分流订票压力。由于折扣机票一般需要提前几个月预订，限于电子客票，有退票无返还或者低返还等限制，还大大节省了航空公司的经营成本。

6.5 垄断竞争市场

6.5.1 垄断竞争市场的特征

完全竞争市场和垄断市场是理论分析中的两种极端的市场组织。在现实经济生活中，通常存在的是垄断竞争市场和寡头市场。其中，垄断竞争市场与完全竞争市场比较接近。

垄断竞争市场是这样一种市场组织，一个市场中有许多厂商生产和销售有差别的同种产品。根据垄断竞争市场的这一基本特征，西方经济学家提出了生产集团的概念。因为在完全竞争市场和垄断市场条件下，行业的含义是很明确的，它是指生产同一种无差别的产品的厂商的总和。而在垄断竞争市场，产品差别这一重要特点使得上述意义上的行业不存在。为此，在垄断竞争市场理论中，把市场上大量的生产非常接近的同种产品的厂商的总和称作生产集团。例如，汽车加油站集团、快餐食品集团、理发店集团等。

具体地说，垄断竞争市场的特征主要有以下四点：

1. 大量的企业生产有差别的同种产品

这些产品彼此之间都是非常接近的替代品，例如，牛肉面和鸡丝面是有差别的同种（面食）产品，二者具有较密切的替代性。在这里，产品差别不仅指同一种产品在质量、构造、外观、销售服务条件等方面的差别，还包括商标、广告方面的差别和以消费者的想像为基础的任何虚构的差别。例如，虽然在两家不同饭馆出售的同一种菜肴（如清蒸鱼）在实质上没有差别，然而，在消费者的心里却认为一家饭馆的清蒸鱼比另一家鲜美。这时，即存在着虚构的产品差别。

2. 单个厂商对价格具有较弱控制能力

由于市场上的每种产品之间存在着差别，因此，每个厂商对自己的产品的价格都具有一定的垄断，从而使得市场中带有垄断的因素。一般说来，产品的差别越大，厂商对价格的控制程度也就越高。但由于有差别的产品相互之间又是很相似的替代，或者说每一种产品都会遇到大量的其他相似产品的竞争，因此，市场中有竞争的因素。如此，便构成了垄断因素和竞争因素并存的垄断竞争市场的特征。例如，不同品牌的香烟、饮料和方便面。

3. 企业数量非常多

由于垄断竞争市场进入障碍较低，所以会有大量企业进入，以至于每个厂商都认为自己对行业的影响很小，不会引起竞争对手的注意和反应，因而自己也不会受到竞争对手报复措施的影响。例如，盒饭、理发行业。

4. 进入和退出一个生产集团障碍较低

厂商进、出一个行业比较容易，这一点同完全竞争类似，厂商的规模不算很大，所需资本不是太多,进入和退出一个行业障碍不大,比较容易。在现实生活中,垄断竞争的市场组织在零售业和服务业中是很普遍的,例修理、糖果零售业等。

6.5.2 垄断竞争厂商的需求曲线

由于垄断竞争厂商可以在一定程度上控制自己产品的价格,即通过改变自己生产的有差别的产品的销售量来影响商品的价格,所以,如同垄断厂商一样,垄断竞争厂商所面临的需求曲线也是向右下方倾斜的。所不同的是,由于各垄断竞争厂商的产品相互之间都是很接近的替代品,市场中的竞争因素又使得垄断竞争厂商的需求曲线具有较大的弹性。因此,垄断竞争厂商向右下方倾斜的需求曲线是比较平坦的,相对地比较接近完全竞争厂商的水平形状需求曲线。

垄断竞争厂商面临两类需求曲线,它们通常被称为 D 曲线和 d 曲线。需求曲线 d 表示:在垄断竞争生产集团中的某个厂商改变产品价格,而其他厂商的产品价格都保持不变时,该厂商的产品价格和销售量之间的关系。需求曲线 D 表示:在垄断竞争生产集团的某个厂商改变产品价格,而且集团内的其他所有厂商也使产品价格发生相同变化时,该厂商的产品价格和销售量之间的关系。如图 6 - 19 所示。

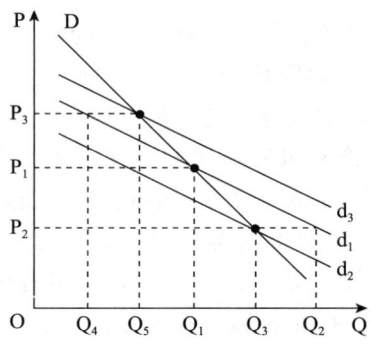

图 6 - 19 垄断竞争厂商的需求曲线

需求曲线 d 和需求曲线 D 存在以下关系。第一,当垄断竞争生产集团内的所有厂商都以相同方式改变产品价格时,整个市场价格的变化会使得单个垄断竞争厂商的 d 需求曲线的位置沿着 D 需求曲线上下平移。如果市场价格下跌,则 d 需求曲线沿着 D 需求曲线向下平移;如果市场价格上升,则 d 曲线沿着 D 曲线向上平移。第二,d 需求曲线和 D 需求曲线相交意味着垄断竞争市场的供求相等状态。第三,d 需求曲线的弹性大于 D 需求曲线,即前者较之后者更平坦一些。这是因为 d 曲线反映了单个厂商的需求和价格的变动,而 D 曲线反映了整个市场的需求和价格的变动。

6.5.3 垄断竞争厂商的短期均衡

在短期均衡实现过程中,垄断竞争市场同垄断市场一样,垄断竞争市场也会出现超额利润、收支相抵、亏损三种情况。与垄断市场不同之处在于垄断竞争厂商面对的市场需求曲线斜率绝对值较小。在考虑生产成本因素之后，垄断竞争厂商会选择边际成本与边际收益相等的条件下生产，即图6-20中的E点。

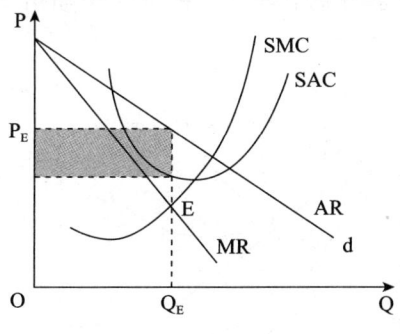

图6-20　超额利润

E点所决定的产量为Q_E，价格为P_E。由于此时的短期收益大于短期成本，所以，垄断竞争厂商是有利润的，其利润为阴影部分面积。

垄断竞争市场的短期均衡条件是：

$$MR = MC \tag{6.9}$$

垄断竞争厂商在决定产量和价格的方式时与垄断厂商完全相同。另外，垄断竞争厂商也可能会有损失出现。

在图6-21的产量Q_E下，如果短期平均收益低于短期平均成本，垄断厂商就会亏损。但无论是有利润还是亏损，在短期内都不会吸引其他厂商加入或使原有厂商退出。长期的情形则不同，因为在垄断竞争市场下，每家厂商的规模都不大，而且厂商数目很多，厂商进出市场都非常自由。所以，当厂商在短期内有利润存在时，就会吸引新的厂商加入，当厂商有亏损时，就会有厂商退出。

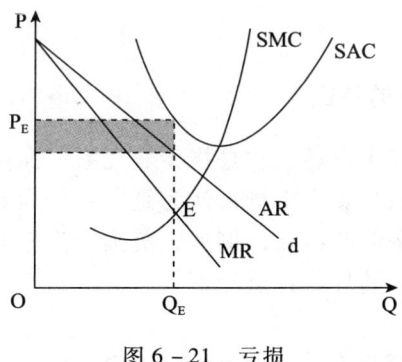

图6-21　亏损

6.5.4　垄断竞争厂商的长期均衡

在长期，厂商可以任意变动一切生产投入要素。如果一行业垄断竞争市场出现超额利润或亏损，会通过新厂商进入或原有厂商退出，最终使超额利润或亏损消失，从而在达到长期均衡时整个行业的超额利润为零。因此，垄断竞争与垄断不同（垄断在长期拥有超额利润），而是与完全竞争一样，在长期由于总收益等于总成本，只能获得正常利润。如图 6-22 所示。

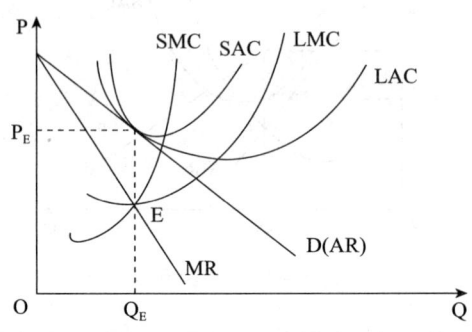

图 6-22 垄断竞争厂商的长期均衡

在图 6-22 中，长期内垄断竞争厂商仍然会维持在 MR = MC 条件下生产，即图中的 E 点。E 点所决定的产量为 Q_E，价格为 P_E。在长期均衡时，平均收益等于平均成本，因此，利润为零。此时不会有新的厂商加入，也不会有旧的厂商退出，市场达到长期均衡。

垄断竞争市场的长期均衡条件是：

MR = MC

P = AR = AC (6.10)

6.6 寡头垄断市场

6.6.1 寡头垄断市场的特征

寡头垄断市场又称为寡头市场。它是指少数几家厂商控制整个市场的产品的生产和销售的这样一种市场组织。寡头市场被认为是一种较为普遍的市场组织。西方国家中不少行业都表现出寡头垄断的特点，例如，美国的汽车业、电气设备业、罐头行业等，都被几家企业所控制。其具体特点如下：

1. 厂商数量少

寡头垄断市场上的厂商只有一个以上的少数几个（当厂商为两个时，叫双头垄断市场），每个厂商在垄断市场中都具有举足轻重的地位，对其产品价格具有相当的影响力。

2. 相互依存

任何一个厂商进行决策时，必须把竞争者的反应考虑在内，因而既不是价格的制定者，更不是价格的接受者，而是价格的寻求者。

3. 产品同质或异质

产品没有差别，彼此依存的程度很高，叫纯粹寡头垄断市场，存在于钢铁、尼龙、水泥等产业；产品有差别，彼此依存关系较低，叫差别寡头垄断市场，存在于汽车、重型机械、石油产品、电气用具、香烟等产业。

4. 进出不易

其他厂商进入相当困难，甚至极其困难。因为不仅在规模、资金、信誉、市场、原料、专利等方面，其他厂商难以与原有厂商匹敌，而且由于原有厂商相互依存，休戚相关，其他厂商不仅难以进入，也难以退出。

形成寡头市场的主要原因有：某些产品的生产必须在相当大的生产规模上运行才能达到最好的经济效益；行业中几家企业对生产所需的基本生产资源的供给的控制；政府的扶植和支持等等。由此可见，寡头市场的成因和垄断市场的是很相似的，只是在程度上有所差别而已。寡头市场是比较接近垄断市场的一种市场组织。

寡头厂商的价格和产量决定是一个很复杂的问题。其主要原因在于：在寡头市场上，每个厂商的产量都在全行业的总产量中占一个较大的份额，从而每个厂商的产量和价格变动都会对其他竞争对手以至整个行业的产量和价格产生举足轻重的影响。正因为如此，每个寡头厂商在采取某项行动之前，必须首先要推测这一行动对其他厂商的影响以及其他厂商可能做出的反应，然后，才能采取最有利的行动。所以，每个寡头厂商的利润受到所有厂商的决策的相互作用的影响。寡头厂商们的行为之间这种复杂关系，使得寡头理论复杂化。一般说来，不知道竞争对手相互之间的反应方式，就无法建立寡头厂商的模型，或者说，有多少关于竞争对手的反应方式的多少寡头厂商的模型，就可以得到多少不同的结果。因此，在西方经没有一个寡头市场模型，可以对寡头市场的价格和产量决定做出一般介绍，以下介绍几个代表性模型。

6.6.2 古诺模型

古诺模型是早期的寡头模型。它是由法国经济学家古诺于1838年提出的。古诺模型常被作为寡头理论分析的出发点。古诺模型是一个只有两个寡头厂商的简单模型，该模型也被称为"双头模型"。古诺模型的结论可以很容易地推广到三个或三个以上的寡头厂商的情况中去。

古诺模型分析的是两个出售矿泉水的生产成本为零的寡头厂商的情况。古诺模型的假定是：市场上只有 A、B 两个厂商生产和销售相同的产品，它们的生产成本为零；它们共同面临的市场的需求曲线是线性的，A、B 两个厂商都准确地了解市场的需求曲线；A、B 两个厂商都是在已知对方产量的情况下，各自确定能够给自己带来最大利润的产量，即每一个厂商都是消极地以自己的产量去适应对方已确定的产量。

古诺模型的价格和产量的决定可以用图 6-23 来说明。

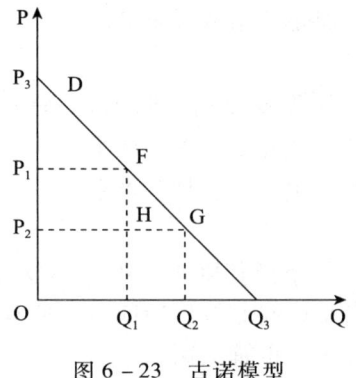

图 6-23 古诺模型

在图 6-23 中，D 曲线为两个厂商共同面临的线性的市场需求曲线。由于生产成本为零，故图中无成本曲线。

在第一轮，A 厂商首先进入市场。由于生产成本为零，所以，厂商的收益就等于利润，A 厂商面临 D 需求曲线，将产量定为市场总容量的 1/2，将价格定为 OP_1，从而实现了最大的利润，其利润量相当于图中矩形 OP_1FQ_1 的面积。然后，B 厂商进入市场。B 厂商准确地知道 A 厂商在本轮留给自己的市场容量为其余的 1/2，B 厂商也按相同的方式行动，生产它所面临的市场容量的 1/2。此时，市场价格下降为 OP_2，B 厂商获得的最大利润相当于图中矩形 Q_1HGQ_2 的面积。而 A 厂商的利润因价格的下降而减少为矩形 OP_2HQ_1 的面积。

在这样轮复一轮的过程中，A 厂商的产量会逐渐地减少，B 厂商的产量会逐渐地增加，最后，达到 A、B 两个厂商的产量都相等的均衡状态为止。在均衡状态中，A、B 两个厂商的产量都为市场总容量的 1/3，即每个厂商的产量为 $1/3OQ_3$，行业的总产量为 $2/3\ OQ_3$。

以上双头古诺模型的结论可以推广。令寡头厂商的数量为 m，则可以得到一般的结论如下：

每个寡头厂商的均衡产量 = 市场总容量 × 1/(m+1)

行业的均衡总产量 = 市场总容量 × m/(m+1)

6.6.3 斯威齐模型

威齐模型也被称为弯折的需求曲线模型。该模型由美国经济学家斯威齐于 1939 年提出。这一模型用来解释一些寡头市场上的价格刚性现象。

该模型的基本假设条件是：如果一个寡头厂商提高价格，行业中的其他寡头厂商不会跟着改变自己的价格，因而提价的寡头厂商的销售量的减少是很多的；如果一个寡头厂商降低价格，行业中的其他寡头厂商会将价格下降到相同的水平，以避免销售份额的减少，因而该寡头厂商的销售量的增加是很有限的。

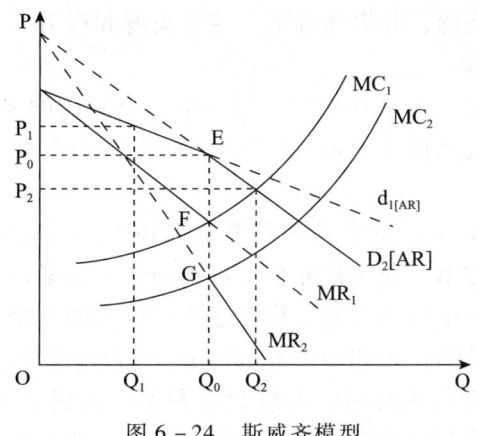

图 6-24 斯威齐模型

在以上的假设条件下可推导出寡头厂商的弯折的需求曲线。现用图 6-24 加以说明。图中有厂商的一条 d_1 需求曲线和一条 D_2 需求曲线，它们与上一节分析的垄断竞争厂商所面临的两条需求曲线的含义是相同的。d_1 需求曲线表示该寡头厂商变动价格而其他寡头厂商保持价格不变时的该寡头厂商的需求状况，D_2 需求曲线表示行业内所有寡头厂商都以相同方式改变价格时该厂商的需求状况。假定开始时的市场价格为 d_1 需求曲线和 D_2 需求曲线的交点 E 所决定的 P_0，那么，根据该模型的基本假设条件，该垄断厂商由 E 点出发，提价所面临的需求曲线是 d_1 需求曲线上左上方的一段，降价所面临的需求曲线是 D_2 需求曲线上右下方的一段，于是，这两段共同构成的该寡头厂商的需求曲线为 d_1D_2。显然，这是一条弯折的需求曲线，折点是 E 点。这条弯折的需求曲线表示该寡头厂商从 E 点出发，在各个价格水平所面临的市场需求量。

由弯折的需求曲线可以得到间断的边际收益曲线。图中与需求曲线 d_1E 段所对应的边际收益曲线为 MR_1，与需求曲线 ED_2 段所对应的边际收益曲线为 MR_2，两者合在一起，便构成了寡头厂商的间断的边际收益曲线，其间断部分为垂直虚线 FG。

利用间断的边际收益曲线，便可以解释寡头市场上的价格刚性现象。只要边际成本曲线的位置变动不超出边际收益曲线的垂直间断范围，寡头厂商的均衡价格和均衡数量都不会发生变化。有的西方经济学家认为，虽然弯折的需求曲线模型为寡头市场较为普遍的价格刚性现象提供了一种解释，但是该模型并没有说明具有刚性的价格本身，如图中的价格水平 P_0，是如何形成的，这是该模型的一个缺陷。

6.6.4 博弈论

1. 博弈论含义

博弈论，也称对策论，是描述和研究行为者之间策略相互依存和相互作用的一种决策理论。博弈论被应用于政治、外交、军事、经济等研究领域。自 20 世纪 80 年代以来，博弈论在经济学中得到了更广泛的运用，它对寡头理论、信息经济学等方面的发展做出了重要的贡献。博弈的应用被认为是微观经济学的重要发展。在此，我们将介绍博弈论的一些基本概念，并以此分析一些寡头博弈行为。

2. 博弈论的基本要素

（1）局中人：在一场竞赛或博弈中，每一个有决策权的参与者成为一个局中人。只有两个局中人的博弈现象称为"两人博弈"，而多于两个局中人的博弈称为"多人博弈"。

（2）策略：一局博弈中，每个局中人都有选择实际可行的完整的行动方案，即方案不是某阶段的行动方案，而是指导整个行动的一个方案，一个局中人的一个可行的自始至终全局筹划的一个行动方案，称为这个局中人的一个策略。如果在一个博弈中局中人总共有有限个策略，则称为"有限博弈"，否则称为"无限博弈"。

（3）支付：是指博弈结束时局中人得到的利益。支付有时以局中人得到的效用来表示，有时以局中人得到的货币报酬来表示。局中人的利益最大化也就是指支付或报酬最大化。

3. 策略均衡

（1）占优策略均衡

占优策略均衡指无论其他参与者采取什么策略，其参与者唯一的最优策略就是他的占优策略。也就是说，如果某一个参与者具有占优策略，那么，无论其他参与者选择什么策略，该参与者确信自己所选择的唯一策略都是最优的。博弈均衡是指博弈中的所有参与者都不想改变自己的策略的这样一种状态。如果所有参与者选择的都是自己的占优战略，则该博弈均衡又被称为占优战略均衡。由博弈中的所有参与者的占优策略组合所构成的均衡就是占优策略均衡。

（2）纳什均衡

然而，在有的博弈均衡中，某参与者并不存在既定的占优策略，他的占优策略随着其他参与者的策略的变化而变化。在一个均衡里，如果其他参与者不改变策略，任何一个参与者都不会改变自己的策略，则为纳什均衡。这一概念是由美国数学家约翰·纳什提出的，故称为纳什均衡。所谓纳什均衡，是这样一组策略：第一，在该策略组合中，每个局中人的策略都是给定其他局中人的策略情况下的最佳反应。有一个局中人的策略发生变化，原来的策略组合就不再是纳什均衡；第二，该策略具有自我实施的功能。在纳什均衡下，没有一个局中人可以通过单方面改变自己的策略的方式来提高自己的支付。也就是说，没有人愿意偏离均衡。

占优策略均衡要求任何一个参与者对于其他参与者的任何策略选择来说，其最优策略都是唯一的。纳什均衡只要求任何一个参与者在其他参与者的策略选择已定的情况下，其选择的策略是最优的。所以，占优战略一定是纳什均衡，而纳什均衡不一定是占优策略均衡。

4. 博弈论的应用

（1）囚徒困境

表 6-2　　　　　　　　　　　　　　　囚徒困境

	甲（坦白）	甲（抵赖）
乙（坦白）	(8, 8)	(10, 释放)
乙（抵赖）	(释放, 10)	(1, 1)

囚徒困境的故事讲的是，两个嫌疑犯作案后被警察抓住，分别关在不同的屋子里接受审讯。警察知道两人有罪，但缺乏足够的证据。警察告诉每个人：如果两人都抵赖，各判刑一年；如果两人都坦白，各判八年；如果两人中一个坦白而另一个抵赖，坦白的放出去，抵赖的判十年。于是，每个囚徒都面临两种选择：坦白或抵赖。然而，不管同伙选择什么，每个囚徒的最优选择是坦白：如果同伙抵赖、自己坦白的话放出去，不坦白的话判一年，坦白比不坦白好；如果同伙坦白、自己坦白的话判八年，不坦白的话判十年，坦白还是比不坦白好。结果，两个嫌疑犯都选择坦白，各判刑八年。如果两人都抵赖，各判一年，显然这个结果更好。但这个帕累托改进办不到，因为它不能满足人类的理性要求。囚徒困境所反映出的深刻问题是，人类的个人理性有时能导致集体的非理性——聪明的人类会因自己的聪明而作茧自缚。

（2）智猪博弈

"智猪博弈"是一个著名的纳什均衡的例子。假设猪圈里有一头大猪、一头小猪。猪圈的一头有猪食槽，另一头安装着控制猪食供应的按钮，按一下按钮会有10个单位的猪食进槽，但是谁按按钮就会首先付出2个单位的成本，若大猪先到槽边，大小猪吃到食物的收益比是9∶1；同时到槽边，收益比是7∶3；小猪先到槽边，收益比是6∶4。那么，在两头猪都有智慧的前提下，最终结果是小猪选择等待。

"智猪博弈"由约翰·纳什于1950年提出。实际上小猪选择等待，让大猪去按控制按钮，而自己选择"坐船"（或称为搭便车）的原因很简单：在大猪选择行动的前提下，小猪选择等待的话，在大猪返回食槽之前，小猪可得到4个单位的纯收益，大猪到达之后只能得到剩下的6个单位，实得4个单位；而小猪和大猪同时行动的话，则它们同时到达食槽，分别得到1个单位和5个单位的纯收益；在大猪选择等待的前提下，小猪如果行动的话，小猪在返回到达食槽之前，大猪已吃了9个单位，小猪只能吃到剩下的1个单位，则小猪的收入将不抵成本，纯收益为-1单位，如果大猪也选择等待的话，那么小猪的收益为零，成本也为零，总之，等待还是要优于行动。

用博弈论中的报酬矩阵可以更清晰的刻画出小猪的选择。

表 6-3　　　　　　　　　　　　　　　智猪博弈

	小猪（行动）	小猪（等待）
大猪（行动）	(5, 1)	(4, 4)
大猪（等待）	(9, -1)	(0, 0)

从矩阵中可以看出，当大猪选择行动的时候，小猪如果行动，其收益是 1，而小猪等待的话，收益是 4，所以小猪选择等待；当大猪选择等待的时候，小猪如果行动的话，其收益是 -1，而小猪等待的话，收益是 0，所以小猪也选择等待。综合来看，无论大猪是选择行动还是等待，小猪的选择都将是等待，即等待是小猪的占优策略。

在小企业经营中，学会如何"搭便车"是一个精明的职业经理人最为基本的素质。在某些时候，如果能够注意等待，让其他大的企业首先开发市场，是一种明智的选择。

 本章小结

本章主要学习了不同市场类型中厂商价格和产量的决定，每个市场类型分别学习了市场的特征、短期均衡与长期均衡等知识。针对完全垄断，学习了一级、二级、三级价格歧视，对于寡头垄断市场，学习了古诺模型、斯威齐模型等知识。

 重要概念

完全竞争市场　垄断竞争市场　寡头垄断市场　完全垄断市场　收支相抵点　停止营业点　成本递增行业　成本递减行业　成本不变行业　一级价格歧视　二级价格歧视　三级价格歧视　博弈论

 **本章练习**

 单选题

1. 在 MR = MC 的均衡产量上，企业（　　）。
   A. 必然得到最大的利润
   B. 不可能亏损
   C. 必然得到最小的亏损
   D. 若获利润，则利润最大；若亏损，则亏损最小

2. 如果在厂商的短期均衡产量上，AR 小于 SAC，但大于 AVC，则厂商（　　）。
   A. 亏损，立即停产　　　　　　　B. 亏损，但继续生产
   C. 亏损，生产或不生产都可以　　D. 获得正常利润，继续生产

3. 在厂商的停止营业点上，应该有（　　）。
   A. AR = AVC　　　　　　　　　B. 总亏损等于 TFC
   C. P = AVC　　　　　　　　　　D. 以上说法都对

4. 当一个完全竞争行业实现长期均衡时，每个企业（　　）。
   A. 都实现了正常利润　　　　　　B. 利润都为零
   C. 行业中没有任何厂商再进出　　D. 以上说法都对

5. 完全竞争市场的厂商总收益曲线的斜率为（　　）。
A. 固定不变　　　　　　　　　　B. 经常变动
C. 1　　　　　　　　　　　　　　D. 0
6. 如果一个竞争企业生产的产量使价格等于平均总成本，那么（　　）。
A. 将停止营业　　　　　　　　　B. 收支相抵
C. 仍然会获得经济利润　　　　　D. 处于有经济亏损状态
7. 长期中，企业会发生的最大亏损是（　　）。
A. 0　　　　　　　　　　　　　　B. 其总成本
C. 其可变成本　　　　　　　　　D. 其平均可变成本
8. 垄断竞争厂商短期均衡时（　　）。
A. 厂商一定能获得超额利润
B. 厂商一定不能获得超额利润
C. 只能得到正常利润
D. 取得超额利润、发生亏损及获得正常利润三种情况都可能发生
9. 寡头垄断厂商的产品是（　　）。
A. 同质的
B. 有差异的
C. 既可以是同质的，也可以是有差异的
D. 以上都不对
10. 在拐折需求曲线模型中，拐点左右两边的需求弹性是（　　）。
A. 左边弹性大，右边弹性小　　　B. 左边弹性小，右边弹性大
C. 左右两边弹性一样大　　　　　D. 以上都不对

判断题

1. 对于任何厂商来说，在长期均衡中都必然实现 TR > TC。（　　）
2. 完全竞争厂商只能被动地接受既定的市场价格。（　　）
3. 所有完全竞争的企业都可以在短期均衡时实现经济利润最大化。（　　）
4. 完全竞争条件下，厂商所面临的需求曲线是一条水平线。（　　）
5. 若企业经济利润为零，就是收支相抵。（　　）
6. 企业获得经济利润则一定获得正常利润。（　　）
7. 生产者的行为目标是产量最大化原则。（　　）
8. 在厂商短期均衡产量上，AR < SAC，但 AR > AVC，则厂商亏损，但应继续生产。（　　）
9. 在完全竞争市场上，SMC 曲线和 SAC 曲线的交点，被称为停止营业点。（　　）
10. 某厂商产量达到 5 万单位时的 MR = 65 元，MC = 55 元，（其他条件一定）该厂商应继续扩大产量。（　　）

简答题

1. 简述完全竞争市场的特点。
2. 简述完全垄断市场的特征。
3. "虽然很高的固定成本会是企业亏损的原因,但永远不会是企业关门的原因",这句话是否正确?为什么?

 计算题

1. 已知某完全竞争行业中的单个厂商的短期成本函数为 $STC = 0.1Q^3 - 2Q^2 + 15Q + 10$。试求:

(1) 当市场上产品的价格为 $P = 55$ 时,厂商的短期均衡产量和利润?

(2) 当市场价格下降为多少时,厂商必须停产?

(3) 厂商的短期供给函数?

第 7 章

生产要素市场

内容提要

本章共分为三节，主要讲解了完全竞争厂商使用生产要素的原则、完全竞争厂商对生产要素的需求曲线、完全竞争厂商对生产要素的供给曲线。在使用生产要素的原则中，主要讲解完全竞争厂商使用要素的"边际收益"和"边际成本"，以及完全竞争厂商使用要素的原则。在生产要素的需求曲线中，介绍了从单个厂商的生产要素需求到市场的生产要素需求。在生产要素的供给曲线中，详细讲解了要素供给原则、资本供给曲线和利息的决定、土地供给曲线和地租的决定，以及劳动供给曲线和工资率的决定。

重点难点

本章的重点为完全竞争厂商使用生产要素的原则、完全竞争厂商对生产要素的需求曲线，以及完全竞争厂商要素供给原则。本章的难点为生产要素的供给曲线，主要包括劳动供给曲线和工资率的决定、土地供给曲线和地租的决定，以及资本供给曲线和利息的决定。

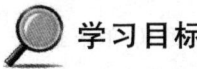

学习目标

在生产要素市场上厂商如何以实现利润最大化为目标确定要素的需求量，推导要素的需求曲线。掌握要素供给者为实现产量最大化决定要素供给的最优数量，进一步分析劳动、土地和资本的供给曲线和利息的决定。

知识框架

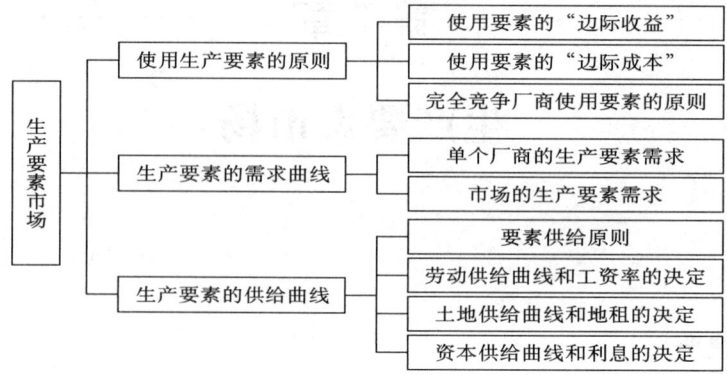

 ## 引入案例

新闻纸要降价了——报业广告遭遇饥荒，发行数量不断下降

2001年，全球第一大的新闻纸制造商加拿大的Abitibi同第三大新闻纸制造商美国的Bowater公司宣布将联手降价，这两家公司控制北美新闻纸市场50%的份额，业内分析人士认为，如果这两大巨头真的联手降价，势必将引起全球效应，一场世界性的新闻纸价格战即将来临。

经济疲软波及新闻纸市场。

世界经济的普遍萧条，尤其是美国经济的严重疲软，导致了广告减少，报纸及杂志印张或发行量不断下降，从而使新闻纸需求减少。据加拿大纸浆产品理事会统计，北美地区新闻纸的产量2001年7月比去年同期下降了14.1%，开工率只有86%，北美地区的需求下降了15.3%。截至同年7月底，北美地区新闻纸长的存货量比上月增加了3.2万吨。

根据美国报业协会统计，美国报业2001年上半年的广告遭到了"近10年来最严重的饥荒"，收入大约下降了15%。从报纸个例来看，同样前景不妙。《华尔街日报》的广告总量，2001年第二季度下降了37%，总收入下降了18%。由于广告收入明显下降，短期内没有复苏的可能，降低新闻纸的价格就成了各家报纸的共同呼声。

价格与市场竞争加剧。

由于受到纸浆价格上涨的影响，2000年下半年以来国际市场新闻纸价格曾一度不断上涨。但毕竟市场对新闻纸的需求呈季节性疲软，一些新闻纸供应商，尤其是小型新闻纸供应商从2001年4－5月开始降价。但北美一些大型新闻纸生产商仍死死咬住每吨600多美元的价格不肯松口，因此失去了不少业务，将一些市场拱手让给了小型的新闻纸生产商。现在看来，这些大型新闻纸生产商死保价格的做法很难坚持下去了。

7.1 完全竞争厂商使用生产要素的原则

7.1.1 使用要素的"边际收益"——边际产品价值

企业的收益都等于产品价格和产品数量的乘积。在完全竞争条件下,产品买卖双方数目很多且产品毫无差别,故任何一家厂商单独增加或减少其产量都不会影响产品价格。换句话说,产品价格与单个厂商的产量多少没有关系。产品价格 P 是既定常数。由于产品价格固定不变,厂商的收益便决定于另一个因素,即产量。因此,总收益 R 被看成是产量 Q 的函数。即有:

$$R(Q) = Q \cdot P \tag{7.1}$$

在上述公式中,R、Q 和 P 分别为厂商的总收益、产量和产品价格。R(Q) 表示收益 R 是产量 Q 的函数。

现在把讨论从产品市场向要素市场方面深入一步。在产品市场分析中,收益只被看成是产量的函数而与生产要素无关。一旦转入要素市场,则应进一步看到,产量本身又是生产要素的函数。完全竞争厂商使用的生产要素为劳动 L,则使用一定量的劳动要素将创造出一定量的产量。要素与产量之间的这种数量关系,就是所谓生产函数:

$$Q = Q(L) \tag{7.2}$$

若将上式代入 (7.1) 式,则可以将收益看成生产要素的(复合)函数:

$$R(Q(L)) = Q(L) \cdot P \tag{7.3}$$

下面考虑收益函数的一阶导数。在产品市场理论中,收益是产量的函数。因此,收益可以对产量求导数。收益对产量的导数就是所谓产品的边际收益 MR。而在完全竞争条件下,这个边际收益等于产品的价格,即 MR = P。现在研究的是生产要素的使用问题。在要素市场理论中,收益成了要素的(复合)函数。因此,为了求得要素的边际收益,必须以要素为自变量求取导数。根据 (7.3) 式可知,这个导数为 MP·P。式中,MP 就是之前讨论过的要素的边际产品(或边际生产率),即:

$$MP = \frac{dQ(L)}{dL} \tag{7.4}$$

它表示增加使用一个单位要素所增加的产量。要素边际产品 MP 与既定产品价格 P 的乘积 MP·P 显然就表示增加使用一单位要素所增加的收益。这就是完全竞争厂商使用生产要素的"边际收益"。为了与前面的产品的边际收益概念相区别,通常把使用要素的"边际收益"称为边际产品价值,并用 VMP 表示。

于是有:

$$VMP = MP \cdot P \tag{7.5}$$

它表示在完全竞争条件下，厂商增加使用一个单位要素所增加的收益。应特别注意边际产品价值 VMP 与产品的边际收益 MR 的区别：产品的边际收益（简称边际收益）通常是对产量而言；边际产品价值则是对要素而言，是要素的边际产品价值。

如图 7-1 所示，横轴表示劳动要素的数量 L，纵轴表示边际产品 MP 和边际产品价值 VMP。由图可见，边际产品价值曲线与边际产品曲线一样均向右下方倾斜，边际产品价值函数与边际产品函数的相对位置关系则取决于产品价格是大于 1 还是小于或等于 1。如果产品价格大于 1，则对于给定的某个要素数量，边际产品价值大于边际产品，因而整个边际产品价值曲线高于边际产品曲线。如果产品价格小于 1，则情况恰好相反，边际产品价值曲线将位于边际产品曲线的下方。如果产品价格恰好等于 1 时，边际产品价值退化为边际产品，两条曲线完全重合。

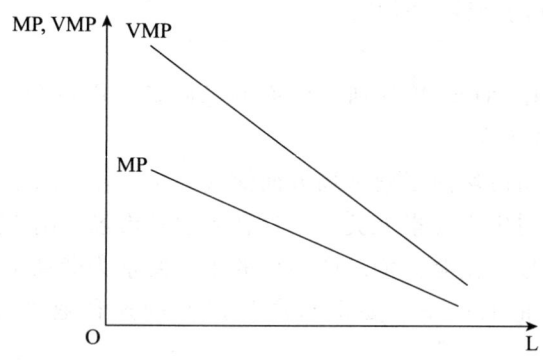

图 7-1　完全竞争厂商的边际产品和边际产品价值

7.1.2　使用要素的"边际成本"——要素价格

在成本理论中，成本函数是表示厂商的成本与产量水平之间的各种关系。或者说，成本被看成为产量的函数：

$$C = C(Q) \tag{7.6}$$

但是，由于产量本身又取决于所使用的生产要素的数量，故成本也可以直接表示为生产要素的函数。根据成本方程便可以得到要素使用的成本函数。若设所使用的劳动要素的价格即工资为 W，则使用要素的成本就可表示为：

$$C = W \cdot L \tag{7.7}$$

即使用要素的成本等于要素价格和要素使用数量的乘积。其中，要素价格 W 是既定不变的常数。这是因为，在完全竞争条件下，要素买卖双方数量很多且要素毫无区别，任何一家厂商单独增加或减少其要素购买量都不会影响要素价格。由于要素价格为既定常教，使用要素的"边际成本"即增加使用一单位生产要素所增加的成本恰好就等于要素价格。

在图 7-2 中，以横轴表示生产要素（劳动 L）的使用数量，以纵轴表示边际成本，边际成本曲线就是一条平行于横轴的直线。其与横轴的截距就是单位劳动的价格,即工资 W_0。它表示在完全竞争的生产要素市场上,单个厂商每增加使用一单位生产要素所增加的成本,即边际成本是一直不变的。例如,设劳动价格为固定的每小时 5 元,则厂商每增加使用一小时劳动就需要增加 5 元的成本。于是它所使用的要素的"边际成本"为 5 元,就等于不变的生产要素价格。

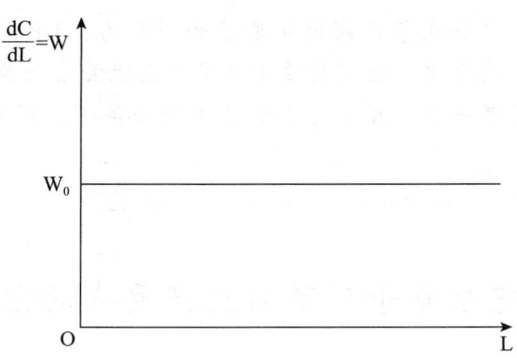

图 7-2 完全竞争厂商使用要素的边际成本

7.1.3 完全竞争厂商使用要素的原则

厂商使用要素的原则是,利润最大化这个一般原则在要素使用问题上的具体化,它可以简单地表述为:使用要素的"边际成本"和相应的"边际收益"相等。根据上面的讨论,在完全竞争条件下,厂商使用要素的"边际成本"等于要素价格 w,而使用要素的"边际收益"是边际产品价值 VMP,因此,完全竞争厂商使用要素的原则可以表示为:

$$VMP = W \tag{7.8}$$

或者

$$MP \cdot P = W \tag{7.9}$$

当上述条件被满足时,完全竞争厂商达到了利润最大化,此时使用的要素数量为最优要素数量。

为了更好地理解这个原则,不妨先来考察 VMP ≠ W 时的情况。首先,如果 VMP > W,这时增加使用一单位劳动所增加的收益会大于增加的成本。显然,厂商增加劳动使用量可以增加利润。随着劳动使用量的增加,劳动的价格 W 不变,而劳动的边际产量递减,从而劳动的边际产品价值将递减,最终使 VMP = W。其次,如果 VMP < W,这时减少使用一单位劳动所减少的收益会小于所节省的成本,因而厂商应该减少劳动的使用以增加利润。随着劳动使用量的减少,劳动的边际产量递增,从而边际产品价值将上升,最终也将达到 VMP = W,实现利润最大化。由此可见,无论要素的边际产品价值大于还是小于要素的价格,相应的要素使用量都不是最优的。只有当 VMP = W,即边际产品价值恰好等于要素价格时,厂商的劳动使用量才使利润达到了最大。

相关思考

不完全竞争厂商使用要素的原则

以上我们讲解了完全竞争厂商使用要素的原则为：MP·P=W。此时，完全竞争厂商达到了利润最大化，使用的要素数量为最优要素数量。

那么请同学们思考一下，在不完全竞争市场条件下，厂商使用要素的原则是什么？

7.2 完全竞争厂商对生产要素的需求曲线

7.2.1 单个厂商的生产要素需求

 引例解析

新闻纸要降价了——报业广告遭遇饥荒，发行数量不断下降

引例中较好地说明了生产要素的需求是一种派生需求及价格是由供求关系决定的原理。由于广告数量的大量减少，导致报纸杂志的发行量下降，由此使新闻纸的需求疲软。在这种情况下，新闻纸的供应商只有降低价格，才能维持原有的市场份额。因此，整个过程表现为"广告需求下降→报纸杂志印刷量下降→新闻纸需求量下降→新闻纸价格下降"。这说明，新闻纸的需求是从报刊的需求中派生出来的。新闻纸作为一种生产要素投入，其价格是由供求关系决定的，而在供给不变时，需求的下降将使其价格下降。

完全竞争企业的需求曲线是相应的需求要素函数的几何表示。它反映的是：在其他条件不变时，完全竞争企业对要素的需求量与要素价格之间的对应关系。则有：

$$VMP(L) = W \tag{7.10}$$

由于产品价格 P 不变，故上式确定了从要素价格 W 到要素使用量 L 的一个函数关系，即确定了厂商对要素的一个需求函数。

满足上式的要素使用数量，也是厂商的最优选择。根据上式，可以得到厂商要素需求曲线的形状特征。现在假定 W 上升，厂商为了重新均衡，必须调整要素使用量 L，使得 P·MP（L）亦上升。根据边际报酬递减规律，必须减少要素使用量 L。反之，假定 W 下降，则必须增加要素使用量 L。从而我们得到结论：产品市场在完全竞争条件下，厂商的要素需求曲线与其边际收益产品曲线一样向右下方倾斜。因此，在产品市场、要素市场完全竞争条件下，厂商对单一要素的需求曲线将与其边际产品价值曲线完全重合。

在完全竞争的要素市场上，厂商面临的要素供给曲线是一条水平线。如图 7-3，给定一个要素价格如 W_0 时，就确定了一条水平的要素供给曲线；要素使用原则 $VMP=W$，在几何图形上就会存在一个 VMP 曲线与 W_0 曲线的交点 A。在 A 点上，当要素价格为 W_0 时，要素需求量为 L_0。这就是说，边际产品价值曲线 VMP 上的 A 点，也是要素需求曲线上的一点。由此可见，在使用一种生产要素的情况下，而且产品市场和要素市场均满足完全竞争条件，那么，厂商对要素的需求曲线与要素的边际产品价值曲线恰好重合。

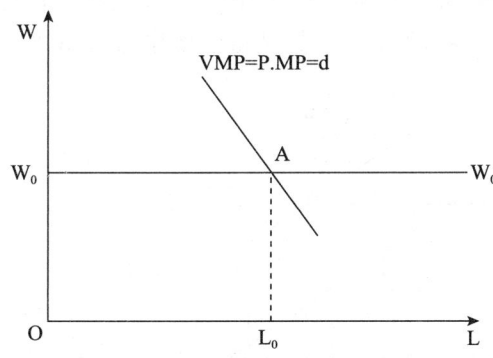

图 7-3 完全竞争厂商的要素需求曲线

7.2.2 市场的生产要素需求

上一节已经说明，在一定条件下，单个的完全竞争厂商的要素需求曲线等于其边际产品价值曲线。其中，一个条件是假定其他厂商均不进行调整。否则，厂商的要素需求曲线将"脱离"边际产品价值曲线。当我们从单个厂商转到研究整个市场的情况时，这个条件显然不再得到满足，因而单个厂商的边际产品价值曲线不再代表其要素需求曲线，它们的简单加总也不再代表整个市场的要素需求曲线。

首先研究使用同一种生产要素的多个厂商同时调整的情况，并研究此种情况下某单个厂商（例如厂商 m）对要素 L 的需求曲线。在研究使用一种要素的完全竞争厂商 m 的要素需求曲线时，如果不考虑其他厂商的调整活动，则要素价格的变化就不会影响产品的价格，从而不会改变要素的边际产品价值曲线。其理由如下：设要素价格发生变化，根据其他厂商均不调整的假定，要素价格变化只引起厂商 m 的要素需求量和使用量的变化，从而只引起它的产品数量的变化。由于厂商 m 是产品市场上的完全竞争者，故其产量变化并不能改变产品的价格。如果允许其他厂商也进行调整，则情况将完全不同。现在要素价格变动不仅引起厂商 m，而且引起所有其他厂商的要素需求量和使用量，从而影响其产量的变动。尽管在完全竞争条件下，单个厂商的产量变化不影响价格，但全体厂商的产量都变化时会影响价格。要素价格变化所引起的全体厂商的产量变动将改变产品的供给曲线，从而在产品市场需求量不变时，将改变产品的市场价格。产品价格的改变再反过来使每一个厂商 m 的边际产品价值曲线发生改变。于是，厂商 m 的要素需求曲线也不再等于其边际产品价值曲线。

利用图 7-4 来推导多个厂商同时调整情况下厂商 m 的要素需求曲线。在图 7-4 中，横轴为要素数量 L，纵轴为要素价格 W。设给定初始要素价格为 W_0，相应地有一个产品价格 P_0，从而有一条边际产品价值曲线 $P_0 \cdot MP$。根据该曲线可确定 W_0 下的要素需求量 L_0，于是点 H 即为所求需求曲线上一点。如果这时没有其他厂商的调整，则整条需求曲线就可以看成是 $P_0 \cdot MP$。假定让要素价格下降到 W_1，则要素需求量就应增加到 L_2。但现在由于其他厂商也进行调整，于是要素价格下降使 L 的边际产品价值曲线向左下方移动，移动到 $P_1 \cdot MP$，从而在要素价格 W_1 下，L 的需求量不再是 L_2，而是稍稍更少一些的 L_1。于是又得到要素需求曲线上一点 I。

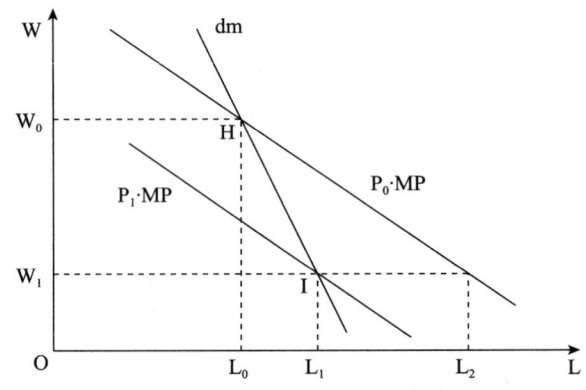

图 7-4　多个厂商调整时 m 的要素需求曲线

重复上述过程，可以得到其他与 H、I 性质相同的点。将这些点连接起来，即得到多个厂商调整情况下厂商 m 对要素 L 的需求曲线 d_m。d_m 表示经过多个厂商相互作用的调整，即经过行业调整之后得到的第 m 个厂商的要素需求曲线。可简称为行业调整曲线。一般来说，d_m 曲线仍然是向右下方倾斜的，但比边际产品价值曲线要陡峭一些。

例如，假定完全竞争要素市场中包含有 n 个厂商（n 是一个很大的数）。其中，每个厂商经过行业调整后的要素需求曲线分别为 d_1、d_2、…、d_n，整个市场的要素需求曲线 D 可以看成是所有这些厂商的要素需求曲线的简单水平相加，即：

$$D = \sum_{m=1}^{n} d_m \qquad (7.11)$$

特别是，如果假定这个厂商的情况均一样的话，即：

$$d_1 = = \cdots = d_n \qquad (7.12)$$

则市场的要素需求曲线就是：

$$D = \sum_{m=1}^{n} d_m = n \cdot d_m \tag{7.13}$$

上式中，d_m 可以是任何一个厂商的要素需求曲线，见图 7-5。

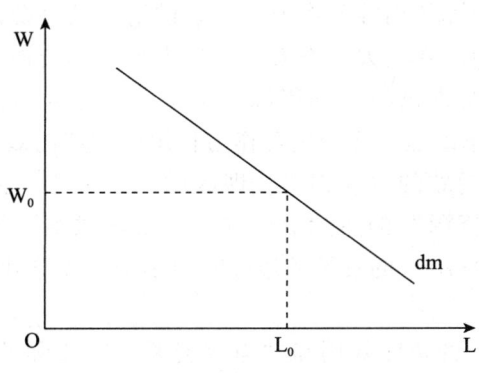

图 7-5 整个市场的要素需求曲线

7.3 生产要素的供给曲线

7.3.1 要素供给原则

生产要素有原始生产要素和中间生产要素之分，劳动、土地等属于原始生产要素，而设备、原材料等资本形态的生产要素则属于中间生产要素。原始生产要素的提供者是居民户，也就是消费者，而中间生产要素的提供者是厂商。消费者的行为目标是效用最大化，而厂商的行为目标是利润最大化。从根本上说，分析二者行为的方法是一样的。但由于生产要素的特点及要素拥有者自身的区别，分析过程的具体形式将会有所不同。但要注意中间要素的供给与一般产品的供给没有任何区别。因为中间产品本身就属于一般的产品，而关于一般产品的供给理论在产品市场中已经详细阐述过，所以在这里，我们将集中精力讨论消费者的要素供给问题。

消费者拥有的要素数量或资源在一定时期内是既定的，如时间每天只有 24 小时，每月的工资收入是 1000 元。消费者不可能向市场提供超过他拥有的资源数量。消费者拥有的资源或多或少能给消费者带来直接效用，如消费者可以利用自己的时间来进行娱乐和休息。那为什么消费者不将这些要素全部留作自己消费，而要将其中的一部分甚至全部提供给市场呢？对于一个具有理性的消费者来说，消费品或消费形式的多样化将是其最好的选择。消费者通过出售要素所获得的收入是获得其他消费品或消费形式的手段，换句话说，要素供给能给要素所有者带来一种间接效用。因此消费者将把他所拥有的要素分为两部分：一部分"保留自用"，而另一部分则"供给市场"。这样，生产要素供给问题可以看成是消费者在一定的要素价格水平下，将其全部既定要素在"要素供给"和"保留自用"两种用途上进行分配，以获得最大效用的选择问题。

生产要素所有者如何进行资源分配，才能使效用最大化呢？结论应该是：作为"保留自用"的要素的边际效用等于作为"要素供给"的资源的边际效用。因为如果"保留自用"的资源的边际效用大于作为"要素供给"的资源的边际效用，那么，要素所有者可以从作为"要素供给"的资源中拿出一小部分作为自用，来增加消费者的总效用。因为，拿出来的这一部分资源作为自用所增加的效用要大于减少这一部分资源作"要素供给"所导致的效用损失，即收益大于成本。由于边际效用递减，这个过程会持续到"自用资源"的边际效用等于"要素供给"资源的边际效用，达到均衡状态。如果"保留自用"的资源的边际效用小于"要素供给"资源的边际效用，则整个过程刚好相反。

那么，"要素供给"的边际效用和"自用资源"的边际效用形式又是怎样的呢？正如上面所说，要素供给本身并不能给消费者带来效用，而是通过与收入相联系，给消费者带来间接效用。因此，效用可以被看作是要素的复合函数。假如要素供给增量为 ΔL，由此而引起的收入增量为 ΔY，而由收入增量所引起的效用增量为 ΔU，则：

$$\frac{\Delta U}{\Delta L} = \frac{\Delta U}{\Delta Y} \cdot \frac{\Delta Y}{\Delta L} \tag{7.14}$$

取极限即得：

$$\frac{dU}{dL} = \frac{dU}{dY} \cdot \frac{dY}{dL} \tag{7.15}$$

其中，dU/dL 为要素供给的边际效用，表示要素供给量增加 1 单位所带来的消费者效用增加量。dU/dY 为收入的边际效用，表示增加 1 单位货币收入所增加的效用。dY/dL 是要素供给的边际收入，即增加 1 单位要素供给所增加的收入。如果这里的要素 L 是劳动，劳动的单位是小时，货币的单位是元，则上式表示：增加 1 小时劳动所增加的效用等于增加 1 小时劳动所增加的收入与增加一元货币收入所增加的效用的乘积。

在完全竞争的要素市场中，要素供给者是要素价格的接受者，其提供的要素数量变化不会影响要素价格，因此要素的边际收入等于要素的不变价格 W，即：

$$\frac{dY}{dL} = W$$

于是（7.15）式简化为：

$$\frac{dU}{dL} = \frac{dU}{dY} \cdot W \tag{7.16}$$

上式表示，在完全竞争的要素市场，要素所有者要想实现效用最大化，应该使自用资源的边际效用等于单位货币的边际效用与不变的要素价格的乘积。如果要素是劳动，则劳动所有者应将其有限的时间在劳动和闲暇之间进行分配，以实现效用最大化。其分配原则是：劳动者的最后一个单位时间（例如 1 小时）无论是用于闲暇所获得的直接效用,还是用于劳动取得收入,这部分收入给消费者带来的间接效用相等。

如果考虑有所谓"收入的价格"Wy,则显然有 Wy=1。于是可以将(7.16)式写成:

$$\frac{dU/dL}{dU/dY} = \frac{W}{Wy} \tag{7.17}$$

上式左边为资源与收入的边际效用之比,右边则为资源和收入的价格之比。这个公式与产品市场分析中的效用最大化公式是完全一致的。

7.3.2 劳动供给曲线和工资率的决定

趣味阅读

漂亮的收益

美国经济学家丹尼尔·哈莫米斯与杰文·比德尔在1994年第4期《美国经济评论》上发表了一份调查报告。根据这份调查报告,漂亮的人的收入比长相一般的人高5%左右,长相一般人又比丑陋一点的人收入高5%—10%左右。为什么漂亮的人收入高?

经济学家认为,人的收入差别取决于人的个体差异,即能力、勤奋程度和机遇的不同。漂亮程度正是这种差别的表现。

个人能力包括先天的禀赋和后天培养的能力,长相与人在体育、文艺、科学方面的天才一样是一种先天的禀赋。漂亮属于天生能力的一个方面,它可以使漂亮的人从事其他人难以从事的职业(如当演员或模特)。漂亮的人少,供给有限,自然市场价格高,收入高。在调查中,漂亮由调查者打分,实际是包括外形与内在气质的一种综合。这种气质是人内在修养与文化的表现。因此,在漂亮程度上得分高的人实际往往是文化高、受教育高的人。

两个长相接近的人,也会由于受教育不同表现出漂亮程度不同。所以,漂亮是反映人受教育水平的标志之一,而受教育是个人能力的来源,受教育多,文化高,收入水平高就是正常的。

最后,漂亮的人机遇更多。有些工作,只有漂亮的人才能从事,漂亮往往是许多高收入工作的条件之一。就是在所有的人都能从事的工作中,漂亮的人也更有利。漂亮的人从事推销更易于被客户接受,当老师会更受到学生热爱,当医生会使病人觉得可亲。所以,在劳动市场上,漂亮的人机遇更多,雇主总爱优先雇用漂亮的人。

漂亮的人的收入高于一般人。两个各方面条件大致相同的人,由于漂亮程度不同而得到的收入不同。这种由漂亮引起的收入差别,即漂亮的人比长相一般的

> 人多得到的收入称为"漂亮贴水"。有一个成语叫"天生丽质",就是说一个人天生美丽。但是现实生活中,美丽或者说漂亮更多的却是后生的。最一般的理解,漂亮是可爱的脸蛋、匀称的身材、白皙的皮肤、得体的衣着、文雅的谈吐等。以上各项都需要后天的培养或投入。脸蛋需要呵护,皮肤需保养,身材需要维持,衣着要花钱购买,谈吐来自教育。可见,漂亮的成本还真不少。

劳动供给是指劳动者所提供的一定劳动(工作)或服务的时间数,它涉及消费者对其拥有的既定时间资源在劳动和闲暇两个方面的分配。单个消费者的劳动供给曲线一般向右上方倾斜,即他的劳动供给量将随工资的增加而增加,但在很高的工资水平上,也可能随工资的增加而减少。此时,即出现劳动供给曲线"向后弯曲"。

但是,劳动的市场供给曲线并不一定是向后弯曲的,这是由于在工资率提高时,尽管单个消费者的劳动供给可能会减少,但是由于较高的工资率会吸引更多的消费者进入劳动市场,这就抵消了个人劳动供给量的减少,使得总的劳动供给依然是增加的。因而劳动的市场供给曲线是正常的向右上方倾斜的曲线。在完全竞争的要素市场上,厂商对劳动的市场需求曲线就是经行业调整之后的边际产品价值曲线的加总,由于边际报酬递减规律的作用,该曲线是向右下方倾斜的;在卖方垄断(产品市场垄断、要素市场完全竞争)的情况下劳动的市场需求曲线就是边际收入产品 MRP 的水平加总,因而也是向右下方倾斜的。在这两种情况下,劳动的均衡价格由劳动的需求和供给共同决定。如图 7-6 所示。

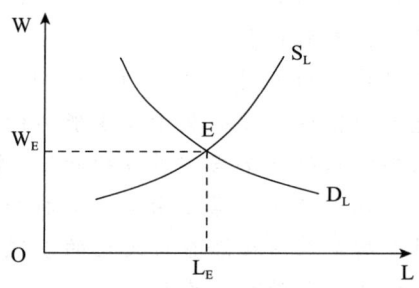

图 7-6 均衡工资的决定

上述模型说明了工资决定的一般理论,并不说明工人在同一行业或不同行业里的工资水平都一样。实际的工资水平受到很多因素的影响。例如,有的行业舒适、安静、安全、有趣,有的行业则肮脏、吵闹、危险、枯燥,前者会吸引众多的求职者,后者则少有人问津,因此前者工资高后者工资低,这种工资差别叫作补偿性工资差别;劳动者之间的工作效率的差别也是工资差异的一个重要原因;工会在西方劳动市场上起着举足轻重的作用,工会对劳动市场的垄断会使得工人的实际工资水平高于竞争性的工资水平;政府的最低工资法等许多因素都会影响工人的工资;此外,劳动市场的信息不完全、对劳动者流动的限制、性别歧视等都是造成工资差别的因素。

7.3.3 土地供给曲线和地租的决定

土地的"自然供给"是固定不变的。土地的"市场供给"在假定不考虑自用土地的效用时也是固定不变的。在这种情况下,土地的供给曲线就是一条垂直线。但是,在考虑土地的自用效用或者土地具有多种用途的情况下,土地的供给曲线也会向右上方倾斜。地租是当土地供给固定时的土地服务价格,因而地租只与固定不变的土地有关。但在很多情况下,不仅土地可以被看成是固定不变的,而且有许多其他资源在某些情况下,也可以被看成是固定不变的,例如某些人的天赋才能,就很有些像土地一样,其供给是自然固定的。这些固定不变的资源也有相应的服务价格。这种服务价格显然与土地的地租非常类似。为与特殊的地租相区别,可以把这种供给数量同样固定不变的一般资源的服务价格叫作"租金"。

租金以及特殊的地租均与资源的供给固定不变相联系。这里的固定不变显然对(经济学意义上的)短期和长期都适用。但是,在现实生活中,有些生产要素尽管在长期中可变,但在短期中却是固定的。例如,由于厂商的生产规模在短期不能变动,其固定生产要素对厂商来说就是固定供给的:它不能从现有的用途中退出而转到收益较高的其他用途中去,也不能从其他相似的生产要素中得到补充。这些要素的服务价格在某种程度上也类似于租金,通常被称为"准租金"。所谓准租金就是对供给量暂时固定的生产要素的支付,有时,租金一词被用来泛指一般资源的服务价格,而不管该资源的供给如何,即固定生产要素的收益。

 相关思考

想一想准地租和经济地租的主要异同

某企业的机器、房屋和各种专业人才在短期内供给是不变的,不易从这个企业转往其他产业,类似土地。因此,要使这些固定要素继续留在这个企业就必须使这些固定要素的经济利润超过转移到其他产业的最大经济利润。这个经济利润的差额,叫准租金。经济租金是准租金的一种特殊的形式。准租金是素质较高的生产要素在短期内得到的高回报;经济租金是素质较差的生产要素在长期内由于需求增加而获得的一种超额收入。例如,劳动市场上有A、B两类工人各100名,A类工人素质高,所要求的工资为2000元,B类工人素质低,所要求的工资为1000元。如果某种工作A、B两类工人都可以担任,那么,企业在雇佣工人时,当然先雇佣B类工人。但在B类工人不够时,也不得不雇佣A类工人。假设某企业需要工人200人,他就必须雇佣A、B两类工人。在这种情况下,企业必须按A类工人的要求支付2000元的工资。这样,B类工人所得到的收入就超过了他们的要求。B类工人所得到的高于1000元的1000元收入就是经济租金。

地租作为一种生产要素，对厂商而言，厂商每增加使用一亩土地，他使用土地要支付的价格要等于这个土地能带给他的收益，也就是说一亩土地的边际成本等于它的边际收益的时候，这个厂商就确定了使用多少土地。当土地的使用价格大于土地能带给这个厂商的边际收益的时候，这个厂商就会减少对土地的使用，相反的情况他会增加土地的使用。所以它的需求曲线与劳动的需求曲线是一样的。土地的服务价格称为地租，地租的大小由土地的供给和需求决定。如图7-7，在完全竞争的经济中，土地的市场供给曲线S是垂直的，土地的市场需求曲线D是向右下方倾斜的，因此，土地的市场供给曲线和市场需求曲线的交点E是土地供求实现均衡的均衡点，在E点的地租为R_E。

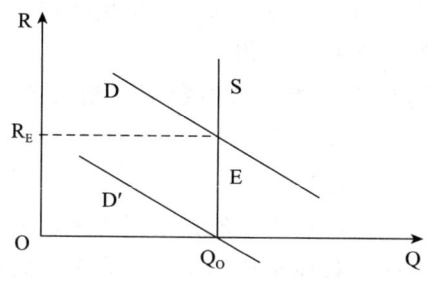

图7-7 土地的价格和地租

从图中可以看出，土地的供给不变的情况下，如果需求不断下降，即需求曲线下移，需求曲线下降到一定程度的时候，均衡的地租水平将变为0。随着土地的需求不断上升，地租也会不断地提高。所以说，产生地租的根本原因在于土地是稀缺的，供给不能增加，而需求不断上升。如果土地的供给不变，则地租的产生是由于土地的需求的不断提高。需求越大，地租越高；需求越小，地租越低。土地的需求又取决于土地的边际产量与土地上生产的产品价格的乘积。土地的边际产量受到土地本身质量和生产技术的影响，所以肥沃土地的地租就高。其次，土地上生产出来的产出来的产品的价格影响地租率：价格越高，地租率越高；反之，产品价格越低，地租率越低。

 知识拓展

级差地租

由于距市场较近的地块运费较少，因而可获得超额利润。级差地租的存在，一方面是由于土地肥沃程度、位置不同等形成的等量投资的劳动生产率不同，这是级差地租的第一种形态。另一方面，由于土地报酬递减规律的作用，即使是在同一块土地上，连续追加等量劳动和资本，产出量也终将下降，这是级差地租的第二种形态。

级差地租 1：
一是不同地块的土地肥力程度的差别。具有不同肥力的土地，首先是自然历史的产物，其面积又是有限的。由于肥力的差异，在同等投资的情况下，其产量和收益也会出现差异，肥力较高的土地因其具有较高的劳动生产率而获得超额利润。二是不同地块的地理位置的差别。即指距市场远近的差别。即使土地肥力相同、产量相同的地块，由于距市场远近不同，其运费和收益也会出现差异。

级差地租 2：
在同一块土地上连续追加投资，每次投资的劳动生产率必然会有差异，只要高于劣等地的生产率水平，就会产生超额利润。这种由于在同一块土地上，各个连续投资劳动生产率的差异而产生的超额利润化为地租，即为级差地租 2。

级差地租 1 与级差地租 2，虽然各有不同的表现形式，但是二者在本质上是一致的，它们由个别生产价格与社会生产价格之间的差额所形成的超额利润转化而成。在二者的关系上，级差地租 2 要以级差地租 1 为前提和基础。

7.3.4 资本供给曲线和利息的决定

作为与劳动和土地并列的一种生产要素，资本具有如下一些特点：

第一，资本的数量是可以改变的，它可以被人们的经济活动创造出来。土地资源和劳动资源都是"自然"给定的，不能被人们的经济活动生产出来。

第二，资本是一种生产投入品，它不同于普通的消费品。

第三，资本用于生产，可以创造出更多的商品与劳务，即资本具有增值的可能。

资本是由经济制度本身所生产出来的并被用作投入要素以便进一步生产更多的商品和服务的物品。储蓄是资本供给的源泉，但资本供给曲线并不等于储蓄曲线。就一个社会、一定时期而言，资本的形成取决于过去已形成的储蓄量，同时假定资本的自用价值为 0，因此在短期里，资本供给曲线为一条垂直于横轴的直线。但在长期里，随着利率的上升，储蓄量的增加，则资本供给曲线则被不断推向右方。

厂商在进行投资决策的时候，由于利息构成了厂商的成本，所以如果一个投资项目的预期利润率大于市场的利息率，那么就意味着厂商预期的资本收益大于成本，厂商投资该项目就可以获得利润；如果一个投资项目的预期利润率小于市场的利息率，那么厂商的预期资本收益小于成本，厂商就会亏损，所以厂商会放弃该项目或转而去寻求其他合适的项目。注意，如果厂商的投资所用资金是自有资金，利息可被看成是机会成本，上述分析依然有效。如果厂商的各个投资项目的预期利润率不变，而市场利率提高，就会有许多的投资项目被否定，从而厂商的投资意愿降低，投资就会下降，从而对可贷资本的需求下降；如果利息率降低，厂商的成本降低，就会使一些原本不合算的项目变得有利可图，厂商的投资意愿上升，投资增加，对可贷资本的需求就会上升。因此资本的需求曲线也是向右下方倾斜的曲线。

如图 7-8 所示，横轴表示资本数量 Q，纵轴表示利率 r，S 是市场资本供给曲线，D 是市场的资本需求曲线。资本的供给曲线和需求曲线的交点表示了资本市场的均衡点。

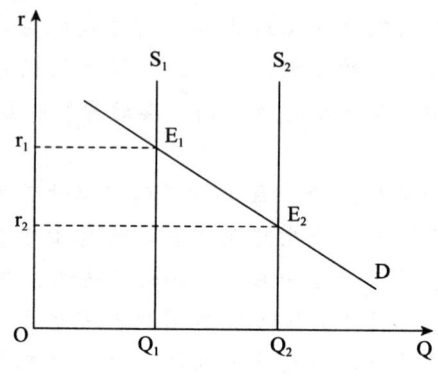

图 7-8 资本市场均衡

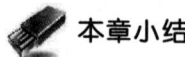 **本章小结**

本章主要讲述了完全竞争厂商使用生产要素的原则、完全竞争厂商对生产要素的需求曲线，以及生产要的素供给曲线。重点掌握使用要素的边际收益和边际成本。本章的难点是劳动供给曲线和土地供给曲线的形状分析。学习生产要素市场，能够帮助学生更好的学习西方经济学。

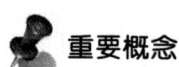 **重要概念**

完全竞争厂商　边际收益产品　生产要素　生产要素市场　完全竞争　边际产品价值　边际要素成本　租金　准租金　级差地租　供给曲线　劳动的供给曲线

 本章练习

 **单选题**

1. 下列各项中不属于生产要素的是（　　）。
A. 企业管理者的管理才能
B. 农民拥有的土地
C. 用于生产的机器厂房
D. 在柜台上销售的服装
2. 完全竞争厂商对生产要素的需求曲线向右下方倾斜的原因在于（　　）。
A. 要素的边际成本递减
B. 要素的边际产量递减

C. 要素生产的产品的边际效用递减

D. 要素参加生产的规模报酬递减

3. 市场中单个厂商对某种生产要素的需求曲线同全体厂商对该种生产要素的需求曲线之间的关系表现为（　　）。

A. 两者是重合在一起的　　　　　B. 前者较后者平坦

C. 前者较后者陡峭　　　　　　　D. 无法确定

4. 在一个完全竞争的市场中，追求利润最大化的厂商的产品价格上升时，将引起劳动的边际产品价值（　　），从而导致劳动的需求曲线（　　）。

A. 降低，右移　　　　　　　　　B. 增加，左移

C. 增加，右移　　　　　　　　　D. 降低，左移

5. 假定两种生产要素 X 和 Y 的价格分别为 30 元、18 元，产品的边际收益是 3 元，那么当这两种要素的边际产量为（　　）时，该生产商才能获得最大利润。

A. 7.5，3　　　　　　　　　　　B. 10，6

C. 30，18　　　　　　　　　　　D. 10，8

6. 汽车价格上升使汽车工人的需求（　　）。

A. 向右移动，工资增加　　　　　B. 向左移动，工资减少

C. 向右移动，工资减少　　　　　D. 向左移动，工资增加

7. 假定生产要素 A、B、C 的边际产量分别是 20、16、8，它们的价格分别是 10、8、4，那么这一生产要素的组合（　　）。

A. 不是最小成本的组合

B. 是最小成本的组合

C. 是否为最小成本组合，视不同的要素市场而定

D. 是否为最小成本组合，视不同的产品市场和要素市场而定

8. 若劳动的边际产品价值大于工资率，则其属于下列哪种情况（　　）。

A. 产品市场的垄断　　　　　　　B. 要素市场的垄断

C. 产品市场的竞争　　　　　　　D. 产品市场垄断或要素市场垄断

9. 经济租金是（　　）。

A. 使用一亩土地所支付的价格　　B. 使用 1 单位资本所支付的价格

C. 引致一定量资源所需的收入　　D. 超过引致一定量资源供给所需的收入

10. 企业的劳动边际收益产量曲线等同于（　　）。

A. 劳动供给曲线　　　　　　　　B. 劳动需求曲线

C. 边际成本曲线　　　　　　　　D. 边际收益曲线

判断题

1. 生产要素是劳动、土地和货币。　　　　　　　　　　　　　　　　　（　　）

2. 如果均衡工资增加了，劳动的边际产量值就必定增加了。　　　　　　（　　）

3. 提高一种要素边际产量的唯一方法是用这种要素生产的物品的价格上升。（　　）
4. 劳动的需求曲线向右下方倾斜是因为生产函数表现出劳动的边际生产率递减。
（　　）
5. 完全竞争市场中要素需求曲线与边际产品价值曲线重合是因为要素市场的变化对产品市场没有影响。（　　）

 简答题

1. 完全竞争厂商的要素使用原则与利润最大化产量原则有何关系？
2. 在什么情况下要素的供给曲线会向后弯曲或垂直？为什么？
3. 试述完全竞争厂商及市场在存在和不存在行业调整情况下的要素需求曲线。

 论述题

1. 一种意见是"土地价格的上涨导致房屋价格的上涨"；另一种意见是"房屋的价格上涨导致了土地价格的上涨"。你的观点如何？
2. 有人认为"土地无论从短期还是从长期来说都是缺乏弹性的"。你同意这种观点吗？

第8章

一般均衡论和福利经济学

 内容提要

本章主要讲解了经济学的均衡、帕累托最优条件和社会福利函数。经济学的均衡包括局部均衡和一般均衡;帕累托最优状态的条件包括交换的帕累托最优条件、生产的帕累托最优条件、生产和交换的帕累托最优条件。

 重点难点

本章重点为帕累托最优标准、生产的帕累托最优条件、交换的帕累托最优条件、生产和交换的帕累托最优条件、阿罗不可能定理;难点为帕累托最优标准、生产的帕累托最优条件、交换的帕累托最优条件、生产和交换的帕累托最优条件。

 学习目标

通过本章学习,学生应准确理解判断经济效率的帕累托最优标准,掌握生产、交换的帕累托最优的条件以及论证完全竞争市场经济能够达到帕累托最优效率的原因;掌握社会福利函数,能够运用阿罗不可能定理和福利经济学原理分析现实问题。

知识框架

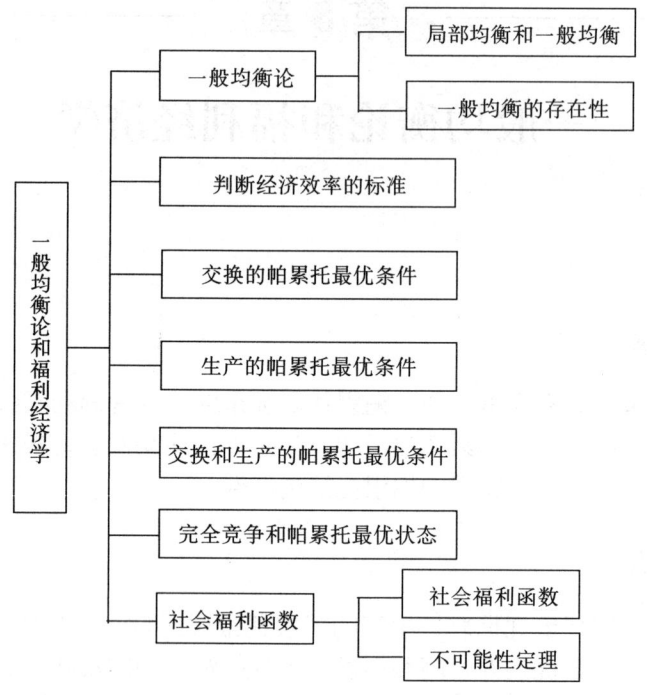

 **引入案例**

汽油价格与小型汽车的需求

如果市场对某几种产品的需求相互影响，可能出现什么情况呢？其中一种情形就是，导致一种产品价格发生变化的因素，将同时影响对另一种产品的需求。举例而言，在20世纪70年代，美国的汽油价格上涨，这一变化马上对小型汽车的需求产生了影响。

回顾20世纪70年代，美国市场的汽油价格两次上涨，第一次发生在1973年，当时石油输出国组织切断了对美国的石油输出；第二次是在1979年，由于伊朗国王被推翻而导致该国石油供应瘫痪。经过这两次事件，美国的汽油价格从1973年的每加仑1.27美元猛增至1981年的每加仑1.40美元。作为"轮子上的国家"，石油价格急剧上升当然不是一件小事，美国人面临一个严峻的节省汽油的问题。

既然公司和住宅的距离不可能缩短，人们只好继续奔波于两地之间。美国司机找到的解决办法之一就是他们需要放弃自己的旧车、购置新车的时候，选择较小型的汽车，这样每加仑汽油就可以多跑一段距离。

分析家们根据汽车的大小来分类确定其销售额。就在第一次汽油价格上涨之后，每年大约出售 250 万辆大型汽车、280 万辆中型汽车以及 230 万辆小型汽车。到了 1985 年，这三种汽车的销售比例出现明显变化，当年售出 150 万辆大型汽车，220 万辆中型汽车以及 370 万辆小型汽车。由此可见，大型汽车的销售自 20 世纪 70 年代以来迅速下降；反过来，小型汽车的销售却持续攀升，只有中型汽车勉强维持了原有水平。

对于任何产品的需求曲线均假设其互补产品的价格保持不变。以汽车为例，它的互补产品之一就是汽油。汽油价格上升导致小型汽车的需求曲线向右移动，与此同时大型汽车的需求曲线向左移动。

造成这种变化的原因是显而易见的。假设你每年需要驾驶 15000 英里，每加仑汽油可供一辆大型汽车行驶 15 英里，如果是一辆小型汽车就可以行驶 30 英里。这就是说如果你坚持选择大型汽车，每年你必须购买 1000 加仑汽油，如果你满足于小型汽车，你只需购买一半的汽油，也就是 500 加仑就够了，当汽油价格处于 1981 年的最高点，即每加仑 1.40 美元的时候，选择小型汽车意味着每年可以节省 700 美元。即便你曾经是大型汽车的拥护者，在这种情况下，在每年 700 美元的数字面前，难道你就不觉得有必要重新考虑一下小型汽车的好处吗？

由此可见，汽油价格的变化会影响它自身的需求，也会对它的互补品小汽车的需求曲线产生影响，还会影响大型汽车的需求曲线。一种商品的价格变化会影响该商品的供给与需求，进而影响该商品的均衡价格和均衡数量的决定，这一知识我们在之前讲过。那么该商品的价格变化对其他商品的供给和需求的影响是否影响它们的均衡呢？推而广之，如果将互相联系的商品看作一个整体，那么这个整体是否存在均衡呢？让我们通过下面的学习来解决这些问题。

8.1 一般均衡理论

8.1.1 局部均衡和一般均衡

1. 概念

局部均衡（Partial Equilibrium）研究的是单个产品市场或要素市场，它假定每个市场都是孤立的，市场中商品的需求和供给仅仅是其自身价格的函数，与其他商品的价格无关。假定其他商品的价格不变，某种商品的需求曲线和供给曲线共同决定了该商品市场的均衡价格和均衡数量，这种均衡即为局部均衡。

但实际上，没有一个市场能在其他市场发生变化时，不对这一变化做出反应，这就涉及一般均衡问题。

一般均衡（General Equilibrium）是将所有相互联系的各个市场看成是一个整体来进行研究。在一般均衡理论中，每一种商品的需求和供给不仅取决于该商品本身的价格，也取决于其他相关商品（如替代品和互补品）的价格。每一种商品的价格不能单独决定，而必须和其他商品价格联合着来决定。当整个经济的价格体系恰好使所有的商品都供求相等时，市场就达到了一般均衡。

比如说，在产品市场上，CD 光碟的价格上升，将引起磁带需求曲线右移和 CD 机的需求曲线左移，从而使磁带的价格上升，CD 机的价格下降；进一步，磁带和 CD 机的价格变化将反过来影响 CD 光碟的价格，CD 光碟的价格变化将进一步影响磁带和 CD 机的价格，如此循环。

2. 分析说明

为了更好地理解整个经济体系中各个不同市场的相互作用过程，还是先考察一个简化的市场情况。在该经济中，总共包括四个市场，其中两个要素市场，两个产品市场，为方便起见，假定第一个要素市场为原油，第二个要素市场为原油的替代要素煤，第一个产品市场也是以原油为投入的汽油，第二个产品市场为与汽油相互补充的小汽车。

现在假定，所有市场在刚开始的时候均处于均衡状态。参见图 8-1。图 8-1 由（a）、（b）、（c）和（d）四个子图构成，分别代表原油、煤、汽油和小汽车市场。每一子图中，初始状态均由供求曲线 S 和 D 给出，相应的均衡价格和均衡产量均由 P_0 和 Q_0 表示（当然，不同市场中 P_0 的和 Q_0 表示的是不同的产品或要素，并且其数值大小亦不一定相同）。

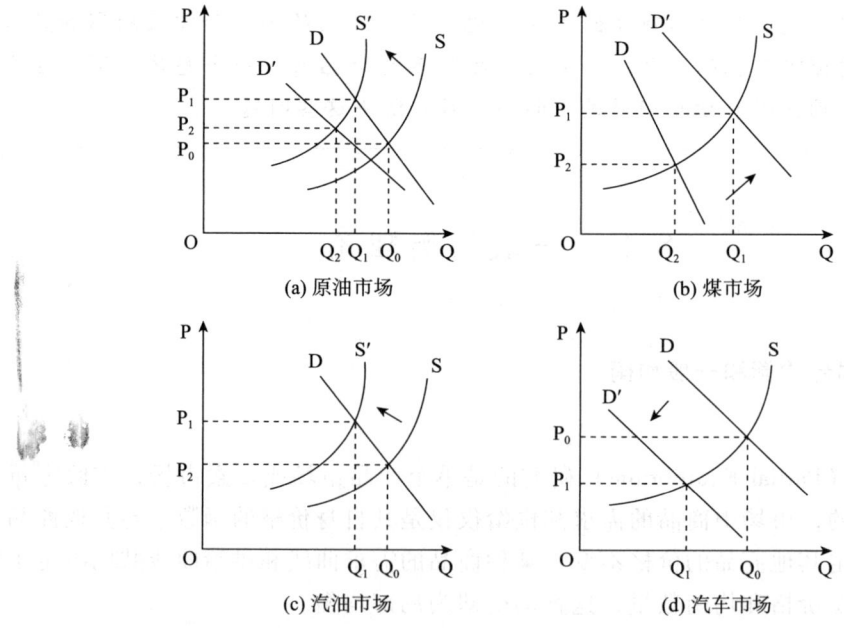

图 8-1 市场之间的相互关系

图 8-1（a）为原油市场。假定原油的供给由于某种非价格因素的影响而减少，即它的供给曲线从原来的 S 向左移动到 S′。根据以前的局部均衡分析，将使原油的价格上升到 P_1，产量则下降到 Q_1。如果不考虑各个市场之间的相互依赖关系，则这就是全部的结果：P_1 和 Q_1，为新的均衡价格和均衡数量。

但是，从一般均衡的角度分析，情况就不再相同。原油市场的价格变化将打破其他市场的原有均衡，从而引起它们的调整；而其他市场的调整又会反过来进一步影响原油市场，从而最终的原油均衡价格和数量并不一定就是 P_1 和 Q_1。

图 8-1（b）为煤市场。由于原油和煤是替代品，故原油价格的上升造成煤的需求的增加，即煤的需求曲线从 D 向右移到 D′，从而均衡价格上升到 P_1，均衡产量增加到 Q_1。

图 8-1（c）为汽油市场。由于原油是汽油的投入要素，投入要素的价格上升就使汽油成本增加，于是，汽油的供给将减少。换句话说，原油价格的上涨使得汽油的供给曲线向左边移动，假设移到 S′。S′ 与原来的需求曲线相交决定了汽油的新均衡价格为 P_1，新均衡产量为 Q_1。

图 8-1（d）为小汽车市场。汽车和汽油是所谓的互补商品。当汽油市场价格上升之后，其补充品即小汽车的需求将减少。换句话说，小汽车的需求曲线由于汽油价格上升而向左边移动，假设左移到 D′，结果小汽车的均衡价格下降到 P_1，均衡产量减少到 Q_1。

由此我们知道，原油市场供给减少从而原油价格上升对所有其他市场的影响：其产品汽油价格上升、其替代品煤的价格上升，以及小汽车价格下降。所有这些其他市场价格的变化会反馈回来影响原油市场。首先，汽油价格上升将提高原油的需求，而汽油数量的下降则减少该需求，故汽油市场的反馈效应可能是使原油需求曲线左移或右移；其次，小汽车市场价格下降及数量减少很可能使原油需求曲线左移；最后，煤市场价格上升及数量上升的反馈效应则是增加对原油的需求。最终的结果，原油的需求曲线可能左移，可能右移，取决于两方面力量的大小。在图 8-1（a）中，假定左移的力量超过了右移的力量，于是原油的需求曲线向左移动到位置 D′。此时，原油的均衡价格和数量不再等于局部均衡分析中的 P_1 和 Q_1，而是为 P_2 和 Q_2。

由于现在原油价格又发生了变化，故该变化按照上述分析又会影响其他市场；被影响后的其他市场均又会反过来再影响原油市场……如此一直继续调整下去，直到最后所有市场又都重新达到均衡状态，即新的一般均衡状态。

 案例讨论

粮食价格上涨的连锁反应

联合国粮食及农业组织（FAO）指出，由于产量问题和库存不足，2008 年全球谷物价格将保持在较高水平,这将导致世界许多地区的面包、意大利面、肉类和牛奶等主要食品价格飞涨。

该组织在报告中说,据估计,2008年许多国家将不得不花更多的钱用于谷物进口,这将引起粮食供应链的连锁反应,导致动物饲料和主要食品的零售价格提高。该机构说,2007年涨幅最大的是乳制品,在某些情况下价格增长超过200%。报告还说,是由价格上涨导致粮食运输价格上涨,而对生物燃料的需求也不断增加,这将导致生产环保燃料的农作物价格上涨。

请结合所学知识,分析上述现象。

8.1.2 一般均衡的存在性

在前面的分析中,假定市场是可以达到一般均衡的。如果市场不能达到一般均衡,市场中的所有价格将一直处于波动状态,对商品或劳务均衡价格和均衡数量的分析也就无法成立。那么,是否存在稳定的一般均衡呢?即是否存在一组均衡价格,在该价格体系上,所有商品的供求均相等呢?这就是所谓一般均衡的存在性问题。

法国经济学家里昂·瓦尔拉斯在经济学史上最先充分认识到一般均衡问题的重要性。他第一个提出了一般均衡的数学模型并试图解决一般均衡的存在性问题。除此之外,他还对一般均衡的唯一性、稳定性及最优性等问题做过探索。而瓦尔拉斯的一般均衡体系是按照从简单到复杂的路线一步步建立起来的。他首先撇开生产、资本积累和货币流通等复杂因素,集中考察所谓交换的一般均衡。在解决了交换的一般均衡之后,他加入更加现实一些的假定——商品是生产出来的,从而讨论了生产(以及交换)的一般均衡。但是,生产的一般均衡仍然不够"一般",它只考虑了消费品的生产而忽略了资本品的生产和再生产。因此,瓦尔拉斯进一步提出其关于"资本积累"的第三个一般均衡模型。他的最后一个模型是"货币和流通理论",考虑了货币交换和货币窖藏的作用,从而把一般均衡理论从实物经济推广到了货币经济。

尽管瓦尔拉斯最先认识到一般均衡问题的重要性,但他关于一般均衡存在性的证明却是错误的。按照瓦尔拉斯的看法,由于在所有市场的供给和需求都相等的均衡条件中,独立的方程数目与变量数目相等,故一般均衡的存在是有保证的。

遗憾的是,瓦尔拉斯关于一般均衡存在的证明却是不严格的甚至是错误的。因为他简单地认为,在所有市场的供给和需求都相等的均衡条件中,方程数目和变量数目相等则一般均衡是存在且唯一的。直到20世纪二三十年代之后,西方经济学家利用集合论、拓扑学等数学方法,在相当严格的假定条件下证明:一般均衡体系存在着均衡,而且,这种均衡可以处于稳定状态,并同时满足经济效率的要求。这些假设条件有:任何厂商都不存在规模报酬递增;每一种商品的生产至少必须使用一种原始生产要素。任何消费者所提供的原始生产要素都不得大于它的初始存量;每个消费者都可以提供所有原始生产要素;每个消费者的序数效用函数都是连续的;消费者的欲望是无限的；无差异曲线凸向原点，等等。总之，在一定的假设条件全部得到满足时，一般均衡体系就有均衡解存在。

8.2 判断经济效率的标准

8.2.1 实证经济学与规范经济学

1. 实证经济学

实证经济学（Positive Economics）研究经济体系是怎样运行的，它对经济行为做出有关的假设，根据假设分析和陈述经济行为及其后果，并试图对结论进行检验。简言之，实证经济学回答"是什么"的问题。例如，在上一节中，西方经济学从一系列假定出发说明了整个经济体系在理论上存在所谓一般均衡状态，即存在这样一组价格，使得所有商品的供求都恰好相等。这就是实证经济学。

2. 规范经济学

规范经济学（Nomative Economics）试图从一定的价值判断出发，根据这些标准，对一个经济体系的运行进行评价，并进一步说明一个经济体系应当怎样运行，以及为此提出相应的对策。因此，规范经济学研究的是"应当是什么"的问题。例如，上一节中尽管西方经济学说明了一般均衡的存在，但是这种均衡是否对整个社会是"最优"呢？是否还有其他更好的状态使得整个社会的福利更大呢？这些都涉及好坏、优劣等价值判断的问题。对这些问题的研究就属于规范经济学。

8.2.2 帕累托标准

为判断不同资源配置方案的优劣，假定整个社会只有两个人，如甲和乙，且只有两种资源配置状态 A 和 B。甲和乙在 A 和 B 之间进行选择，每个人的选择有三种可能：一种认为 A 优于 B，一种认为 B 优于 A，还有一种认为 A 与 B 没有差异。如果甲和乙持相同的看法，从社会来看他们的意见就是最好的。但是如果甲和乙的意见完全相反，则从社会的角度难以说明 A 和 B 哪个最优，除非能够假定甲或乙的意见无关紧要，可以不予考虑，否则不能判断 A 和 B 的优劣。但如果甲和乙的意见虽然不一致，但二者无根本对立，例如甲认为 A 优于 B，乙认为 A 与 B 没有差异，此时社会可认为 A 优于 B。这种判断标准称为帕累托标准。

1. 帕累托标准

推而广之，整个社会如果至少有一人认为 A 优于 B，而没有人认为 A 劣于 B，则从社会的观点看亦有 A 优于 B。这就是帕累托最优状态标准，简称为帕累托标准（Pareto Criterion）。

2. 帕累托改进

如果既定的资源配置状态的改变可以使至少有一个人的状态变好而不使其他任何

人的状况变坏,则认为这种资源配置状态的变化是"好"的;否则,认为是"坏"的。这种以帕累托标准来衡量为"好"的状态改变称为"帕累托改进"(Pareto Improvement)。

3. 帕累托最优状态

如果对于既定的资源配置状态,所有的帕累托改进都不存在,即在该状态上,任意的改变都不可能使至少有一人的状况变好而又不使其他任何人的状况变坏,则这种资源配置状态就是帕累托最优状态(Pareto Optimality)。

达到帕累托最优状态所具备的条件称为帕累托最优条件。帕累托最优条件包括:交换的最优条件、生产的最优条件以及交换和生产的最优条件。

 趣味阅读

白天与黑夜对盲人是一样的

牧师、心理学家、经济学家三人决定去打高尔夫球。在他们前边,是两位打得非常缓慢的人。打到第八洞时,他们因实在受不了开始大声的抱怨。牧师说:"圣母呀,我祈祷,他们下次再来打球前应该好好练习练习。"心理学家说:"我敢发誓,肯定有人喜欢打慢球。"经济学家说:"我真没有想到打高尔夫球花这么长的时间。"在打到第九洞时,心理学家忍受不了这样的节奏,就走向那两位缓慢者的球童,要求让他们这些后来者先打。球童说可以,并解释说他们二位是双目失明的退休消防队员,所以球打得很慢;他们都是因为在大火中救人而致盲的,所以希望三位不要再提高嗓门抱怨了。牧师听罢深感惭愧地说:"我身为神职人员,可我居然一直在诅咒盲人球打得慢。"心理学家亦感到惭愧:"我是一位职业为人排忧解难的人,可我一致在抱怨需要帮助的盲人的球打得慢。"经济学家见状表情凝重地对球童说:"听仔细了,下次让他们晚上来打球。"

白天与黑夜对盲人是一样的,经济学家的话形象地揭示了帕累托最优的含义,你能理解吗?

8.3 交换的帕累托最优条件

前面已经说明了整个社会如何通过价格机制达到一般均衡,这里要进一步分析这种一般均衡形成时经济效率是否已达到最大。研究这个问题,西方经济学家通常采用一种直观的、非数学计算的方法——埃奇沃斯盒状图(Edgeworth Box Diagram)。英国经济学家埃奇沃斯于1881年首创的这种盒状图,方方的盒的长和高分别代表两个

消费者（或生产者）所拥有的两种商品（或生产要素）的总量，盒状图中各点表示两种商品（或要素）的总供给量在两个消费者（生产者）之间的配置状态。埃奇沃斯盒状图揭示了当所有消费的总量或经济活动中使用的投入品总量固定时，如何配置资源、考察生产的效率。假设社会上只有两个消费者和两种产品，两个生产者和两种生产要素、资源（生产要素）总量和价格既定，人们追求的是效用最大化和利润最大化。下面先研究交换的最优条件。

8.3.1 交换的埃奇沃斯盒状图

1. 一般描述

如图 8-2，假定两种产品分别为 X 和 Y，其既定数量为 $\overline{X}$ 和 $\overline{Y}$，两个消费者分别为 A 和 B。在埃奇沃斯盒状图中，盒子的水平长度表示整个经济中第一种产品 X 的数量 $\overline{X}$，盒子的垂直高度表示第二种产品 Y 的数量 $\overline{Y}$。O_A 为第一个消费者 A 的原点，O_B 为第二个消费者 B 的原点。从 O_A 水平向右测量消费者 A 对第一种商品 X 的消费量 X_A，垂直向上测量他对第二种商品 Y 的消费量 Y_A；从 O_B 水平向左测量消费者 B 对第一种商品 X 的消费量 X_B，垂直向下测量他对第二种商品 Y 的消费量 Y_B。

现在考虑盒中的任意一点，如 a。a 对应于消费者 A 的消费量 (X_A, Y_A) 和消费者 B 的消费量 (X_B, Y_B)。则有：

$$X_A + X_B = \overline{X}$$
$$Y_A + Y_B = \overline{Y} \tag{8.1}$$

换句话说，盒中任意一点确定了一套数量，表示每个消费者对每种商品的消费，且满足 (8.1) 式。因此，盒子（包括边界）确定了两种物品在两个消费者之间的所有可能的分配情况。特别是，在盒子的垂直边上的任意一点，表明某个消费者不消费 X，在盒子的水平边上的任意一点，表明某个消费者不消费 Y。

那么在埃奇沃斯盒中的全部可能的产品分配状态之中，哪些是帕累托最优状态呢？

我们在埃奇沃思盒状图中加入表示消费者偏好的无差异曲线。消费者 A 的无差异曲线以 O_A 为原点向右下方倾斜且向 O_A 点凸出，消费者 B 的无差异曲线以 O_B 为原点向右下方倾斜且向 O_B 点凸出。图中 I_A、II_A 和 III_A 是消费者 A 的三条代表性无差异曲线，I_B、II_B 和 III_B 是消费者 B 的三条代表性无差异曲线。无差异曲线离远点越远，代表的效用水平越高。

2. 第一个结论

现在埃奇沃斯盒状图中任选一点，表示两种商品在两个消费者之间的一个初始分配。例如，选择一点 a。由于假定效用函数是连续的，故 a 点必然处于消费者 A 的某条无差异曲线上，同时也处于消费者 B 的某条无差异曲线上，即消费者 A 和消费者 B 分别有一条无差异曲线经过 a 点。如图 8-2 所示，点 a 是无差异曲线 II_A 和 I_B 的交

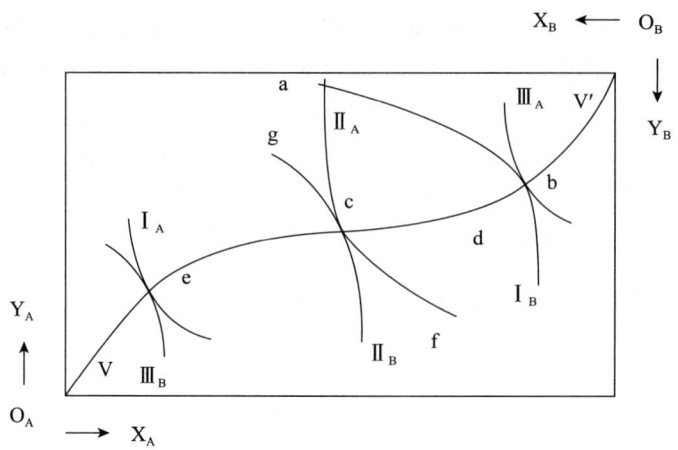

图 8-2 交换的埃奇沃斯盒状图

点。容易看出，a 点不可能是帕累托最优状态。这是因为，通过改变该初始分配状态，例如从 a 点变动到 b 点，则消费者 A 的效用水平从无差异曲线 II_A 提高到 III_A，而消费者 B 的效用水平并未变化，仍停留在无差异曲线 I_B 上。由此得到第一个结论：在交换的埃奇沃斯盒状图中，任意一点，如果它处在消费者 A 和 B 的两条无差异曲线的交点上，则它就不是帕累托最优状态，因为在这种情况下，总存在帕累托改进的余地，即总可以改变该状态，使至少有一个人的状况变好而没有人的状况变坏。

3. 第二个结论

如果假定初始的产品分配状态处于两条无差异曲线的切点上，如点 c 上，则容易看出，此时不存在任何帕累托改进的余地，即它们均为帕累托最优状态。改变 c 点状态只有如下几种可能：(1) 向右上方移到消费者 A 较高的无差异曲线上，则 A 的效用水平提高了，但消费者 B 的效用水平却下降了；(2) 向左下方移到消费者 B 的较高的无差异曲线上，则 B 的效用水平提高了，但消费者 A 的效用水平却下降了；(3) 剩下来的唯一一种可能则是消费者 A 和 B 的效用水平都降低。例如，从 c 点移到 g 点或 f 点，都属于此种情况。这几种情况都不属于帕累托改进。

由此可得第二条结论：在交换的埃奇沃斯盒状图中，任意一点，如果它处在消费者 A 和 B 的两条无差异曲线的切点上，则它就是帕累托最优状态，并称之为交换的帕累托最优状态。在这种情况下，不存在帕累托改进的余地，即任何改变都不能使至少一个人的状况变好而没有人的状况变坏。

8.3.2 交换的帕累托最优条件

1. 交换的契约线

无差异曲线的切点不止点 c 一个。点 b 和点 e 以及其他许多未在图 8-2 中画出的点也都是无差异曲线的切点，从而都代表帕累托最优状态。所有无差异曲线的切点的轨迹构成曲线 VV′，叫做交换的契约曲线（或效率曲线），它表示两种产品在两个消费者之间所有最优分配（即帕累托最优状态）的集合。

2. 交换的帕累托最优条件

通过之前的分析我们知道，交换的帕累托最优状态是无差异曲线的切点，而无差异曲线的切点的条件是在该点上两条无差异曲线的斜率相等。我们前面的章节已经说明：无差异曲线的斜率的绝对值又叫作两种商品的边际替代率（更准确地说，是商品 X 代替商品 Y 的边际替代率）。因此，交换的帕累托最优状态的条件可以用边际替代率的术语来表示：要使两种商品 X 和 Y 的两个消费者 A 和 B 之间的分配达到帕累托最优状态，则对于这两个消费者来说，这两种商品的边际替代率必须相等。

假设对于消费者 A 和 B 来说，X 代替 Y 的边际替代率分别用 MRS_{XY}^A 和 MRS_{XY}^B 来表示，则交换的帕累托最优状态条件的公式就是：

$$MRS_{XY}^A = MRS_{XY}^B \tag{8.2}$$

假定在初始的分配中，消费者 A 的边际替代率 MRS_{XY}^A 等于 3，消费者 B 的边际替代率 MRS_{XY}^B 等于 5。这意味着 A 愿意放弃 1 单位的 X 来交换不少于 3 单位的 Y。因此，A 若能用 1 单位 X 交换到 3 单位以上的 Y 就增加了自己的福利；另一方面，B 愿意放弃不多于 5 个单位的 Y 来交换 1 个单位 X。因此，B 若能用 5 单位以下的 Y 交换到 1 单位的 X 就增进了自己的福利。由此可见，消费者 A 用 1 单位 X 交换到 4 个单位的 Y，而消费者 B 用 4 单位 Y 交换到 1 单位 X，则他们两个人的福利都得到了提高。只要两个消费者的边际替代率不相等，上述这种重新分配（使某些消费者好起来而不使其他消费者坏下去）就总是可能的，就总存在有帕累托改进的余地。换句话说，当边际替代率不相等时，产品的分配未达到帕累托最优。

交换的帕累托最优条件还可以推导为：任何两种商品之间的边际替代率，对所有的消费者都相等。当这个条件满足时，就意味着商品在消费者之间实现了最优配置。

8.4 生产的帕累托最优条件

8.4.1 生产的埃奇沃斯盒状图

假定一个经济社会只有两个生产者 C 和 D，他们可以选择两种供给既定的要素 L 和 K，其既定数量为 $\bar{L}$ 和 $\bar{K}$，分别生产两种产品 X 和 Y。这可先给出等产量图，然后得到埃奇沃斯盒状图，如图 8-3。左下方是厂商 C 生产 X 产品的等产量线，横轴 L_C 表示厂商 C 投入要素 L 的数量，纵轴 K_C 表示厂商 D 投入要素 K 的数量。I_C、II_C 和 III_C 分别表示厂商 C 利用 L 和 K 生产 X 的不同水平的等产量曲线。右上方是厂商 D 生产 Y 产品的等产量线，横轴 L_D 表示厂商 D 投入要素 L 的数量，纵轴 K_D 表示厂商 D 投入要素 K 的数量。I_D、II_D 和 III_D 分别表示厂商 D 利用 L 和 K 生产 Y 的不同水平的等产量曲线。$O_C O_D$ 是厂商生产 X 和 Y 两种产品的等产量曲线的切点的轨迹，称为生产契约线（其含义和交换契约曲线类似）。

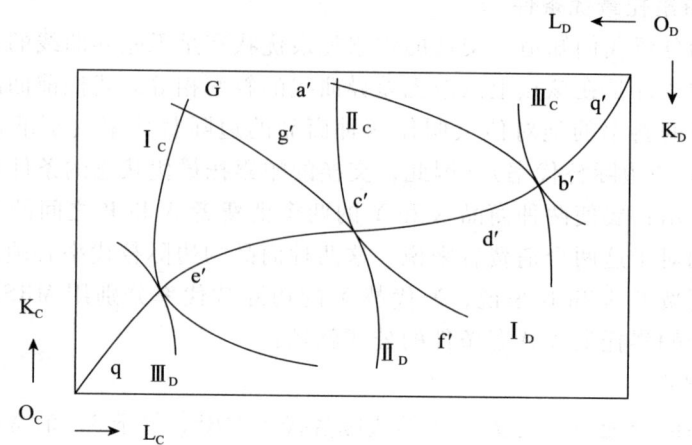

图 8-3　生产的埃奇沃斯盒状图

8.4.2　生产的帕累托最优条件

与前面分析交换的帕累托最优条件一样，我们可以得到生产的帕累托最优条件：

（1）生产的帕累托最优状态是等产量曲线的切点。而等产量曲线的切点的条件是，在该点上两条等产量曲线的斜率相等。

（2）根据前面所讲的知识，等产量曲线的斜率的绝对值又叫两种要素的边际技术替代率（更准确地说，是要素 L 代替要素 K 的边际技术替代率）。因此生产的帕累托最优状态的条件可以用边际技术替代率的术语来表示：要使两种要素 L 和 K 在两个生产者 C 和 D 之间的分配达到帕累托最优状态，则对这两个生产者来说，这两种要素的边际技术替代率必须相等。假设对于生产者 C 和 D 来说，L 代替 K 的边际技术替代率分别用 $MRTS_{LK}^C$ 和 $MRTS_{LK}^D$ 来表示，则生产的帕累托最优状态条件的公式就是：

$$MRTS_{LK}^C = MRTS_{LK}^D \tag{8.3}$$

举个例子来说。假定在初始分配中，生产者 C 的边际技术替代率 $MRTS_{LK}^C$ 等于 3，生产者 D 的边际技术替代率 $MRTS_{LK}^D$ 等于 5。这意味着 C 愿意放弃 1 单位的 L 来交换不少于 3 单位的 K。因此 C 若能用 1 单位 L 交换到 3 单位以上的 K，就增进了自己的福利；另一方面，D 愿意放弃不多于 5 单位的 K 来交换 1 单位的 L，就增进了自己的福利。由此可见，如果生产者 C 用 1 单位 L 交换 4 单位的 K，而生产者 D 用 4 单位的 K 交换 1 单位的 L，则他们两个人的福利都得到了提高。只要两个生产者的边际技术替代率不相等，上述这种重新分配（使某些生产者好起来而不使其他生产者坏下去）就总是可能的。

8.5 交换和生产的帕累托最优条件

就整个经济社会来说,要达到社会福利最大,除了前面所论述的产品分配和要素配置都处于帕累托最优状态,还要考虑社会的效用是不是达到了最大。表示社会效用最大的 A 和 B 两人效用组合的轨迹,叫总效用可能性曲线,它是个人效用可能性曲线的包络线。

8.5.1 总效用曲线

1. 对总效用曲线的描述

图 8-2 中的交换契约曲线为 $O_A O_B$,$O_A O_B$ 上任意一点均为帕累托最优状态。因此,给定生产契约曲线上一点,即给定一个生产的帕累托最优状态,现在有一条交换契约曲线,它有无穷多个交换的帕累托最优状态与之对应。虽然在这无穷多个交换的帕累托最优状态之中,任意一个点都表示交换已经处于最优状态,但并不一定表示在与生产联合起来看时已达到了最优状态。

2. 对总效用曲线的分析

根据生产的一般均衡理论,生产要素的分配应在生产契约线上,或者说由生产契约线而产生的转换线——生产可能性曲线上,即图 8-4 中的 VV′ 线上。

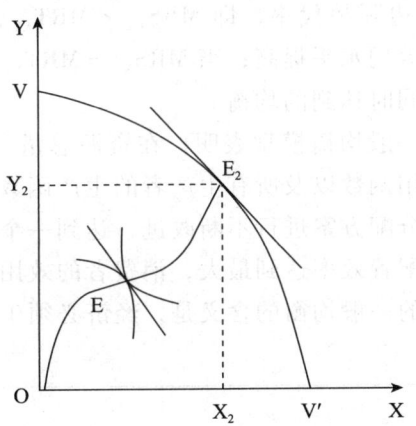

图 8-4 生产-交换的帕累托最优

假如生产要素的分配确定在生产可能性曲线上的 E_2 点,此时相应的 X 产量为 X_2,Y 产量为 Y_2。对消费者而言,其交换消费品只能在这个既定的产量组合范围内进行,于是 $OY_2 E_2 X_2$ 构成一个既定产量组合下的埃奇沃斯盒状图。

8.5.2 生产和交换的帕累托最优条件

根据交换的一般均衡理论，要使产品 X_2Y_2 在 A 和 B 两个消费者之间分配最优，使社会总满足程度最大，分配必须沿着交换契约线 OE_2 进行。但是交换契约线上有无数个点，能够满足生产和交换的一般均衡的最优分配点如何确定呢？当交换契约线上某一点（比如 E 点）的边际替代率等于这两种产品的边际转换率，即 $MRS_{XY} = MRT_{XY}$ 时，即达到了生产与交换的一般均衡。如果 $MRS_{XY} \neq MRT_{XY}$，生产者将沿着生产可能性曲线来调整生产要素在两种产品生产上的分配，即调整两种产品的产量；消费的埃奇沃斯盒状图随之改变，消费者也将调整产品的分配，直到达到两种产品的边际替代率等于它们的边际转换率，即：

$$MRS_{XY} = MRT_{XY} \tag{8.5}$$

假设图 8-4 中 E_2 点的边际转换率 $MRT_{XY} = 0.5$，表示在资源既定条件下，在产品组合为 X_2Y_2 时，增加 1 单位 X 产品生产只需减少 0.5 单位 Y 产品生产。假设 E 点的边际替代率 $MRS_{XY} = 1$，表示在消费总量为 X_2Y_2 时，消费者多消费 1 单位 X 可以减少 1 单位 Y，而效用水平不变。此时，$MRS_{XY} > MRT_{XY}$，就没有达到生产与交换的一般均衡，因为在这种情况下，生产者改变产品组合，多生产 X 产品少生产 Y 产品，可以使消费者总效用水平提高。例如多生产 2 单位 X 而少生产 1 单位 Y，就可以使消费者多消费 1 单位 X。由此我们得到结论：若 X 对 Y 的边际转换率小于边际替代率，即 $MRS_{XY} > MRT_{XY}$，减少 Y 的产量，增加 X 的产量可以提高消费者的总效用水平；若 X 对 Y 的边际转换率大于边际替代率，即 $MRS_{XY} < MRT_{XY}$，减少 X 的产量，增加 Y 的产量，也可以使社会总效用水平提高；当 $MRS_{XY} = MRT_{XY}$ 时，生产和交换都已没有调整的必要，生产与交换同时达到的均衡。

简单的交换与生产的一般均衡模型表明，在资源总量、技术水平既定的条件下，若掌握了所有消费者的效用函数以及所有生产者的生产函数，社会就有可能通过资源配置的不断调整，对产品分配方案进行不断改进，达到一个最佳的生产计划和最佳的分配消费计划，使资源的配置效率达到最大，消费者的效用水平也达到最大。

实际上，生产与交换的一般均衡的含义是，经济必须生产反映消费者偏好的产品组合。这就是组合效率。

趣味阅读

空中的帕累托改进

航空公司总是希望航班上座率越高越好，然而他们也知道总存在一小部分的订了机票的旅客临时取消旅行计划，于是他们开始尝试超额售票术，即在一个合

理估计的基础上,让售票数量稍大于航班实际座位数。不过,有时确实可能出现所有旅客都不打算改变行程,都要按期出发的情况,航空公司必须决定取消谁的座位才好。下面列举几种可能的决定方法。

在20世纪60年代,航空公司只是简单地取消最后到达机场的乘客的座位,安排他们换乘后面的航班,而那些倒霉的乘客也不会因行程被迫改变而获得任何的额外补偿,结果确认座位的过程演变成让人血压骤升的紧张时刻。

为了避免这种情况,第二种选择是由政府出面明令禁止超额售票术,但这样一来,飞机可能需要空座飞行,而外面可能还有急于出发的旅客愿意购买这些机票,结果航空公司和买不到票的旅客都受到损失。

1968年,美国经济学家尤利安·西蒙提出了第三种方案。西蒙这样写道:"办法非常简单,超额售票术需要改进之处就是航空公司在售票的同时交给顾客一个信封和一份投标书,让顾客填写他们可以接受的延期飞行的最低赔偿金额。一旦飞机出现超载,公司可以选择其中数目最低者给予现金补偿,并优先售给下一班飞机的机票,各方受益,没有人受到损害。"

实际上,目前航空公司采用的超额售票术同西蒙的方案非常接近,区别在于通常干脆以免费机票代替现金补偿(有时是提供相当数量的机票折扣)。人们远比估计的更愿意接受这种安排。航空公司也从中受益,因为他们可以继续采取有助于航班满员飞行的超额售票术。事实上,免费机票本身可能属于根本卖不出去的部分,航空公司提供免费机票的边际成本接近于零。这是一个发生在真实世界的帕累托改进,其中涉及的各方均受益,至少不会受到损失。

8.6 完全竞争和帕累托最优状态

前面的章节我们论述了完全竞争经济在一定的假定条件下,存在着一般均衡状态,说明了经济的帕累托最优状态。那么,我们不禁要问:完全竞争经济的一般均衡状态是否实现了帕累托最优呢?针对这个问题,西方经济学的基本结论是:任何竞争均衡都是帕累托最优状态,同时,任意帕累托最优状态也都可由一套竞争价格来实现。

早在200多年前,亚当·斯密就曾断言:人们在追求自己的私人目的时,会在一只"看不见的手"的指导下,实现增进社会福利的社会目的。每一个人所考虑的不是社会利益,而是他的自身利益。但是,他对自身利益的研究自然会或不如说必然会引导他选定最有利于社会的用途。所以,每一个人受着一只看不见的手的指导,去尽力达到一个并非他本意想达到的目的。当代西方经济学家亚当·斯密的上述思想发展成为一个更加精致的"原理":给定一些理想条件,单个家户和厂商在完全竞争经济中的最优化行为将导致帕累托最优状态。这就是所谓"看不见的手"的原理。

1. 交换的最优条件

在效用论中,我们知道消费者的均衡条件是两种商品的边际替代率等于两种商品的价格之比,即:

$$MRS_{XY} = \frac{P_X}{P_Y}$$

这是单个消费者的均衡条件。在完全竞争条件下,在追逐最大效用的潜在动力下,经济社会的所有消费者都要使自己所消费商品的边际替代率等于其消费品的价格之比。假定经济中只有 A 和 B 两个人,消费 X 和 Y 两种商品,两个消费者处于均衡时一定有:

$$MRS_{XY}^A = MRS_{XY}^B = \frac{P_X}{P_Y}$$

从而我们得到 $MRS_{XY}^A = MRS_{XY}^B$,而这刚好就是交换的最优条件。可见,在完全竞争经济中,产品的均衡价格实现了交换的帕累托最优。

2. 生产的最优条件

在完全竞争经济中,为获得最大的利润,所有厂商的生产行为一定会遵循要素的边际替代率等于要素的价格之比这一条件。假定经济社会中只有 C 和 D 两个生产者,利用生产要素 L 和 K,两个生产者处于均衡时一定有:

$$MRTS_{LK}^C = MRTS_{LK}^D = \frac{P_L}{P_K}$$

从而我们得到 $MRTS_{LK}^C = MRST_{LK}^D$,而这刚好就是生产的最优条件。可见,在完全竞争经济中,要素的均衡价格实现了生产的帕累托最优。

3. 生产和交换的最优条件

在论述这一条件前,先对边际转换率做一点解释。已知商品 X 对商品 Y 的边际转换率是:

$$MRT_{XY} = \left|\frac{dy}{dx}\right| = \left|\frac{\Delta Y}{\Delta X}\right|$$

它表示多生产 ΔX 单位 X 就必须少生产 ΔY 单位商品 Y,或者,少生产 ΔX 单位 X 就可以多生产 ΔY 单位商品 Y。因此,可以把 $\left|\frac{\Delta X}{\Delta Y}\right|$ 看成是商品 X 和商品 Y 的边际成本(从机会成本的角度来说)之比,即:

$$MRT_{XY} = \left|\frac{\Delta Y}{\Delta X}\right| = \left|\frac{MC_X}{MC_Y}\right|$$

在完全竞争市场中,我们知道生产者利润最大化的条件是产品的价格等于其边际成本,于是有:

$$P_X = MC_X \quad P_Y = MC_Y$$

所以有：$\dfrac{MC_X}{MC_Y} = \dfrac{P_X}{P_Y}$，即 $MRT_{XY} = \dfrac{P_X}{P_Y}$

由消费者效用最大化条件：

$$MRS_{XY} = \dfrac{P_X}{P_Y}$$

得：

$$MRS_{XY} = MRT_{XY}$$

也就是交换和生产的最优条件。因此，在完全竞争经济中，商品的均衡价格实现了生产和交换的帕累托最优条件。

8.7 社会福利函数

8.7.1 社会福利函数

前面一直讨论的是资源配置中的效率问题，却没有涉及福利的分配问题：在社会的分配中，当一个人占有了所有的社会资源时是一个典型的帕累托最优，但在其他人看来却不是一个好的分配。本节将利用社会福利函数（Social Welfare Function）来讨论福利的分配问题。

社会福利理论由美国经济学家伯格森（Abram Bergson）于 1938 年在《福利经济学一些方面的重新表述》一文中首先提出，后由美国经济学家保罗·萨缪尔森（Paul Samuelson）加以发展。根据萨缪尔森的观点，社会福利函数是指社会所有个人福利函数的总和，描述的是个人福利与社会福利的关系。

1. 概念

社会福利函数表示的是在效用可能性曲线上每一点所代表的社会福利的相对大小，或者更一般地说，表示的是效用可能性区域或整个效用空间中每一点所代表的社会福利的相对大小。社会福利函数是社会所有个人的效用水平的函数。因此，在我们的两人社会中，社会福利函数 W 可以写成：

$$W = W(U_A, U_B) \tag{8.13}$$

给定上式，由一个效用水平组合（U_A，U_B）可以求得一个社会福利水平。如果我们固定社会福利水平为某个值，例如令 $W = W_1$，则社会福利函数成为：

$$W_1 = W(U_A, U_B) \tag{8.14}$$

上式表明，当社会福利水平为 W_1 时，两个消费者之间的效用水平 U_A 和 U_B 的关系。该关系的集合表示就是图 8-5 中曲线 W_1。曲线 W_1 称为社会无差异曲线，在该曲线上，不同的点代表着不同的效用组合，但所表示的社会福利却是一样的。故从社会角度来看，这些点均是"无差异的"。同样的，如果令社会福利水平为 W_2 和 W_3，亦可以得到相应的社会无差异曲线与单位消费者的无差异曲线一样，亦是向右下方倾斜且凸向原点，并且较高位的社会无差异曲线代表较高的社会福利水平。

2. 最大社会福利

有了社会福利函数即社会无差异曲线，则结合效用可能性曲线 UU′即可决定最大的社会福利，参见图 8-5。最大社会福利显然在效用可能性曲线 UU′和社会无差异曲线 W_2 的切点 e 上达到。这一点被叫作"限制条件下的最大满足点"。这是能导致最大社会福利的生产和交换的唯一点。之所以叫作限制条件下的最大满足点，是因为它不容许为任何可能值，即不能任意选择，而要受到既定的生产资源、生产技术条件等的限制。UU′曲线和社会无差异曲线 W_1 交于 S 和 S′点。这些点所代表的社会福利都低于 W_2，因而不是最大社会福利；W_3 是比 W_2 更高的社会无差异曲线，因而代表更大的社会福利，但这种更大的社会付超出了效用可能性曲线，也就是超出了所有条件下所能够达到的最大水平。

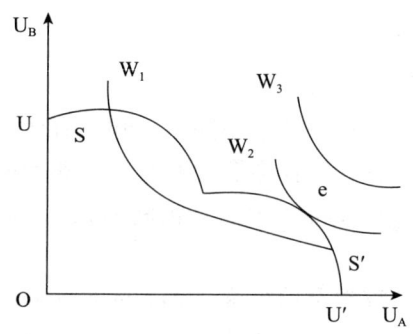

图 8-5 最大社会福利

如果确实存在上述所谓社会福利函数，则可以在无穷多的帕累托最优状态中进一步确定哪些是社会福利最大化的状态。如果真做到这一点，则资源配置问题便可以看成是彻底解决了。但是，社会福利函数究竟存在不存在呢？换句话说，能不能从不同个人的偏好当中合理地形成所谓的社会偏好呢？可惜的是，阿罗在 1951 年在相当宽松的条件下证明了这是不可能的。这就是有名的"不可能性定理"。

8.7.2 不可能性定理

1. 概述

阿罗不可能定理是由 1972 年诺贝尔经济学奖的获得者之一阿罗首先陈述和证明的。

1951 年肯尼斯·约瑟夫·阿罗（Kenneth J. Arrow）在他的现在已经成为经济学经典著作的《社会选择与个人价值》一书中，采用数学的公理化方法对通行的投票选举方式能否保证产生出合乎大多数人意愿的领导者或者说"将每个个体表达的先后次序综合成整个群体的偏好次序"进行了研究。结果，他得出了一个惊人的结论：

绝大多数情况下是——不可能的！更准确的表达则是：当至少有三名候选人和两位选民时，不存在满足阿罗公理的选举规则。或者也可以说是：随着候选人和选民的增加，"程序民主"必将越来越远离"实质民主"。

定理前提：假设有一个非常民主的群体，或者说是一个希望在民主基础上做出自己的所有决策的社会，对它来说，群体中每一个成员的要求都是同等重要的。一般地，对于最应该做的事情，群体的每一个成员都有自己的偏好。为了决策，就要建立一个公正而一致的程序，能把个体的偏好结合起来，达成某种共识。这就要进一步假设群体中的每一个成员都能够按自己的偏好对所需要的各种选择进行排序，对所有这些排序的汇聚就是群体的排序。

2. 内容

阿罗不可能定理（Arrow's Impossibility Theorem）的主要内容是：在非独裁的情况下，不可能存在适用于所有个人偏好类型的社会福利函数。更具体地说，阿罗认为，任何一个合理的社会福利函数起码应该满足如下要求：

（1）其定义域不受限制，即它适用于所有可能的个人偏好类型。

（2）非独裁，即社会偏好不以一个人或者少数人的偏好所决定。

（3）帕累托原则，即如果所有人都偏好A胜于B，则社会也偏好A胜于B。

（4）无关变化的独立性，这一要求可以简单理解为：只要所有人对A和B的偏好不变（不管对例如A和C的偏好如何变化），则社会对A和B的偏好不变。阿罗证明：满足上述四个条件且具有传递性偏好次序的社会福利函数不存在。他指出，多数规则（Majority Rule）的一个根本缺陷就是在实际决策中往往导致循环投票。

阿罗不可能定理源自孔多塞的"投票悖论"。早在18世纪法国思想家孔多塞就提出了著名的"投票悖论"：假设甲乙丙三人，面对ABC三个备选方案，有如下的偏好排序：

甲（a＞b＞c）；乙（b＞c＞a）；丙（c＞a＞b）

注：甲（a＞b＞c）代表甲偏好a胜于b，又偏好b胜于c。

（1）若取"a"、"b"对决，那么按照偏好次序排列如下：

甲（a＞b）；乙（b＞a）；丙（a＞b）；社会次序偏好为（a＞b）

（2）若取"b"、"c"对决，那么按照偏好次序排列如下：

甲（b＞c）；乙（b＞c）；丙（c＞b）；社会次序偏好为（b＞c）

（3）若取"a"、"c"对决，那么按照偏好次序排列如下：

甲（a＞c）；乙（c＞a）；丙（c＞a）；社会次序偏好为（c＞a）

于是我们得到三个社会偏好次序——（a＞b）、（b＞c）、（c＞a），其投票结果显示"社会偏好"有如下事实：社会偏好a胜于b、偏好b胜于c、偏好c胜于a。显而易见，这种所谓的"社会偏好次序"包含有内在的矛盾，即社会偏好a胜于c，而又认为a不如c！所以按照投票的大多数规则，不能得出合理的社会偏好次序。

阿罗不可能定理说明，依靠简单多数的投票原则，要在各种个人偏好中选择出一个共同一致的顺序,是不可能的。这样,一个合理的公共产品决定只能来自于一个可以胜任的公共权力机关,要想借助于投票过程来达到协调一致的集体选择结果,一般是不可能的。

 本章小结

　　本章主要学习一般均衡理论和福利经济学的内容,通过讲授要求理解并掌握局部均衡、一般均衡、一般均衡的存在性、交换的帕累托最优条件、生产的帕累托最优条件、交换和生产的帕累托最优条件、社会福利函数和不可能性定理。

 重要概念

　　局部均衡　　一般均衡　　帕累托最优状态　　帕累托改进　　不可能性定理

 **本章练习**

 **单选题**

1. 一般均衡理论的最早提出者是（　　）。
　A. 里昂·瓦尔拉斯　　　　　　　　B. 希克斯
　C. 萨缪尔森　　　　　　　　　　　D. 阿罗
2. 只研究一个市场上出现的情况,而忽略其他市场,这种分析被称为（　　）。
　A. 局部均衡分析　　　　　　　　　B. 部门均衡分析
　C. 一般均衡分析　　　　　　　　　D. 均衡分析
3. 在两个个人（A 和 B）、两种商品（X 和 Y）的经济中,生产和交换的全面均衡发生在（　　）。
　A. $MRT_{XY} = P_X/P_Y$
　B. A 和 B 的 $MRS_{XY} = P_X/P_Y$
　C. $(MRS_{XY})_A = (MRS_{XY})_B$
　D. $MRT_{XY} = (MRS_{XY})_A = (MRS_{XY})_B$
4. 如果达到社会生产可能性边界时,$(MRS_{XY})_A = (MRS_{XY})_B > MRT_{XY}$,则应该是（　　）。
　A. 增加 X　　　　　　　　　　　　B. 减少 Y
　C. 增加 X,减少 Y　　　　　　　　 D. 增加 Y,减少 X
5. 生产契约曲线上的点表示生产者（　　）。
　A. 支出了最小成本　　　　　　　　B. 获得了最大利润
　C. 通过生产要素的重新配置提高了总产量　D. 以上均正确
6. 一般均衡理论试图说明的是（　　）的均衡。
　A. 单个产品或单个要素市场　　　　B. 劳动市场
　C. 产品市场和货币市场　　　　　　D. 所有产品市场和货币市场
7. 如果产品在消费者之间的任何重新分配都会至少降低一个消费者的满足水平,

这种状态是（   ）。
A. 效率不高的
B. 帕累托最优
C. 不合理的分配
D. 比较合理的分配

8. 在生产上符合帕累托最优状态的条件是（   ）。
A. 边际收益等于边际成本
B. 边际收益等于要素边际成本
C. 任何两种生产要素间的边际技术替代率对任何两个生产者都相等
D. 边际收益等于商品价格

9. （   ）不能引出帕累托效率。
A. 交换的效率
B. 生产的效率
C. 产品组合的效率
D. 所有人平等地分享收入

10. 阿罗不可能定理是说（   ）。
A. 总供给与总需求相一致是不可能的
B. 总收益与总成本相一致是不可能的
C. 社会福利不可能是个人利益的总和
D. 在任何情况下，从个人偏好次序达到合乎理性的社会偏好次序是不可能的

 多选题

1. 两种商品在两个个人之间的分配，能被称为帕累托最优的条件为（   ）。
A. 不使其他个人受损失就不能使另一个个人受益
B. 个人处在其消费契约线上
C. 个人都处在他们的效用可能性曲线上
D. 每个人都不能进行帕累托改进

2. 下列哪些是帕累托最优状态的必要条件？（   ）。
A. 生产一定在生产可能性边界上进行
B. 两种商品之间的边际替代率对于所有消费它们的消费者来说都相等
C. 两种商品之间的边际转换率要和所有消费这两种商品的消费者的边际替代率相等
D. 两种要素之间的边际技术替代率对于所有使用这两种生产要素的所有商品都相等

3. 如果竞争模型是经济的准确描述，那么（   ）。
A. 经济的配置是帕累托最优的
B. 经济运行在生产可能性曲线上
C. 经济运行在效用可能性曲线上
D. 此时社会福利最大

 判断题

1. 把所有存在相互依赖关系的市场作为一个整体来考虑的分析方法，就是所谓

的一般均衡分析。   ( )

2. 只要生产是有效率的，产品组合就必然位于生产可能性曲线上的某一点。
                                                                              ( )

3. 经济体系一般均衡的关键是消费者对两种商品的边际替代率等于它们的边际转换率，与生产效率关系不大。   ( )

4. 一般均衡条件满足后，也就达到帕累托最优。   ( )

5. 契约曲线上的每一个配置都是帕累托最优配置。   ( )

简答题

1. 试述局部均衡分析与一般均衡分析的区别与联系。

2. 何为帕累托最优状态？试述实现帕累托最优状态的主要条件。

计算题

1. 产品 X 和 Y 是替代品，假定两者短期供给是固定的：$Q_X = 500$，$Q_Y = 200$。而需求受到两种产品价格的共同影响：$Q_X = 850 - 5P_X + 2P_Y$，$Q_Y = 540 - 2P_Y + P_X$。求：

（1）这两种产品的均衡价格为多少？

（2）假如 X 产品的供给增加了 150，会对两种产品的价格产生什么影响？

2. 假定两个消费者的效用函数分别为 $U_A(X_A, Y_A) = 20X_A + Y_A$，$U_B(X_B, Y_B) = X_B Y_B$，请推导帕累托交换最优的条件，并从中导出交换的契约曲线的隐函数形式，它是线性的吗？一般地说，交换的契约曲线在什么条件下在埃奇沃斯盒状图中为一条对角线？

第 9 章

市场失灵与微观经济政策

 **内容提要**

本章主要讲解了市场失灵的产生及原因,并分为四节课分别对市场失灵的主要表现进行讲解,包括垄断、外部影响、公共物品及不完全信息等;具体包括垄断带来的低效率、寻租及其原因、对垄断的干预;外部影响的分类及对外部影响的干预;公共物品的特征及公共物品的提供方式;信息不完全及不对称的表现。

重点难点

本章重点为垄断带来的低效率及对垄断的干预;外部影响的分类及对外部影响的干预;公共物品的特征及公共物品的提供方式;信息不完全及不对称的表现。难点为寻租的损失;对垄断、外部影响的干预。

 学习目标

通过本章学习,学生应了解什么是市场失灵,为什么会出现市场失灵。能够掌握市场失灵主要表现为垄断、外部影响、公共物品及信息不完全(不对称)等。能够明确垄断、寻租、公共物品、外部影响、信息不完全、信息不对称等基本概念,并熟悉、掌握这些市场失灵带来的影响及对这些市场失灵的干预措施。

知识框架

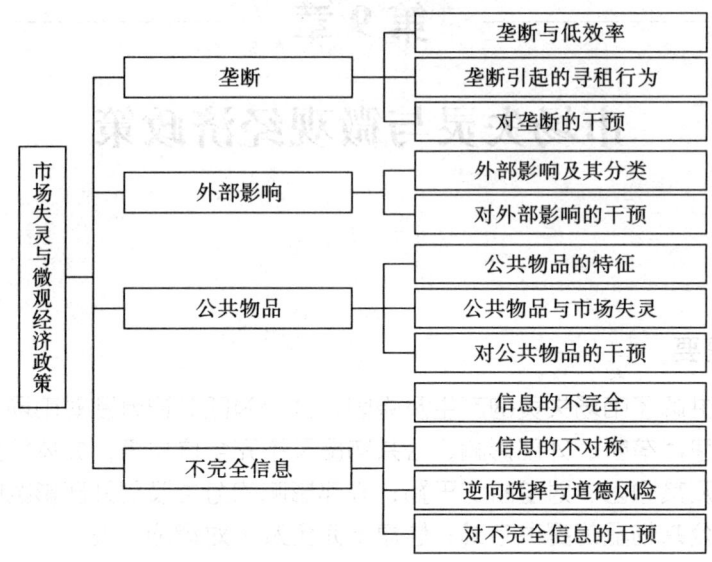

 **引入案例**

灯塔的故事

在一个靠海的渔港村落里住了两三百个人,大部分的人都是靠出海捕鱼维生。港口附近礁石险恶,船只一不小心就可能触礁沉没而人财两失。如果这些村民都觉得该盖一座灯塔,好在雾里夜里指引迷津;如果大家对于灯塔的位置、高度、材料、维护也都毫无异议,那么,剩下的问题就是怎么样把钱的来源找出来,分摊盖灯塔的费用。

村民们怎样分摊这些费用比较好呢?既然灯塔是让渔船趋福避祸,就依船只数平均分摊好了!

可是,船只有大有小,船只大的船员往往比较多,享受到的好处比较多。所以,依船员人数分摊可能比较好!可是,船员多少不一定是好的指标,该看捕鱼量。捞得的鱼多,收入较多,自然能负担比较多的费用。所以,依捕鱼量来分摊比较好!

可是,以哪一段时间的捕鱼量为准呢?要算出捕鱼量还得有人秤重和记录,谁来做呢?而且,不打渔的村民也间接地享受到美味的海鲜,也应该负担一部分的成本。所以,依全村人口数平均分摊最公平!

可是,如果有人是素食主义者,不吃鱼,难道也应该出钱吗?

可是,即使素食主义者自己不吃鱼,他的妻子儿女还是会吃鱼啊。所以还是该按全村人口平均分摊。

可是，如果这个素食主义者同时也是个独身主义者，没有妻子儿女，怎么办？还是以船只数为准比较好；船只数明确可循，不会有争议！

可是，如果有人反对：虽然家里有两艘船，却只有在白天出海捕鱼，傍晚之前就回到港里。所以，根本用不上灯塔，为什么要分摊？或者，有人表示：即使是按正常时段出海，入夜之后才回港，但是，因为是讨海老手，所以港里港外哪里有礁石，早就一清二楚，闭上眼睛就能把船开回港里，当然也就用不上灯塔！

好了，不管用哪一种方式，如果大家都（勉强）同意，都好（也许决定是自由乐捐）！可是，由谁来收钱呢？在这个没有乡公所和村里长的村落里，谁来负责挨家挨户地收钱保管呢？

好吧，如果有人自告奋勇，或有人众望所归、勉为其难地出面为大家服务，总算可以把问题解决了！可是，即使当初大家说好各自负担多少，如果有人事后赖皮，或有意无意地拖延时日，就是不付钱，怎么办？大家是不是愿意赋予这个"公仆"某些像纠举、惩罚等的"公权力"呢？

当代西方经济学的一个核心结论是，由市场需求与市场供给共同决定的市场均衡价格会自动地引导社会资源实现有效配置。然而随着经济的发展，经济生活中出现了许多市场机制无法解决的现象。例如环境污染、搭便车等。这些现象的出现迫使人们认识到市场机制这只"看不见的手"并不是万能的，市场机制在运行过程中经常会出现运转失灵。经济学对市场失灵问题进行了大量研究，指出通过政府干预解决市场失灵问题的可能性。

经济学家对市场失灵没有一个统一的定义。一般认为，市场失灵是市场机制无法实现资源有效配置的情况。市场失灵是经济没有达到帕累托最优状态，社会资源无法实现充分有效配置的情形。实际经济生活中，市场失灵主要表现在形成垄断、存在负的外部性、公共产品供给不足、公共资源被浪费、寻租、信息不对称、经济发展不协调等方面。本章重点论述市场失灵的几种情况，即垄断、外部影响、公共物品、不完全信息以及相应的微观经济政策。

9.1 垄　断

垄断是市场失灵的重要表现形式之一。垄断的产生阻碍了自由竞争，导致社会资源配置的低效率。现实经济生活中，垄断无处不在。经济学把市场分为完全竞争市场和不完全竞争市场，而不完全竞争市场都或多或少存在一定的垄断。

9.1.1 垄断与低效率

1. 垄断的有利影响

垄断的存在，对社会经济的运行与发展存在一定的有利影响，但是其不利影响更为严重。垄断在一定程度上能提高经济运行效率，并且在垄断的条件下，创新成为可能。

前面述及规模经济是垄断形成的重要原因，而垄断能提高资源利用效率正是体现在规模经济上。在规模生产的条件下，只有垄断才能保证某些行业产品和劳务的提供。存在规模生产的情况下，如果任由不同生产者进行竞争，势必会造成社会资源的极度浪费。这是因为在容量有限的市场上，如果很多生产者进行竞争，那么意味着每一个生产者的市场份额都会趋于减少，导致规模生产的超高成本无法得到补偿，大量生产者因此而亏损。如果该行业由某一生产者进行垄断经营，那么它可以采用生产设备与生产技术通过大规模的生产降低成本，提高资源利用效率，同时降低价格使消费者获益。

2. 垄断的不利影响

垄断存在更多的是不利影响，通常表现为经济低效率运行，具体表现在以下方面：

（1）降低市场竞争效率

除了自然垄断，垄断都会降低市场竞争的效率。垄断产生的原因是存在行业进入壁垒。行业进入壁垒限制了其他企业的进入，市场竞争的程度降低。在市场经济运行机制下，竞争是提高资源配置效率的重要手段。在存在竞争的条件下，生产者为了实现利润最大化，必然会通过各种手段满足消费者的需求。在垄断的条件下，垄断者丧失了降低成本的动力，因此不会致力于生产效率的提高和生产技术的改进。

（2）生产效率受到损害

完全竞争条件下，每一个生产者都面临同一的价格，没有任何的价格控制力量。为了实现利润最大化，生产者只能不断降低成本。生产成本就是生产要素的投入。因此完全竞争市场上的生产者一定会通过采用价格更为低廉的生产要素，提高生产要素组合效率等方法不断降低生产成本。一方面提高了生产资源的利用效率；另一方面新的生产技术、管理方法等不断得到运用。生产始终在高效率状态下进行。

而垄断生产者拥有一定的市场价格控制力量，它可以运用对市场价格的控制来获得利润甚至超额利润。因此垄断生产者并不一定通过降低生产成本的方法获得利润。相对于降低成本的努力而言，价格控制更容易实现获取利润的目标。因此垄断生产者没有必要提高生产效率，生产效率受到损害。当垄断涉及全社会各行业时，会造成社会生产效率的损失。

（3）社会产量减少

垄断生产者由于对价格有一定的控制力量，因此，他可以在不同价格的基础上选择能实现利润最大化的产量供应给市场。这不同于完全竞争市场。在完全竞争市场上，由于生产者面对的价格是既定的，它只能从成本的角度考虑如何实现利润最大化。对于完全竞争生产者而言，实现利润最大化的唯一途径就是在平均成本最低的那一点进行生产。因此，完全竞争生产者的产量是既定的。

对于垄断生产者而言，他追求利润最大化的条件则要宽松得多。他既可以提高价格，也可以增加产量来获得更多利润。相对于增加产量，提高价格更为容易。但是价格的提高以减少产量为基础，因此一般而言，垄断市场的产量低于完全竞争市场的产量，造成了社会产量的损失。

（4）消费者利益受到损害

垄断生产者的价格控制对消费者利益存在一定损害。价格控制一方面提高了价格，一方面减少了产量，这都对消费者利益存在不利的影响。价格的提高迫使消费者支付更高的价格，因此垄断生产者获得的部分利润是消费者的额外支付。在垄断市场上，消费者的利益受损。同时价格的提高使得原来能够消费得起商品或劳务的消费者无法继续消费，更进一步损害了消费者利益。产量的减少也迫使许多消费者不能继续享有消费商品或劳务所带来的满足。

9.1.2 垄断引起的寻租行为

1. 寻租的含义及形成原因

（1）寻租的含义

寻租是指在没有从事生产的情况下，为垄断社会资源或维持垄断地位，从而得到垄断利润（亦即垄断租金）所从事的一种非生产性寻利活动。由于寻租活动的存在，其经济损失要远远超过传统垄断理论中的"纯损"三角形。

（2）寻租的形成原因

寻租现象产生的原因既有主观因素又有客观因素，既有体制内的原因又有体制外的原因。具体说来，主要包括如下三个方面：

①人的自利行为。在市场体制中，个人的行为是理性的，他们首要考虑的是个人效用最大化或利润最大化。人性中的利己因素则驱使人们自爱、自重，寻求自我发展，寻求自我实现。这在有规则的市场经济中，通过化公为私的市场机制，能够实现公共利益。但是在公共领域里，却缺乏化私为公的市场机制，而存在许多化公为私的机会。这时，人性的自私性一旦胜过了利他性，他就可以利用公共权力牟取私利，其结果就是腐败。人性中的自私因素加上公共领域的以权谋私机会，腐败将成为必然。

②公共领域的漏洞。人有追求自利的一面，"道德人"往往更能克制自己的私欲，而对于"经济人"来说却并不如此。在腐败机会少时腐败活动也会比较少，而在腐败机会较多时腐败活动则相应增多。在现实经济生活中，凡是存在短缺，并且缺乏供给弹性，不能任意扩大再生产的资源都存在使用转让费即租金的问题（如果所有者自用，该稀缺资源就存在自用者机会成本的问题，这时的机会成本事实上就是该

稀缺资源的租金）。资源稀缺的原因有些是天然的，有些却是人为的，如政府干预，限制某些产品的价格，人为制造该产品的短缺，这时就会出现黑市。黑市价与行政定价之差就构成了该短缺资源的租金。天然稀缺的资源存在租金，可以促进稀缺资源的最优配置，这是一种好现象。不过，人为短缺的资源存在租金，则会人为地提高经济生活的非生产性成本，导致社会资源的浪费。

③社会环境因素。首先，行贿者和受贿官员的腐败行为被揭露和惩罚的外部环境制约过小。根据经济人理性原则，寻租者也会在腐败行为所带来的好处和可能受到的惩罚之间做出权衡。在反腐败力度不足、司法体制腐败、新闻自由度不高的外部环境下，寻租和腐败情况就会比较严重。也就是说，腐败被揭露的程度与司法可预见性、新闻自由度之间呈正相关关系。

其次，腐败之风屡禁不止，一个重要原因就是没有形成强有力的监督和制约机制。监督制约机制不在于机构的多少，而在于制度的完善及其合力作用。

2. 寻租造成的损失分析

传统的经济理论认为，垄断尽管会造成低效率，但这种低效率的经济损失从数量上来说却相对很小。然而，从20世纪60年代后期以来，西方一些经济学家开始认识到，上述传统的垄断理论可能大大低估了垄断的经济损失。按照他们的看法，传统垄断理论的局限性在于，它着重分析的是垄断的"结果"，而不是获得和维持垄断的"过程"。一旦把分析的重点从垄断的结果转移到获得和维持垄断的过程，就会很容易地发现，垄断的经济损失要大得多。这是因为，为了获得和维持垄断地位从而享受垄断的好处，厂商常常需要付出一定的代价。例如，向政府官员行贿，或者雇用律师向政府官员游说，等等。这种为获得和维持垄断地位而付出的代价是一种纯粹的浪费：它不是用于生产，没有创造出任何有益的产出，完全是一种"非生产性的寻利活动"。这种非生产性的寻利活动被概括为所谓的"寻租"活动。

寻租活动的经济损失到底有多大呢？就单个的寻租者而言，他愿意花费在寻租活动上的代价不会超过垄断地位可能给他带来的好处，否则就不值得了。在很多情况下，由于争夺垄断地位的竞争非常激烈，寻租代价常常要接近甚至等于全部的垄断利润。这意味着，即使局限于考虑单个的寻租者，其寻租损失也往往大于传统垄断理论中的"纯损"三角形。如果进一步来考虑整个寻租市场，问题就更为严重。在寻租市场上，寻租者往往不止一个，单个寻租者的寻租代价只是整个寻租活动的经济损失的一个部分。整个寻租活动的全部经济损失等于所有单个寻租者寻租活动的代价的总和。而且，这个总和还将随着寻租市场竞争程度的不断加强而不断增大。显而易见，整个寻租活动的经济损失要远远超过传统垄断理论中的"纯损"三角形。

寻租是一种创造垄断的活动，而垄断则会导致低效率和资源的浪费，即垄断虽然给寻租者带来了额外收入，但垄断条件下因为价格升高、产量降低而导致消费者剩余减少。总之，寻租作为一种"直接的非生产性活动"，它不仅降低了资源配置效率、影响了收入再分配的公平效应，而且破坏了政治秩序和政治发展。

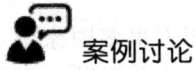
案例讨论

部分地方把网约车当出租车管控　或产生权力寻租

自 2016 年 7 月实施网约车管理暂行办法以后，地方细则的制定却步伐缓慢。尽管有地方陆续公布网约车管理细则的征求意见稿，在准入门槛、运营方式上做出严格限制，引发争议。公众担忧，网约车管理会驶上出租车管理的老路。如根据济南征求意见的方案，网约车或被限定在 B 级车以上，而且要喷上专有标识。据暂行办法规定，网约车行驶里程达到 60 万公里时强制报废，行驶里程未达到 60 万公里但使用年限达到 8 年时，退出网约车经营。

中国政法大学副教授王军认为，一旦地方政府部门对网约车采取严格数量管控和运价管制，网约车就与传统出租车无异。

网约车政策地方征求意见版的披露令不少市民、司机和专家学者表示担忧，有人认为这些酝酿中的细则没有体现交通部和国办文件精神以及分享经济的特点，又要回到出租车的管控老路。

滴滴公司副总裁王欣表示，兰州、济南征求意见版本细则的有些具体规定与暂行办法相违背。例如，要求网约车进行统一标识、提供出租车发票、与出租车一样 6 年退出等，这在暂行办法中均找不到相关依据。而限制网约车数量、要求车型和价格必须高于出租车、由政府定价等，更是沿袭了出租车行业数量、价格管制的思路。

一些地方网约车主还担心网约车数量限制引发"炒牌"和寻租行为。如果非要控制在 3000 辆或 5000 辆的规模，一方面会端掉多数网约车司机的"饭碗"，另一方面又会使网约车牌照变成炙手可热的稀缺资源。这是否会为权力寻租、腐败创造条件？

你认为地方网约车该如何监管？按当前的一些地方的做法，是否会造成寻租？

9.1.3　对垄断的干预

1. 管制价格和产量

垄断常常导致资源配置缺乏效率。此外，垄断利润通常也被看成是不公平的。这就使得有必要对垄断进行政府干预。政府对垄断的干预是多种多样的。政府可以通过管制价格和管制产量来对垄断进行干预。

值得注意的是，在自然垄断市场上，垄断厂商的平均收益小于平均成本，从而出现亏损。因此，在这种情况下，政府必须补贴垄断厂商的亏损。如公用事业领域，政府通常会在管制价格的基础上有相应的补贴。

2. 制定反垄断法或反托拉斯法

政府对垄断的更加强烈的反应是制定反垄断法或反托拉斯法。西方很多国家都不同程度地制定了反托拉斯法，其中，最为突出的是美国。这里以美国为例做一概括介绍。

19 世纪末和 20 世纪初，美国企业界出现了第一次大兼并。正如列宁在《帝国主义论》中所指出的那样，结果形成了一大批经济实力雄厚的大企业。这些大企业被叫作"垄断"厂商或托拉斯。这里的"垄断"不只局限于一个企业控制一个行业的全部供给的"纯粹"的情况，而且也包括几个大企业控制一个行业的大部分供给的情况。按照这一定义，美国的汽车工业、钢铁工业、化学工业等都属于垄断市场。垄断的形成和发展，深刻地影响到美国社会各个阶级和阶层的利益。

从 1890 年到 1950 年，美国国会通过一系列法案反对垄断。其中包括谢尔曼法（1890）、克莱顿法（1914）、联邦贸易委员会法（1914）、罗宾逊—帕特曼法（1936）、惠特—李法（1938）和塞勒—凯弗维尔法（1950），统称反托拉斯法。在其他西方国家中也先后出现了类似的法律规定。

美国的这些反托拉斯法规定，限制贸易的协议或共谋、垄断或企图垄断市场、兼并、排他性规定、价格歧视、不正当的竞争或欺诈行为等，都是非法的。例如，谢尔曼法规定：任何以托拉斯或其他形式进行的兼并或共谋，任何限制州际或国际的贸易或商业活动的合同，均属非法；任何人垄断或企图垄断，或同其他个人或多人联合或共谋垄断州际或国际的一部分商业和贸易的，均应认为是犯罪。违法者要受到罚款和（或）判刑。克莱顿法修正和加强了谢尔曼法，禁止不公平竞争，宣布导致削弱竞争或造成垄断的不正当做法为非法。这些不正当的做法包括价格歧视、排他性或限制性契约、公司相互持有股票和董事会成员相互兼任。联邦贸易委员会法规定：建立联邦贸易委员会作为独立的管理机构，授权防止不公平竞争以及商业欺骗行为，包括禁止伪假广告和商标等。罗宾逊—帕特曼法宣布卖主为消除竞争而实行的各种形式的不公平的价格歧视为非法，以保护独立的零售商和批发商。惠特—李法修正和补充了联邦贸易委员会法，宣布损害消费者利益的不公平交易为非法，以保护消费者。塞勒—凯弗维尔法补充了谢尔曼法，宣布任何公司购买竞争者的股票或资产从而实质上减少竞争或企图造成垄断的做法为非法。塞勒—凯弗维尔法禁止一切形式的兼并，包括横向兼并、纵向兼并和混合兼并。这类兼并指大公司之间的兼并和大公司对小公司的兼并，而不包括小公司之间的兼并。

 相关思考

滴滴优步合并下的涨价：还能不能"美好出行"？

2016 年 8 月，滴滴宣布与优步合并，这引起了市场的广泛讨论。而随后，无论是司机还是乘客，都对两家合并后的约车价格颇有微词。

> 一面是网约车终于等到了合法化身份的好消息，一面是人们对滴滴、优步合并后"垄断"市场的质疑，而地方政府的监管体系也开始"摩拳擦掌、跃跃欲试"。终于不用再打"价格战"的滴滴出行，却受到多方"夹击"，于风口浪尖之上备受争议。
>
> 合并前的 3 个月内，滴滴先后 3 次调价，自 8 月收购优步中国后，涨价动作迅猛。另一方面，滴滴针对乘客优惠补贴也大不如前，现在多为九折以上的优惠券，且发放规模减小。针对司机端，滴滴的奖励力度也明显下降。
>
> 不少人认为，滴滴与优步合并之后，占据的市场份额高于 90%，必然会导致价格上涨。
>
> 2016 年 9 月 2 日，商务部召开例行新闻发布会，新闻发言人沈丹阳称，商务部正在根据有关法律法规对此案进行调查，反垄断局已经两次约谈滴滴出行，要求其说明交易情况、未申报的原因，并按商务部提出的问题清单提交有关文件、资料；与有关部门和企业座谈，了解网约车运营模式和相关市场竞争状况等。
>
> 相关律师称，要判断滴滴优步是否属于垄断，要看我们国家《反垄断法》里的几条规定，其中一条是经营者集中（俗称的合并）是否可能或具有存在排除或限制竞争的这种情况；还有一点很重要，他们的合并需要向国务院反垄断的执法部门申报，审核通过后才可以合并。合并本身不违反法律，但如果存在垄断的行为，那么国家就会采取相应的措施。
>
> 你认为滴滴优步合并是垄断行为吗？该如何针对垄断进行监管？

9.2 外部影响

9.2.1 外部影响及其分类

1. 外部影响的含义

外部影响也称外部性，指一个经济活动的主体对它所处的经济环境的影响。外部影响会造成私人成本和社会成本之间，或私人收益和社会收益之间的不一致，因此容易造成市场失灵。

到目前为止，我们讨论的"看不见的手"的原理，要依赖于一个隐含的假定：单个消费者或生产者的经济行为对社会上其他人的福利没有影响，即不存在所谓"外部影响"。换句话说，单个经济单位从其经济行为中产生的私人成本和私人利益就等于该行为所造成的社会成本和社会利益。但是，在实际经济中，这个假定往往并不能够成立。在很多时候，某个人（生产者或消费者）的一项经济活动会给社会上其他成员带来好处，但他自己却不能由此而得到补偿。此时，这个人从其活动中得到的私人利益就小于该活动所带来的社会利益。这种性质的外部影响被称为所谓"外部经济",即正外部性。

根据经济活动的主体是生产者还是消费者,外部经济可分为"生产的外部经济"和"消费的外部经济"。另一方面,在很多时候,某个人(生产者或消费者)的一项经济活动会给社会上其他成员带来危害,但他自己却并不为此而支付足够抵偿这种危害的成本。此时,这个人为其活动所付出的私人成本就小于该活动所造成的社会成本。这种性质的外部影响被称为所谓"外部不经济"。外部不经济也可以视经济活动主体的不同分为"生产的外部不经济"和"消费的外部不经济",即负外部性。

(1) 生产的外部经济

当一个生产者采取的经济行动对他人产生了有利的影响,而自己却不能从中得到报酬时,便产生了生产的外部经济。生产的外部经济的例子很多。例如,一个企业对其所雇用的工人进行培训,而这些工人可能转到其他单位去工作。该企业并不能从其他单位索回培训费用或得到其他形式的补偿。因此,该企业从培训工人中得到的私人利益就小于该活动的社会利益。

(2) 消费的外部经济

当一个消费者采取的行动对他人产生了有利的影响,而自己却不能从中得到补偿时,便产生了消费的外部经济。例如,当某个人对自己的房屋和草坪进行保养时,他的隔壁邻居也从中得到了不用支付报酬的好处。此外,一个人对自己的孩子进行教育,把他们培养成更值得信赖的公民,这显然也使其隔壁邻居甚至整个社会都得到了好处。

(3) 生产的外部不经济

当一个生产者采取的行动使他人付出了代价而又未给他人以补偿时,便产生了生产的外部不经济。生产的外部不经济的例子也很多。例如,一个企业可能因为排放脏水而污染了河流,或者因为排放烟尘而污染了空气。这种行为使附近的人们和整个社会都遭到了损失。再如,因生产的扩大可能造成交通拥挤及对风景的破坏,等等。

(4) 消费的外部不经济

当一个消费者采取的行动使他人付出了代价而又未给他人以补偿时,便产生了消费的外部不经济。和生产者造成污染的情况类似,消费者也可能造成污染而损害他人。吸烟便是一个明显的例子。吸烟者的行为危害了被动吸烟者的身体健康,但并未为此而支付任何东西。此外,还有在公共场所随意丢弃果皮、瓜壳,等等。

上述各种外部影响可以说是无所不在、无时不在。尽管就每一个单个生产者或消费者来说,他造成的外部经济或外部不经济对整个社会也许微不足道,但所有这些消费者和生产者加总起来,所造成的外部经济或不经济的总的效果将是巨大的。例如,由于生产扩大而引起的污染问题现在已经严重到危及人类自身生存环境的地步了。

特别提示

外部影响可以按照其具体的性质分为外部经济和外部不经济。根据经济活动的主体是生产者还是消费者,外部经济可分为"生产的外部经济"和"消费的外部经济"。外部不经济也可以视经济活动主体的不同分为"生产的外部不经济"和"消费的外部不经济"。

9.2.2 对外部影响的干预

如何纠正由于外部影响所造成的资源配置不当?主要有如下政策建议:

1. 使用税收和津贴

对造成外部不经济的企业,国家应该征税,其数额应该等于该企业给社会其他成员造成的损失,从而使该企业的私人成本恰好等于社会成本。例如,在生产污染情况下,政府向污染者征税,其税额等于治理污染所需要的费用。反之,对造成外部经济的企业,国家则可以采取津贴的办法,使得企业的私人利益与社会利益相等。无论是何种情况,只要政府采取措施使得私人成本和私人利益与相应的社会成本和社会利益相等,则资源配置便可达到帕累托最优状态。

2. 使用企业合并的方法

例如,一个企业的生产影响到另外一个企业。如果影响是正的(外部经济),则第一个企业的生产就会低于社会最优水平;反之,如果影响是负的(外部不经济),则第一个企业的生产就会超过社会最优水平。但是如果把这两个企业合并为一个企业,则此时的外部影响就"消失"了,即被"内部化"了。合并后的单个企业为了自己的利益将使自己的生产确定在其边际成本等于边际收益的水平上。而由于此时不存在外部影响,故合并企业的成本与收益就等于社会的成本与收益。于是资源配置达到帕累托最优状态。

3. 使用规定财产权的办法

在许多情况下,外部影响之所以导致资源配置失当,是由于财产权不明确。如果财产权是完全确定的并得到充分保障,则有些外部影响就可能不会发生。例如,某条河流的上游污染者使下游用水者受到损害。如果给予下游用水者以使用一定质量水源的财产权,则上游的污染者将因把下游水质降到特定质量之下而受罚。在这种情况下,上游污染者便会同下游用水者协商,将这种权利从他们那里买过来,然后再让河流受到一定程度的污染。同时,遭到损害的下游用水者也会使用他出售污染权而得到的收入来治理河水。总之,由于污染者为其不好的外部影响支付了代价,故其私人成本与社会成本之间不存在差别。

>  **知识拓展**
>
> **科斯定理**
>
> 对付外部影响还有一种办法,即规定财产权的政策,可以看成是更加一般化的所谓科斯定理的特例。甚至连税收和津贴这种方法也可以看成是科斯定理的一个具体运用。
>
> 关于科斯定理,科斯本人并没有一个明确的说法,其他西方经济学家则给出许多不同的表达方式。虽然这些表达方式大体上是相同的,但仍然存在着细微的差别。下面是一种比较流行的说法:
>
> 只要财产权是明确的,并且其交易成本为零或者很小,则无论在开始时将财产权赋予谁,市场均衡的最终结果都是有效率的。

9.3 公共物品

9.3.1 公共物品的特征

公共物品是指供整个社会共同享用的物品。例如,国防、警察、消防、公共教育、公共卫生等。与公共物品相对,私人物品是指由市场提供给个人享用的物品,如商店里出售的面包、奶粉、衣服、电视机等。公共物品一般由政府提供。在提供公共物品方面,市场往往无能为力。值得注意的是,某些公共物品也可以由市场提供,如私人办教育就是一例。

区分公共物品还是私人物品,主要看两个特征:排他性还是非排他性;竞争性还是非竞争性。私人物品具有典型的排他性和竞争性,这点不同于公共物品。公共物品具有两个显著特征:

1. 非排他性

指的是公共物品的消费权或享用权并不是由某个人独有,而是整个社会共同所有,某人对该物品的消费或使用,并不能阻止他人对该物品的使用。

例如国家提供的国防安全,人人都可享受,而不是一件衣服由我使用了,就排斥了他人使用。甚至一个公民即使拒绝为国防支付,也可以享受国防的好处。同样,我们也很难阻止渔民自由地在公海上捕捞海鱼。"国防"和"海鱼"的区别在于"竞争性"方面。又如海洋中的灯塔或航标,甲船使用了,并不排斥乙船也同时使用。这与私人物品显然不同。私人物品具有"排他性",只有对商品支付价格的人才能够使用。

2. 非竞争性

指的是公共物品不会因为他人的使用而降低自己的消费水平。容易看到，国防除了不具有排他性之外，同时也不具有竞争性。例如，新生人口一样享受国防提供的安全服务，但原有人口对国防的"消费"水平不会因此而降低。从某种程度上讲，道路和电视广播等等也与国防一样既不具有排他性也不具有竞争性。在达到一定点之前，道路上多一辆汽车不会妨碍原有汽车的行驶；某个人打开电视广播同样不会影响其他人收看收听。另一方面，"海鱼"则毫无疑问是"竞争性"的：当某个人捕捞到一些海鱼时，其他人所可能捕捞到的海鱼数量就减少了。

对于私人物品而言，具有"竞争性"的特点。如果某人已经使用了某个商品（如某一火车座位），则其他人就不能再同时使用该商品。实际上，市场机制只有在具备排他性和竞争性这两个特点的私人物品的场合下才真正起作用，才有效率。

 特别提示

公共物品可以分为纯公共物品和准公共物品。纯公共物品同时具有非排他性和非竞争性。而准公共物品具有非排他性和竞争性。

9.3.2 公共物品与市场失灵

当我们假定每个消费者对公共物品的需求曲线均存在且已知的条件下，可以讨论公共物品的最优数量如何决定。但是，许多西方经济学家认为，这种讨论并没有多大的实际意义。原因是公共物品的需求曲线是虚假的。首先，单个消费者通常并不很清楚自己对公共物品的需求价格，更不用说去准确地陈述他对公共物品的需求与价格的关系；其次，即使单个消费者了解自己对公共物品的偏好程度，他们也不会如实地说出来。为了少支付价格或不支付价格，消费者会低报或隐瞒自己对公共物品的偏好。他们在享用公共物品时都想当"免费乘车者"，不支付成本就得到利益。由于单个消费者对公共物品的需求曲线不会自动显示出来，故我们无法将它们加总得到公共物品的市场需求曲线进而确定公共物品的最优数量。

 引例解析

灯塔的故事

引例中，关于灯塔的故事，就属于这里的公共物品。由于其具有的非排他性和非竞争性，使得私人不愿意为此付费，都想成为免费搭车的人。而靠市场来解决这个问题是不太可能的，必须借助于政府。因此政府是公共物品主要的提供者，尤其是纯公共物品。而政府也被称为是"守夜人"。

尽管我们在实际上难以通过公共物品的供求分析来确定它的最优数量，却可以有把握地说，市场本身提供的公共物品通常将低于最优数量，即市场机制分配给公共物品生产的资源常常会不足。我们知道，在竞争的市场中，如果是私人物品，则市场均衡时的资源配置是最优的。生产者之间的竞争将保证消费者面对的是等于商品的边际成本的同样的价格，消费者则在既定的商品产出量上展开竞争。某个消费者消费一单位商品的机会成本就是在市场价格上卖给其他消费者的同样一单位商品，故没有哪个消费者会得到低于市场价格而买到商品的好处。

但是，如果是公共物品，情况将完全不同。任何一个消费者消费一单位商品的机会成本总为0。这意味着，没有任何消费者要为他所消费的公共物品去与其他任何人竞争。因此，市场不再是竞争的。如果消费者认识到他自己消费的机会成本为0，他就会尽量少支付给生产者以换取消费公共物品的权利。如果所有消费者均这样行事，则消费者们支付的数量就将不足以弥补公共物品的生产成本。结果便是低于最优数量的产出，甚至是零产出。

 趣味阅读

公地悲剧——公共资源的使用问题

一种物品，如果不具有排他性，则每个人出于自己的利益考虑，就会尽可能多地去利用它。据说在这种情况下，如果该物品又具有竞争性的特点，即是所谓的"公共资源"，则它可能很快就会被过度地使用，从而造成灾难性的后果。典型的如"公地悲剧"。

假设某个乡村，村里有一块公共土地，村民们在这块公地上放牧奶牛。我们的问题是：在这块公地上放牧的最优奶牛数量是多少？实际放牧的奶牛数量又是多少？下面的分析将表明：如果每一个村民都能够毫无限制地使用公地，则实际的均衡奶牛数量将远远超过它的最优水平。由此引起的后果就是：公地将由于长期的超载放牧而日益衰落。这就是所谓的"公地的悲剧"。

可见，如果对公地的使用没有明确的规定，也不存在着乡村的集体决策，则结果就可能不是最优的。如果放任村民们自由地和不受任何限制地在公地上免费放牧，就会上演一场"公地悲剧"，即实际的奶牛放牧量将会大大超过其最优的水平。结果，公地的草场将由于不断地长期的超载放牧而不断地被破坏，日益凋零和衰落下去。想一想为什么缺乏限制的自由放牧会造成如此的后果呢？这是因为，如果每一个村民都可以无限制地自由使用公地，则他们就会根据自己的（注意，不是乡村集体的）利润最大化考虑而行事。

"公地悲剧"的例子，应该指出它并不能说明对土地的个人所有优于集体所

有。因为，这个例子也同样可以说明，在对土地的使用有明确规定或在集体决策下，"公地的悲剧"不会出现。此外，集体所有还可以避免各种"私地悲剧"。例如，在一片公有的海滩上，每个人都可以享受到海浴和观海的乐趣。但是，如果私人拥有该海滩并圈起了篱笆，大家的乐趣会因之而被剥夺。

9.3.3 对公共物品的干预

由于公共物品的存在会导致市场失灵，而公共物品的重要性决定了其必须要有人提供。因此对公共物品的干预主要就是公共物品由谁来提供的问题。

经济学家认为私人物品应由市场提供。这样通过市场的供求均衡机制及价格调节机制，会使经济自动达到资源配置的帕累托状态，社会经济也会在有效率的水平上运行。但是在公共物品的供给方面，经济学家存在较大的分歧。有的经济学家认为公共物品所具有的非排他性和非竞争性特征，应当由政府提供。如萨缪尔森认为由市场供给公共物品市场成本过高，无法实现规模经济等影响经济效率的结果。另外一些经济学家认为，市场供给公共物品同样是有效率的。尤其科斯证明了可以运用市场机制解决外部性后，公共物品的市场提供观点得到了越来越多的经济学家的支持。

由于经济学界存在公共物品既可以由市场提供又可以由政府提供的不同观点，在现实经济生活中，公共物品的提供存在以下三种基本方式：政府提供、市场提供、混合提供。

1. 政府提供

政府提供公共物品是公共物品提供的重要方式。国防、军队、警察以及面向全体社会成员的公共服务等纯公共物品应当由政府供给。

原因在于：其一，以上提到的纯公共物品是服务于全体国民的。为了维护社会稳定，保证社会有秩序运行，提高国民福利水平，纯公共物品的消费是不可或缺的。而政府作为全体国民利益的代表者应当将此类公共物品无偿提供给全体国民。其二，此类公共物品无法收费，因此是没有私人生产者愿意提供的，只能由政府进行供给。对上述公共物品进行收费是不可能的，因为很难界定每一个单独消费者从这些产品中得到的好处，因而也就无法对产品进行定价。同时，即使能够形成一个此类公共物品提供者和需求者都能接受的价格，但是收费的成本也是巨大的。因此此类公共物品最有效的供给方式就是由政府无偿提供。

知识拓展

准公共物品

在现实生活中，还存在一些介于纯公共物品和私人物品之间、在消费过程中具有不完全非竞争性和非排他性的产品，即准公共物品。准公共物品在消费方面具有较大程度的外部性。它具有两个特性：一是消费中的竞争性，即一个人对某物品的消费可能会减少其他人对该物品的消费（质量和数量）；二是消费中具有排他性，即只有那些按价付款的人才能享受该物品。

准公共物品在现实中是大量存在的，如大多数城市公用设施（如道路、文化设施）、义务教育（公共教育）和医疗保健服务等等。有的接近纯公共物品，有的接近私人物品。

2. 市场提供

公共物品可以由政府提供，但是如果能够在公共物品提供中引入市场，市场与政府的竞争将会提高公共物品的提供效率，使公共物品的消费者得到更多的福利。对于一些城市供水供电、天然气以及有线电视、网络服务等具有准公共物品性质的产品而言，完全可以由市场提供。

前面指出纯公共物品之所以由政府提供的主要原因是无法针对每一个特定的消费者对纯公共物品的消费收取费用，而对于某些准公共物品来说，完全可以针对消费实施收费。比如自来水公司就可以按照居民的实际用水量收取相应的费用。收费机制的建立是形成生产者利润的基础。如果有利可图，生产者完全可以进行准公共物品的供给。准公共物品大多具有自然垄断性质，因此政府在公共物品市场提供的过程中应当对供给者进行管制。

3. 混合提供

混合提供即政府与市场共同提供，指在公共物品的供给过程中，市场与政府都发挥一定的作用。市场的作用在于形成价格，政府的作用是运用补贴或收费的方式对价格进行调节，从而使公共物品的供给数量保持在社会所能接受的合意水平。公共物品如果仅由市场提供可能出现供给不足的问题。因为对于类似前面提到过的博物馆以及科教文卫等公共物品来说，私人受益是小于社会受益的，也就是对生产此类产品的补偿不足。因此公共物品的共同供给机制就是公共物品提供者的收益由两部分构成：一部分是向公共物品消费者收取的费用，这是由市场均衡价格决定的；另一部分则是以政府补贴的形式向公共物品提供者给予相应的补偿。

 特别提示

纯公共物品主要是政府提供，而准公共物品既可以由政府提供，也可以由市场提供，但政府需要进行适当管制。

9.4 不完全信息

市场经济充分有效运行的一个前提条件是信息能够被参与者全部掌握，同时在市场上的买方与卖方之间共享。然而这一假设只是一个理想状态，现实生活中大量存在着信息不完全、不对称现象。不完全、不对称的信息降低了资源配置的效率，引起了市场失灵。

9.4.1 信息的不完全

信息的不完全是指市场参与者不拥有某种经济环境状态的全部信息。和普通商品一样，信息也是一种很有价值的资源，它能够提高经济主体的效用和利润。例如，消费者如果知道商品的质量，就能够避开那些质次价高的东西；生产者如果了解市场的需求，就能够提供恰到好处的供给。

和普通商品不同，信息在"质"和"量"上又有其独特的性质。首先，从质的方面看，信息有点类似于我们前面讨论过的"公共物品"。信息显然不具有竞争性，因为信息可以被许多人同时利用。信息在一定的程度上也可以说没有排他性：信息的最初所有者当然可以封锁信息，秘而不宣，但是，一旦信息被卖出去之后，就很难阻止信息的买主再向其他人传播。

其次，从量的方面看，确定信息的价值大小也不像确定普通商品的价格那样简单。人们常常采用比较的方法来计算信息的价值：获得新的信息可能会促使经济主体改变自己的决策，而决策的改变又可能导致预期收益的变化，于是可以用预期收益的变化来确定这一新增信息的价值。下面用一个具体的例子加以说明。

 **案例讨论**

如果你是零售商，你会怎么做？

某鲜鱼零售商考虑为明天的销售而进货。他的鱼池容量有限，最多只能进货800公斤鲜鱼。鲜鱼的进货价格是每公斤6元，而明天的销售价格则是不确定的。为简单起见，假定明天鲜鱼的销售价格只存在如下两种情况：有50%的可能性行情很好，价格为每公斤8元，此时，每进货和销售一公斤鲜鱼可盈利2元；也有50%的可能性行情不好，价格为每公斤4元，此时，每进货和销售一公斤鲜鱼会亏损2元。

请问：在信息完全和信息不完全的情况下，该零售商将如何决定自己的进货计划？相应的预期利润又是多少？

我们来看看上面的案例。首先来看信息完全的情况。完全的信息意味着，零售商能够事先确切地知道明天的鲜鱼销售价格，从而可以据此做出正确的进货计划：如果确知明天行情好，价格为每公斤 8 元，则今天就把进货量定在最大，即 800 公斤，这样，赚得的利润就是 $2 \times 800 = 1600$（元）；如果确知明天行情不好，价格为每公斤 4 元，则今天就把进货量定在最小，即 0 公斤，这样，赚得的利润就是 0 元。由于明天的行情好和不好的可能性均为 50%，故在信息完全的条件下，零售商的预期利润为：

$50\% \times 1600 + 50\% \times 0 = 800$（元）

现在来看信息不完全对零售商预期利润的影响。当信息不完全时，零售商无法事先确切地知道明天的鲜鱼销售价格。在这种情况下，他如何决定自己的进货计划呢？其实容易证明，此时零售商无论进货多少，预期利润都是 0 元。例如，我们假定零售商进货 x 公斤鲜鱼。如果明天行情好，鲜鱼的销售价格为每公斤 8 元，则可盈利 2x 元；如果明天行情不好，鲜鱼的销售价格为每公斤 4 元，则会亏损（-2x）元。于是，在信息不完全的条件下进货 x 公斤鲜鱼的预期利润就等于：

$50\% \times (2x) + 50\% \times (-2x) = 0$（元）

用零售商在信息完全情况下的预期利润减去信息不完全情况下的预期利润，即可求得（对该零售商而言的）完全信息的价值：

$800 - 0 = 800$（元）

由此可见，信息的作用是：减少经济主体的决策风险和失误，从而提高他的预期收益。正是由于这个原因，人们需要信息，并乐意出钱出力去搜寻和购买它。在上面的例子中，鲜鱼零售商愿意花费不超过 800 元的代价去获得关于明天鲜鱼销售情况的完全信息。

9.4.2 信息的不对称

信息的不对称是指市场参与者拥有的信息在数量和质量上存在差异，一些人拥有其他人无法拥有的信息，由此造成信息的不对称。

进一步分析还会发现，不同的经济主体缺乏信息的程度往往是不一样的。市场经济的一个重要特点是，产品的卖方一般要比产品的买方对产品的质量有更多的了解。例如，出售二手汽车的卖主要比买主更加了解自己汽车的缺陷；出售"风险"的投保人要比保险公司更加了解自己所面临风险的大小；出售劳动的工人要比雇主更加了解自己劳动技能的高低。上述种种情况都是所谓"信息不对称"的具体表现，即有些人比其他人拥有更多的相关信息。

在信息不完全和不对称的情况下，市场机制有时就不能很好地起作用。例如，由于缺乏足够的信息，生产者的生产可能会带有一定的"盲目"性：有些产品生产过多，而另一些产品又生产过少；消费者的消费选择也可能会出现"失误"，比如购买了一些有害健康的"坏"商品，而错过了一些有益健康的"好"商品。更坏的情况是，由于缺乏足够的信息，有些重要的市场甚至可能根本就无法产生，或者即使产

第 9 章 市场失灵与微观经济政策

生,也难以得到充分的发展。

无论是商品市场还是保险市场或劳动力市场,都会因为存在信息不完全或不对称而导致出现市场失灵情况。在信息不对称的条件下,会导致资源配置不当,降低市场效率,并且还会产生"逆向选择"和"道德风险"。

9.4.3 逆向选择和道德风险

1. 逆向选择

逆向选择指在买卖双方信息非对称的情况下,差的商品总是将好的商品驱逐出市场;或者说拥有信息优势的一方,在交易中总是趋向于做出尽可能有利于自己而不利于别人的选择。

逆向选择最典型的表现就是二手车市场、贷款市场、保险市场等。例如,在产品市场上,特别是在二手车市场,假定有若干辆质量不同的二手车要卖。旧车主知道自己要卖的车的质量,质量好的索价高些,质量差的索价低些。但买主不知道每辆旧车的质量情况。在这种情况下,买主只能按好的旧车和差的旧车索价的加权平均价格来购买。这样,由于买主无法掌握旧车的准确信息,从而其出价并不区分旧车质量的好坏,从而可能使质量好的旧车会退出市场,质量差的旧车留在市场上。一旦发生这样的情况,质量差的旧车比例增加,买主会进一步降低出价,使质量稍好的旧车也退出市场,如此循环下去,旧车市场就会逐渐萎缩。

逆向选择的存在使得市场价格不能真实地反映市场供求关系,导致市场资源配置的低效率。一般在商品市场上卖者关于产品的质量、保险市场上投保人关于自身的情况等等都有可能产生逆向选择问题。

知识拓展

柠檬市场及其效应

著名经济学家乔治·阿克洛夫以一篇关于"柠檬市场"的论文摘取了 2001 年的诺贝尔经济学奖,并与其他两位经济学家一起奠定了"非对称信息学"的基础。柠檬市场(The Market for Lemons)也称次品市场,也称阿克洛夫模型,是指信息不对称的市场,即在市场中,产品的卖方对产品的质量拥有比买方更多的信息。在极端情况下,市场会止步萎缩和不存在,这就是信息经济学中的逆向选择。"柠檬"在美国俚语中表示"次品"或"不中用的东西"。柠檬市场效应则是指在信息不对称的情况下,往往好的商品遭受淘汰,而劣等品会逐渐占领市场,从而取代好的商品,导致市场中都是劣等品。

柠檬市场的存在是由于交易一方并不知道商品的真正价值,只能通过市场上的平均价格来判断平均质量,由于难以分清商品好坏,因此也只愿意付出平均价格。由于商品有好有坏，对于平均价格来说，提供好商品的自然就要吃亏，提供坏商品的便得益。于是好商品便会逐步退出市场。由于平均质量又因此下降，于是平均价格也会下降，真实价值处于平均价格以上的商品也逐渐退出市场，最后就只剩下坏商品。在这个情况下，消费者便会认为市场上的商品都是坏的，就算面对一件价格较高的好商品，都会持怀疑态度，为了避免被骗，最后还是选择坏商品。这就是柠檬市场的表现。

柠檬市场效应还存在于劳动力市场。在信息不对称的情况下，雇主只愿意付最低的工资，因此也就只有那些劳动效率比较低的工人愿意工作了。这实际上是一种没有效率的平衡。如果信息对称的话，雇主知道每个人的工作能力，来提供相应的工资，那每个人都愿意工作，这样生产力才能达到最大化。柠檬市场效应由此也引起了就业歧视问题。此外经济学中的著名定律"劣币驱逐良币"也是柠檬市场的重要应用。

2. 道德风险

道德风险是指在双方信息不对称的情况下，人们享有自己行为的收益，而将成本转嫁给别人，从而造成他人损失的可能性。道德风险的存在不仅使得处于信息劣势的一方受到损失，而且会破坏原有的市场均衡，导致资源配置的低效率。

在信息不对称的情况下，当代理人为委托人工作而其工作成果同时取决于代理人所做的主观努力和不由主观意志决定的各种客观因素，并且主观原因对委托人来说难以区分时，就会产生代理人隐瞒行动而导致对委托人利益损害的"道德风险"。

另外，道德风险发生的一个典型领域是保险市场。保险实际上是一种特殊的商品，它由专门的保险公司提供。这种特殊商品的价格就是保险费用。保险公司的信息也是不完全的。它对于投保人的情况既有所了解，又不很了解。例如，拿汽车保险来说，保险公司知道，在购买汽车保险的人当中，有一些人相对来说更加容易出事故。这些人开车时总是漫不经心，有时还喜欢喝一点酒，等等。保险赔偿主要就是被支付给了这些人。如果保险公司能够事先从投保人中区分出易出事故者，它就可以提高这些"高危"人群的保险价格，用来弥补可能的损失。但可惜的是，这一点很难做到。漫不经心的开车者不会主动向保险公司承认自己的弱点，喜欢酒后开车的人则会千方百计对保险公司隐瞒。保险公司所能做的不过是"亡羊补牢"：在续签保险合同时，提高那些已经出过事故的人的保险价格。

问题还不仅仅局限于此。对保险公司来说，更坏的情况是，那些最容易出事故的开车人常常也是购买保险最积极的人！保险公司不知道他们的底细，但他们自己知道自己的底细。他们知道自己出事故的可能性比较大，因而更加需要保险公司的帮助，也愿意接受较高的费用。与此不同，那些一直谨慎驾驶的人，也知道自己的"优点"——出事故的可能性较小。这些"好"的投保人购买保险的心情就不如"坏"的投保人那么迫切，也不像后者那么愿意为保险支付高额费用。

 **相关思考**

信息不完全和信息不对称相同吗？

信息不对称和信息不完全有两个根本性的区别，一是信息不对称表现在两个人或多个人之间所掌握信息的差异，即体现的是人与人之间比较所产生的不对称，存在人与人之间信息分配的关系。而信息不完全则可以指任何一个人不能掌握完全信息，体现的是人与特定市场环境的关系，不涉及人与人之间信息分配的关系；二是不完全信息是一个可以创造的绝对变量，也就是说一个特定的市场参与人，不可能知道在任何时候、任何地方发生任何情况，但在不同时点上，可通过各种渠道，了解或掌握不同的初始信息、阶段信息或终止信息。而信息不对称是一个相对的衡量。在既有信息量条件下，各类人员对有关信息的了解是有差异的，掌握信息比较充分的人员，往往处于比较有利的地位，而信息贫乏的人员，则处于比较不利的地位。

信息不完全和信息不对称，在经济学的研究意义上也有所不同。研究信息不完全，主要是研究如何通过调节市场机制，解决市场机制失灵；信息不对称强调政府应在市场体系中发挥强有力的作用，以减少信息不对称对经济产生的危害。

9.4.4 对不完全信息的干预

1. 政府对信息方面进行调控或管理

信息的不完全和不对称带来了许多问题。市场机制本身可以解决其中的一部分。例如，为了利润的最大化，生产者必须根据消费者的偏好进行生产，否则，生产出来的商品就可能卖不出去。生产者显然很难知道每个消费者的偏好的具体情况。不过，在市场经济中，这一类信息的不完全并不会影响他们的正确决策，因为他们知道商品的价格。只要知道了商品的价格，就可以由此计算生产该商品的边际收益，从而就能够确定他们的利润最大化产量。

通过市场机制本身来解决信息不完全和不对称问题的另外一个方法是建立"信誉"。所谓信誉，可以看成是消费者对企业行为的一种主观评价。消费者根据自己购买和消费某种产品的亲身体验以及来自其他消费者的"忠告"或其他因素，对生产和销售该产品的企业的诚信（或欺瞒）程度做出判断，并根据这种判断来决定以后是否会购买该企业的产品。信誉在解决信息不完全和不对称问题上所起的最重要的作用就是"区分市场"。信誉把由于信息不完全和不对称而混乱不堪的市场变得清晰分明起来，信誉好的商品意味着质量高，信誉差的商品意味着质量低。在"区分市场"的，信誉也使得"高质高价"成为可能：产品质量高的价格就高，反之则低。

但是，市场机制并不能够解决所有的信息不完全和不对称问题。在这种情况下政府就有必要在信息方面进行调控。信息调控的目的主要是保证消费者能够得到充分和正确的市场信息，即增加市场的"透明度"，以便他们能做出正确的选择。例如，就保护消费者方面来说，常见的政府措施包括这样一些规定：发行新股票或新债券的公司必须公布公司的有关情况、产品广告上不得有不合乎实际的夸大之辞、某些产品必须有详细的使用说明书、香烟包装上必须标明"吸烟有害健康"的字样等等。

2. 通过某些制度设计约束行为人自己的行为

如委托—代理问题中的激励机制设计。由于信息的不完全性，委托人往往不知道代理人要采取什么行动或者即使知道代理人采取某种行动，也不能观察和测度代理人从事这一行动时的努力程度，同时两者之间存在的利益分割关系，通常会使得代理人不完全按照委托人的意图行事，这在经济学上被称为委托—代理问题。

一旦企业出现委托—代理问题，其后果不仅使企业所有者的利润受损，也使社会资源配置的效率受损，因为在不发生委托—代理问题的情况下，社会将生产出较高质量的产品。

由委托—代理问题而导致的效率损失不可能通过政府的干预解决，而需要通过设计有效的激励措施加以解决。解决委托—代理问题最有效的办法是实施一种最优合约。最优合约是委托人花费最低限度的成本而使得代理人采取有效率的行动，实现委托人目标的合约。

 本章小结

本章主要学习市场失灵及其主要的表现，通过讲授要求学生了解什么是市场失灵，为什么会出现市场失灵。能够掌握市场失灵的主要表现：垄断、外部影响、公共物品及信息不完全（不对称）等。能够明确垄断、寻租、公共物品、外部影响、信息不完全、信息不对称等基本概念，并熟悉、掌握这些市场失灵带来的影响及对这些市场失灵的干预措施。同时能够运用本章知识来分析社会经济现象。

 重要概念

市场失灵　垄断　寻租　外部影响　外部经济　外部不经济　公共物品　准公共物品　私人物品　信息不完全　信息不对称

 **本章练习**

 单选题

1. 卖主比买主知道更多关于商品的信息，这种情况被称为（　　）。
   A. 道德风险　　　　　　　　　　B. 搭便车

C. 逆向选择　　　　　　　　　　D. 信息不对称

2. 微观意义下的市场失灵现象是（　　）。
   A. 失业　　　　　　　　　　　B. 通货膨胀
   C. 通货紧缩　　　　　　　　　D. 垄断

3. 某一项经济活动存在外部不经济是指该活动的（　　）。
   A. 私人成本大于社会成本　　　B. 私人成本小于社会成本
   C. 私人利益大于社会利益　　　D. 私人利益小于社会利益

4. 当有正外部性时，市场失灵之所以存在的原因是（　　）。
   A. 社会边际利益大于私人边际利益　　B. 社会边际利益小于私人边际利益
   C. 社会边际成本大于私人边际成本　　D. 社会边际成本小于私人边际成本

5. 道德危险意味着（　　）。
   A. 买保险的人是厌恶风险的
   B. 保险公司可以准确地预测风险
   C. 投保人掩盖自己的疾病，欺骗保险公司
   D. 为防被欺骗，保险公司对投保人收取较高的保费

6. 某人的吸烟行为属于（　　）。
   A. 生产的外部经济　　　　　　B. 消费的外部经济
   C. 生产的外部不经济　　　　　D. 消费的外部不经济

7. 由政府生产、经营公共物品，往往会缺乏效率，这是因为（　　）。
   A. 政府在生产和经营公共物品时，没有私人部门与之竞争，处于垄断地位，容易造成效率低下
   B. 政府部门生产和经营公共物品属非营利性，缺乏利润动机的刺激，因而难以实现高效率
   C. 政府部门生产和经营公共物品的支出来自预算，不同的部门为了各自的利益，往往强调本部门的重要性，尽量扩大预算比例，造成某些部门的过度供给，也损害效率
   D. 以上均是

8. 以下（　　）不是公共物品的特征。
   A. 竞争性　　　　　　　　　　B. 外部性
   C. 非排他性　　　　　　　　　D. 由政府提供

9. 如果上游工厂污染了下游居民的饮用水，按照科斯定理（　　），问题即可妥善解决。
   A. 不管财产权是否明确，只要交易成本为零
   B. 只要财产权明确，不管交易成本有多大
   C. 只要财产权明确，且交易成本为零
   D. 不论财产权是否明确，交易成本是否为零

10. 政府提供的物品（　　）公共物品。
   A. 一定是　　　　　　　　　B. 不能是
   C. 大部分是　　　　　　　　D. 少部分是

 多选题

1. 搭便车通常多被看作是公共物品，下列说法错误的有（　　）。
   A. 有些人能够免费使用公共交通工具
   B. 有些人能够以低于正常成本的价格使用公共交通
   C. 无法防止不愿意付费的人消费这些物品
   D. 由于公共物品的供给大于需求，从而把价格压低，直到实际上免费供应为止
2. 公共物品的特征有（　　）。
   A. 竞争性　　　　　　　　　B. 排他性
   C. 非竞争性　　　　　　　　D. 非排他性
   E. 交易性
3. 对于外部性的政策干预，下列说法正确的有（　　）。
   A. 对于具有正外部性的经济活动，政府可以采用补贴、贴息、免税、减税等优惠政策，使其产量提高到有效率的水平
   B. 对于具有负外部性的经济活动，政府可以采用征税、加税、罚款等政策，使其产量降低到有效率的水平
   C. 科斯定理认为，外部性是因为产权界定不明确造成的，只要能够界定并保护产权，在交易费用为零的情况下，市场完全可以自己解决外部性问题，不用政策干预
   D. 科斯定理认为，当交易费用为零的时候，产权的初始界定对最终结果没有影响

 判断题

1. 由于垄断会使效率下降，因此任何垄断都是要不得的。　　　　　（　　）
2. 价格管制就是政府对所有商品的价格都进行控制。　　　　　　（　　）
3. 由于公共物品存在"免费搭车"现象，所以，只能由政府从事生产。（　　）
4. 一个购买了保险的人不再担心自己的财产安全，其行为属于逆向（不利）选择。　　　　　　　　　　　　　　　　　　　　　　　　　　　（　　）
5. 温室效应是市场失灵的一种表现。　　　　　　　　　　　　　（　　）

 简答题

1. 简述公共物品的特征，举出两种公共物品，并说明他们为什么是公共物品？
2. 为什么有的经济学者认为，垄断也可能促进经济效率？
3. 外部性的存在是如何干扰市场对资源的配置的？

4. 市场机制能够解决信息不完全和不对称问题吗?

 案例题

环境污染是当前我国经济发展中面临的重要问题。煤矿生产、化工厂排放……这些都在现实生活中出现。而面对这些环境污染的问题,只依靠市场机制似乎无法发挥作用。需要借助政府一定的力量才能更好地解决环境污染问题。

请问:(1)上述环境污染体现的是哪一种市场失灵现象?(2)生产的负外部性是一种什么状况?(3)如何解决环境污染这样的负外部影响问题?

第 10 章

国民收入核算理论

 内容提要

本章共分为五节,主要讲解了国内生产总值的概念和核算方法、国民收入核算的其他指标及相互之间的关系、两部门经济、三部门经济和四部门经济、国民收入核算的基本公式及推导、名义 GDP 和实际 GDP 的核算及异同以及 GDP 指标的重要性、局限性和展望等知识。

 重点难点

本章的重点为国内生产总值的概念和核算方法、国民收入核算的基本公式以及名义 GDP 和实际 GDP 的核算方法。本章的难点为国民收入核算的各指标及其关系以及国民收入核算的基本公式的推导。

 学习目标

通过本章学习,学生应掌握国内生产总值的概念、国民收入核算的收入法和支出法、国民收入核算的基本公式以及名义 GDP 和实际 GDP,了解 GDP 指标的重要性和局限性以及国民收入核算的其他指标及其相互之间的关系。

 **知识框架**

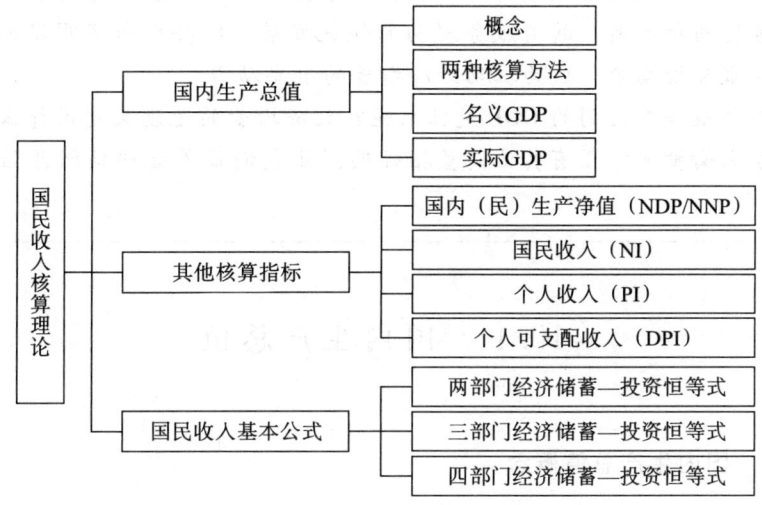

 **引入案例**

2017 政府工作报告：GDP 预期目标增速 6.5%，力保经济中高速增长

2017 年 3 月 5 日，国务院总理李克强作政府工作报告，确定了今年经济发展的主要预期目标。具体预期目标为：国内生产总值（GDP）增长 6.5%左右，在实际工作中争取更好结果；居民消费价格（CPI）涨幅 3%左右；城镇新增就业 1100 万人以上，城镇登记失业率 4.5%以内；进出口回稳向好，国际收支基本平衡；居民收入和经济增长基本同步；单位国内生产总值能耗下降 3.4%以上，主要污染物排放量继续下降。

政府工作报告指出，今年的经济增长预期目标，符合经济规律和客观实际，有利于引导和稳定预期、调整结构，也同全面建成小康社会要求相衔接。稳增长的重要目的是为了保就业、惠民生。我国经济发展已经进入新常态，经济增速从高速增长转向中高速增长。今年预期 6.5%左右的增量从经济总量上来说，会超过 2016 年 6.7%的增量，同世界主要国家相比也是很高的速度，保持下去就可以实现 2020 年国内生产总值比 2010 年翻一番的目标。

全国政协委员、中国（海南）改革发展研究院院长迟福林表示，未来几年经济转型如果取得实质性突破，我国实现 6%到 7%的中高速增长是有条件、有能力的。从消费角度看，2020 年我国消费规模有望达到 50 万亿元，能够支撑 6%到 7%的经济增长；从产业角度看，服务业在"十三五"期间保持 9%左右的增长，将带动 3.8 到 4.3 个百分点的经济增长，为中高速增长奠定重要基础；从人口城镇化角度看，城镇化每提高 1 个百分点，给经济增长贡献 3 个百分点左右。未来几年我国人口城镇化至少还有 10 个百分点的空间，是支撑中高速增长的重要因素；从服务贸易角度看，随着服务贸易的快速发展，服务供给将明显加大，有助于释放潜在服务型需求，成为拉动经济增长的重要动力。

政府工作报告中提到的 GDP 是什么呢？经济增长的速度又是用什么指标来衡量的呢？怎么衡量呢？还有其他衡量指标吗？让我们带着这些疑问开始本章的学习吧。

10.1 国内生产总值

10.1.1 国内生产总值概念

国内生产总值（Gross Domestic Product，简称 GDP）是指一个经济社会（一个国家或地区）在一定时期内（一个季度或一年）运用全部生产要素所生产的全部最终产品（物品和劳务）的市场价值。国内生产总值常被公认为是衡量国家经济状况的最佳指标，其概念包含如下几方面意思：

1. 国内生产总值是用最终产品和服务来计量的，即最终产品和服务在该时期的价值。

一般根据产品的实际用途，可以把产品分为中间产品和最终产品。所谓最终产品是指在一定时期内生产的可供人们直接消费或者使用的物品和服务。这部分产品已经到达生产的最后阶段，不能再作为原料或半成品投入其他产品和劳务的生产过程中去，如消费品、资本品等，一般在最终消费品市场上进行销售。中间产品是指为了再加工或者转卖用于供别种产品生产使用的物品和劳务，如原材料、燃料等。区分产品是最终产品还是中间产品主要根据产品的实际用途，在实际生活中，有些产品有多种用途，所以既可能是最终产品，又可能是中间产品，如面粉在家庭使用时是最终产品，在食品厂使用时是中间产品。GDP 的核算必须按当期最终产品的价值计算，中间产品的价值不能计入，否则会造成重复计算。如家庭使用的面粉的价值应该计入 GDP，但面包厂使用的面粉的价值就不能计入 GDP，因为面包厂使用的面粉的价值已经转移到面包的价值中了，当作为最终产品的面包的价值计入 GDP 时，已经包含了面粉的价值，如果面粉的价值也计入 GDP，则发生了重复计算。同时 GDP 的核算不但包括物品还包括劳务在内，如理发师的劳动所得、教师的课时费等就是劳务价值，在 GDP 核算时都应计算在内。

相关思考

工作服是最终产品还是中间产品？

工作服作为一大类产品，是属于最终产品还是中间产品呢？同样的一件衣服在生产时作为工作服穿和在日常生活中穿，在 GDP 核算时一样吗？请同学们好好思考一下这个问题。

2. 国内生产总值是一个市场价值的概念。

各种最终产品的市场价值是在市场上达成交换的价值，用货币加以衡量的价格表现出来。一种产品的市场价值就是用这种最终产品的单价乘以其产量获得的。假如某国一年生产 10 万件上衣，每件上衣售价 50 美元，则该国一年生产上衣的市场价值为 500 万美元。而一个国家在一定时期内会生产千千万万种最终产品，因此国内生产总值就是这千千万万种最终产品的价值之和。

事实上，一件最终产品在整个生产过程中的价值增值，就等于该最终产品的价值。因而，所有最终产品的价值总和即 GDP 就等于生产这些最终产品的各行各业新创造的价值的总和。举例说明，消费者购买的面包从生产到消费者最终购买共要经过四个阶段：小麦、面粉、面包、销售。最终产品的价值、中间产品的价值及各阶段的价值增值见表 10–1。

表 10–1　　　　最终产品的价值和生产各阶段价值增值之和关系表

	售价	中间产品的价格	增值
小麦	100	0	100
面粉	150	100	50
面包	250	150	100
销售	300	250	50
总计	800	500	300

从表 10–1 我们可以看出，最终产品的价值是销售的 300，而四个阶段的价值增值之和也是 300，所以计入 GDP 的消费者购买的最终产品面包的价值等于生产面包的各个阶段的价值增值之和。

3. 国内生产总值一般仅指市场活动导致的价值。

那些非生产性活动（家务劳动、自给自足性生产）以及地下经济、黑市交易（赌博和毒品的非法交易）等不计入 GDP 中。

 趣味阅读

GDP 的结婚效应

美国经济学家，美国哥伦比亚大学教授斯蒂格利茨曾经指出，如果一对夫妇留在家中打扫卫生和做饭，这将不会被列入 GDP 的统计之内，假如这对夫妇外出工作，另外雇人做清洁和烹调工作，那么这对夫妇和佣人的经济活动都会被计入 GDP。说得更明白一些，如果一名男士雇佣一名保姆，保姆的工资也将计入 GDP，如果这位男士与保姆结婚，不用给保姆发工资了，GDP 就会减少。这就是著名的 GDP 结婚效应。

4. GDP 是计算期内所生产而不是销售的最终产品价值。

若某企业年生产 100 万美元产品，只卖掉 80 万美元，所剩 20 万美元产品可以看作是企业自己买下的存货投资，同样应计入 GDP。相反，虽然生产 100 万美元的产品，然而却卖掉了 120 万美元产品，则计入 GDP 的仍是 100 万美元，减少的 20 万美元库存已经在生产时计入 GDP 了。既然 GDP 计算的是生产期新生产的产品的价值，那么作为多次交易的二手车、二手房、古董、古画的交易价值也就不计入 GDP 了，因为它们在生产年份已经计算过了，但二手房、二手车交易过程中经纪人的佣金应该计入 GDP，因为佣金是经纪人在买卖过程中提供的劳务报酬。

 相关思考

想一想还有哪些活动的交易额不计入 GDP 呢？

在日常活动中，我们还有很多活动的交易额无法计入 GDP，如股票交易、土地买卖、慈善活动、国债利息等。为什么这些活动的交易额不能计入 GDP 呢？还有不能计入 GDP 的交易额吗？请同学们认真想一想、找一找。

5. GDP 是计算期内（如 2017 年）生产的最终产品价值，因而是流量而不是存量。

流量是指一定时期内发生的变量，存量是指一定时点上存在的变量。存量是流量的积累，流量则是存量的改变量。GDP 度量的是一定时期内的产出价值量，所以是一个流量指标。

6. GDP 是一个国家或一个地区范围内生产的最终产品的市场价值，从而是一个地域概念，强调的是国土原则。

如一个中国人在美国的劳务收入应该计入美国的 GDP，而一个美国人在中国的劳

务收入应该计入中国的 GDP。而与之相联系的国民生产总值（GNP）是一个国民概念，是指一国国民在一定时期内运用全部生产要素所生产的最终产品的市场价值。举例说明：一个在日本工作的美国公民所创造的财富计入美国的 GNP，但不计入美国的 GDP，而是计入日本的 GDP。在 1991 年之前，美国均是采用 GNP 作为经济总产出的基本测量指标，后来因为大多数国家都采用 GDP，加之国外净收入数据不足，GDP 相对于 GNP 来说是衡量国内就业潜力的更好指标，易于测量，所以美国才改用 GDP。

GDP 与 GNP 都是反映宏观经济的总量指标，但它们既有联系又有区别。GNP 等于 GDP 加上来自国外的净要素收入，即 GNP 与 GDP 的关系式为：GNP = GDP + 国外净要素收入。国外净要素收入是指从国外得到的生产要素收入减去支付给国外的要素收入。可见，GNP 与 GDP 之间的区别就在于国外的净要素收入。生产要素的提供者不一定都是本国居民，有时也有外国居民，本国居民也有向外国的经济活动提供要素的。国内经济活动所创造的收入，作为要素收入，既分配给本国居民，也分配给外国居民，相反，国外的经济活动所创造的收入也分配给本国居民，这两项的差额就是国外净要素收入。以 2013 年为例，当年我国 GDP 为 568845.21 亿元，GNP 为 566130.18 亿元，两者差额为 2715 亿元。也就是说 2013 年，外商来华投资和来华打工新增加的价值之和比中国人在国外投资和服务输出新增的价值之和多 2715 亿元。

知识拓展

GDP 的诞生

1934 年 1 月 4 日，美国商务部内外贸易局向国会金融委员会呈递《国民收入报告（1929－1932）》，这一天被视为 GDP 的生日。到今年 GDP 已整整 83 岁了。83 年来，GDP 指标不断完善，成绩斐然，跻身于"20 世纪人类最伟大的发明"之列，但质疑也始终伴随着这个尽人皆知的统计指标。那么 GDP 是如何诞生的呢？

1929 年，经济危机在美国爆发，导致百业凋敝、民生艰辛，严重冲击经济、政治和社会秩序，政府面临巨大压力。当时，美国尚未建立起官方统计体系，政府仅知道几百万人失业、铁路运输骤减、钢产量下降等零星信息，缺乏刻画经济全貌的关键指标，导致经济决策犹如在黑暗里摸索，异常艰难，经济危机迫使美国开始建立经济总量测度体系。1932 年，为帮助美国总统罗斯福应对经济危机，应美国国会的要求，商务部内外贸易局经济分析处同国民经济研究所（NBER）的西蒙·库兹涅茨等经济学家密切合作，开创性地编制了 1929－1932 年全国国民收入数据，最初的统计指标是"国民收入"（NI），而不是 GDP。

第二次世界大战加快了完善经济总量测度的进程。美国加入"二战"后，国民经济不得不从消费模式转向战时模式。为支持战时经济规划的编制，美国经济学家们在国民收入统计的基础上,迅速估算了国民生产总值(GNP)年度数值。与此相似,在1947年的英国,经济学家斯通撰写了报告《国民收入和相关总量的定义和测度》。美国官方1951年和1958年分别开始估计年度和季度GNP真实值。

在美国,GDP真正诞生于1965年。同年,美国统计部门首次编制分产业的GDP数据,以更好地把握生产结构特征。但是,直到1991年,美国才正式将GNP统计改为GDP统计,以同就业、生产率和工业产出等核心经济指标保持一致。

美英两国的统计实践成为GDP国际统计标准的基石。在美英两国上述实践的基础上,联合国以GDP统计为核心,于1953年、1968年、1993年和2008年分别推出"国民账户体系"(SNA)共4个版本,作为宏观经济统计的全球标准。因为上述开创性贡献,库兹涅茨和斯通分别于1971年和1984年获得诺贝尔经济学奖。

自诞生以来,国民收入(NI)、国民生产总值(GNP)和国内生产总值(GDP)统计的内涵、外延和测度方法一直在不断完善,以精准反映不断演进的经济实践。按照SNA—2008版本,GDP是对生产的总测度,等于从事生产的所有常住单位创造的总增加值之和,GNP是GDP加上该国参与国际要素流动而得到的流入净收入(即从国外获得的要素收入扣减本国支付给国外的要素收入),发展中国家的GNP通常小于GDP,发达国家与此相反。

10.1.2 核算 GDP 的两种方法

要弄清 GDP 的核算方法,我们要先搞清楚宏观经济学中非常重要的三个量:总产出、总支出和总收入。首先看总产出,总产出就是指所有最终产品的市场价值之和,也就是 GDP。它等于所有的最终消费者的支出还有企业的存货支出,两者之和就是总支出;它还等于所有与生产相关的人的总收入,如工资,利息,租金等,其次还包括企业的利润,也就是企业的收入,两者之和就是总收入。因此,总产出等于总支出,总产出等于总收入,即总产出 = 总支出 = 总收入。

认识了总产出等于总收入,总产出等于总支出,对于弄清如何核算 GDP 有着重大意义。根据 GDP 的含义,我们知道 GDP 的核算可以通过计算所有最终产品的市场价值来进行,然而,事实上我们无法找到明确的标准来区分最终产品,而且即使真能按产品差别来划分最终产品,最终产品的清单也是为数众多的一长串。在这样的情况下,用它们乘以各自的价格并加总,实际上几乎不可能,为此只能采取其他方法来核算。上面说过,最终产品的价值等于整个生产过程中价值增值之和,因此,GDP 可以通过计算各行各业在一定时期生产中的价值增值来求得,这种核算 GDP 的方法称为生产法。从上面分析我们还知道,总产出等于总支出,因此 GDP 也可以通过核算整个社会在一定时期内购买最终产品的支出总和来求得,这种核算 GDP 的方法称为支出法。同时，我们还知道总产出等于总收入，因此，GDP 还可以通过核算整个社会在一定时期内获得的收入来求得，这种核算 GDP 的方法称为收入法。在核算 GDP 的三种方法中，常用的是收入法和支出法，因此，我们就这两种方法进行具体的分析。

1. 支出法

支出法核算 GDP 就是通过核算在一定时期内整个社会购买最终产品的总支出来计量 GDP，这种方法又称最终产品法。在现实生活中，产品和劳务的最后使用，主要是居民消费、企业投资、政府购买和出口。因此，用支出法核算 GDP，就是核算一个国家或地区在一定时期内居民消费、企业投资、政府购买和净出口这几方面支出的总和。

（1）居民消费（用字母 C 表示），包括购买冰箱、彩电、洗衣机、小汽车等耐用消费品的支出，服装、食品等非耐用消费品的支出以及用于医疗保健、旅游、理发等劳务的支出。

 特别提示

建造和购买住宅的支出不包括在消费支出内，它们属于固定资产投资支出。

 趣味阅读

女性不容小觑，对 GDP 的贡献率高达 60%

在全球各国，职业女性消费能力普遍比男性高，而且在家庭中，购买什么物品也往往由女性说了算，这将大大提升消费总量。

维滕贝格—考克斯（Avivah Wittenberg - Cox）研究发现，和男性相比，女性做出的购买决策高达 80%，这不仅仅包括日常用品、衣物、电器或化妆品这些消费小项，更包括买房、汽车和投资金融产品等这些消费大项。例如在日本，就有 2/3 的购车决定权在女性，日本男人要开什么车，只有由太太决定。

西方那些深谙"女性经济学"之道的国家和企业，也往往都在打女性的主意。到法国、意大利、日本或者中国香港旅游的中国游客中，在奢侈品商店、化妆品专卖店，是女游客多还是男游客多？在境外如此，在中国国内也是如此，最近受到热捧的特斯拉汽车，首批车主也是女性居多，而且不少还是知名企业 CEO 的太太。

（2）企业投资（用字母 I 表示），是指增加或更新资本资产（包括厂房、机器设备、住宅及存货）的支出。为什么用于投资的物品也是最终产品？资本设备难道不是像中间物品一样是用来生产别的产品吗？为什么不属于中间产品呢？要知道，资本物品（如厂房设备等）和中间产品（原材料等）是有重大区别的。中间产品在生产别的产品时全部被消耗掉，但资本物品在生产别的产品过程中只是部分地被耗费掉。比如一个工厂使用期限为 40 年，则每年都耗费部分价值，40 年后全部耗费掉。资本物品由于损耗造成的价值减少称为折旧。折旧不仅包括生产中资本物品的物质磨损，还包括资本老化带来的精神磨损。例如，一台设备使用年限虽然未到，但过时了，其价值就要贬损。

投资包括固定资产投资和存货投资两大类。固定资产投资指新造厂房、购买新设备、建筑新住宅的投资。为什么住宅建筑属于投资而不属于消费呢？因为住宅像别的固定资产一样是长期使用、慢慢地被消耗的。

存货投资是企业掌握的存货的增加或减少。如果年初全国企业存货为 2000 亿美元而年末为 2200 亿美元，则存货投资为 200 亿美元。存货投资可能是正值，也可能是负值，因为年末存货价值可能大于也可能小于年初存货。企业存货之所以被视为投资，是因为它能产生收入。从国民经济统计的角度看，生产出来但没有卖出去的产品只能作为企业的存货投资处理，这样从生产角度统计的 GDP 和从支出角度统计的 GDP 相一致。

投资有总投资和净投资之分，计入 GDP 中的投资是指总投资，总投资是重置投资与净投资之和，重置投资是指用于重置资本设备的投资，其数值等于折旧。举例说明，假定某国家在 2016 年共投资了 800 亿美元，但由于厂房、机器设备等资本物品会不断磨损，假定每年消耗即折旧 300 亿美元，也就是说总投资 800 亿美元中有 300 亿美元要用来补偿旧资本消耗，则净增加的投资只有 500 亿美元。

 知识拓展

中国投资率超过消费率全世界少见

通过支出法计算的 GDP，我们可以计算出消费率和投资率。所谓消费率就是最终消费占 GDP 的比率，所谓投资率就是资本形成总额占 GDP 的比率。按照有关统计资料，近年来，中国消费需求不足，中国的消费率出现了比较明显的下降趋势，消费率由 62% 下降到 48%，投资率由 35% 上升到 49%，投资率超过消费率 1 个百分点，这在全世界都是比较少见的。因此，当前和今后一段时期，宏观经济调控的一个重要内容就是要调整投资和消费的比例关系，扩大消费需求是扩大内需的重点。培育新的消费热点，扩大服务性消费；引导消费预期，增强消费信心，增加即期消费，坚持扩大国内需求特别是消费需求的方针，促进经济增长由主要依靠投资、出口拉动向依靠消费、投资、出口协调拉动转变。因此，无论是从保持我国经济持续稳定增长的需要来看，还是从现有的资源约束条件来看，

我国现在都急需让消费在未来经济增长中从"配角"转为"主角"、经济增长模式向消费驱动转变。要真正实现经济增长向消费驱动转变,最重要的就是要实现从盲目追求总量扩张的发展思维,向以提高全民福利水平为最高目标的发展战略转变。

(3) 政府购买(用字母 G 来表示),是指各级政府购买物品和劳务的支出,它包括政府购买军火、军队和警察的服务、政府机关办公用品与办公设施、举办诸如道路等公共工程、开办学校等方面的支出。政府支付给政府雇员的工资也属于政府购买。政府购买是一种实质性的支出,表现出商品、劳务与货币的双向运动,直接形成社会需求,成为国内生产总值的组成部分。政府购买只是政府支出的一部分,政府支出的另一部分如政府转移支付、公债利息等都不计入 GDP。政府转移支付是政府不以取得本年生产出来的商品与劳务作为报偿的支出,包括政府在社会福利、社会保险、失业救济、贫困补助、老年保障、卫生保健、对农业的补贴等方面的支出。政府转移支付是政府通过其职能将收入在不同的社会成员间进行转移和重新分配,将一部分人的收入转移到另一部分人手中,其实质是一种财富的再分配。有政府转移支付发生时,即政府付出这些支出时,并不相应得到什么商品与劳务,政府转移支付是一种货币性支出,整个社会的总收入并没有发生改变。因此,政府转移支付不计入国内生产总值中。

 知识拓展

转移支付

转移支付包括企业转移支付、政府转移支付和政府间转移支付。

企业转移支付通常是指企业对非营利组织的捐款或赠款,以及对非企业雇员的人身伤害赔偿等。

政府转移支付主要是指政府财政资金的单方面的无偿转移,大多具有福利支出的性质,如社会保险福利津贴、抚恤金、养老金、失业补助、救济金以及各种补助费等,农产品价格补贴也是政府的转移支付。因为政府的转移支付实际上是把国家的财政收入还给个人,所以有的经济学家称之为负税收。

政府间转移支付一方面是指一国政府向他国政府提供的单方面无偿转移;另一方面是指一国内不同政府之间的无偿转移。后者主要体现在中央政府向地方政府的补助,其主要目的是平衡各地区由于地理环境不同或经济发展水平不同而产生的政府收入的差距,以保证各地区的政府能够有效地按照国家统一标准为社会提供服务。

(4) 净出口(用字母 NX 表示),是指进出口的差额。进口(用字母 M 表示)应从本国总购买中减去,因为进口表示收入流到国外,同时,也不是用于购买本国产品

的支出；出口（用字母 X 表示）则应加进本国总购买量之中，因为出口表示收入从外国流入，是用于购买本国产品的支出，因此，只有净出口才应计入总支出。净出口可能是正值，也可能是负值。

把上述四个项目加起来，就是用支出法计算 GDP 的公式：

$$GDP = C + I + G + (X - M) \tag{10.1}$$

在中国的统计实践中，支出法计算的是国内生产总值划分为最终消费、资本形成总额和货物及服务的净出口总额，它反映了本期生产的国内生产总值的使用及构成。最终消费分为居民消费和政府消费。居民消费除了直接以货币形式购买货物和服务的消费外，还包括以其他方式获得的货物和服务的消费支出，即所谓的虚拟消费支出。居民虚拟消费支出包括以下几种类型：单位以实物报酬及实物转移的形式提供给劳动者的货物和服务；金融机构提供的金融媒介服务；保险公司提供的保险服务。

 趣味阅读

20 世纪最伟大的发明之一

美国著名的经济学家保罗·萨缪尔森："GDP 是 20 世纪最伟大的发现之一。"没有 GDP 这个发明，我们就无法进行国与国之间经济实力的比较，贫穷与富裕的比较；没有 GDP 这个总量指标，我们无法了解我国的经济增长速度是快还是慢，是需要刺激还是需要控制。因此，GDP 就像一把尺子，一面镜子，是衡量一国经济发展和生活富裕程度的重要指标。如果你要判断一个人在经济上是否成功，你首先要看他的收入。高收入的人享有较高的生活水平。同样的逻辑也适用于一国的整体经济。当判断经济富裕还是贫穷时，要看人们口袋里有多少钱。这正是国内生产总值（GDP）的作用。

GDP 同时衡量两件事：经济中所有人的总收入和用于经济中物品与劳务产量的总支出。GDP 既衡量总收入又衡量总支出的秘诀在于这两件事实际上是相同的。对于一个整体经济而言，收入必定等于支出。这是为什么呢？经济的收入和支出相同的原因就是一次交易都有两方：买者和卖者。如你雇一个小时工为你做卫生，每小时 10 元，在这种情况下小时工是劳务的卖者，而你是劳务的买者。小时工赚了 10 元，而你支出了 10 元。因此这种交易对经济的收入和支出做出了相同的贡献。无论是用总收入来衡量还是用总支出来衡量，GDP 都增加了 10 元。由此可见，在经济中，每生产一元钱，就会产生一元钱的收入。

2. 收入法

收入法核算 GDP，就是从收入的角度，把生产要素在生产中所得到的各种收入相加来计算 GDP，即把劳动所得到的工资、土地所有者得到的地租、资本所得到的利息

以及企业家才能得到的利润相加来计算 GDP。这种方法又叫要素支付法、要素成本法。在没有政府的简单经济中，企业的增加值即其创造的国内生产总值，就等于要素收入加上折旧。但当政府介入后，政府往往征收间接税，这时的 GDP 还应包括间接税和企业转移支付。间接税是对产品销售征收的税，它包括货物税、周转税。这种税收名义上是对企业征收，但企业可以把它打入生产成本之中，最终转嫁到消费者身上，故也应视为成本。同样，还有企业转移支付（即企业对非营利组织的社会慈善捐款和消费者呆账），它也不是生产要素创造的收入，但要通过产品价格转移给消费者，故也应看作成本。资本折旧也应计入 GDP，因为它虽不是要素收入，但包括在总投资中。还有，非公司企业主收入也应计入 GDP 中。非公司企业主收入，是指医生、律师、小店铺主、农民等的收入。他们使用自己的资金，自我雇用，其工资、利息、租金很难像公司的账目那样，分成其自己经营应得的工资、自有资金的利息、自有房子的租金等，其工资、利息、利润、租金常混在一起作为非公司企业主收入。

这样，按收入法计算 GDP 的公式就是：

GDP = 工资 + 利息 + 利润 + 租金 + 间接税和企业转移支付 + 折旧　　　　(10.2)

也可看成是 GDP = 生产要素的收入 + 非生产要素的收入。从理论上讲，用收入法计算出的 GDP 与用支出法计算出的 GDP 在量上是相等的。

知识拓展

中国应用 GDP 进行核算的历史

20 世纪 80 年代初，中国开始研究联合国国民经济核算体系的国内生产总值（GDP）指标。中国于 1985 年开始建立 GDP 核算制度。1993 年，中国正式取消国民收入核算，GDP 成为国民经济核算的核心指标。

2003 年国家统计局宣布中国将改进 GDP 核算与数据发布制度，取消容易引起误解的预计数，建立定期修正和调整 GDP 数据的机制，在发布 GDP 数据的同时发布相关的重要数据，必要时还将公布核算方法。这是中国提高 GDP 数据的准确性和透明度，向国际通行办法迈进的重要一步。

2014 年国家统计局将积极稳妥地推进国家统一核算地区生产总值，深化固定资产投资统计，加快改进能耗统计，进一步完善社会消费品零售统计，同时将精心组织实施第三次全国经济普查，认真做好普查登记。尽快制定经济核算图，制定全国统一的核算办法，为 2015 年正式实施全国统一的核算 GDP 打下一个基础。此举将有效消除近 10 年来各省 GDP 总和与国家统计局核算的全国 GDP 存在较大出入的情况。

2015 年 10 月 19 日，国家统计局公布前三季度宏观经济数据，数据显示，三季度国内生产总值同比增长 6.9%，这是 2009 年以来 GDP 增速首次跌破 7%。数据显示，2009年一季度国内生产总值增长为6.1%，此后6年GDP增速均高于7%。

2016年1月19日，经初步核算，全年国内生产总值676708亿元，按可比价格计算，比上年增长6.9%。分季度看，一季度同比增长7.0%，二季度增长7.0%，三季度增长6.9%，四季度增长6.8%。分产业看，第一产业增加值60863亿元，比上年增长3.9%；第二产业增加值274278亿元，增长6.0%；第三产业增加值341567亿元，增长8.3%。

2016年3月5日公布的政府工作报告明确了2016年经济增长预期目标（6.5%至7%），标志着我国为经济增长预期目标划定了明确区间。同时，"十三五"时期的经济增长目标降到了6.5%以上。

2017年1月20日，国新办举行新闻发布会，国家发展改革委副主任兼国家统计局局长宁吉喆介绍了2016年国民经济运行情况。宁吉喆表示，面对错综复杂的国内外经济环境，在以习近平同志为核心的党中央坚强领导下，2016年国民经济运行缓中趋稳、稳中向好，实现了"十三五"良好开局。宁吉喆指出，2016年全年国内生产总值比上年增长6.7%，总量达到744127亿元，正式迈过70万亿元大关。这一数据也与此前国家发改委主任徐绍史的"剧透"相吻合，约为5万亿元的增量规模与5年前中国经济10%经济增速时代的规模相当，在全球经济体中表现突出。

10.2 国民收入的其他指标

在国民收入核算体系中，除了上面说过的国内生产总值（GDP）和国民生产总值（GNP）之外，还有国内生产净值、国民生产净值、国民收入、个人收入和个人可支配收入这些指标，我们要弄清楚这些指标的概念及其相互之间的关系。具体分析如下：

10.2.1 国内生产净值和国民生产净值

国内生产净值（简写为NDP）是一个国家或地区在一定时期内的国内生产总值（GDP）减去生产过程中消耗掉的资本（折旧）所得出的净增长量。也就是一个国家或地区在一定时期内所生产的最终产品和劳务按市场价格计算的净值。

国内生产净值(NDP) = 国内生产总值(GDP) - 折旧　　　　　　　(10.3)

国民生产净值（简写为NNP）是一个国家一年中的国民生产总值（GNP）减去生产过程中消耗掉的资本（折旧）所得出的净增长量。

国民生产净值(NNP) = 国民生产总值(GNP) - 折旧　　　　　　　(10.4)

从逻辑上讲，净值指标（NNP和NDP）的概念比总值指标（GNP和GDP）更容易反映国民收入和社会财富变动的情况，对于追求经济高增长率的今天而言，净值指标有着更为深远的意义——它促使人们在追求表面经济高增长率的同时,更为深入地思考经济高增长率同时带来的浪费、环境牺牲等长期问题,对于政府及各经济单位改进经济政策、企业发展理念有着极其深刻的意义。但由于总值指标同净值指标相比,容易确定统计标准,而且折旧费的计算方法不一,政府的折旧政策也会变动,因此各国还是常用总值指标来衡量经济状况。

10.2.2 国民收入

国民收入(简写为 NI)是一个国家在一年内各种生产要素所得到的实际报酬的总和,即工资、利息、租金和利润的总和。从国民生产净值中扣除企业间接税和企业转移支付(加政府补助金)就得到这一狭义的国民收入。企业间接税和企业转移支付是列入产品价格的,并不代表生产要素创造的价值或者收入,因此计算狭义国民收入时必须扣除。相反,政府给企业的补助金不列入产品的价格,但成为生产要素收入,因此应当加上。国民收入的计算公式为:

$$NI = NNP - 企业间接税 - 企业的转移支付 + 政府补助金 = 工资 + 租金 + 利息 + 利润 \tag{10.5}$$

国民收入指标可以综合反映一国的经济实力和社会生产力的发展水平,特别是一国按人口平均计算的国民收入额,是反映该国经济发展水平和人民生活水平的一项重要的综合指标。国民收入作为综合指标,它可以反映社会再生产及其最终结果;在不同的社会制度下,国民收入反映不同的社会经济关系。例如,资本主义制度下的国民收入所体现的积累与消费的关系,反映的是无产阶级与资产阶级经济利益对抗的关系;社会主义制度下的国民收入所体现的积累与消费的关系,反映的则是劳动人民长远利益与目前利益之间的经济关系。国民收入作为一个国家一定时期内新创造的价值的总和,能够比较准确地反映这个国家新增加的物质财富,因而也是反映宏观经济效益的综合指标。

10.2.3 个人收入

个人收入(简写为 PI)是指个人实际得到的收入。国民收入不是个人收入,一方面国民收入中有三个主要项目不会成为个人收入,这就是公司未分配利润、公司所得税和社会保险税。(1)企业未分配利润的存在。企业未分配利润是企业为了未来发展的需要而保留在企业手中的本应分配给生产要素所有者的利润。(2)公司所得税的存在。公司所得税是因为存在利润而向政府缴纳的税收,而缴纳给政府就意味着无法分配给个人。(3)各种社会保险费的存在。生产要素所有者的收入必须有一部分以社会保险税费的形式上交给有关机构,因此必须进行扣除。(4)转移支付的存在。在现实经济中,个人还会得到政府发放的以失业救济金、退休金等形式体现的转移支付。另一方面政府转移支付(包括公债利息)虽然不属于国民收入(生产要素报酬)却会成为个人收入。因此从国民收入中减去公司未分配利润、公司所得税和社会保险税，加政府转移支付，就得到个人收入。个人收入的计算公式为：

$$PI = NI - 公司未分配利润 - 企业所得税 - 社会保险税 + 政府给个人的转移支付 \tag{10.6}$$

个人收入反映了该国个人的实际购买力水平，预示了未来消费者对于商品、服务等需求的变化。个人收入指标是预测个人的消费能力，未来消费者的购买动向及评估经济情况的好坏的一个有效指标。个人收入提升代表经济情况好转或经济景气，相应的，个人消费支出就有可能增加；相反，个人收入下降是经济放缓、衰退的征兆。

10.2.4　个人可支配收入

个人可支配收入（简写为 PDI），指缴纳了个人所得税以后留下的可为个人所支配的收入。个人可支配收入分为消费和储蓄两部分。个人可支配收入的计算公式为：

$$PDI = PI - 个人所得税 = 消费(C) + 储蓄(S) \tag{10.7}$$

个人可支配收入被认为是消费开支的最重要的决定性因素。因而，常被用来衡量一国生活水平的变化情况。

特别提示

上面介绍的 GDP、GNP、NDP、NI、PI、DPI 每个指标虽然都有各自的含义和作用，但都可以反映国民收入，在这个意义上，一国的总收入、总产出和总支出都是相等的。

从 GDP 到 DPI 的关系分析见右图：其中：
（1）折旧；
（2）间接税、公司转移支付；
（3）公司未分配利润、企业所得税、社会保险税；
（4）政府对企业补贴（转移支付）；
（5）个人所得税；
（6）政府对个人的转移支付；
（7）储蓄；
（8）消费。

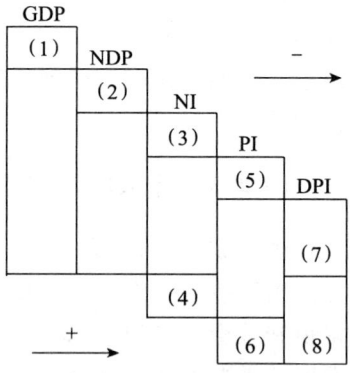

【例 10 - 1】某国最终消费：8000 亿美元，国内私人投资总额：5000 亿美元（其中 1000 亿美元为折旧），政府税收：3000 亿美元（其中间接税为 2000 亿美元，其余为个人所得税），政府支出：3000 亿美元（政府购买：2500 亿美元，转移支付：500 亿美元），出口：2000 亿美元，进口：1500 亿美元；根据以上数据计算该国的 GDP、GNP、NDP、NI、PI 与 DPI。

解答：

GDP = GNP = 8000 + 5000 + 2500 + (2000 − 1500) = 16000
NDP = GDP − 1000 = 16000 − 1000 = 15000
NI = NDP − 2000 = 15000 − 2000 = 13000
PI = NI + 500 = 13000 + 500 = 13500
DPI = PI − (3000 − 2000) = 13500 − 1000 = 12500

国民收入核算中所使用的各种指标从不同方面反映了国民收入总量的变化，其计算方法不同，反映问题的角度和分析评价的要求也不同。因此，在进行国民收入的总量分析时，可以根据不同的分析要求，选择运用不同的总量指标分析说明国民收入在不同情况下的发展变化特征及其变动规律。

 趣味阅读

2016 年全球 GDP 大排行，中国远超日本，高居世界第二

美国：美国的经济依然发达，在世界上还是处于领先的位置，在 2014 年的时候，美国的 GDP 总值达到了 17.42 万亿美元，在 2016 年，美国的 GDP 有望突破 20 万亿美元。不过近些年美国 GDP 增长的速度有些缓慢，不久的将来，中国有望赶超美国，成为世界经济最发达的国家。

中国：中国经济的发展速度非常快，这是不可改变的事实，在 2015 年，中国的 GDP 达到了 676708 亿元，比 2014 年增长了 6.9%，进入 2016 年，以 GDP 增长的幅度来看，有望突破 70 万亿元大关。事实上，中国的 GDP 从 1978 年开始，每年都在递增。自 2006 年之后，中国 GDP 的增长呈直线上升的态势。目前中国 GDP 总值，在世界上已经赶超日本，紧随美国的脚步。

日本：日本的经济发展速度远不及 20 世纪，最近几年，日本的 GDP 非常不稳定，这与日本经济危机有很大的关系。2012 年，日本的 GDP 达到了 5.9 万亿美元，2014 年的时候，日本的 GDP 跌倒了 4 万亿美元。进入 2016 以后，日本的经济并没有得到明显的好转，预计 2016 年，日本的 GDP 将维持在 4 万亿美元左右。

德国：德国的经济远超英国，已经成为欧洲经济最发达的国家。虽然欧洲的经济最近几年非常不稳定，但是德国的 GDP 总值却是逐年增加，2014 年德国的 GDP 总值达到了 3.85 万亿美元，2016 年有望突破 4 万亿美元的大关。

英国：整个欧洲的经济发展形势都不乐观，英国作为早先欧洲经济最发达的国家，在 2014 年 GDP 总值仅为 2.94 万亿美元，该数据还没有超过历史最高值。从英国最近几年的 GDP 来看，英国的经济虽然逐渐走出了低谷，但是上升的空间依然有限，赶超德国已不现实了。在 2016 年，英国 GDP 总值能够保持 2014 年的水准，就很不错了。

10.3 国民收入的基本公式

10.3.1 两部门经济的收入构成及储蓄—投资恒等式

两部门经济是一个假设的经济社会，只有家庭和企业两个部门，不存在政府，没有税收、政府支出及进出口贸易。在这种情况下，国民收入的构成情况将是这样：

一方面，从支出角度来看，由于把企业库存的变动作为存货投资，所以国内生产总值是等于消费加投资，即 $GDP = Y = C + I$。

另一方面，从收入角度看，由于把利润看作最终产品的售价超过工资、利息和租金的余额，所以，国内生产总值就等于总收入。总收入的一部分用来消费，其余部分都作为储蓄。于是，从供给方面看，国民收入的构成就是：$GDP = Y = $ 工资 + 利息 + 租金 + 利润 = 消费 + 储蓄，即 $Y = C + S$。

根据总产出 = 总支出 = 总收入，国内生产总值等于国民收入，因此有：

$GDP = Y = C + I = C + S$

即 $C + I = C + S$

由此得到，$I = S$，这就是两部门经济的投资—储蓄恒等式，即投资 = 私人储蓄，也就表示了整个社会的储蓄（私人储蓄）和整个社会的投资的恒等关系。这种恒等关系就是两部门经济中的总供给（$C + S$）和总需求（$C + I$）的恒等关系。只要遵循这些定义，储蓄和投资就一定相等，而无论经济是处于充分就业状态、通货膨胀状态，还是处于均衡状态。

 特别提示

这里所说的 $I = S$ 是对整个经济而言的，至于个人、个别企业乃至国民经济中的某个部门则可能出现投资不等于储蓄的现象。

10.3.2 三部门经济的收入构成及储蓄—投资恒等式

在两部门经济的基础上加上政府部门的活动，就构成了三部门（消费者、企业和政府）经济。政府支出主要包括政府购买和转移支付。用 G 表示政府购买，用 T 表示政府税收。三部门经济国民收入的构成情况是这样：

一方面，从支出角度来看，国内生产总值等于消费支出、投资支出和政府购买支出的总和，即 $GDP = Y = C + I + G$

另一方面，从收入角度看，国内生产总值仍旧是所有生产要素获得的收入总和，即工资、利息、租金和利润的总和。总收入除了用于消费和储蓄，还先要纳税。但是，居民一方面要纳税，一方面又会得到政府的转移支付收入。税金扣除了转移支付后才是政府的净收入，也就是国民收入中归于政府的部分。假定用 T_0 表示全部税金收入，用 Tr 表示政府转移支付，用 T 表示政府净收入，则 $T = T_0 - Tr$。这样，从收入方面看，国民收入的构成就是：GDP = Y = C + S + T。

根据总产出 = 总支出 = 总收入，国内生产总值等于国民收入。因此有：

GDP = $Y = C + I + G = C + S + T$

即 $C + I + G = C + S + T$

$I + G = S + T$

由此得到，I = S + (T - G)，这里的 (T - G) 可看做政府储蓄，因为 T 是政府净收入，G 是政府购买性支出，二者差额即政府储蓄。该政府储蓄可能是正值，也可能是负值。这就是三部门经济的投资—储蓄恒等式，即投资 = 私人储蓄 + 政府部门的储蓄，也就表示了整个社会的储蓄（私人储蓄和政府储蓄之和）和整个社会的投资的恒等关系。

10.3.3 四部门经济的收入构成及储蓄—投资恒等式

在三部门经济的基础上加上国外部门的活动，就构成了四部门（消费者、企业、政府和国外部门）经济。在四部门经济中，由于有了对外贸易，国民收入的构成要考虑净出口 NX = X - M 的问题。四部门国民收入的构成情况是这样：

一方面，从支出角度来看，国内生产总值等于消费支出、投资支出、政府购买支出和净出口的总和。

GDP = $Y = C + I + G + (X - M)$

另一方面，从收入角度看，国民收入 Y = C + S + T + Kr，这里，C + S + T 的意义和三部门经济一样，Kr 则代表本国居民对外国人的转移支付，例如，对外国遭受灾害时的救济性捐款，这种转移支付也来自生产要素的收入。

总产出 = 总支出 = 总收入，国内生产总值等于国民收入。因此有：

GDP = $Y = C + I + G + (X - M) = C + S + T + Kr$

即 $C + I + G + (X - M) = C + S + T + Kr$

$I + G + (X - M) = S + T + Kr$

由此得到，I = S + (T - G) + (M - X + Kr)，这里的 (T - G) 仍是政府储蓄，(M - X + Kr) 为外国对本国的储蓄，该储蓄可能是正值，也可能是负值。这就是四部门经济的投资—储蓄恒等式，即投资 = 私人储蓄 + 政府部门的储蓄 + 国外部门对本国的储蓄，也就表示了整个社会的储蓄（私人储蓄、政府储蓄和国外部门储蓄之和）和整个社会的投资的恒等关系。

【例 10 - 2】假设国内生产总值是 5000，个人可支配收入是 4100，政府预算赤字是 200，消费是 3800，贸易赤字是 100（单位：万元）。

试计算：（1）私人储蓄；（2）投资；（3）政府支出。

解答：（1）S = DPI − C = 4100 − 3800 = 300（万元）

（2）I = S +（T − G）+（M − X + Kr）= 300 − 200 + 100 = 200（万元）

（3）G = GDP − C − I − NX = 5000 − 3800 − 200 −（−100）= 1100（万元）

10.4 名义 GDP 和实际 GDP

10.4.1 名义 GDP

名义 GDP 也称货币 GDP，是用生产物品和劳务的当年价格计算的全部最终产品的市场价值。名义 GDP 的变动可以有两种原因：一种是实际产量的变动，另一种是价格的变动。也就是说，名义 GDP 的变动既反映了实际产量变动的情况，又反映了价格变动的情况。名义 GDP 是包含价格水平考虑的，如果我们现在的所有价格水平上升 1 倍，则名义 GDP 也要上升 1 倍。所以名义 GDP 有很大的不确定性，尤其在通货膨胀时期。

10.4.2 实际 GDP

名义 GDP 是指按当年价格计算的最终产品的价值。由于相同产品的价格在不同的年份会有所不同，因此，如果用名义 GDP 就无法对国民收入进行历史的比较。为了使一个国家或地区不同年份的 GDP 具有可比性，就需要以某一年的价格水平为基准，各年的 GDP 都按照这一价格水平来计算。这个特定的年份就是基年，基年的价格水平就是所谓的不变价格，按基年的不变价格计算出来的各年最终产品的价值就是实际 GDP。实际 GDP 是指在相同的价格或货币值保持不变的条件下，不同时期所生产的全部产出的实际值。实际 GDP（或 GNP）是国际上公认的反映一国一定时期（年）国民产品总量的最好的综合指标。用绝对值表述时，一般用名义 GDP；反映增长速度时，一般用实际 GDP。

10.4.3 名义 GDP 和实际 GDP 的关系

名义 GDP 和实际 GDP 的关系可以表示为：

名义 GDP = 实际 GDP × GDP 折算指数

GDP 折算指数也称 GDP 价格指数，该指数反映了从基期到当期一个国家物价水平即通货膨胀的变动情况。下面举例说明。

【例 10 − 3】设一经济社会最终产品只有三种，产品 A、产品 B 和产品 C，试计算：

	2015 年		2016 年	
	数量	价格	数量	价格
A	25	1.50	30	1.60
B	50	7.50	60	7.80
C	40	6.00	50	6.20

（1）2016 年的名义 GDP。

（2）以 2015 年作为基期，则 2016 年的实际 GDP 为多少？

（3）以 2015 年作为基期，计算 2016 年的 GDP 折算系数并说明该指数的含义。

解答：（1）2016 年的名义 GDP = 30×1.60 + 60×7.80 + 50×6.20 = 826

（2）以 2015 年作为基期，则 2016 年的实际 GDP = 30×1.50 + 60×7.50 + 50×6.00 = 795

（3）以 2015 年作为基期，则 2016 年的 GDP 折算系数 = 826÷795×100% = 103.9%

2016 年的 GDP 折算系数为 103.9%，说明从 2015 年到 2016 年该国的价格水平上涨了 3.9%，即通货膨胀率为 3.9%。

一个国家在正常经济发展的情况下，由于经济增长往往会引起物价上涨，所以名义 GDP 会大于实际 GDP，但在工业化国家中，名义 GDP 却会滞后于实际 GDP 见底，主要原因在于名义 GDP 的回升还有待于企业利润的数字回升。从这一点来看，虽然实际 GDP 见底，企业的购买力增加，但是随着左右工业化进程、国家经济增速最重要的因素通货膨胀的回落，名义 GDP 反而会出现进一步的回落。

 知识拓展

2016 年中国人均 GDP 世界排名第 69 位

人均国内生产总值（Real GDP per Capita），即"人均 GDP"，常作为发展经济学中衡量经济发展状况的指标，是最重要的宏观经济指标之一，它是人们了解和把握一个国家或地区的宏观经济运行状况的有效工具。

将一个国家核算期内（通常是一年）实现的国内生产总值与这个国家的常住人口（或户籍人口）相比进行计算，得到人均国内生产总值。其是衡量各国人民生活水平的一个标准，为了更加客观的衡量，经常与购买力平价结合。

世界人均 GDP 排名第一位的是卢森堡，其人均 GDP 高达 106728.888 美元，合计人民币为 667055.55 元。第二位是瑞士，第三位挪威，第四位卡塔尔，而世界巨头美国排名第五位，人均 GDP 为 57765.512 美元，合计人民币 361034.45 元。第六位新加坡，第七位冰岛，第八位丹麦，第九位爱尔兰，第十位澳大利亚。而中国则排名世界第 69 位，人均 GDP 8865.999 美元，显然我国和经济发达国家还有着很大的差距。俄罗斯以人均 8058.263 美元排名 74 位，低于中国。

10.5　GDP 指标的评价

10.5.1　GDP 的重要性

GDP 作为衡量宏观经济总量的统计指标，其为决策者判断经济冷热、决定政策取向并精细调整力度与节奏提供了依据，被誉为是 20 世纪最伟大的发明之一，具体体现在：

1. GDP 为人们了解、评判和预测经济运行总趋势提供了关键信息。GDP 准确记录了特定地理范围内的绝大部分经济活动，并最大限度地予以综合，成为诊断经济总趋势的关键指标。GDP 就像灯塔一样，指引政策制定者判断经济冷热、决定政策取向并精细调整力度与节奏，也帮助企业分析市场机遇和挑战，做出于己有利的商业决策。

2. GDP 引导市场主体理性决策，有利于经济平稳运行。典型例子如美国。在 1945 年之前的 92 年间，美国经济出现 6 次严重萧条，其中最严重的是 1932 年，GDP 比上年下降 13%，平均每次持续约 36 个月。而在 1959 年至今的 58 年间，衰退仅 5 次，其中 GDP 降幅最大的是 2009 年，仅 2.8%。

3. 以市场为核心理念的 GDP 核算不断完善，对市场良治起到积极作用，促进了全球经济的市场化。截至 2012 年，除个别国家外，市场体制已一统世界经济，200 多个国家和地区向联合国统计司报告 GDP 数据。

4. GDP 核算为未来加强幸福感测度奠定了良好的基础。经济福利是幸福感最基本的维度，同 GDP 现有核算重心"经济生产"的关系密切。因此，幸福感测度将来不论以何种方式推进，都会从现有的 GDP 核算中获益良多。

正是因为上述成就，诺贝尔经济学奖获得者保罗·萨缪尔森认为，GDP 是 20 世纪最伟大的发明之一。20 世纪 30 年代，GDP 等经济总量指标诞生之时，正是凯恩斯发表现代宏观经济学奠基之作《就业、利息、货币通论》之际。从此，GDP 核算与现代宏观经济学相互促进，共同发展，成为现代宏观经济分析的支柱，而宏观经济学也成为全球人文社会科学领域内经世济用的超级"显学"。

10.5.2　GDP 的局限性

GDP 的设计初衷注定它非万能指标，其局限性显而易见。GDP 自诞生以来，受到广泛质疑，其中有三次高潮，分别发生在 20 世纪 70 年代中期、80 年代后期和 2008 年前后。

20 世纪 70 年代，面对"石油危机"的巨大冲击，质疑者认为经济增长正面临资源供给日趋"有限"的约束，从而要求 GDP 指标应更多地关注人类社会进步而不仅仅是经济成就,并提出经济福利指标(NEW)等替代指标。

20世纪80年代后期,人类经济活动对生态环境的负面影响逐渐显露,加上欧美增长放缓、经济不安全感上升,质疑者再次提出GDP的补充或替代指标,如联合国1990年提出的"人文发展指数"(HDI)。该指数是由GDP、健康与教育成就等非常简洁的信息综合而成,提高了人类对生活质量改善等非经济维度的重视。

2000年以来,人们对部分官方统计数字的信任下降,受此牵连,GDP的可信度也下降了。事实上,国民经济核算专家一再提醒,用户要注意GDP作为社会进步或者福利指标的局限性。GDP本意旨在测度经济活动,尤其是产生货币交易的经济活动。它的局限性主要体现在以下几个方面:

1. GDP不能反映社会成本。例如,某地赌博和黄色交易盛行,也许GDP水平很高,但并不能说明该地区经济发展能给人们带来幸福,而只能说明社会生活腐朽。

2. GDP不能反映经济增长方式付出的代价。例如,如果只顾经济总量和速度增长,而不顾环境污染、生态破坏,那么,经济可能增长了,但环境可能严重污染了,今天GDP上去了,明天可能要为治理污染付出比今天增加的GDP几倍的成本。

3. GDP不能反映经济增长的效率和效益。例如,如果为了经济增长有高速度而拼命消耗资源,对资源采取低效的、掠夺式的利用,那么,可能一时经济上去了,以后经济持续增长的后劲和潜力却丧失了。

4. GDP不能反映人们的生活质量。例如,两个生产了同样多GDP的国家,如果一国国民十分健康,人均寿命很长,享有较多闲暇,而另一国国民劳动十分紧张,疲于奔命,人均寿命也短,那么,前一国国民显然比后一国国民幸福得多。

5. GDP不能反映社会收入和财富分配的状况。例如,即使两国人均GDP水平相同,但一国贫富差距比另一国大得多,显然,前一国的社会总福利要比后一国小得多。

6. GDP不能充分反映快速变化的经济结构。服务在经济活动中的比重日益增加,但GDP没有很好地解决服务价值测度中的质量与效率难题。

7. GDP未能充分反映日益重要的产品质量要义。在某些国家,产品质量的重要性甚至超过产品数量的重要性。GDP核算假设同一商品或服务的质量在不同时期是相同的。

8. GDP未能恰当地利用市场价格。有些市场价格夸大了利润和产出,形成了"泡沫",很容易导致危机。有些市场交易价格可能偏离社会的基本估价,比如复杂的金融产品和电信服务。

 知识拓展

GDP不是万能的,但没有GDP是万万不能的

德国学者厄恩斯特·冯·魏茨察克和两位美国学者艾墨里·洛文斯、亨特·洛文斯在他们合著的《四倍跃进》中对GDP在衡量经济增长中的作用提出了诘

难,他们生动地写道:"乡间小路上,两辆汽车静静驶过,一切平安无事,它们对GDP的贡献几乎为零。但是,其中一个司机由于疏忽,突然将车开向路的另一侧,连同到达的第三辆汽车,造成了一起恶性交通事故。'好极了',GDP说。因为,随之而来的是:救护车、医生、护士、意外事故服务中心、汽车修理或买新车、法律诉讼、亲属探视伤者、损失赔偿、保险代理、新闻报道等等,所有这些都被看作是正式的职业行为,都是有偿服务。即使任何参与方都没有因此而提高生活水平,甚至有些还蒙受了巨大损失,但我们的'财富'——所谓的GDP依然在增加。"1998年湖北发了大水,遭了大灾,湖北的经济增长速度却提高到了13%。基于以上的分析,三位学者深刻地指出:"平心而论,GDP并没有定义成度量财富或福利的指标,而只是用来衡量那些易于度量的经济活动的营业额。"需要进一步指出的是,国内生产总值其中所包括的外资企业虽然在我们境内从统计学的意义上给我们创造了GDP,但利润却是汇回他们自己国家的。一句话,他们把GDP留给了我们,把利润转回了自己的国家,这就如同在天津打工的安徽民工把GDP留给了天津,把挣的钱汇回了安徽一样。

看来GDP只是一个"营业额",不能反映环境污染的程度,不能反映资源的浪费程度,看不出支撑GDP的"物质"内容。在当今中国,资源浪费的亮点工程、半截子工程,都可以算在GDP中,都可以增加GDP。尽管GDP存在着种种缺陷,但这个世界上本来就不存在一种包罗万象、反映一切的经济指标,在我们现在使用的所有描述和衡量一国经济发展状况的指标体系中,GDP无疑是最重要的一个指标。正因为有这些作用,所以我说,GDP不是万能的,但没有GDP是万万不能的。

10.5.3 GDP的展望

人类社会发展到当前阶段,对幸福感的需求越来越大。但是,普通人幸福感或国民福利同生产之间的差异越来越大。幸福包括如下维度的内容:物质生活水平(财富、收入、消费)、健康、教育、个人活动(含工作);政治发言权和治理;社会联系和关系;环境;经济和人身安全。可以看到,许多维度在传统的生产测度中被忽视了。人类发展和社会进步测度的重心从"经济生产"转向"世代幸福或可持续的幸福"。GDP在未来统计系统中仍具有重要作用,但需围绕"幸福"理念进一步改善。

目前,一些国家解决经济福利和社会进步测度的办法有如下数种。

1. 将经济福利和社会进步众多指标约化为类似于GDP的单一指标。比如,建立国民幸福总值(GNH)。不丹国王在20世纪70年代宣布,他的目标不是增加GDP,而是GNH。

2. 建立卫星账户和社会统计。这在联合国SNA—2008版本和许多其他国际组织中都有体现。缺点是众多指标比较分散,不利于综合评估和国际比较。

3. 拓展现有国民账户实践。在完善相关统计技术的前提下，编制"校正"后的 GDP 指数。

4. 合成必要的分项指数，建立综合指数。现有很多福利指数属于这一类型。缺点是在确定分项指数的加总权数时具有主观性。例如，绿色 GDP 概念的引进，绿色 GDP 是指用以衡量各国扣除自然资产损失后新创造的真实国民财富的总量核算指标。简单地讲，就是从现行统计的 GDP 中，扣除由于环境污染、自然资源退化、教育低下、人口数量失控、管理不善等因素引起的经济损失成本，从而得出真实的国民财富总量。世界银行 1997 年开始利用绿色 GDP 来衡量一国的真实财富，但由于扣除项目的主观性，目前绿色 GDP 在核算上还存在不少技术难题。

5. 即时解读福利的客观测度结果，而不是建立福利指数。比如 2008 年美国政府开始研究建立"关键的国家指标体系"，拟在传统 GDP 统计标准上新增 100 多个数据点。

趣味阅读

GDP 与幸福指数

GDP 指数是很多人热衷的话题，也是相当数量官员的政绩，为这倒霉的 GDP 指数，不知有多少人曾如同网迷往 BBS 中灌水一样往 GDP 指数中灌水，这也是从来不给人题词的朱镕基在任总理期间，三次题词"不做假账"的重要原因之一。而真要不做假账确实不易，只要是和官运相连的东西，总会有人将其弄得花团锦簇。问题是这 GDP 指数真的很宝贝？只要 GDP 指数上去了，人们的幸福指数就能水涨船高？

有人曾就 GDP 的增长举过这样的例子：一辆轿车在路上正常行驶，这时，除了汽油的燃烧直接与 GDP 相关外，其他基本上与 GDP 没有太多关联。可当这辆轿车发生车祸时，一系列的 GDP 就发生了。前不久，江苏电视台"非常周末"的节目主持人张涛因车祸去世，他的死比一般非名人的车祸更能拉动 GDP，可这是种怎样痛苦的拉动却是很难估计的。当然车祸有极大的偶然性，任何一个想把 GDP 搞上去的人也不能对此寄予厚望。可看到几乎是接二连三的小煤窑甚至中等煤矿发生的矿难，一下子就是十几甚至几十个人失踪或遇难，难道还不该反思一下只强调 GDP 的害处？问题其实远不止于此，为了 GDP，中国的环境受到了多大的破坏，很难给出一个切实的答复，但从日常生活中不难感受到污染的严重性。在一些水乡，地表水已经全部污染，只能依靠深井取水。这或许也增加了 GDP，可地表的沉降足以让人惴惴不安。如果再想到农村，想到那些为了 GDP 失去了土地的农民，真没有理由为 GDP 的攀升而欢呼。

幸福指数虽说和 GDP 指数有很大关系，但二者的差别仍然是明显的。和平安宁的生活环境、接受教育的机会和就业发展的机会、开放的社会、贴近民众的政府，在经济、文化、科技、政治、社会各个领域公平竞争和有更多的个人选择，批评官员不当行为而不受打击报复的保障，社会贫富差距适度等。没有这些，即使 GDP 指数上去了，社会仍然会潜存着很多不安定的因素，人们的心里不会因为 GDP 的增长而充满幸福感。就目前的实际看，人们对幸福指数思之不多，片面地将 GDP 指数当作了社会发展的全部，这种只强调一点而不及其他的思路于社会的协调发展是不利的，财富可以换来很多东西，但未必能买到幸福，这是一个十分浅显的道理。

中国曾经吃够了贫穷的苦头，就是今天也不能说完全摆脱了贫穷的阴影。为摆脱贫穷而追求 GDP 本无错，但放到绝对位置，将会掩盖很多东西，也一定会使经济本身受伤。在今天已经有了相当物质基础的时候，该想想幸福指数这档子事了，因为所有的追求，包括对 GDP 的渴望都是为了幸福，人没有任何理由只注重手段而不在乎目的。

本章小结

本章主要学习了 GDP 的概念、GDP 和 GNP 的联系和区别、核算 GDP 的两种方法、衡量国民收入的其他指标、国民收入核算的恒等关系、名义 GDP 和实际 GDP 的计算、GDP 指标的评价等知识。

重要概念

GDP　GNP　NDP　NNP　NI　PI　DPI　收入法　支出法　中间产品　最终产品　存量　流量　消费　投资　重置投资　政府购买　转移支付　间接税　直接税　净出口　名义 GDP　实际 GDP　GDP 平减指数　绿色 GDP

 **单选题**

1. 国内生产总值是（　　）的市场价值。
   A. 一年内一个经济中生产的所有最终产品和劳务
   B. 一年内一个经济中交换的所有产品和劳务
   C. 一年内一个经济中交换的所有最终产品和劳务
   D. 一年内一个经济中的所有交易

2. GDP 账户不反映（　　）交易。

A. 卖掉以前拥有的住房时，付给房地产经纪商 6% 的佣金

B. 网上游戏赢得的 100 元

C. 新建但未销售的住房

D. 向管道工支付维修管道的工资

3. 当实际 GDP 为 175 亿美元，GDP 折算指数为 160 时，名义 GDP 为（   ）。

A. 110 亿美元　　　　　　　　B. 157 亿美元

C. 280 亿美元　　　　　　　　D. 175 亿美元

4. 一国的国民生产总值小于国内生产总值，说明该国公民从外国取得的收入（   ）外国公民从该国取得的收入。

A. 大于　　　　　　　　　　　B. 小于

C. 等于　　　　　　　　　　　D. 可能大于也可能小于

5. 面粉是中间产品这一命题（   ）。

A. 一定是对的　　　　　　　　B. 一定是错的

C. 可能对可能错　　　　　　　D. 以上三种说法都对

6. 在国民收入核算中，个人收入包括（   ）。

A. 社会保险金　　　　　　　　B. 公司所得税

C. 公司未分配利润　　　　　　D. 政府转移支付

7. 下面不属于总需求的是（   ）。

A. 政府购买　　　　　　　　　B. 税收

C. 净出口　　　　　　　　　　D. 投资

8. 用支出法计算的 GDP 的公式为（   ）。

A. GDP = C + I + G + (X − M)　　B. GDP = C + S + G + (X − M)

C. GDP = C + I + T + (X − M)　　D. GDP = C + I + G + (M − X)

9. GDP 和 NDP 中间的差别是（   ）。

A. 间接税　　　　　　　　　　B. 折旧

C. 直接税　　　　　　　　　　D. 净出口

10. 今年的名义 GDP 大于去年的名义 GDP，说明（   ）。

A. 今年物价水平一定比去年高了

B. 今年生产的物品和服务的总量一定比去年增加了

C. 今年物价水平和产品总量一定都比去年提高了

D. 以上三种说法都不一定对

判断题

1. 厂商所购买的产品一定是中间产品。（   ）

2. GDP 是流量的概念。（   ）

3. 一个在中国工作的美国人的收入计入美国的 GDP，中国的 GNP。（   ）

4. 个人收入是个人可以随意用来消费和储蓄的收入。 （   ）
5. 三部门经济的投资—储蓄恒等式是 I = S + (T − G)。 （   ）

简答题

1. 在计算 GDP 时，为什么把中间产品排除在外？
2. 简述 GDP 和 GNP 的联系和区别。
3. 简单评价 GDP 指标。

计算题

1. 某国某年经济统计数据如表所示：（单位：亿元）

家庭消费支出	2060	公司所得税	220
私人部门总投资	590	间接税	250
社会保险费	80	政府购买	590
公债利息	30	个人所得税	290
政府转移支付	200	资本折旧	210
公司未分配利润	130	净出口	40

请计算：

（1）GDP。（2）NDP。（3）NI。（4）PI。（5）DPI。

2. 设一经济社会生产 3 种产品，它们在 2010 年和 2016 年的产量和价格分别如表所示：

	2010 年		2016 年	
	数量	价格	数量	价格
A	20	1.00	25	1.10
B	50	2.50	60	3.00
C	30	4.00	40	4.50

请计算：

（1）2016 年的名义 GDP。

（2）以 2010 年作为基期，则 2016 年的实际 GDP 为多少？

（3）以 2010 年作为基期，计算 2016 年的 GDP 折算系数。

3. 假定 A 为 B 提供服务应得报酬 400 美元，B 为 A 提供服务应得报酬 300 美元，AB 商定相互抵消 300 美元，结果 A 只收 B 100 美元。应如何计入 GNP？

第 11 章

简单国民收入决定理论

 **内容提要**

本章主要讲解产品市场国民收入决定理论，介绍了均衡产出、消费函数、储蓄函数、国民收入决定及乘数理论等内容，其中，国民收入决定理论主要涉及两部门及三部门经济，乘数理论主要研究定量税下的各种乘数。

 重点难点

本章的重点为均衡产出、凯恩斯的消费函数、两部门及三部门国民收入决定理论。本章难点为乘数理论的理解及计算，其中平衡预算乘数的理解及计算较难掌握。

 学习目标

通过本章学习，学生应掌握均衡产出的概念、凯恩斯的消费函数、消费函数与储蓄函数之间的关系，能够计算两部门及三部门国民收入的决定及定量税条件下的各种乘数，了解四部门国民收入的决定及平衡预算乘数的计算。

知识框架

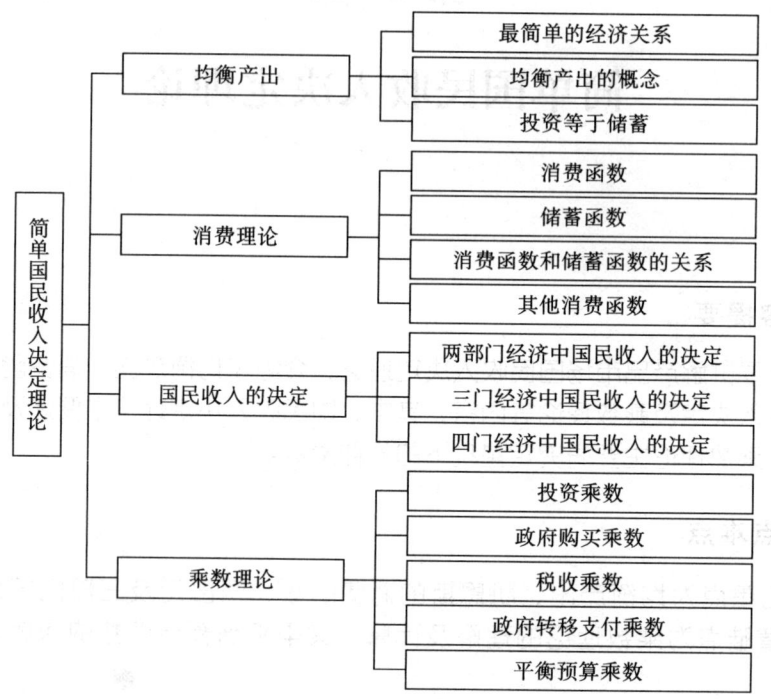

 引入案例

破窗经济

一个小流氓打破了商店的一块玻璃，逃跑了。店主无奈只好花1000元买一块玻璃换上。玻璃店老板得到这1000元收入。假设他支出其中的80%，即800元用于买衣服，服装店老板得到800元收入。再假设服装店老板用这笔收入的80%，即640元用于买食物，食品店老板得到640元收入。他又把这640元中的80%用于支出……如此一直下去，你会发现，最初是商店老板支出1000元，但经过不同行业老板的收入与支出行为之后，总收入增加了5000元。其原因何在呢？

11.1 均衡产出

11.1.1 最简单的经济关系

现代西方宏观经济学的奠基人凯恩斯的学说的中心内容就是国民收入决定理论。凯恩斯主义的全部理论涉及四个市场：产品市场、货币市场、劳动市场和国际市场。仅包括产品市场的理论称为简单的国民收入决定理论。

说明一个国家的生产或收入如何决定，要从分析最简单的经济关系开始。为此，需要先做假设：

1. 假设经济中只存在家户部门和企业部门

经济中不存在政府，也不存在对外贸易，消费行为和储蓄行为都发生在家户部门，生产和投资行为都发生在企业部门。还假定企业投资是自发的或外生的，即不随利率和产量而变动，这样简单的经济关系称为两部门经济。

2. 假设不论需求量为多少，经济社会均能以不变的价格提供相应的供给量

也就是说，当社会总需求变动时，只会引起产量和收入的变动，使供求相等，而不会引起价格的变动，这在西方经济学中有时被称为凯恩斯定律。凯恩斯写作《就业、利息和货币通论》时，面对的是1929~1933年的大萧条，工人大批失业，资源大量闲置。在这种情况下，社会总需求增加时，只会使闲置的资源得到利用，生产增加，而不会使资源的价格上升，从而产品成本和价格大体上能保持不变。这条所谓凯恩斯定律被认为是适用于短期分析，即分析的是短期中收入和就业如何决定。因为在短期生产中，价格不易变动，或者说具有粘性，当社会需求变动时，企业首先考虑的是调整产量，而不是改变价格。

3. 假定折旧和公司未分配利润为零

这样，GDP、NDP、NI、PI就都相等。

11.1.2 均衡产出

均衡产出是和总需求相一致的产出，也就是经济社会的收入正好等于全体居民和企业想要有的支出。这里的总需求是指整个社会意愿的有效需求，而不是国民经济统计中的现实总需求。

一个社会的产出取决于总需求，企业根据总需求（产品销路）来安排生产。当企业产出 > 总需求时，企业非计划（非意愿）存货增加，则减少生产；当企业产出 < 总需求时，企业库存减少，则增加生产；当企业产出 = 总需求时，企业生产稳定下来，此时的产出叫做均衡产出。

$$y = c + i \tag{11.1}$$

这里的 y、c、i 都是用小写字母表示，分别代表剔除了价格变动的实际产出或收入、实际消费和实际投资，而不是用大写字母表示的名义产出、消费和投资。c 和 i 代表的是居民和企业实际想要有的消费和投资，即意愿消费和投资的数量，而不是国民收入构成公式中实际发生的消费和投资。

如图 11-1 所示：Y 代表收入，AE 代表支出，E 点为均衡产出，总需求等于总产出，总需求和总产出的差为非计划存货增加量 $IU = Y - AE$。均衡时，非计划的存货变化等于 0；$Y > AE$ 表明存在非计划的库存投资，厂商减少生产直到产出与总需求再度均衡为止；$Y < AE$，库存减少直至均衡再度恢复为止。所以，均衡产出水平决定于总需求或者总支出水平。

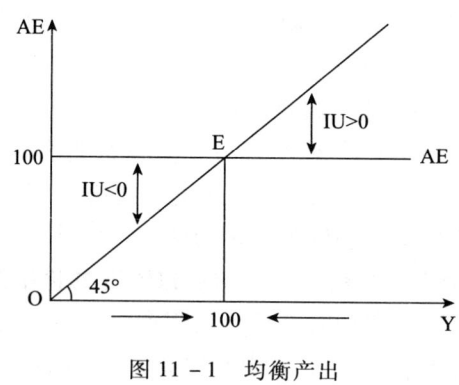

图 11-1　均衡产出

11.1.3　投资等于储蓄

若用 E 代表支出，y 代表收入，则经济均衡的条件是 $E = y$，也可以用 $i = s$ 来表示。

因为：(1) 计划支出等于计划消费加投资，即 $E = c + i$；(2) 生产所创造的收入等于计划消费加计划储蓄，即 $y = c + s$（这里的 y、c、s 也都是剔除了价格变动的实际收入、实际消费和实际储蓄）。因此，$E = y$ 也就是 $c + i = c + s$，等式两边消去 c，即可得 $i = s$。

需再次说明，这里的投资等于储蓄，是指经济要达到均衡，计划投资必须等于计划储蓄。而国民收入核算中的 $i = s$，则是指实际发生的投资（包括计划和非计划存货投资在内）始终等于储蓄。前者为均衡的条件，即计划投资不一定等于计划储蓄，只有二者相等时，收入才处于均衡状态；而后者所指的是实际投资和实际储蓄是根据定义而得到的实际数字，从而必然相等。

11.2　消费理论

11.2.1　消费函数

消费函数是反映人们的消费支出与决定消费的各种因素之间的依存关系，是消费者行为数量研究的重要组成部分。决定消费水平的因素很多,如收入、财产、利率、收入分布等,其中收入是最根本的因素。因此,消费函数实质上是指消费与收入之间的函数关系。

凯恩斯的消费函数理论是他在《就业、利息和货币通论》(1936)一书中提出:总消费是总收入的函数。这一思想用线性函数形式表示为:

$$C_t = a + byt \tag{11.2}$$

式中,C——总消费;y——总收入;下标 t——时期;a、b——参数。a 是自发性消费,参数 b 称为边际消费倾向,其值介于 0 与 1 之间。

凯恩斯的这个消费函数仅仅以收入来解释消费,被称为绝对收入假说。如图 11-2 所示。

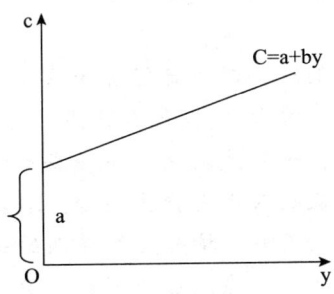

图 11-2 消费函数

这里的 b 是边际消费倾向 MPC,指增加的消费和增加的收入之间的比率,也就是增加的 1 单位收入中用于增加消费部分的比率。MPC 是消费曲线的斜率,它的数值通常是大于 0 而小于 1 的正数,这表明,消费是随收入增加而相应增加的,但消费增加的幅度低于收入增加的幅度,即边际消费倾向是随收入的增加而递减的。用公式表示就是:

$$MPC = \Delta c / \Delta y \tag{11.3}$$

【例 11-1】 收入从 2 万元增加到 3 万亿元,消费从 1.5 万元增加到 2 万亿元,边际消费倾向 b 就是 0.5。

平均消费倾向 APC(Average Propensity Consume)又称消费倾向,是指任一收入水平上消费支出在可支配收入中的比率,如用公式表示则是:

$$APC = c / y \tag{11.4}$$

【例 11-2】 一个社会收入为 2 万亿元,消费支出为 1.5 万亿元,平均消费倾向就是 0.75。

平均消费倾向 APC 和边际消费倾向 MPC 是递减的,即由于收入增加,消费也增加,但消费增长幅度要小于收入增长幅度(APC 递减),并且越来越小(MPC 递减)。APC 和 MPC 递减是凯恩斯的重要观点,是凯恩斯解释有效需求不足的三大规律之一。

> 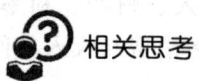 **相关思考**
>
> ### 假日经济有多大作用
>
> "五一"、"十一"、春节长假期间,外出旅游的人增加,商店的顾客也人头攒动。于是,人们把拉动经济的希望寄托在假日带动消费上,并称之为假日经济。其实假日经济尽管很火也不过几十亿元而已,更别说假日之后还会冷淡。假日经济这匹小马怎么能拉动经济这部大车呢?我们只要对消费函数理论有所了解,就能知道把经济振兴的希望寄托于假日不过是一厢情愿的南柯一梦。经济学家认为,影响消费的因素很多,但最重要的还是收入水平。人们的消费支出与收入水平之间的关系就是消费函数。
>
> 消费函数理论有助于我们深化对假日经济的认识。既然消费取决于收入而不是有没有时间消费,那么,如果收入水平不提高,就很难增加消费了。或者说,刺激消费的方法是增加收入,而不是放假。现在我们经济中的消费不足不在于高收入者没时间消费,而在于低收入者没钱去消费。当城市中失业人口和低收入者数量居高不下时,放假有什么用呢?特别应该强调的是,农村人口占我国人口的绝大部分,是我们消费的主力军。自从改革开放以来,农民解决了温饱问题,这是一个巨大的历史进步。但由于各种原因,农民收入增加缓慢,有些地区甚至出现了农民实际收入水平下降的情况。许多人强调启动农村消费市场,但总是启而不动。其原因就在于农民收入增长缓慢。不从根本上解决低收入者,尤其是农民的收入增加问题,恐怕刺激消费无从谈起。

11.2.2 储蓄函数

储蓄与决定储蓄的各种因素之间的依存关系,是现代西方经济学的基本分析工具之一。由于在研究国民收入决定时,假定储蓄只受收入的影响,故储蓄函数又可定义为储蓄与收入之间的依存关系。一般说来,在其他条件不变的情况下,储蓄随收入的变化而同方向变化,即:收入增加,储蓄也增加;收入减少,储蓄也减少。但二者之间并不按同一比例变动。设 s 代表储蓄,y 代表收入,则储蓄函数的公式为:

$$s = s(y)$$

西方经济学家认为,储蓄函数不是单独存在的,而是依赖于消费函数。储蓄可定义为收入减消费,即收入中未被消费的部分。所以,储蓄函数又可以由消费函数推导出来:

$$s = y - c$$
$$s = y - (a + by)$$
$$s = -a + (1 - b)y \tag{11.5}$$

式中，s——实际储蓄量；y——实际收入量；1-b——边际储蓄倾向，其值一般为正数值，但小于1，即 0<1-b<1；-a——收入为零时的储蓄量。

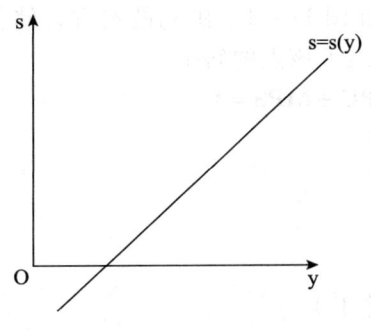

图 11-3　储蓄函数

边际储蓄倾向 MPS（Marginal Propensity Save）指收入增加引起的储蓄增量，即储蓄曲线上某点储蓄增量对收入增量的比率，其公式为：

$$MPS = \triangle s / \triangle y = ds/dy \tag{11.6}$$

MPS 是储蓄曲线上任一点的斜率，斜率不变，APS 随收入增加而递增（原因在于储蓄是收入中未被消费的部分，既然消费随收入增加的比率是递减的，则可知储蓄随收入增加的比率递增）。

平均储蓄倾向 APS（Average Propensity to Save）指任意收入水平上储蓄总量在收入总量中所占比例，它是储蓄曲线上任意一点与原点相连而成射线的斜率，其公式为：

$$APS = s/y \tag{11.7}$$

11.2.3　消费函数和储蓄函数的关系

1. 消费函数和储蓄函数互为补数，两者之和恒等于收入

$y = c + s$

图 11-4 中，收入为 y_0 时，即消费支出等于收入，储蓄为零。在 A 点左方，消费曲线 c 位于45°线之上，表明消费大于收入，因此，储蓄曲线 s 位于横轴下方；在 A 点右方，消费曲线 c 位于45°线之下，因此，储蓄曲线 s 位于横轴上方。

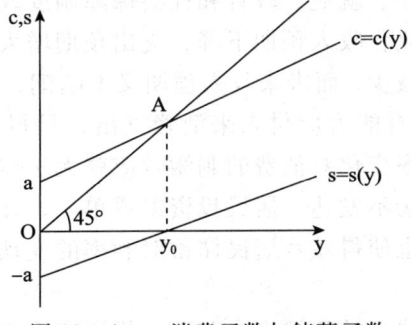

图 11-4　消费函数与储蓄函数

2. APC > MPC 且 APS < MPS

APC 和 MPC 都随收入增加而递减，但 APC > MPC；APS 和 MPS 都随收入增加而递增，但 APS < MPS，表现在图 11-4，在 y_0 的右方，储蓄曲线上任一点与原点连成的射线的斜率总小于储蓄曲线上该点的斜率。

3. APC + APS = 1 且 MPC + MPS = 1

APC 和 APS 之和恒等于 1

∵ $c + s = y$

$c/y + s/y = 1$

∴ APC + APS = 1

MPC 和 MPS 之和也恒等于 1

∵ $\triangle c + \triangle s = \triangle y$

$\triangle c/\triangle y + \triangle s/\triangle y = 1$

∴ MPC + MPS = 1

根据以上特点，消费函数和储蓄函数只要有一个被确定，另一个就会随之被确定，当消费函数已知时，就可求出储蓄函数；当储蓄函数已知时，也可求出消费函数。

11.2.4 影响消费的其他因素

1. 利息率

从理论上讲，利息率对消费的影响是不确定的，利息率对消费有相互抵消的负替代效应和正收入效应，如果收入效应占主导，那么利息率对消费的影响为正，反之为负。如果利率下调，会同时产生这两种效应。替代效应是指利率下调降低了当期消费的价格，提高了未来消费的价格，这促使人们选择减少储蓄而增加消费。收入效应是指利率下调，未来财富收入减少，这将使居民倾向于减少现期消费而增加储蓄。一般来讲，在确定性条件下，替代效应要大于收入效应，利率下调有助于刺激消费；而在不确定性情况下，利率下调预示着未来不确定的财富收入减少，此时，收入效应大于替代效应，消费者被迫减少当期消费。

对于正处在经济转型期的我国来说，与后者的情形基本相符。随着改革进程的不断推进，特别是住房、医疗、就业、教育和社会保障制度改革的逐步深入，城乡居民收入的不确定性进一步强化，收入预期下降，支出预期增大。由于利率的下降，消费者预防性储蓄的未来价值减少，而未来收入预期又不明朗，在此情况下，消费者为了保持其财富价值量不变，有能力应付未来消费支出，只得被迫减少当期消费，增加储蓄。于是传统意义上利率变化对消费的刺激效应就无法体现出来了。此外，我国经济金融化程度低，资本市场不发达，居民投资渠道单一，金融资产结构不能适应经济发展的需要等客观现实，也使得城乡居民储蓄对利率的变动不敏感。

2. 政府支出

政府支出包括政府消费、转移性支出和政府投资三个部分。政府消费和转移性支出对居民消费都有直接影响，特别是与公共服务相关的政府消费和转移性支出对居民消费的影响尤为明显。国际经验表明，政府在教育、医疗卫生、社会保障等公共服务方面支出的增加，不仅可以部分替代居民在这方面的消费，间接增加居民收入，而且还会减少居民对未来不确定性的担心，进而增加其他消费。政府投资对居民消费的影响，在于如果政府投资的增加具有所谓的支出"乘数效用"，即能够带来就业增加、国民收入上升等良性的结果，从而导致消费的提高。如果政府财政投资的增加导致的价格水平或者实际利率水平的上升的效果更明显的话，有可能反而会拉低消费，即形成所谓的"挤出效应"。

3. 年龄结构

在影响居民消费的众多因素中，人口老龄化近年来受到政府部门、学术界和企业界的关注。生命周期假说强调了人口年龄结构的重要性，如果处于工作年龄的人群占很高的比例，由于工人要为他们退休后存款，那么这个经济将会有高的私人储蓄率；反之，如果这些人到达退休年龄并消费的话，总储蓄率将下降而总消费率将上升。人口老龄化对消费的总效应取决于老龄化正负效应的大小，老龄化正负效应不确定，因此，老龄化总效应的正负也无法判别。在老龄化初期，老龄化对劳动生产率、储蓄率的影响有限，对居民收入水平提升影响不大，此时老龄化的总效应可能表现出正效应。反之，如果老龄化引起的劳动生产率、储蓄率下降幅度过大，这势必影响整个国家人均国民收入，从而使老龄化的总效应为负值。

4. 通货膨胀

通货膨胀是指社会商品和劳务的一般价格水平或平均价格水平持续上升的现象。通货膨胀对居民消费的影响可用消费物价指数（CPI）来衡量，它是衡量各个时期居民个人消费的商品和劳务价格变化的指标。通货膨胀是经济生活中的一种常见现象，轻微通货膨胀是正常的，并且有刺激经济发展的积极作用。但是，当通货膨胀率持续走高时，其不利影响也是显而易见的。物价上涨将导致实际工资的下降。通货膨胀使得以固定收入为主的居民，在收入未跟随物价上涨时，实际工资相对下降，从而货币购买力下降，货币财富将缩水，消费水平也随之降低。也就是说，在通货膨胀的大环境下，居民的生活成本会增加，这使得居民在消费上更多地将财产使用在衣食住行中，尽量减少其他消费来保持收支平衡，这并不利于拉动中国的市场经济。

5. 社会保障

由于我国的社会保障体系一直处于不断的变革中，加之近几年来国内消费一直萎靡不振，内需驱动型的经济增长模式的转变为我国经济增长的必然之路，转变的一个重要前提是国民要具有稳定的安全预期，而只有很好的社会保障才能给全体国民带来普遍的安全感。因此社会保障会对居民消费有正向的积极作用。尽管我国呈现城乡二元的社会保障制度和城乡二元的消费结构，但随着经济的发展以及社会保障制度的完善和一体化步伐的加快，总体上社会保障对居民消费的拉动是必然的趋势。

扩大内需的核心就是促进消费，一方面通过投资实现，另一方面也包括居民用于住房、日常生活等各方面的消费。消费增长不但有利于增加就业，也有利于促进人民生活质量的提高。通过以上对消费影响因素的分析，可知我们要刺激消费、扩大内需必须注意人们的消费习惯和消费行为，经济政策要能够引导和激励居民的消费行为才能真正发挥调节经济的作用。

11.2.5 其他消费理论

1. 相对收入消费理论

该理论是美国经济学家杜森贝利（J. S. Duesenberry）在《收入、储蓄的消费行为理论》中提出来的。在指出凯恩斯的错误假设的基础上，杜森贝利提出消费并不取决于现期绝对收入水平，而是取决于相对收入水平，即相对于其他人的收入水平和相对于本人历史上最高的收入水平。

根据相对收入假设，杜森贝利认为，人们的消费会相互影响，有攀比倾向，即"示范效应"，人们的消费不决定于其绝对收入水平，而决定于同别人相比的相对收入水平。同时，消费具有习惯性，某期消费不仅受当期收入的影响，而且受过去所达到的最高收入和最高消费的影响，消费具有不可逆性，即所谓"棘轮效应"。

2. 生命期的消费理论

生命周期消费理论是由诺贝尔经济学奖获得者莫迪里安尼在20世纪50年代创立的。该理论认为，人生分为青年、壮年、老年三个阶段，消费者总是要估算一生总收入并考虑在人生过程中如何合理分配自己的收入，以获得一生中最大的消费满足。

生命周期理论认为，当人们年轻的时候，其收入也是较低的，因此，他们也要举债消费，是为负储蓄。第二阶段，即工作年龄阶段，在西方国家大约40－60岁时收入达到高峰，在这个阶段他们一方面偿还原先消费时借的债务，另一方面为今后退休收入减少进行储蓄。人生的第三阶段为退休阶段，收入减少，开始消费青壮年时的储蓄。根据这种理论，如果社会上年轻人和老人比例增加，则消费倾向会提高，如果社会上中年人比例增大，则消费倾向下降。

生命周期理论的重要贡献在于：它发现家庭的收入变化在一个人的生命周期内是有规律可循的，因此，一个人的储蓄状态取决于他所处的生命周期的具体阶段；同时，它揭示了一个国家的国民储蓄与该国人的年龄构成之间的关系。该理论的一个致命缺陷是假定生命周期结束时，拥有的财富为零，这显然与现实社会不符。

生命周期消费理论也分析了其他一些影响消费与储蓄的因素，比如高遗产税率会促使人们减少欲留给后代的遗产从而增加消费，而低的遗产税率则对人们的储蓄产生激励、对消费产生抑制，健全的社会保障体系等会使储蓄减少。

3. 永久收入的消费理论

该理论由弗里德曼（M. Friedman）提出，认为消费者的消费支出主要不是由他的现期收入决定，而是由他的永久收入决定。所谓永久收入是指消费者可以预计到的长期收入，永久收入大致可以根据观察到的若干年收入的数值之加权平均数计得，距现在的时间越近，权数越大；反之，则越小。根据这种理论，政府想通过增减税收来影响总需求的政策是不能奏效的，因为人们因减税而增加的收入，并不会立即用来增加消费。

上述生命周期假说和永久收入假说有联系也有区别。就区别而言，前者偏重对储蓄动机的分析，从而提出以财富作为消费函数之变量的重要理由；而永久收入假说则偏重于个人如何预测自己未来收入问题。就联系而言，不管二者强调重点有何差别，它们都体现一个基本思想：单个消费者是前向预期决策者，因而在如下几点上都是相同的：（1）消费不只同现期收入相联系，而是以一生或永久的收入作为消费决策的依据。（2）一次性暂时收入变化引起的消费支出变动甚小，即其边际消费倾向很低，甚至近于零，但采自永久收入变动的消费倾向很大，甚至近于1。（3）当政府想用税收政策影响消费时，如果减税或增税只是临时性的，则消费者并不会受到很大影响，只有永久性税收变动，政策才会有明显效果。

11.3 国民收入的决定

11.3.1 两部门经济中国民收入的决定

1. 使用消费函数决定收入

前面说明了均衡收入指与计划总支出相等的收入。计划支出由消费和投资构成，即 $y = c + i$。消费、投资问题已经在前面分析过了，但在收入决定的简单模型中，总是先假定计划净投资是一个固定的量，不随利率和国民收入水平而变化，即投资 i 是一个常数。根据这一假定，只要把收入恒等式和消费函数结合就可求得均衡收入：

$$y = c + i$$
$$c = \alpha + \beta y$$

解联立方程，就得到均衡收入：

$$y = (\alpha + i)/(1 - \beta) \tag{11.8}$$

可见，如果知道了消费函数和投资量，就可求得均衡的国民收入。

【例 11 – 3】假定消费函数 $c = 1000 + 0.8y$，自发的计划投资始终为 600（单位亿美元），则均衡收入：$y = (1000 + 600)/(1 - 0.8) = 8000$（亿美元）。

下面再用列表和作图形式说明均衡收入的决定。

表 11 – 1 显示了消费函数 $C = 1000 + 0.8y$ 及自发投资为 600 亿美元时均衡收入决定的情况。

表 11-1　　　　　　　　　　　均衡收入的决定

（1）收入	（2）消费	（3）储蓄	（4）投资
3000	3400	-400	600
4000	4200	-200	600
5000	5000	0	600
6000	5800	200	600
7000	6600	400	600
8000	7400	600	600
9000	8200	800	600
10000	9000	1000	600

表 11-1 的数据说明，当 $y=8000$ 亿美元时，$c=7400$ 亿美元，$i=600$ 亿美元，因此，$y=c+i=8000$ 亿美元，说明 8000 亿美元是均衡的收入。如果收入小于 8000 亿美元，比方说为 6000 亿美元时，$c=5800$ 亿美元，加上投资 600 亿美元，总支出为 6400 亿美元，超过了总供给 6000 亿美元，这意味着企业销售出去的产量大于它生产出来的产量。存货出现意外的减少，这时扩大生产是有利可图的。于是，企业会增雇工人，增加产量，使收入向均衡收入靠拢；相反，如果收入大于 8000 亿美元时，比方说为 10000 亿美元，说明企业生产出来的产量大于它的销售量，存货出现意外增加，于是，企业便会减少生产，使收入仍向 8000 亿美元靠拢，只有收入达到均衡水平时，既没有非计划存货投资，也没有非计划存货负投资（即存货意外地减少），产量正好等于销量，存货保持正常水平，这就是企业愿意保持的产量水平。

均衡收入决定也可用作图形式表示，图 11-5 表示如何用消费曲线加投资曲线和 45°线相交决定收入。

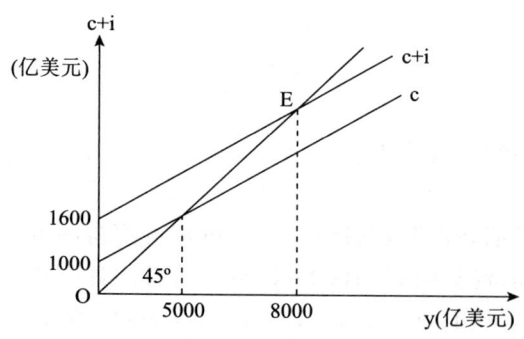

图 11-5　消费加投资曲线和 45°线相交决定收入

图中横轴表示收入，纵轴表示消费加投资，在消费曲线 c 上加投资曲线得到消费投资曲线 c+i，这条曲线就是总支出曲线。由于投资被假定为始终等于 600 美元的自发投资，因此，消费曲线加投资曲线所形成的总支出曲线与消费曲线相平行，其间垂直距离即 600 亿美元投资，总支出线和 45°线相交于 E 点，E 点决定的收入水平是均衡收入 8000 亿美元，这时，家庭部门想要有的消费支出与企业部门想要有的投资支出的总和，正好等于收入即产出，如果经济离开这个均衡点，企业部门销售额就会大于或小于它们的产出，从而被迫进行存货负投资或存货投资，即出现意外的存货减少或增加，这就会引起生产的扩大或收缩，直到回到均衡点为止。

2. 使用储蓄函数决定收入

上面说明使用总支出等于总收入（总供给）的方法决定均衡收入，下面再用计划投资等于计划储蓄的方法求得均衡收入：

$i = y - c = s$

$s = -\alpha + (1 - \beta) y$

将此二式联立：

$i = s = y - c$

$s = -\alpha + (1 - \beta) y$

求解同样可得（均衡的）收入：

$y = (\alpha + i)/(1 - \beta)$

用计划投资等于计划储蓄的方法决定收入，也可用图 11 - 6 表示。

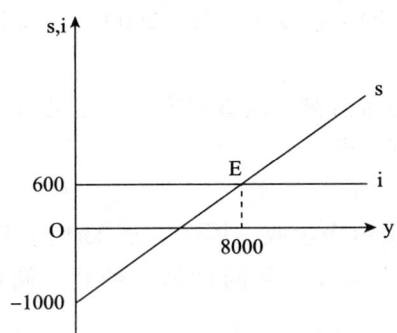

图 11 - 6　储蓄曲线和投资曲线相交决定收入

图 11 - 6 中横轴表示收入，纵轴表示储蓄和投资，s 代表储蓄曲线，i 代表投资曲线，由于投资是不随收入而变化的自发投资，因而投资曲线与横轴平行，其间距始终等于 600 亿美元，投资曲线与储蓄曲线相交于 E 点，与 E 点对应的收入为均衡收入。若实际产量小于均衡收入水平，表明投资大于储蓄，社会生产供不应求，企业存货意外地减少，企业就会扩大生产，使收入水平向右移动，直到均衡收入为止。相反，若实际生产大于均衡收入，表明投资小于储蓄，社会生产供过于求，企业存货意外地增加，企业就会减少生产，使收入水平向左移动，直到均衡收入为止。只有在均衡收入水平上，企业生产才会稳定下来。

以上两种方法，其实是从同一关系中引申出来的，因为储蓄函数本来就是从消费函数中派生出来的。因此，无论使用消费函数，还是使用储蓄函数，求得的均衡收入都一样。

11.3.2 三部门经济中国民收入的决定

三部门经济包括居民、企业、政府部门,政府在经济中的作用主要是通过政府支出与税收来实现。政府支出包括对产品与劳务的购买即政府购买和转移支付,政府通过税收与支出与居民户和厂商发生联系。

从总支出角度看,总支出 = 居民支出 + 企业支出 + 政府支出。税收、政府支出(包括政府购买和转移支付)都是财政政策工具。假定政府税收不随国民收入的变化而变动,即是定量税,则有:

$$yd = y - t + tr$$
$$c = a + b(y - t + tr)$$

故有:
$$y = c + i + g$$
$$ = a + b(y - t + tr) + i + g$$
$$y = (a - bt + btr + i + g)/(1 - b) \tag{11.9}$$

【例 11 - 4】假设消费函数 c = 1600 + 0.75yd,yd 表示可支配收入,定量税 t = 800,投资为 i = 1000,政府购买性支出为 g = 2000(单位均为亿美元),求均衡的国民收入是多少?

从总收入角度看,则包括消费、储蓄和税收,这里的税收是指总税收减去政府转移支付以后所得的净纳税额,即:

$$y = c + s + t$$

其中,s 表示储蓄,t 表示净税收。因此,加入政府部门后的均衡收入应是计划的消费、投资和政府购买之总和,是同计划的消费、储蓄和净税收总和相等的收入,即:

$$y = c + i + g$$
$$ = 1600 + 0.75(y - 800) + 1000 + 2000$$
$$\therefore y = 16000\text{(亿美元)}$$
$$c + i + g = c + s + t$$

消去上式等号两边的 c,得:
$$i + g = s + t$$

上式就是三部门经济中宏观均衡的条件。其经济含义是:投资和政府支出的总和等于储蓄和税收的总和,只有当 i + g = s + t 时,才达到均衡的国民收入。

11.3.3 四部门经济中国民收入的决定

当今世界各国的经济都是不同程度的开放经济,即与外国有贸易往来或其他经济往来的经济。在开放经济中,经济活动还应考虑到国外经济部门对国内经济的需求和供给。西方经济学家把这种包括国外经济部门的活动称为四部门经济。由于国外经济部门对国内产品和劳务的供给表现为进口,对国内产品和劳务的需求表现为出口,因此,从总支出的角度看,总支出＝消费支出＋投资支出＋政府支出＋(出口－进口),即：

$$y = c + i + g + (x - m)$$
$$= a + b(y - t + tr) + i + g + (x - m)$$
$$y = (a - bt + btr + i + g + x - m)/(1 - b) \tag{11.10}$$

其中,m 表示进口,x 表示出口,(x－m)表示净出口。

从总收入角度看,国民收入＝消费＋储蓄＋税收＋本国居民对外国的转移支付(kr),即：

$$y = c + s + t + kr$$

由收入等于支出,可得：$c + s + t + kr = c + i + g + (x - m)$

等式两边消掉 c,得：$i = s + (t - g) + (m - x + kr)$

即投资＝私人储蓄＋政府储蓄＋国外储蓄。

11.4 乘数理论

11.4.1 投资乘数

乘数的概念最初由瑞典经济学家威克塞尔(K. Wicksell)和俄国经济学家图干巴拉诺夫斯基(Tugan－Baranowski)分别提出,1931 年凯恩斯的学生英国经济学家卡恩(Kaln,1931)在《国内投资与失业关系》一文中用乘数的概念来解释投资增加与就业增加之间的关系,并计算了乘数效应的极限值,使之成为一种有用的分析工具。按照卡恩的就业乘数,当净投资增加时,总就业增量将是初始就业增量的一个倍数。

凯恩斯接受了卡恩的乘数概念,提出了投资乘数,即投资支出的变动所引起国民收入变动的倍数。乘数建立在消费倾向这一主观心理因素的基础上,凯恩斯认为：乘数是公众心理倾向的函数。凯恩斯的乘数理论是关于投资变化和国民收入变化的关系的理论,当投资增加时,收入将增加,且增量将是投资增量的 k 倍(k＞1),k 就是投资乘数。

下面是乘数理论运行机制的一个例子,如某企业增加投资 100 万元购买机器设备,则：

第一期,初始新增投资 100 万元买一机器,投资代表对生产要素的需求,参与生产机器的要素所有者的收入增加 100,△i 直接导致国民收入增加 △y1＝100。

第二期,生产机器的要素所有者增加的收入中将有 80 万元用于增加对服装的需求,因为 MPC＝0.8,由此带动生产服装的人们的收入增 80,△y2＝80。

第三期,生产服装的人们增加的收入将带动对自行车的需求和生产,生产服装的人们

增加收入中有 $80 \times 0.8 = 64$ 用于自行车的消费，自行车生产者收入增加 64，$\triangle y3 = 64$。

这个过程不断持续下去，国民收入的增加为：

$$\begin{aligned}\triangle y &= \triangle y1 + \triangle y2 + \triangle y3 + \triangle y4 + \cdots\cdots + \triangle yn \\ &= 100 + 100 \times 0.8 + 100 \times 0.8^2 + 100 \times 0.8^3 + \cdots + 100 \times 0.8^{n-1} \\ &= 100 \times (1 + 0.8 + 0.8^2 + 0.8^3 + \cdots\cdots + 0.8^{n-1}) \\ &= 100 \times 1/(1 - 0.8) \\ &= 500\end{aligned}$$

这笔新增投资 $i = 100$ 本身引起的收入增量之和为 500，故投资乘数：

$$ki = \triangle y/\triangle i = 1/(1 - b) \tag{11.11}$$

投资乘数能够发挥作用必须具备一定的条件：首先，经济中存在没有充分利用的资源，包括劳动力以及存货等；其次，要假定投资和储蓄相互独立，否则，乘数作用将减弱。因为增加投资所引起的对货币资金需求的增加会使利率上升，而利率上升会鼓励储蓄，削弱消费，从而部分抵消由于投资增加引起收入增加进而使消费增加的趋势；第三，是货币供给量增加要能适应支出增加的需要。如果货币供给受到限制，投资和消费增加时所增加的货币需求就得不到货币供给相应的支持，会导致利率上升，则会抑制消费和投资。

投资乘数是一把"双刃剑"。一方面，投资本身就是一种消费行为，因为投资实际上是购买生产要素，这部分资金流入生产要素所有者手中，例如原材料生产者、厂房出租者、劳动者、企业家的手中。由于边际消费倾向的存在，生产要素所有者的收入提高必然导致对产品的消费增加，这导致投资者收入增加，继续加大投资，国民收入在这种循环中加速扩张。另一方面，由于国内生产总值达到一定水平后由于社会需求与资源的限制无法再增加，这时就会由于加速原理的作用使投资减少，投资的减少又会由于乘数的作用使国内生产总值加倍减少，这两者的共同作用又使经济进入衰退，衰退持续一定时期后由于固定资产更新，即大规模的机器设备更新又使投资增加，国内生产总值再增加，从而经济进入另一次繁荣。正是由于乘数与加速原理的共同作用，经济中就形成了由繁荣到衰退，又由衰退到繁荣的周期性运动。

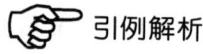 引例解析

破窗理论

乘数原理回答了这一问题。

乘数是指最初投资增加所引起的国民收入增加的倍数。在我们的例子中，最初的投资就是玻璃店老板购买玻璃的 1000 元。这种投资的增加引起的服装店、食品店等等部门收入增加之和为 5000 元。所以乘数就是 5。一笔投资增加所引起的国民收入成倍增加就是宏观经济学中的乘数效应。

经济中为什么会有乘数效应呢？我们知道，国民经济中各部门之间是相互关联的，一个部门的支出就是另一个部门的收入。当一个部门（如商店）支出时，另一个部门（如服装店）收入增加，支出增加。这个部门（服装店）的支出又变成第三个部门（食品店）的收入。第三个部门收入增加又引起支出增加。如此循环下去，一个部门支出的增加就会引起国民经济各部门收入与支出增加。最终使收入的增加是最初支出增加的倍数。

11.4.2 政府购买乘数

政府购买乘数是指国民收入变动对引起这种变动的政府购买支出变动的比率。如果以 $\triangle g$ 表示政府购买变动，以 $\triangle y$ 表示国民收入变动，以 kg 表示政府购买乘数，则政府购买乘数就可以表示为：

$$kg = \triangle y / \triangle g$$

$$\begin{aligned} y &= c + i + g \\ &= a + b(y - t) + i + g \end{aligned}$$

$$y = (a - bt + i + g)/(1 - b)$$

$$\begin{aligned} \because \triangle y &= y_1 - y_0 \\ &= (a - bt + i + g_1 - a + bt - i - g_0)/(1 - b) \\ &= \triangle g / (1 - b) \end{aligned}$$

$$\therefore kg = \triangle y / \triangle g = 1/(1 - b) \tag{11.12}$$

式子中的 b 代表边际消费倾向，我们可以发现政府购买乘数和投资乘数是相等的。

由此可见，kg 为正值时，它等于 1 减边际消费倾向的倒数。

政府购买乘数与投资乘数在数值上相等，但二者在以下几方面有区别：

第一，主体比较。投资乘数是投资主体通过投资变化引起经济运行参数的变动，进而产生引致性需求变化并推动经济发展的；而政府购买乘数则是通过政府购买行为的改变推动经济运行进而使国民收入增加或减少。投资可以由政府直接行为形成，也可由民间自发形成；而政府购买是政府购买行为变动，主要是政府预算总额发生变化所致。这样，政府购买支出乘数与政府的关系更为密切。

第二，过程比较。投资乘数发生的过程比较复杂，即使政府投资行为，也会因为投资需要进行论证、准备等环节，而产生过大的时滞，因而，投资乘数有时表现得启动缓慢。而政府购买支出乘数的动因是政府消费增加，它直接将自发性需求转化为国民收入的增加，因此，其启动的时间短、过程简单。

第三，目的比较。投资乘数推动经济往往不是一个目的，通过投资获得资本增长和资本结构的调整，进而为经济增长创造条件，为提高资源配置效率创造条件，一般地说来自供给方面的原因更多。而政府购买增加其目的相对简单，影响也相对单一。

当然政府购买增加的目的主要来自经常性预算所提出的要求，也可能来自对经济启动或限制的要求，当然，这并不排除其他目的，如军事、政治目的，或迫于经济形势而增加政府职员的工薪，但其经济影响却只有一个，这就是自发性需求和经济运行的变化。

第四，限制比较。投资乘数的自发性需求数额受到限制的程度较低。民间投资大小取决于投资者对经济运行的判断和投资利益的大小，以及投资成本的高低，只要投资者愿意，投资就可以进行下去。政府投资因存在着回报，也可以通过对多种渠道进行选择，以实现利益最大化，除非宏观经济运行与政府投资的目标相冲突，否则，政府愿意继续投资。而政府购买支出乘数的自发性需求会因为是纯粹支出的推动，不仅不能产生回报，相反还要受到当期财政收入的影响，如果选择过度的赤字财政政策必然会导致经济的不稳定，因而会受到限制。

政府购买既是一种经济调控的工具，也是经济运行或政府行为对经济运行影响的一种现象。无论政府是有意识还是无意识地增加或减少政府开支，都会产生政府购买支出乘数效应。这就意味着政府支出改变的时机必须与经济运行的态势结合起来考虑。为了使经济增长，可以在经济处于萧条时期采取增加政府购买，以使经济回升；为限制经济增长，可在经济繁荣时期采取减少政府购买措施，以抑制经济过快增长。政府购买的数额除要考虑政府购买本身的目的需要，也应考虑供给和资源的承受力。政府购买数额过大，使供给不能满足需要，则可能产生经济运行状态倒置；即使供给可以承受，也可能由于资源限制而使乘数过程中断，达不到政府购买增加的目的，这是政府支出改变需要考虑的因素。比如我国目前正在面临着一项重大的政府开支，这就是社会保障体系的建立。根据前述原则，这项政府开支的时机、做何种选择、以何种方式出台都是一个重大政策问题。

11.4.3 税收乘数

税收乘数是指因政府增加（或减少）税收而引起国民收入减少（或增加）的倍数。由于税收是对纳税人收入的一种扣除，税收高低会影响到消费、投资并进而影响到国民收入。税收变动与国民收入呈反方向变化，即税收减少，国民收入增加；税收增加，国民收入减少。因此，税收乘数是负值。

$$kt = \triangle y / \triangle t$$
$$y = c + i + g$$
$$= a + b(y - t) + i + g$$
$$y = (a - bt + i + g)/(1 - b)$$
$$\because \triangle y = y_1 - y_0$$
$$= (a - bt_1 + i + g - a + bt_2 - i - g)/(1 - b)$$
$$= -b\triangle t/(1 - b)$$
$$\therefore kt = \triangle y/\triangle t = -b/(1 - b) \tag{11.13}$$

税收乘数的大小由边际消费倾向 b 决定。从税收乘数公式看，边际消费倾向越大，则税收乘数的绝对值越大，对国民收入的倍数影响也越大。

【例 11-5】假设政府增税 100 亿元，若边际消费倾向为 0.8，则税收乘数为 Kt = -0.8 × (1/1 - 0.8) = -4，意味着国民收入将减少 400 亿元（4×100 亿）；若边际消费倾向为 0.6，则税收乘 Kt = -0.6 × (1/1 - 0.6) = -1.5，意味着国民收入将减少 150 亿元（1.5×100 亿）。

假如政府变增税为减税而其他条件不变，则国民收入将会增加，增长量与减税时国民收入减少量相同。

与政府购买乘数相比较，税收乘数也有一些特点：

第一，主体比较。税收乘数与政府购买支出乘数主体都是政府行为，前者以政府收入减少为动因，通过将利益转让于民来增加消费需求，从而启动经济增长；后者则以政府支出增加为动因，使政府消费需求直接作用于再生产过程，并产生推动经济增长的作用。它们是性质完全相反的两种政府行为。政府税收减免推动经济以政府支出节约为前提；政府购买增加或者以税收增加为条件，或者以增加政府开支赤字为代价。

第二，作用时间比较。税收乘数作用具有长期性：一旦减税，则由初次减税所形成的自发性需求、引致性需求及引致性需求减税再作为自发性需求等一系列作用便始终保存在经济运行之中，使自发性需求不断出现。政府购买乘数与投资乘数均是一次性启动，所产生的新的需求只是引致性需求，不再会是自发性需求，除非再有新的政府购买。

第三，影响因素比较。政府购买乘数是一个不变的量，它没有一个内生的变化因素使乘数发生变化，如果从政府购买可以改变边际消费倾向或税率角度看，这个过程也是长期的、间接的。而税收乘数则是以税率为中心因素，随税率变化而改变的量；如果以不考虑税率变化的税收乘数为计算依据，税收乘数与减税后的税率无关，那么税收乘数也是一个不变量。

11.4.4 政府转移支付乘数

政府转移支付乘数是指收入变动与引起这种变动的政府转移支付变动的比率。政府转移支付增加，增加了人们可支配收入，因而消费会增加，总支出和国民收入增加，因而政府转移支付乘数为正值，用 Ktr 表示政府转移支付乘数。

$$ktr = \triangle y / \triangle tr$$
$$y = c + i + g$$
$$\quad = a + b(y - t + tr) + i + g$$
$$y = (a - bt + btr + i + g)/(1 - b)$$
$$\because \triangle y = y_1 - y_0$$
$$\quad = (a - bt + btr_1 + i + g - a + bt - btr_2 - i - g)/(1 - b)$$

$$= b \triangle tr/(1-b)$$

$$\therefore ktr = \triangle y/\triangle tr = b/(1-b) \tag{11.14}$$

【例 11-6】当边际消费倾向等于 0.8 时，如果其他条件不变，则政府转移支付乘数即为 4 倍（0.8/(1-0.8)）。这时如果政府增加 100 亿元的转移支付，国民收入就会增加 400 亿元；反之，如果政府减少 100 亿元的转移支付，国民收入也会相应减少 400 亿元。

综上，政府转移支付乘数与税收乘数都是边际消费倾向与边际储蓄倾向的比率，所不同的是，政府转移支付乘数是正值，而税收乘数是负值。这是因为，政府转移支付作为政府支出的组成部分，是具有注入效应的变量，而税收是具有漏出效应的变量。

本章小结

本章主要学习了均衡产出、凯恩斯消费函数、储蓄函数、消费函数与储蓄函数之间的关系及其他消费理论，重点学习了国民收入决定理论及乘数理论，其中平衡预算乘数难度较大。

重要概念

均衡产出　凯恩斯定律　消费函数　储蓄函数　相对收入消费理论　生命周期理论　永久收入消费理论　投资乘数　政府购买乘数　税收乘数　转移支付乘数

 本章练习

单选题

1. 从短期来说，当居民的可支配收入等于零时，消费支出可能（　　）。
   A. 大于零　　　　　　　　　　　B. 等于零
   C. 小于零　　　　　　　　　　　D. 以上几种情况都可能
2. 直线型的消费函数表明平均消费倾向（　　）。
   A. 大于边际消费倾向　　　　　　B. 小于边际消费倾向
   C. 等于边际消费倾向　　　　　　D. 以上几种情况都有可能
3. 下列哪一种情况不会使收入水平增加？（　　）
   A. 自发性支出增加　　　　　　　B. 自发性税收下降
   C. 自发性转移支付增加　　　　　D. 净税收增加
4. 在以下几种情况下，投资乘数最大的是（　　）。
   A. 边际消费倾向为 0.6　　　　　B. 边际消费倾向为 0.4
   C. 边际消费倾向为 0.75　　　　 D. 边际消费倾向为 0.2
5. 在两部门经济中，当投资增加 100 万元时，国民收入增加了 1000 万元，那么

此时的边际消费倾向为（　　）。
  A. 100%　　　　　　　　　　B. 10%
  C. 90%　　　　　　　　　　　D. 20%
6. 如果边际消费倾向是 0.8，在没有所得税的情况下，转移支付乘数是（　　）。
  A. 4　　　　　　　　　　　　B. 5
  C. 6　　　　　　　　　　　　D. 8
7. 如果消费函数为 $C = 100 + 0.8(y - t)$，那么政府支出乘数是（　　）。
  A. 0.8　　　　　　　　　　　B. 1.25
  C. 4　　　　　　　　　　　　D. 5
8. 消费函数的斜率取决于（　　）。
  A. 平均消费倾向　　　　　　　B. 与可支配收入无关的消费的总量
  C. 边际消费倾向　　　　　　　D. 由于收入变化而引起的投资总量
9. 政府支出乘数（　　）。
  A. 等于投资乘数　　　　　　　B. 等于投资乘数的相反数
  C. 比投资乘数小 1　　　　　　D. 等于转移支付乘数
10. 如果 MPS 为 0.2，则税收乘数（税收为定量税）值为（　　）。
  A. -5　　　　　　　　　　　　B. 0.25
  C. -4　　　　　　　　　　　　D. 2

判断题

1. 如果边际消费倾向为 0.75，税收上升 100，那么实际收入下降 300。（　　）
2. 税收和政府的转移支付都将由于它们对可支配收入的影响而影响消费。（　　）
3. 政府购买的变化直接影响总需求，但税收和转移支付则是通过它们对私人消费和投资的影响间接影响总需求。（　　）
4. 若消费函数为 $C = 0.85y$，则边际消费倾向是新增 1 美元收入中消费 85 美分。（　　）
5. 增加转移支付将增加国内生产总值。（　　）
6. 在存在所得税条件下（税收为定量税），增加政府购买的同时减少等量的转移支付，将使国内生产总值增加与政府购买相同的量。（　　）

简答题

1. 一些西方经济学家常断言，将一部分国民收入从富者转给贫者，将会提高总收入水平，你认为他们的理由是什么？
2. 按照凯恩斯主义观点，增加储蓄对均衡收入会有什么影响？
3. 税收、政府购买和转移支付这三者对总支出的影响方式有何区别？

计算题

1. 假定某国消费函数为 $c = 100 + 0.8yd$,投资为 $i = 50$,政府购买 $g = 200$,政府转移支付 $tr = 62.5$,税收 $t = 250$(单位:10亿元),求:

(1) 均衡的国民收入;

(2) 投资乘数,政府购买乘数,税收乘数、转移支付乘数和平衡乘数;

(3) 假定该社会达到充分就业的国民收入为1200,试问:①增加政府购买;②减少税收;③以同一数额增加政府购买和税收(预算平衡)实现充分就业,各需要多少数额?

第 12 章

产品市场和货币市场的一般均衡

 内容提要

本章主要讲解了产品市场和货币市场的一般均衡,包括投资的决定,IS 曲线的含义、推导、斜率移动,均衡利率的决定,LM 曲线的含义、推导、斜率移动及 IS—LM 分析等,并运用 IS—LM 模型解释财政政策及货币政策,进而分析整个国民经济。

 重点难点

本章的重点为 IS 曲线、LM 曲线、IS—LM 模型对现实经济的解释、投资的决定以及均衡利率的决定。本章的难点为 IS 曲线的推导、IS 曲线的计算、IS 曲线的斜率、LM 曲线的推导和计算及斜率、货币需求函数等。

 学习目标

通过本章学习,学生应掌握投资函数的理解计算、均衡利率的决定、货币需求函数、IS 曲线的计算图形、LM 曲线的计算图形,了解 IS—LM 模型的推导及运用斜率解释政策效果,能够运用 IS—LM 模型解决经济问题。

 知识框架

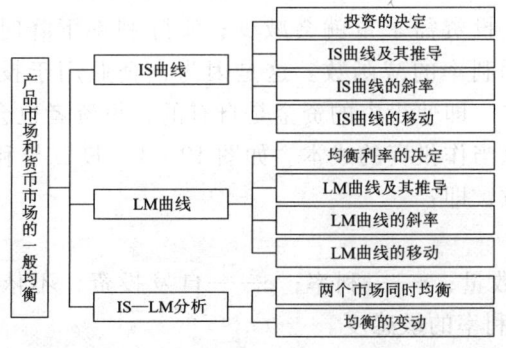

>  **引入案例**
>
> **货币的需求**
>
> 骆明和小欣是一对情侣,今年同时从一所名牌大学毕业。骆明进了某国家机关,待遇不错,工资每月5000元,但是享受不到住房福利;小欣在国际贸易公司上班,薪水10000元。骆明消费比较谨慎,除了留下平常必需的花费以及预防发生意外事件的钱外,其余存入银行;小欣消费超前,月余不多的钱打算炒股,二人意见不一,产生矛盾。根据两个人的争论,说明有哪些货币需求动机?

12.1 IS 曲线

12.1.1 投资的决定

宏观经济学中的投资是指资本支出,购买资产用于生产,例如土地、厂房、设备等这些都属于资产,还有商标、专利这些无形资产。而普通人说的投资,可能只是购买股票、债券等以取得财产性收入。经济学上的投资能形成实际支出,创造需求和财富;而我们普通人的投资,在经济学家眼中只是各种资产之间的转换(例如现金、存款换成股票),不创造财富,即不计入 GDP,只有在这个过程中,中介或经纪收取的服务费才计入 GDP。

1. 投资函数

一个企业进行投资决策时,首先要衡量的就是新投资的预期收益率与借入资金所必须付出的价格即利率之间的差,若大于零,投资是值得的。因此在投资的预期收益率既定时,企业是否进行投资,就决定于利率的高低,这里的利率是指实际利率。实际利率大致上等于名义利率减通货膨胀率。

【例12-1】假定某年名义利率为8%,通货膨胀率为3%,则实际利率等于5%。

实际利率上升时,投资需求量就会减少;实际利率下降时,投资需求量就会增加,总之,投资是实际利率的减函数。这是因为,企业用于投资的资金多半是借来的,利息是投资的成本。即使投资的资金是自有的,投资者也会把利息看成是投资的机会成本,从而把利息当作投资的成本。如图12-1,投资与利率之间的这种反方向变动关系成为投资函数,即:

$$i = e - dr \qquad (12.1)$$

式中,i——投资数量;r——利率;e——自发投资,不依存利率的变动而变动的投资;d——投资对利率的敏感度。

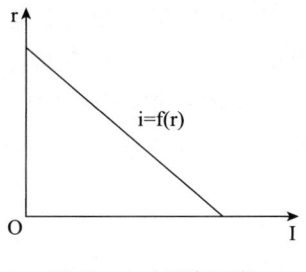

图 12-1 投资函数

如 i = 1250 - 250r（亿美元），这里 1250 表示即使利率 r 为零时也有的投资量，250 是系数，表示利率每上升或下降一个百分点，投资会减少或增加 250（亿美元）。

2. 影响投资的其他因素

（1）预期收益与投资

上述实际利率水平会影响投资需求，其实是从投资使用的资金成本角度探讨投资需求。影响投资需求的另一个重要方面是预期收益，即一个投资项目在未来各个时期估计可得到的收益。影响这种预期收益的因素也是多方面的，这里可指出如下三点：

①对投资项目的产出的需求预期。企业决定对某项目是否投资及投资多少时，首先会考虑市场对该项目的产品在未来的需求情况，因为这种需求状况，不但会决定产品能否销售出去，还会影响产品价格的走势。如果企业认为投资项目的产品的市场需求在未来会增加，就会增加投资，假设一定的产出量会要求有一定的资本投入量来提供，则预期市场需求增加多少，就会相应要求增加多少投资，产出增量与投资之间的关系可称加速数，说明产出变动和投资之间关系的理论称为加速原理。

②产品成本。投资的预期收益在很大程度上也取决于投资项目的产品的生产成本，尤其是劳动者的工资成本。因为工资成本是产品成本中最重要的构成部分，在其他条件不变时工资成本上升会降低企业利润，减少投资预期收益，尤其是对那些劳动密集型产品的投资项目而言，工资成本上升显然会降低投资需求。然而，对于那些可以用机器设备代替劳动力的投资项目，工资上升又意味着多用设备比多用劳动力更有利可图，因而实际工资的上升又等于是投资的预期收益增加从而会增加投资需求。可见，工资成本的变动对投资需求的影响具有不确定性。但就多数情况来说，随着劳动成本的上升，企业会越来越多地考虑采用新的机器设备，从而使投资需求增加，新古典经济学之所以认为投资需求会随工资的上升而上升，理由就在这里。

③投资税抵免。影响投资预期收益的还有政府的税收政策，因为税收直接影响收益。在一些国家，政府为鼓励企业投资，会采用一种投资税抵免的政策，即政府规定投资的厂商可从它们的所得税中扣除其投资总值的一定百分比。例如，假定某企业在某一年投资 1 亿元，若规定投资抵免率是 10%，则该企业就可少缴所得税 1000 万元，这 1000 万元等于是政府为企业支付的投资项目的成本。如果该企业在这一年的所得税不足 1000 万元，只有 600 万元，则剩余 400 万元还可到来年甚至第三年再抵扣，这种投资抵免政策对投资的影响，在很大程度上取决于这种政策是临时的，还是

长期的。如果是临时性采取的，则此政策的效果也是临时的，过了政策期限，投资需求可能反而下降。例如，政府为刺激经济，如果宣布在某一年实行投资抵免，则该年的投资可能大幅度增加，甚至本来准备来年投资的项目也可能提前到该年进行投资，但来年投资需求会明显下降，或政策实行的前一年，企业会把一些项目推迟到有政策鼓励时进行投资。

（2）风险与投资

投资需求还与企业对投资的风险考虑密切相关。这是因为，投资是现在的事，收益是未来的事，未来的结果究竟如何，总有不确定性。人们对未来的结局会有一个预测，企业正是根据这种预测进行投资决策的。然而，即使是最精明的企业家，也不可能完全准确无误地预测到将来的结果。因此，投资总有风险，并且高的投资收益往往伴随着高的投资风险，如果收益不足以补偿风险可能带来的损失，企业就不愿意投资。这里所谓的风险，包括未来的市场走势、产品价格变化、生产成本的变动、实际利率的变化、政府宏观经济政策变化等等，都具有不确定性。一般说来，整个经济趋于繁荣时，企业对未来会看好，从而会认为投资风险较小；而经济呈下降趋势时，企业对未来看法会悲观，从而会感觉投资风险较大。因而凯恩斯认为，投资需求与投资者的乐观和悲观情绪大有关系，实际上，这说明投资需求会随人们承担风险的意愿和能力变化而变动。

（3）托宾的"q"说

除了以上所述投资需求理论，美国经济学家詹姆斯·托宾（J. Tobin）还提出了股票价格会影响企业投资的理论。按他的说法，企业的市场价值与其重置成本之比，可作为衡量要不要进行新投资的标准，他把此比率称为"q"。企业的市场价值就是这个企业的股票的市场价格总额，它等于每股的价格乘总股数之积。企业的重置成本指建造这个企业所需要的成本。因此，

q = 企业的股票市场价值/新建造企业的成本

如果企业的市场价值小于新建造成本时，$q < 1$，说明买旧的企业比建设新企业便宜，于是就不会有投资；相反，$q > 1$ 时，说明新建造企业比买旧企业要便宜，因此会有新投资。就是说，当 q 较高时，投资需求会较大。托宾这种"q"说，实际上是说，股票价格上升时，投资会增加。一些西方经济学家认为，股票价格与投资之间并不存在这种因果关系，相反，倒是由于厂商有较好的投资前景才引起该股票价格的上升。

12.1.2　IS 曲线及其推导

产品市场的均衡，是指产品市场上总供给与总需求相等。两部门经济中，总需求 $y = c + i$，总供给 $y = c + s$，达到均衡状态时，$c + i = c + s$，即 $i = s$，这里 $i = e - dr$，$s = -a + (1-b)y$，即：

$$y = (a + e - dr)/(1 - b) \tag{12.2}$$

由公式 12.2 得出，均衡的国民收入与利率之间存在着反方向变化的关系。现在举个例子来说明这一点，假设投资函数 i = 1250 - 250r，消费函数 c = 500 + 0.5y。即储蓄函数为 s = y - c = -500 + 0.5y，这样代入公式 12.2：

y = 3500 - 500

如图 12-2，以纵轴代表利率，以横轴代表收入，则可得到一条反映利率和收入间相互关系的曲线。这条曲线上任何一点都代表一定的利率和收入的组合，在这些组合下，投资和储蓄都是相等的，即 i = s，从而产品市场是均衡的，因此这条曲线称为 IS 曲线。

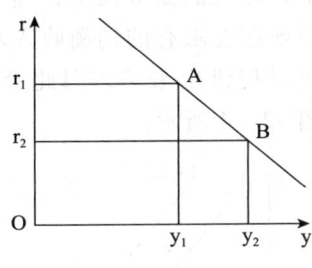

图 12-2 IS 曲线

12.1.3 IS 曲线的斜率

如果知道了一个经济体系的消费函数和投资函数，就可以求得 IS 曲线。而由函数可知，IS 曲线的斜率为 -(1-b)/d，其大小取决于 d 和 b。

首先，在 d 不变的情况下，b 的大小影响 IS 曲线的斜率。若 b 较大，则 1-b 较小，则 IS 曲线斜率的绝对值 (1-b)/d 较小，因此 IS 曲线平缓；反之，IS 曲线斜率的绝对值较大，IS 曲线陡峭。它的经济学意义为：若 b 较大，则投资乘数较大，从而 y 增加的幅度大；反之，若 b 较小，则投资乘数较小，从而 y 增加的幅度小。

其次，在 b 不变的情况下，d 的大小影响 IS 曲线的斜率。若 d 较大，IS 曲线斜率的绝对值较小，则 IS 曲线平缓；反之，若 d 较小，IS 曲线斜率的绝对值较大，则 IS 曲线陡峭。其经济学意义为：若 d 较大，投资对利率的变动比较敏感，y 的变动幅度很大；反之，d 较小，投资对利率的变动不太敏感，y 的变动幅度较小。

12.1.4 IS 曲线的移动

1. 投资需求变动

导致投资需求发生变动有很多原因，如投资边际效率提高，或出现了技术革新，或企业家对经济前景预期乐观等，在同样利率水平上投资需求增加了，会导致投资需求曲线向右上方移动，于是，IS 曲线就会向右上方移动，其向右的移动量等于投资的移动量乘以乘数。如图 12-3 所示。

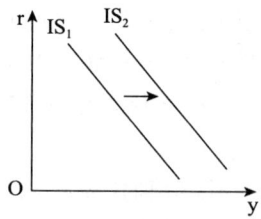

图 12-3 投资增加是 IS 曲线移动

2. 储蓄变动

假定人们的储蓄意愿增加了,即人们更节俭了,储蓄曲线就要向左移动,如果投资需求不变,则同样的投资水平现在要求有的均衡收入水平就要下降,因为同样的储蓄,现在只要有较低的收入就可以提供出来了,因此 IS 曲线就会向左移动,其移动量等于储蓄增量乘以乘数。如图 12-4 所示。

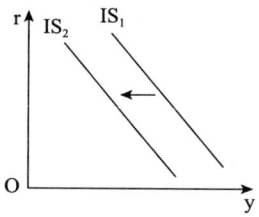

图 12-4 储蓄增加使 IS 曲线移动

3. 政府购买性支出变动

增加政府购买性支出,在自发支出量变动的作用中等于增加投资支出,因此,会使 IS 曲线向右平行移动。IS 曲线移动的幅度取决于两个因素:政府支出增量和支出乘数大小。假定增加政府购买 250(亿美元),则 IS 曲线同样向右移动 $250 \cdot k_g$(亿美元);相反,减少政府支出,则会使 IS 曲线左移,移动时同样要体现乘数的作用。如图 12-5 所示。

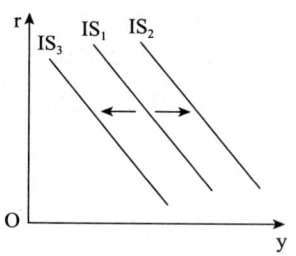

图 12-5 政府购买变动使 IS 曲线移动

4. 税收变动

政府增加一笔税收,则会使 IS 曲线向左移动,这是因为,一笔税收的增加,如果是增加了企业的负担,则会使投资相应减少,于是这笔增税无疑是减少投资需求,从而会使 IS 曲线向左移动;同样,一笔税收的增加,如果是增加了居民个人的负担,则会使他们可支配收入减少,从而使他们消费支出相应减少,从而也会使 IS 曲线向左移动。相反,如果政府减税,则会使 IS 曲线右移,移动幅度为 $\triangle T \cdot k_t$,即移动时要体现乘数的作用。

增加政府支出和减税,都属于增加总需求的膨胀性财政政策,而减少政府支出和增税,都属于降低总需求的紧缩性财政政策。因此,政府实行膨胀性财政政策,就表现为 IS 向右上方移动,实行紧缩性财政政策,就表现为 IS 向左下方移动。实际上西方经济学家提出 IS 曲线的重要目的之一,就在于分析财政政策如何影响国民收入变动。

12.2 LM 曲线

12.2.1 利率的决定

1. 货币的需求（L）

（1）货币需求的含义

货币需求,又称"流动性偏好",是指由于货币具有使用上的灵活性,人们宁肯以牺牲利息收入而储存不生息的货币来保持财富的心理倾向。这一概念首先由凯恩斯提出。众所周知,人们的财富如果不以货币形式持有,而以其他形式持有,会给他们带来收益。例如,以债券形式持有,会有债息收入,以股票形式持有,会有股息及红利收入,以房产形式持有,会有租金收入等等。那么,为什么人们愿意持有不生利息或其他形式收入的货币呢？凯恩斯认为,就是因为货币具有这种使用上的灵活性,随时可满足以下三类不同的动机。

（2）货币需求动机

①交易动机。指人们为了应付日常交易而在手边持有货币的动机,由此产生的对货币的需求称为货币的交易需求。按凯恩斯的说法,出于交易动机的货币需求量主要决定于收入,收入越高,交易数量越大。交易数量越大,所交换的商品和劳务的价格越高,从而为应付日常开支所需的货币量就越大。从整个经济系统来看,交易量就由国民收入量所决定,并且随国民收入增加而增加。

②谨慎动机。也称为预防性动机,指为预防意外支出而持有一部分货币的动机。如个人或企业为应付事故、失业、疾病等意外事件而需要事先持有一定数量货币。因此,如果说货币的交易需求产生于收入和支出间缺乏同步性,则货币的预防性需要产生于未来收入和支出的不确定性。西方经济学家认为,个人对货币的预防需求量主要取决于他对意外事件的看法,但从全社会来看,这一货币需求量大体上也和收入成正比,是收入的函数。

因此,如果用 L_1 表示交易动机和谨慎动机所产生的全部实际货币需求量,用 y 表示实际收入，则这种货币需求量和收入的关系可表示为：

$L_1 = ky$

式中，k——交易及谨慎动机所需货币量同实际收入的比例关系；y——具有不变购买力的实际收入。

【例12-2】若实际收入 y = 1000 万美元，交易和谨慎需要的货币量占实际收入的 20%，则 L_1 = 1000 × 0.2 = 200 万美元。

③投机动机。指人们为了抓住有利的购买有价证券的机会而持有一部分货币的动机。假定人们一时不用的财富只能用货币形式或债券形式来保存，债券能带来收益，而闲置货币则没有收益，那么人们为什么不全部购买债券而要在二者间作选择呢？原来是因为人们想利用利率水平或有价证券价格水平的变化进行投机。在实际生活中，债券价格高低与利率的高低成反比。

【例12-3】假定一张债券一年可获利息 10 美元，而利率若为 10%，则这张债券的市价就为 100 美元，若市场利率为 5%，则这张债券的市价就为 200 美元，因为 200 美元在利率为 5% 时若存放到银行也可得利息 10 美元。

可见，债券价格一般随利率变化而变化。由于债券市场价格是经常波动的，凡预计债券价格将上涨（即预期利率将下降）的人，就会用货币买进债券以备日后以更高价格卖出；反之，凡预计债券价格将下跌的人，就会卖出债券保存货币以备日后债券价格下跌时再买进。这种预计债券价格将下跌（即利率上升）而需要把货币保留在手中的情况，就是对货币的投机性需求。可见，有价证券价格的未来不确定性是对货币投机需求的必要前提，这一需求与利率成反方向变化。利率越高，即有价证券价格越低，人们若认为这一价格已降低到正常水平以下，预计很快会回升，就会抓住机会及时买进有价证券，于是，人们手中出于投机动机而持有的货币量就会减少。相反，利率越低，即有价证券价格越高，人们若认为这一价格已涨到正常水平以上，预计就要回跌，于是，他们就会抓住时机卖出有价证券。这样，人们手中出于投机动机而持有的货币量就会增加。总之，对货币的投机性需求取决于利率，如果用 L_2 表示货币的投机需求，用 r 表示利率，则这一货币需求量和利率的关系可表示为：

$L_2 = L_2(r) = -hr$

h 是货币需求对利率变动的敏感程度，负号表示货币投机需求与利率变动有负向关系。

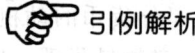 引例解析

货币的需求

从两人的争论中，我们可以看出两人对货币的需求出于不同的动机。一般的，人们的货币需求主要是出于以下三种不同的动机：为了应付日常的交易而在手边留有货币的交易动机；为了防止意外情况发生而在手边留有货币的预防动机；为

了把握有利的生息资产而在手边留有一定数量货币的投机动机。从整个社会来说，交易和预防导致的货币需求都取决于实际收入，并且与实际收入成正比。而对货币的投机性需求取决于利率，与利率成反比。

（3）货币需求函数

对货币的总需求是人们对货币的交易需求、预防需求和投机需求的总和。货币的交易需求和预防需求取决于收入，而货币的投机需求取决于利率，因此，对货币的总需求函数可描述为：

$$L = L_1 + L_2 = ky - hr \tag{12.3}$$

（4）流动偏好陷阱

对利率的预期是人们调节货币和债券配置比例的重要依据，利率越高，货币需求量越小。当利率极高时，这一需求量等于零，因为人们认为这时利率不大可能再上升，或者说有价证券价格不大可能再下降，因而将所持有的货币全部换成有价证券。反之，当利率极低，例如2%，人们会认为这时利率不大可能再下降，或者说有价证券市场价格不大可能再上升而只会跌落，因而会将所持有的有价证券全部换成货币。人们有了货币也决不肯再去买有价证券，以免证券价格下跌时遭受损失，人们不管有多少货币都愿意持在手中，这种情况称为"凯恩斯陷阱"或"流动偏好陷阱"。

2. 货币的供给（m）

货币供给有狭义的货币供给和广义的货币供给之分。狭义的货币供给是指硬币、纸币和银行活期存款的总和（一般用 M_1 表示）。活期存款可随时提取，并可当做货币在市面上流通，因而是狭义货币的一个组成部分。在狭义的货币供给上加上定期存款，便是广义的货币供给（一般用 M_2 表示）。再加上个人和企业所持有的政府债券等流动资产或"货币近似物"，便是意义更广泛的货币供给（一般用 M_3 表示），下面所讲的货币供给指 M_1。

货币供给分为名义货币供给和实际货币供给。名义货币供给量是不管货币购买力如何，仅计算其票面值的货币量。但经济学讨论的是实际货币供给量，因此需要将名义货币供给量折算成实际货币供给量。名义货币供给量（M）、实际货币供给量（m）和价格水平 P 之间存在如下关系：

$$m = M/P \tag{12.4}$$

货币供给是一个存量概念，它是一个国家在某一时点上所持有的不属政府和银行所有的硬币、纸币和银行存款的总和。西方经济学家认为，货币供给量是由国家用货币政策来调节的，因而是一个外生变量，其大小与利率高低无关，因此货币供给曲线是一条垂直于横轴的直线。

3. 均衡利率的决定

如图12-6中的 m 直线，这条货币供给曲线和货币需求曲线（L）相交的点（E），决定了利率的均衡水平（r_0），它表示只有当货币供给等于货币需求时，货币市场才达到均衡状态。如果市场利率低于均衡利率（r_0），则说明货币需求超过供给，这时人们感到手中持有的货币太少，就会卖出有价证券，证券价格就要下降，亦即利率要上升，对货币需求的减少，一直要持续到货币供求相等时为止。相反，当利率高于均衡利率（r_0）时，说明货币供给超过货币需求，这时人们感到手中持有的货币太多，就会把多余的货币买进有价证券。于是，证券价格要上升，亦即利率要下降，这种情况也一直要持续到货币供求相等时为止。只有当货币供求相等时，利率才不再变动。

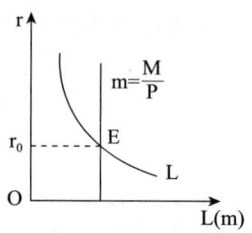

图 12－6　均衡利率的决定

12.2.2　LM 曲线及其推导

我们已知，利率是由货币市场上的供给和需求的均衡决定的，而货币的供给量是由货币当局所控制，即由代表政府的中央银行所控制，因而假定它是一个外生变量。在货币供给量既定的情况下，货币市场的均衡只能通过调节对货币的需求来实现。

假定 m 代表实际货币供给量，则货币市场的均衡就是：

$$m = ky - hr \tag{12.5}$$

当 m 给定时，$m = ky - hr$ 可表示为满足货币市场的均衡条件下的收入和利率 r 的关系，这一关系的图形就被称为 LM 曲线，如图 12－7。通过 $m = ky - hr$，我们很容易地可以求出其代数表达式，如：

$y = hr/k + m/k$

或 $r = ky/h - m/h$

图 12－7 中这条向右上方倾斜的曲线即为 LM 曲线，之所以称为 LM 曲线，是因为此线上任一点都代表一定利率和收入的组合，在这样的组合下，货币需求和供给都是相等的，即货币市场是均衡的。

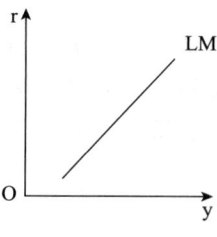

图 12－7　LM 曲线

12.2.3 LM 曲线的斜率

1. LM 曲线的斜率及影响因素

从 LM 曲线的推导公式可以看出，LM 曲线的斜率为 k/h，故其斜率的影响因素取决于以下两个因素：

（1）货币交易需求对收入的敏感程度 k

当投机需求函数一定时，如果货币的交易需求对收入的变动很敏感，即 k 值越大，则利率变动一定幅度，收入只需变动较小幅度，就可以保持货币市场均衡，从而 LM 曲线较陡，其斜率也较大。反之，LM 曲线较平缓，其斜率也较小。

（2）货币投机需求对利率的敏感程度 h

当货币交易需求函数一定时，如果投机需求对利率的变化越敏感，即 h 值越大，则利率变动一定幅度，L_2 变动的幅度就越大，从而 LM 曲线越平缓，其斜率也越小。反之，投机需求曲线越陡峭，其斜率也越大。

2. LM 曲线特点

一般认为，货币交易需求函数比较稳定，因而 LM 曲线斜率主要受到 h 变动的影响。当利率变得很低时，由于人们预期利率难以进一步下降，与投机动机相联系的对债券需求减弱，在给定利率水平下对货币需求上升，即货币需求对利率的反应 h 无穷大，LM 曲线斜率很小甚至无穷小，接近一条水平线。反之，当利率很高时，人们预期利率必然下降，与投机动机相联系的货币需求很低，即便利率有所降低，货币需求也不会上升。这时，货币需求对利率反应很不敏感，h 值趋向于无穷小，LM 曲线接近一条垂直线。针对这些特例，我们把 LM 曲线分为三个区域。如图 12-8 所示。

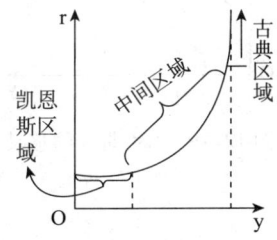

图 12-8 LM 曲线的三个区域

LM 曲线分为三个区域：垂直区（古典区域）、倾斜区（中间区域）、水平区（凯恩斯区域）。垂直区中，当 r 较高时，除了完成交易必须持有部分货币外，不会为投机需求而持有货币。由于货币的投机需求等于零，因此不管利率上升到多高，货币的投机需求都是零。

这时，如果实行扩张性财政政策，使 IS 曲线向右上方移动，只会提高利率而不会使收入增加。如果实行扩张性的货币政策，则不但会降低利率，还会提高收入水平，这基本符合"古典学派"以及货币主义者的观点，因而这一区域被称为古典区域。

当利率降得很低时，货币的投机需求将是无限的（即人们不愿意持有债券），这时中央银行发行的货币都会被人们保存在手边。这就是所谓的"凯恩斯陷阱"或"流动偏好陷阱"，这一区域即为凯恩斯区域。20 世纪 30 年代的经济大萧条，信贷活动和生产活动都不旺盛，就是这样一种状态。

古典区域和凯恩斯区域之间的这段 LM 曲线是中间区域，LM 曲线的斜率在古典区域为无穷大，在凯恩斯区域为零，在中间区域为正值。

12.2.4　LM 曲线的移动

LM 曲线的移动来自实际货币供给量 m 的变动。实际货币供给量 m 是由名义货币供给量 M 和价格水平 P 决定的，即 m = M/P。因而，造成 LM 曲线移动的因素只能是名义货币供给量的变动和价格水平的变动。

1. 名义货币供给量的变动

在价格水平不变时，M 增加，LM 曲线向右下方移动，反之，LM 曲线向左上方移动。实际上，央行实行变动货币供应量的货币政策，在 IS—LM 模型中就表现为 LM 曲线的移动。这种变化的经济学意义是：货币供给增加，使利率下降，从而消费和投资增加，国民收入增加。见图 12-9。

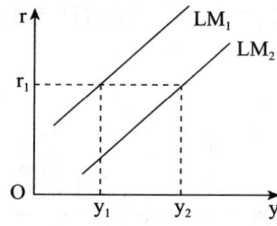

图 12-9　LM 曲线的移动

2. 价格水平的变动

价格水平 P 上升，实际货币供给量 m 就变小，LM 曲线就向左上方移动；反之，LM 曲线向右下方移动，利率下降，收入增加。实际上，从 IS—LM 模型推到总需求曲线，说明总需求曲线为什么一般向右下方倾斜，即价格水平和收入水平的变动关系，原因也就在这里。

12.3　IS—LM 分析

知识拓展

约翰·理查德·希克斯

英国当代经济学家，1972年度诺贝尔经济学奖获得者。1904年4月8日出生于英格兰沃里克市。1922年起就读于牛津大学巴里奥尔学院，1926年获该校硕士学位；1932年获博士学位。1926-1935年执教于伦敦经济学院；1935-1938年任剑桥冈维尔与凯厄斯学院研究员；1938-1946年任曼彻斯特大学教授；1946-1952年任牛津大学纳斐德学院研究员；1952-1965年担任牛津大学德拉蒙德学院政治经济学教授；1965年起任牛津大学万灵学院研究员，直至1971年退休。希克斯在1942年当选为英国科学院院士；1948年当选为瑞典皇家科学院院士；1952年当选为意大利科学院院士；1958年当选为美国科学院院士。1960-1962年担任英国皇家经济学会会长；1964年晋升为爵士。由于在一般均衡论和福利经济学方面的开创性研究而与阿罗（K. J. Arrow）分享1972年度诺贝尔经济学奖。

希克斯对经济学的贡献主要在于，他在序数效用论和无差异曲线基础上建立了一般均衡理论，并尝试建立动态一般均衡理论。他提出了衡量福利改进的"卡尔多—希克斯补偿检验标准"。他发明了IS—LM模型，用以阐明凯恩斯学说的确切内涵，使凯恩斯学说为更多的人所理解。

12.3.1　两个市场同时均衡的利率和收入

凯恩斯在《就业、利息和货币通论》中说明了总收入取决于与总供给相等的总有效需求，而有效需求决定于消费支出和投资支出，由于消费倾向在短期是稳定的，因而有效需求主要取决于引致投资。投资量又决定于资本边际效率和利率的比较。若资本边际效率为一定，则投资取决于利率，利率取决于货币数量和流动性偏好即货币需求。货币需求由货币的交易需求（包括预防需求）和投机需求构成。交易货币需求取决于收入水平，而投机需求取决于利率水平。可见，在商品市场上，要决定收入，必须先决定利率，否则投资水平无法确定；而利率是在货币市场上决定的，在货币市场上，如果不先确定一个特定的收入水平，利率又无法确定，而收入水平又是在商品市场上决定的，因此利率的决定又依赖于商品市场。这样，凯恩斯的理论就陷入了循环推论：利率通过投资影响收入，而收入通过货币需求又影响利率，或者反过来说，收入依赖于利率，而利率又依赖于收入。凯恩斯的后继者发现了这一循环推论的

错误，并把产品市场和货币市场结合起来，建立了一个产品市场和货币市场的一般均衡模型，即 IS—LM 模型，以解决循环推论的问题。

从前面的分析中已经知道，在 IS 曲线上，有一系列利率与相应收入的组合可使产品市场均衡；在 LM 曲线上，又有一系列利率和相应收入的组合可使货币市场均衡。但能够使产品市场和货币市场同时达到均衡的利率和收入组合却只有一个。这一均衡的利率和收入可以在 IS 曲线和 LM 曲线的交点上求得，其数值可通过求解 IS 和 LM 的联立方程得到。如图 12 - 10 所示。

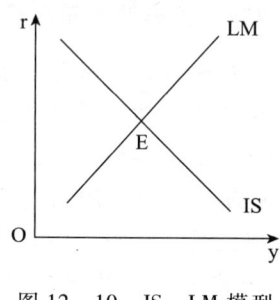

图 12 - 10　IS—LM 模型

12.3.2　均衡收入和利率的变动

IS 和 LM 曲线的交点同时实现了产品市场和货币市场的均衡。然而，这一均衡不一定是充分就业的均衡。当均衡收入低于充分就业收入，仅靠市场的自发调节，无法实现充分就业均衡，这就需要依靠国家用财政政策或货币政策进行调节。

1. IS 曲线移动对产品市场和货币市场均衡的影响

造成 IS 曲线移动的主要原因有政府收支的增减变化、储蓄的变化以及投资量的变化等。其中，当政府运用财政政策来达到充分就业时，就体现为 IS 曲线的移动。财政政策是政府利用变动支出和税收来调节国民收入的手段，如果政府增加支出，或降低税收，或二者双管齐下，IS 曲线就会向右上方移动，反之，IS 曲线左移。

当储蓄增加（消费相应地减少），IS 曲线左移，反之 IS 曲线右移。

在这些要素中，投资的变动是最重要的。在其他条件不变的前提下，如果投资增加，IS 曲线将向右移动，则利率与国民收入的均衡组合增大；如果投资减少，IS 曲线将左移，则利率与国民收入的均衡组合减少。

当 LM 曲线不变而 IS 曲线向右上方移动时，则不仅收入提高，利率也上升。这是因为，IS 曲线右移是由于投资、消费或政府支出增加，即是总支出增加，总支出增加使生产和收入增加，收入增加了，对货币交易需求增加。由于货币供给不变（假定 LM 不变），因此，人们只能出售有价证券来获取交易增加所需的货币，这就会使证券价格下降，即利率上升。同样可以说明，LM 不变而 IS 曲线向左下方移动时，收入和利率都会下降。

2. LM 曲线移动对产品市场和货币市场均衡的影响

造成 LM 曲线移动的主要原因是货币供给即货币政策的变化。货币政策是货币当局（中央银行）用变动货币供应量来改变利率和收入。当货币供给量增加时，意味着有较多的货币供给量可以满足对货币的需求，从而使国民收入增加，LM 曲线因而向右下方移动；反之，货币供给减少，LM 曲线向左上方移动。在 IS 曲线固定不变的条件下，若 LM 曲线向右下方移动，则均衡的利率下降，均衡的国民收入增加；若 LM 曲线向左上方移动，则均衡的利率上升，均衡的国民收入减少。

当 IS 曲线不变而 LM 曲线向右下移动时，则收入提高，利率下降。这是因为，LM 曲线右移，或者是因为货币供给不变而货币需求下降，或者是因为货币需求不变而货币供给增加。在 IS 曲线不变，即产品供求情况没有变化的情况下，LM 曲线右移意味着货币市场上供过于求，这必然导致利率下降。利率下降刺激消费和投资，从而使收入增加。相反，当 LM 曲线向左上方移动时，则会使利率上升，收入下降。

3. IS 曲线和 LM 曲线移动对产品市场和货币市场均衡的影响

政府也可以同时改变税收（t）、政府支出（g）和货币供给量（M）来同时改变 IS 和 LM 的位置，使二者相交于新的均衡点上，以实现充分就业。

IS 曲线和 LM 曲线移动时，不仅收入会变动，利率也会变动。如果 IS 曲线和 LM 曲线同时移动，收入和利率的变动情况则由 IS 和 LM 如何同时移动而定。如果 IS 向右上方移动，LM 同时向右下方移动，则可能出现收入增加而利率不变的情况。这就是所谓扩张性的财政政策和货币政策相结合可能出现的情况。

本章小结

本章主要学习了投资函数、IS 曲线、货币需求、货币供给、均衡利率的决定、LM 曲线及 IS—LM 模型等知识，并且结合模型分析现实经济状态。

重要概念

投资函数　托宾的 q 说　IS 曲线　交易动机　谨慎动机　投机动机　流动偏好陷阱　LM 曲线

本章练习

单选题

1. 自发投资支出增加 10 亿美元，会使 IS（　　）。
   A. 右移 10 美元　　　　　　　　　B. 左移 10 美元
   C. 右移支出乘数乘以 10 亿美元　　D. 左移支出乘数乘以 10 亿美元
2. 如果税收增加 10 亿美元，会使 IS（　　）。

A. 右移税收乘数乘以 10 亿美元　　B. 左移税收乘数乘以 10 亿美元
C. 右移支出乘数乘以 10 亿美元　　D. 左移支出乘数乘以 10 亿美元

3. IS 曲线是描述（　　）。
A. 产品市场达到均衡时，国民收入与利息率之间的关系
B. 货币市场达到均衡时，国民收入与利息率之间的关系
C. 货币市场达到均衡时，国民收入与价格之间的关系
D. 产品市场达到均衡时，国民收入与价格之间的关系

4. 在 LM 曲线不变的情况下，自发总需求增加会引起（　　）。
A. 国民收入增加，利率上升　　B. 国民收入增加，利率下降
C. 国民收入减少，利率上升　　D. 国民收入减少，利率下降

5. 在 IS 曲线不变的情况下，货币量减少会引起（　　）。
A. 国民收入增加，利率下降　　B. 国民收入增加，利率上升
C. 国民收入减少，利率上升　　D. 国民收入减少，利率下降

6. 政府支出增加使 IS 曲线（　　）。
A. 向左移动　　B. 向右移动
C. 保持不动　　D. 以上说法均有可能

7. 如果货币市场均衡方程为 $r = \dfrac{k}{h}Y - \dfrac{M}{hP}$，则引致 LM 曲线变得平坦是由于（　　）。
A. k 变小，h 变大　　B. k 和 h 同比例变大
C. k 变大，h 变小　　D. k 和 h 同比例变小

8. 按照凯恩斯的货币理论，如果 r 上升，货币需求将（　　）。
A. 不变　　B. 下降
C. 上升　　D. 均不对

9. 按照凯恩斯的观点，人们需要货币是出于（　　）。
A. 交易动机　　B. 谨慎动机
C. 投机动机　　D. 以上都对

10. 货币交易需求可由下列哪一种函数关系表述（　　）。
A. L1 = f（p）　　B. L1 = f（r）
C. L1 = f（y）　　D. L1 = f（n）

判断题

1. 边际消费倾向 b 越大，IS 曲线越陡峭。（　　）
2. 自发消费增加，投资曲线上移，IS 曲线左移。（　　）
3. 利率高，人们就减少对货币的需求，利率低，人们就增加对货币的需求，因此，货币的需求与利率有直接的关系，与国民收入有间接的关系。（　　）

4. 增加货币供给，会引起利率下降。   （   ）
5. 货币供给的收缩会使 LM 曲线向左方移动。   （   ）
6. IS 曲线上的任何一点，都表示货币市场的均衡。   （   ）
7. 当人们预期利息率要下降的时候，他们将出售债券。   （   ）
8. 在 LM 曲线上，实际利率是与国民收入同方向变动的。   （   ）

简答题

1. 什么是 LM 曲线的三个区域，其经济含义是什么？
2. 简述货币市场的均衡条件。
3. 简述凯恩斯的货币需求理论。
4. 试述凯恩斯理论的基本框架。

计算题

1. 假设一个只有家庭和企业的两部门经济中，消费 $c = 100 + 0.8y$，投资 $i = 150 - 6r$，货币供给 $m = 150$，货币需求 $L = 0.2y - 4r$（单位都是亿美元）。
   （1）求 IS 和 LM 曲线。
   （2）求商品市场和货币市场同时均衡时的利率和收入。

2. 假定某经济中有：$C = 100 + 0.75Y_d$，$I = 125 - 600r$，$G = 50$，$T = 20 + 0.2Y$，$TR = 0$。
   （1）推导 IS 方程；
   （2）求 IS 曲线斜率；
   （3）当 $r = 15\%$ 时，Y 是多少？

第 13 章

总需求—总供给模型

 内容提要

本章主要讲解总需求曲线、总供给曲线和总需求—总供给模型。总需求曲线涉及总需求曲线的含义、总需求曲线的推导以及总需求曲线的移动；总供给曲线涉及宏观生产函数、劳动市场和总供给曲线的类型；总需求—总供给模型包括总需求—总供给模型及总需求—总供给模型对现实的解释。

 重点难点

本章重点为总需求曲线、总供给曲线的推导和移动、劳动力市场平衡、总需求—总供给模型；难点为总需求曲线、总供给曲线的移动、总需求—总供给模型。

 学习目标

通过本章的学习，应掌握总需求曲线和总供给曲线；理解总需求—总供给模型（AD—AS 模型）在实际问题中的应用。

 知识框架

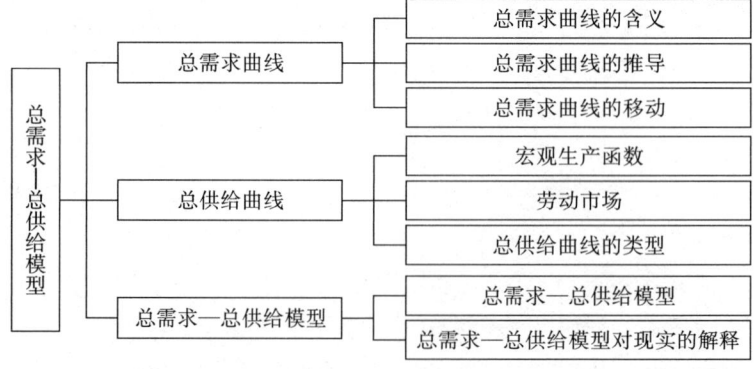

 引入案例

白宫的凯恩斯主义者

1961年，当一个记者问肯尼迪总统为什么主张减税时，肯尼迪回答："为了刺激经济，难道你不记得你上的101号经济学了么？"（一般美国大学把一年级的经济学基础称为101号经济学）肯尼迪政策的目的是要刺激生产和就业。

这种政策是肯尼迪的经济顾问小组提出的，这个小组包括极负盛名的经济学家詹姆斯·托宾和罗伯特·索洛，他们都深入地研究过凯恩斯的《就业、利息和货币通论》。当肯尼迪的顾问提出减税时，他们把凯恩斯的思想付诸了实践。

肯尼迪的政策内容包括减免投资税、增加政府支出等，这些都是为了帮助美国经济更快地从刚刚经历的衰退中复苏。

那么，这些政策到底怎样起作用呢？减税和增加政府支出都属于扩大总需求的政策，但是总需求的变化怎样影响经济形势呢？扩大的总需求如何帮助美国经济从衰退中复苏呢？让我们通过这一章的学习来了解一下。

13.1 总需求曲线

13.1.1 总需求曲线的含义

1. 总需求的含义

总需求（Aggregate Demand）是指经济社会各部门对产品和劳务的需求总量。通常用产品市场和货币市场同时均衡时的国民收入 y 来表示。在开放经济中，把经济社会各部门进行分类，分别是家庭、企业、政府和国外部门，因此开放经济中的总需求可以被分解为：家庭的消费需求、企业的投资需求、政府需求和国外需求。用公式表示为：

$$y = c + i + g + nx$$

这其中消费、投资和外需（净出口）就是我们常说的拉动经济增长的三驾马车。

2. 总需求曲线

总需求函数是指用均衡收入表示的总需求与价格水平之间的关系，记作 $y = f(p)$。总需求函数的几何表示即为总需求曲线（Aggregate Demand Curve）。

那么总需求和价格水平之间是什么关系？我们需要考察在其他条件不变的情况下，价格水平的上升（或下降）对国民收入的影响，即价格变动的效应。总需求包括家庭的消费需求、企业的投资需求、政府需求和国外需求，因此要考察价格水平对

消费需求、投资需求和国外需求的影响，政府需求只要是政府用来熨平经济波动的一个手段，与物价水平关系不大，因此不考虑物价水平对政府需求的影响。价格水平和总需求的关系概括如下：

(1) 实际余额效应 (Real – balance Effect)，也称为财务效应 (Wealth Effect)。在其他条件不变的情况下，价格水平下降时，货币余额 (现金和存款) 的购买力提高了，因而使消费者感到更富有，这刺激了消费需求；相反，价格水平上升导致以真实购买力表示的财务"缩水"，人们变得相对"贫穷"，结果减少了消费支出。

(2) 税收效应 (Tax Effect)。当价格水平上升时，人们的名义收入也要提高，从而使人们进入更高一级的纳税档次，纳税增加，个人以不变价格表示的实际可支配收入减少，即购买力下降，因此实际消费数量会减少。

(3) 利率效应 (Interest Effect)。在其他条件不变的情况下，价格水平上升，使得实际货币供给 (M/P) 下降，因此在实际货币需求不变的情况下，利率上升，利率上升导致投资支出及对利率敏感的消费支出的减少，总需求减少。相反，当价格水平下降时，则总需求增加。

(4) 汇率效应 (Echange – rate Effect)。固定汇率制下，当一国价格水平上升时，在国外物价水平不发生变化的条件下，使得本国商品相对外国来说变得更加昂贵了，因此该国出口减少，进口增加，净出口减少；相反，当本国物价下降时，净出口增加。若是浮动汇率制度，当本国价格水平上升时，由于利率提高导致外国资本流入，对本币需求增加，从而使本币升值，本币升值使进口增加，因此净出口减少；相反，当本国价格水平下降时，净出口增加。总之，无论是固定汇率制度还是浮动汇率制度，价格水平和净出口都呈反向变动的关系。

将以上几点结合起来，可以说国内物价总水平上升，必然使国内总支出水平下降。反之，国内物价总水平下降，必然使国内总支出水平上升。总支出水平的变动，会使均衡产出水平发生相应变动。这就形成了向右下倾斜的总需求曲线。例如：在图 13 – 1 中，物价总水平为 P_0 时，相应的总支出曲线为 AE_1，均衡产出水平为 y_1。将不同的物价水平 (P_0, P_1) 和相应的均衡产出水平 (y_0, y_1) 的组合点 (a, b) 联结起来，就构成图 13 – 1 (b) 中的总需求曲线 (AD)。

图 13 – 1 中有两张图。图 (a) 是总支出 (Aggregate Expenditure) 曲线。总支出曲线表示在每一物价总水平上与一定名义收入相对应的总支出。例如，AE_0 这条总支出曲线表示，当物价水平为 P_0 时，若收入为 y_0，总支出 (它等于消费加投资再加政府支出，即 AE = C + I + G) 为 E_0；当收入为 y_1 时，总支出为 E'_0。同样，AE_1 这条总支出曲线表示，当物价水平为 P_1 时，若收入为 y_0，总支出为 E'_1；当收入为 y_1 时，总支出为 E_1。图 (b) 是总需求曲线。总需求曲线表示每个价格水平上的均衡总支出。均衡总支出是指与总收入相等的支出，它一定在 45°线上。例如，价格为 P_0 时，均衡总支出 (也就是产量或收入) 是 y_0；价格为 P_1 时，均衡总支出为 y_1。从图上可见，物价总水平越高，总需求量或者说均衡总支出水平越低，因此，总需求曲线和微观经

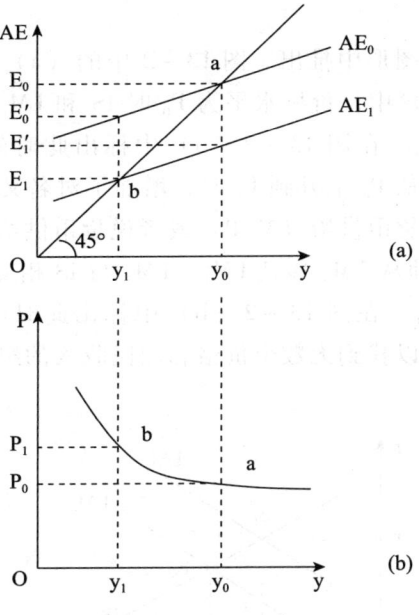

图 13-1 总支出和总供给曲线

济学中的需求曲线一样,也是向下倾斜的。

13.1.2 总需求曲线的推导

前面关于价格水平的变化对总需求的影响表明,总需求涉及产品市场也涉及货币市场,因此,可以用 IS—LM 模型推导总需求函数和总需求曲线。

1. 代数方法

为了简便起见,以两部门经济为例。

IS 曲线的方程为:$s(y) = i(r)$

曲线的方程为:$\dfrac{M}{P} = L_1(y) + L_2(r)$

将这两个方程联立,消去变量 r,得到关于 y 和 P 的方程,即为总需求函数。

【例 13-1】已知储蓄函数 $s(y) = -100 + 0.2y$,投资函数 $i(r) = 80 - 5r$,货币需求函数 $L = 0.2y - 4r$,货币供给函数 $m = \dfrac{200}{P}$,求总需求函数。

由上述条件整理得到 IS 曲线的方程为:$y = 900 - 25r$

LM 曲线的方程为:$y = \dfrac{1000}{P} + 20r$

IS 方程和 LM 方程联立,消去 r,得到:

$$y = 400 + \dfrac{5000}{P}$$

上式就是总需求函数,表明总需求和价格水平呈反向变化的关系。

2. 图形推导

总需求曲线也可以从图形中推出。图 13-2 中的（a）是 IS—LM 模型，（b）为 AD 曲线。在图 13-2（a）中，价格水平为 P_0 时 IS 和 LM_0 相交于均衡点 E_0，此时，利率为 r_0，国民收入为 y_0。在图 13-2（b）中标出此时的价格和收入水平组合点 D_0 (P_0, y_0)。当价格水平从 P_0 上升到 P_1 时，增加了对名义的货币需求，但由于名义货币供给未变，因此实际货币供给（M/P）或者说货币供给的实际价值减少了，因而 LM 曲线向左上方移动，即从 LM_0 移到 LM_1。LM_1 与 IS 相交于新的均衡点 E_1，此时，利率为 r_1，国民收入为 y_1。在图 13-2（b）中标出此时的价格和收入水平组合点 D_1 (P_1, y_1)。同理，还可以找到无数个价格和国民收入的组合点，把这些点连起来即为总需求曲线。

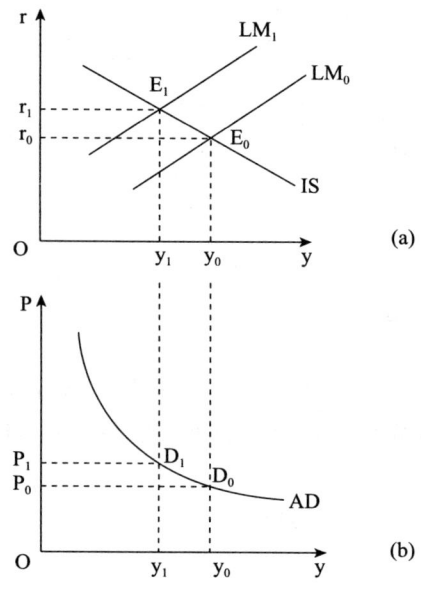

图 13-2 从 IS-LM 模型到总需求曲线

应当指出，在 IS—LM 模型中，价格变动不影响产品市场均衡，即不影响 IS 曲线，只影响货币市场的均衡。

13.1.3 总需求曲线的移动

总需求是由消费、投资、政府支出和净出口构成的，因此，任何计划总支出的增加都会使总需求曲线移动。一般来讲，在价格以外的其他因素发生变化情况下，总需求曲线都将发生移动：总需求增加，总需求曲线将向右移动；总需求减少，总需求曲线将向左移动。下面将分别探讨 IS 曲线和 LM 曲线变动对总需求曲线的影响。如果物价水平不变，其他因素的变化使 IS 曲线移动，或 LM 曲线移动，或两条同时移动，那么将导致总需求曲线的移动。

1. IS 曲线移动对 AD 曲线的影响

在图 13-3 的 (a) 图中,IS_0 曲线和 LM 曲线对应于一定的货币数量和价格水平 P_0,均衡点为 E_0,与 (b) 图中 AD_0 曲线的 E_0 点对应。假定政府增加支出,将使 IS_0 右移至 IS_1。在原来的价格水平下,新的均衡点为 E_1,此时,利率升高,收入增加。在 (b) 图中可以找到对应的 E_1,E_1 是新的总需求曲线 AD_1 上的一点。AD_1 曲线反映了增加政府支出对经济的影响。可见,在一个既定的价格水平下,政府支出增加也就意味着总需求的增加。

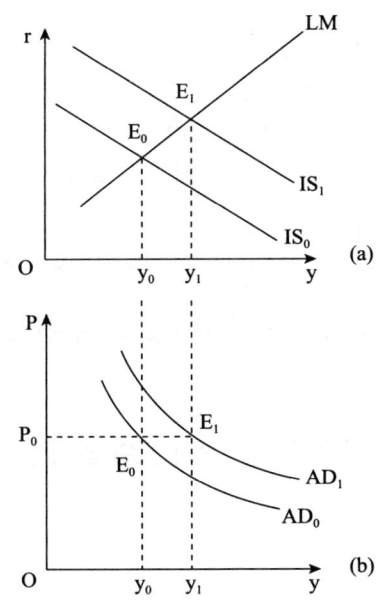

图 13-3 IS 曲线移动对 AD 曲线的影响

2. LM 曲线移动对 AD 曲线的影响

如图 13-4 所示,假定 IS 曲线不变,物价水平不变,货币供给增加使 LM 曲线由 LM_0 右移至 LM_1,则均衡的国民收入从 y_0 增加到 y_1,总需求曲线从 AD_0 右移至 AD_1。

以上讨论了扩张性的财政政策或货币政策使总需求曲线向右移的情况。与此相反,在既定的价格水平下,无论是紧缩性的财政政策还是紧缩性的货币政策,都将使总需求曲线 AD 向左移动。

总需求曲线只给出了价格水平和以收入水平来表示的总需求水平之间的关系,并不能决定价格水平和均衡的总需求水平。如果要说明整个经济价格水平和总产出水平是如何决定的,则需要引入另一个分析工具,即总供给曲线。

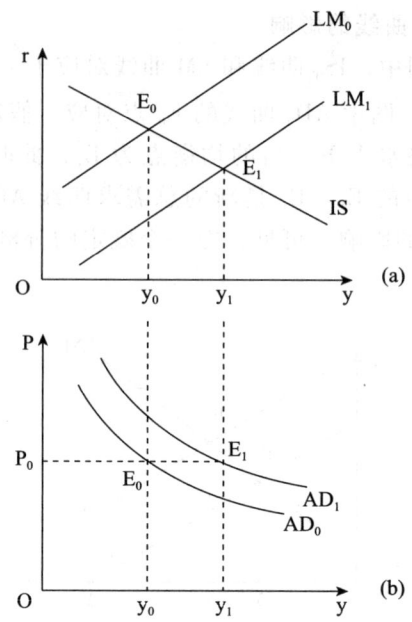

图 13-4 LM 曲线移动对 AD 曲线的影响

13.2 总供给函数

13.2.1 宏观生产函数

在西方经济学中,生产函数是指投入和产出之间的数量关系。生产函数有微观和宏观的区别,我们在前面的章节已经论述过微观生产函数,宏观生产函数又称总量生产函数,是指整个国民经济的生产函数,它表示总投入和总产出之间的关系。

总供给曲线是经济社会在每一价格水平上提供的商品和劳务的总量。总供给函数表示总产出量与一般价格水平之间的关系。总供给曲线(Aggregate Supply Curve)是表示产出量和价格水平的各种不同组合的曲线。总供给曲线是根据生产函数、劳动需求函数和劳动供给函数以及货币工资曲线推导而得到的。

假定一个经济社会在一定的技术水平下使用总量意义下的劳动和资本两种要素进行生产,则宏观生产函数可表示为:

$$Y = F(N, K)$$

式中,Y 为总产出;N 为整个社会的就业水平或就业量;K 为整个社会的资本存量;为了避免复杂,技术水平没有被明确地表示出来。该式表明,经济社会的产出主要取决于整个社会的就业量、资本存量和技术水平。

由于经济社会的总供给是该社会的总生产量,而生产量是由生产函数决定的,在短期内，在一定的技术水平和资本存量条件下，资本数量是固定不变的，因此，总产量水平主要取决于劳动的总就业量。总产量是劳动就业量的函数，随总就业量的变化而变化：总就业量增加，总产量也增加，反之则反之。该社会短期生产函数可以写为：

$$Y = F(N, \bar{K})$$

式中 Y 代表总产量，N 代表投入生产的劳动总就业量，$\bar{K}$ 代表短期内不能改变的资本数量。总生产函数即宏观生产函数用图 13 – 5 表示。

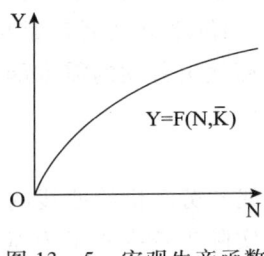

图 13 – 5　宏观生产函数

13.2.2　劳动市场

在图 13 – 5 中，曲线 $Y = F(N, \bar{K})$ 的形状表示，随着就业量 N 的增大，产量也增加，但增加的比率递减，原因是劳动的边际生产力是递减的。

劳动总就业量取决于劳动需求和劳动供给的均衡。

1. 劳动需求函数

劳动的需求决定于劳动的边际产品 MP_L，是劳动的边际产品的函数。在微观经济学的生产要素价格的决定原理中，厂商对劳动的需求决定于劳动的边际产品价值或边际收益产品。由于劳动边际产品价值随劳动投入增加而递减，因此厂商对劳动的需求曲线也是向右下方倾斜的。同理，作为厂商的劳动需求曲线总和的劳动总需求曲线也是向右下方倾斜的。在完全竞争的市场上，在短期内，厂商为了获得最大利润，就会使用更多劳动，在那里，实际工资等于劳动的边际产品：

$$W/P = MP_L$$

式中 W 为货币工资率（指单位劳动时间的工资，如每小时的货币工资），P 为价格水平，W/P 为实际工资率，MP_L 为劳动边际产品。由于 MP_L 随劳动数量增加而递减，因此，只有实际工资率 W/P 下降时，企业才肯多用劳动量。这就是说，劳动需求量是实际工资率的减函数：实际工资率低，则劳动的需求量大，反之则反之。因而劳动需求函数可以写为：

$$N_d = N_d(W/P)$$

2. 劳动供给函数

劳动的供给也决定于实际工资率水平，是实际工资率的增函数：实际工资率低，劳动的供给量小，反之则反之。劳动供给之所以是实际工资率的增函数是因为实际工资率越高,劳动者不工作所放弃的实际收入就越多,即不工作(闲暇)的成本就越高,因而人们越愿意用多劳动来代替多休闲。劳动供给函数可以写为:

$$N_s = N_s(W/P)$$

劳动供给函数所表示的劳动与实际工资水平之间的关系呈同方向变动关系,实际工资低时,劳动的供给量小;实际工资高时,劳动的供给量大。

3. 劳动市场均衡

把劳动的需求函数和劳动的供给函数结合起来就可以确定均衡的实际工资率水平和劳动就业水平,即如果工资 W 和价格 P 两者都是可以调整的,那么实际工资 W/P 也是可以调整的。劳动市场的均衡就由劳动的需求函数和劳动的供给函数的联合解来确定:

$$N_d(W/P) = N_s(W/P)$$

图 13-6 表示,劳动需求曲线和劳动供给曲线的交点决定了均衡的实际工资率水平和均衡就业量。在图中,均衡实际工资率水平为 W_0/P_0,均衡就业量为 N_0。

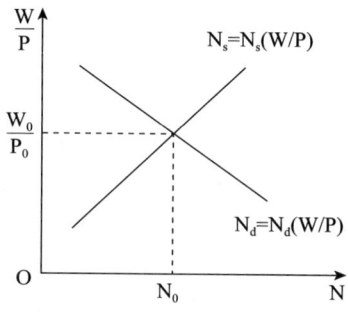

图 13-6 劳动市场

 相关思考

宏观经济学争论之一:总供给曲线的形状

总需求的变动对产出和就业有影响吗?如果有,则影响会持续多长时间?这些问题引出现代宏观经济学的主要争论之一:总供给曲线的形状。

凯恩斯学派的经济学家在资源相对过剩的背景下认为短期总供给曲线相对平坦。这意味着总需求对产量有着重大且持久的影响。古典理论则从劳动市场始终能自我调节达到均衡的假设得出垂直的总供给曲线,这意味着凯恩斯的需求管理政策对产出和就业是无效的,此时总需求的变化对于产出数量没有持久的影响。

那么总供给曲线到底是什么形状?

13.2.3 总供给曲线的类型

已知总生产函数、劳动需求和供给曲线，就可以求出总供给曲线。由于西方经济学家各自依据的假定条件不同，因而对总供给曲线的形状存在不同的看法。

下面介绍几种最主要的总供给曲线，即古典的总供给曲线、凯恩斯主义的总供给曲线和常规总供给曲线。

1. 古典的或长期的总供给曲线

古典总供给曲线也称为长期的总供给曲线，其几何形状为一条位于充分就业的产量水平的垂直线。它表明，在长期，实际产出量主要由潜在产出决定，因而不受价格水平的影响，或者说，当价格水平发生变动，实际工资相应调整后，产出量不会相应变化。

古典总供给曲线建立的前提条件是：货币工资具有完全的伸缩性，货币工资随劳动供求关系变动而变化。当劳动市场存在超额劳动供给时，货币工资率就会降低。反之，存在超额劳动需求时，货币工资率就会提高。

由于货币工资率会随着市场物价总水平的波动而波动，劳动市场的均衡供求量始终保持充分就业水平不变，国民收入也不会随物价水平的波动而波动，总供给曲线就成为一条垂直的充分就业产量曲线。

图 13-7 描述了古典总供给曲线。这条古典总供给曲线又称为长期总供给曲线，是因为在短期内工人会把伴随价格上升的名义工资的提高误以为是实际工资的增加，因而会有更多的就业和更大的产量。但是在长期内，工人会按实际工资而不会按名义工资来供给劳动，工人们消除了"货币幻觉"，劳动供给可被假定为实际工资的函数。此外，也只有在长期内，名义工资才会因劳动供求关系变动而立即变动。这一点接下来还要进一步论述。

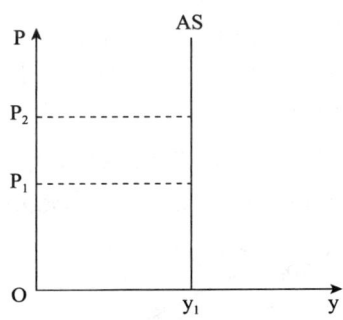

图 13-7 古典的总供给模型

2. 凯恩斯主义总供给曲线

凯恩斯的最重要著作《通论》出版于 1936 年。那时，整个西方世界都处于严重的大萧条时期，经济社会存在着大量的失业人口和生产能力，《通论》基本上是针对这种状态而撰写的。此外，该书也提出了货币工资具有"刚性"的假设，即假设由于种种原因，货币工资不会轻易变动。关于工资的"刚性"，后面的章节还要进一步加以说明。

处于上述状态，在"刚性"货币工资的假设条件下，当时的事实也表明，当产量（从而国民收入）增加时，价格和货币工资均不会发生变化。因此，凯恩斯的总供给曲线被认为是一条水平线，如图13-8中的P_0E_0所示。

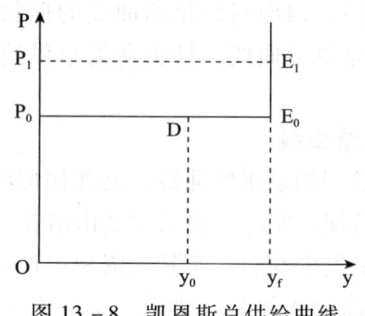

图13-8 凯恩斯总供给曲线

图中的y_f代表充分就业的产量或国民收入。P_0E_0为水平线的意思是：在产量小于y_f的条件下，由于货币工资（W）和价格水平（P）都不会变动，所以在既有的价格（P_0），经济社会能提供任何数量的y_0，即：在达到充分就业以前，经济社会能按照既定的价格提供任何数量的产量或国民收入（如y_0）。此外，该图也表明，在达到充分就业（y_f）之后，社会已经没有多余的生产能力，从而不可能生产出更多的产品。因此，增加的需求不但不会增加产量（y），反而会引起价格的上升，如图中E_0点以上的垂直线所示。例如，在E_1点，产量仍旧是P_0，但是，价格已经上升到P_1。

和古典总供给曲线相对应，凯恩斯总供给曲线之所以具有水平的形状，其理由也有两个：其一，货币工资（W）和价格均具有刚性，也就是说，二者完全不能进行调整。其二，《通论》所研究的是短期的情况，即使不使用刚性工资的假设，由于时间很短，W和P也没有足够的时间来进行调整。

在目前西方经济学的文献中，这两个理由也均被使用。由于这两个理由都过分夸大了《通论》的确切含义，所以西方学者一致同意，认为水平的凯恩斯总供给曲线代表短期总供给曲线的另一极端情况。

凯恩斯总供给曲线的政策含义是：只要国民收入或产量处在小于充分就业的水平，那么，国家就可以使用增加需求的政策来使经济达到充分就业状态，如图13-9所示。

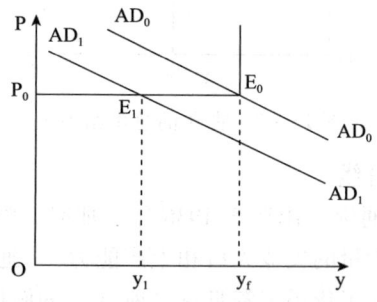

图13-9 凯恩斯总供给曲线的政策含义

在该图中，代表总需求曲线的 AD_1 与凯恩斯总供给曲线（P_0E_0）相交于 E_1 点。在 E_1 点，价格水平为 P_0，产量（y_1）于小于充分就业的萧条状态。为了改善这一状态，国家可以通过增加需求的政策来使总需求曲线（AD_1）向右移动到 AD_0 的位置。这样，P_0E_0 与 AD_0 相交于 E_0 点。该点表明，此时的价格水平仍然为 P_0，但国民收入已经达到充分就业的数量（y_f）。

3. 常规总供给曲线

垂直的古典总供给曲线和水平的凯恩斯总供给曲线分别代表两种极端状态。前者来自货币工资（W）和价格水平（P）能够立即进行调整的假设；后者则来自货币工资（W）和价格水平完全不能进行调整的假设。因为，在《通论》所针对的严重萧条的特殊情况下，既然 W 和 P 均保持不变，则显然意味着二者完全不能自行调节。

西方学者认为，在通常的或常规的情况下，短期总供给曲线位于两个极端之间，如图 13 - 10 的 CC 线所示。

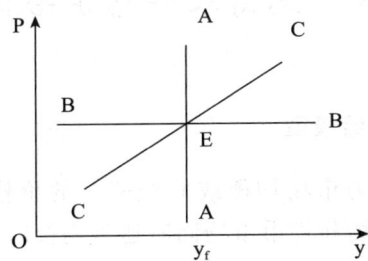

图 13 - 10 常规总供给曲线（线性的）

向上延伸的 CC 线表示，价格水平越高，经济中的企业提供的总产出就越多，从微观经济学的角度看，在短期，当经济中的工资和其他资源的价格相对固定，或不太易变时，随着企业产品价格的提高，企业增加产量通常能够盈利。因此，更高的价格水平将导致更高的总产量。这意味着，在短期中，总供给曲线是向右上方延伸的。

如此看来，促使短期总供给曲线向右上方延伸的一个重要因素是投入要素价格的黏性。那么为什么有一些投入要素的价格（例如工资）在短期中不具有伸缩性呢？一个主要原因是持续一段时间的长期合同。以劳动这一要素的价格，即工资为例，工会化行业的劳动合同通常都三年一签，因此在合同期，工资至少部分是固定的。同样，企业生产所需的原材料和其他投入的价格也有可能因某些合同而被固定。

图 13 - 10 中所显示的 AA、BB 和 CC 三条直线顺次代表古典、凯恩斯和常规总供给曲线。CC 线越是接近于 BB 线，W 和 P 被假设的调节速度越慢；一直到 CC 和 BB 相重合的凯恩斯极端，二者则完全不能调节。另一方面，CC 线越是接近 AA 线，W 和 P 被假设的调节速度越快，一直到 CC 和 AA 相重合的古典极端。可以看到，CC 的斜率代表着被假设的调节速度，斜率由 0 到 ∞，表示从凯恩斯极端的 W 和 P 的完全不能进行调节到古典极端的能立即进行调节。

图 13 - 10 中的常规总供给曲线（CC）具有线性的形式，由于这种形式易于说明

和理解，所以它经常被用于教学中。然而，西方经济学者认为，能代表实际情况的常规总供给曲线却是非线性的，如图 13-11 所示。

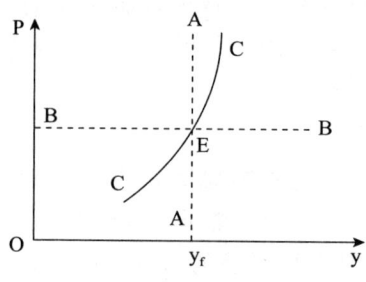

图 13-11 常规总供给曲线

13.3 总需求—总供给模型

13.3.1 总需求—总供给模型

总供给曲线表示了劳动力市场均衡或非均衡时的价格水平与国民收入之间的关系。总需求曲线表示产品市场和货币市场同时达到均衡时的价格水平与国民收入之间的关系。把总供给曲线和总需求曲线放在一个纵轴为价格水平、横轴为国民收入的坐标平面上，就得到总需求—总供给模型。利用总需求—总供给模型可以研究产出和价格水平的决定，分析不同宏观经济政策对产出和价格水平的影响。

图 13-12 显示了向右上方倾斜的总供给曲线 AS 和向右下方倾斜的总需求曲线 AD。假设价格水平为 P_2，这时形成总供给大于总需求，于是产生价格水平向下的压力。一方面，价格水平下降使实际工资提高，从而使劳动需求减少、就业减少、总供给减少；另一方面，价格水平下降使实际货币供给量增加，从而使利息率下降、投资支出增加、总需求进一步增加。因此价格下降缓解了总供给大于总需求的矛盾。

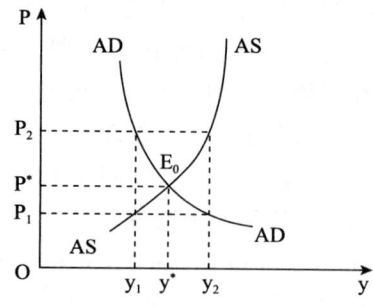

图 13-12 总供给—总需求模型

假设价格水平为 P_1，这时形成总需求大于总供给，这将导致价格水平上升。价格水平上升一方面使实际货币供给量减少，从而使利息率上升、投资支出减少、总需求进一步减少；另一方面，使劳动需求增加、就业增加、总供给增加。因此价格水平上升缓解了总需求大于总供给的矛盾。

假设价格水平为 P^*，这时总需求等于总供给，实现市场的均衡。均衡价格为 P^*，均衡国民收入为 y^*。

由此可见总需求曲线和总供给曲线的交点决定了均衡的价格水平和均衡的产出水平（国民收入水平）。

13.3.2 总需求—总供给模型对现实的解释

在得到总供给和总需求曲线之后，运用这两条曲线，总需求—总供给模型便可以对现实的经济情况加以解释。

经济情况是千变万化的，因此不能对它们一一加以解释，为了论述方便，我们把它们归为三类再做进一步解释，即：宏观经济的短期目标、总需求曲线移动的后果和总供给曲线移动的后果。

1. 宏观经济的短期目标

在短期中，宏观经济企图达到的目标是充分就业和物价稳定，即不存在非自愿失业，同时，物价既不上升，也不下降，如图 13-13 所示。

图 13-13 表明当总需求曲线（AD）和总供给曲线（AS）相交于 E_0 点时，产量（y）处于充分就业的水平（y_f），价格为 P_0，而此时的 P 既不会上升，也不会下降。因此，E_0 点表示宏观经济管理的短期目标，即充分就业和价格稳定。

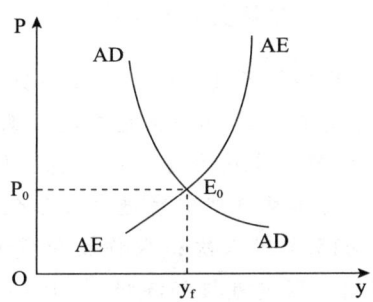

图 13-13 宏观经济的短期目标

然而，只有在偶然的情况下，AD 和 AS 才可能相交于 E_0 点，经济中的许多因素都会移动 AD 和 AS 的位置，使二者的交点脱离 E_0。

2. 总需求曲线移动的后果

总需求曲线移动的后果可以用图 13-14 加以说明。

图 13-14 表明，在某一时期，AD_0 和 AS 相交于代表充分就业的 E_0 点。E_0 点的产量为 y_f，价格水平为 P_0。这时，由于总需求减少，AD 向左移动到 AD_1 的位置，这

样，AD_1 和 AS 相交于 E_1 点。这表明，经济社会处于萧条状态，其产量和价格分别为

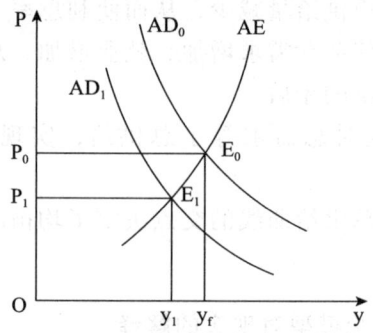

图 13-14 总需求曲线移动的后果

y_1 和 P_1，二者均低于充分就业的数值。然而，AS 的形状表明，二者下降的比例并不相同。在小于充分就业的水平时，越是偏离充分就业，经济中过剩的生产能力就越来越多，价格下降的空间就越来越小，这说明：价格下降的比例要小于产量下降的比例。为了简化图形，我们没有作出 AD 从 AD_0 向右移的情况。但是，读者可以自行推想，这一情况代表经济处于过热的状态。这时的生产能力比较紧缺，产量增加的可能性越来越小，而价格上升的压力越来越大，也就是说在 E_0 的右方，AD 向右方移动的距离越大，价格上升的比例越要高于产量上升的比例。

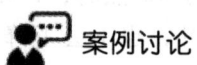 **案例讨论**

自然灾害的影响

新华网（记者 李敏）民政部 7 日发布的全国自然灾害灾情公告显示，今年以来，中国气候异常，极端天气事件频繁，多灾并发，点多面广，部分地区重复、连年受灾，局部地区雨情、汛情、灾情严重，灾害明显重于去年和常年同期。

截至 7 月 31 日统计，全国各类自然灾害造成 2.8 亿人次受灾，1279 人死亡，239 人失踪，紧急转移安置 615.3 万人次；农作物受灾面积 4.9 亿亩，绝收面积 6348 万亩；倒塌房屋 79 万间；因灾直接经济损失 1101.8 亿元，灾害明显偏重。

公告显示，与 2006 年同期比较，今年 1-7 月全国共发生各类自然灾害事件 466 次，发生频次远高于 2006 年同期，特别是极端天气气候事件给受灾地区造成十分严重的人员伤亡和经济损失，农作物受灾面积同比高出 0.75%，绝收面积高出 5.28%。

值得注意的是，今年出现了"大水情、小险情""重灾情、轻损失"的可喜现象。业内人士分析，这主要是由于中国抗灾救灾能力大幅增强，防灾减灾工程和设施发挥效益，群众民房质量有所提高等。

阅读以上资料并分析：
1. 自然灾害这种不利的供给冲击将如何影响经济？
2. 面对这种不利的冲击，政府可能做出哪些选择？

3. 总供给曲线移动的后果

总供给曲线移动的后果可以由图 13-15 来表示。在该图中，AD 和 AS_0 相交于充分就业的 E_0 点。这时的产量和价格水平顺次为 y_f 和 P_0。此时，如果由于某种原因，如大面积的粮食歉收或石油供给的紧缺，原料价格猛涨等，AS 曲线由 AS_0 向左移动到 AS_1，如 AD 与 AS_1 相交于 E_1 点，那么，E_1 点可以表示滞胀状态，其产量和价格水平顺次为 y_1 和 P_1，即表示失业和通货膨胀的并存。进一步说，AS 向左偏离 AS_0 的程度越大，失业和通货膨胀都会越为严重。但是失业的下降比例和价格上涨的比例这二者之间相对关系却并不明确。读者可以设想 AS 向右移动的后果。当生产技术的突然提高使 AS 由 AS_0 向右移动时，产量增加，而价格水平则会下降。然而必须注意：在短期内，生产技术虽然有可能突然提高，但是，要想很快得到它的成果却是很困难的。因此，AS 从 AS_0 在短期向右方移动是非常少见的，甚至只是一种理论上的想象而已。

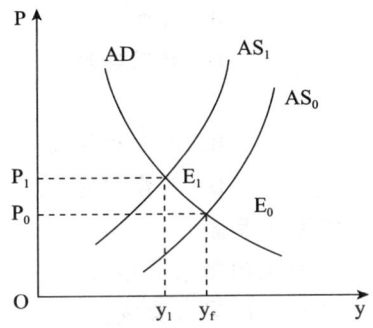

图 13-15　总供给曲线移动的后果

引例解析

自然灾害的影响

1. 这种不利的总供给冲击，将使短期总供给曲线上移。在总需求不变的情况下，物价水平将上升，产出水平将下降。

2. 面对这种不利的冲击，政府可能做出下列选择：一是保持总需求不变，在这种情况下，产出和就业低于自然率，最终，价格下降到原来的水平，恢复到充分就业水平。这个过程比较漫长。二是扩大总需求，使经济更快地恢复到自然率水平。

本章小结

本章主要学习总需求—总供给模型，通过讲授要求掌握总需求曲线的含义、总需求曲线的图形、总需求曲线的移动、宏观生产函数、劳动市场、总供给曲线的类型、总需求—总供给模型和总需求—总供给模型对现实的解释；需结合现实着重掌握利用总需求—总供给模型来解释现实的经济现象。

重要概念

总需求　总供给　宏观生产函数　劳动力市场均衡　古典总供给曲线　凯恩斯总供给曲线　常规总供给曲线

本章练习

单选题

1. 若价格水平下降，则总需求（　　）。
   A. 减少　　　　　　　　　　　B. 增加
   C. 不变　　　　　　　　　　　D. 难以确定

2. （　　）属于总需求的组成部分。
   A. 消费和净出口　　　　　　　B. 投资和税收
   C. 储蓄和政府购买　　　　　　D. 消费和储蓄

3. 随着物价水平的上升，实际货币量（　　）。
   A. 增加，从而实际国民生产总值的需求量增加
   B. 增加，从而实际国民生产总值的需求量减少
   C. 减少，从而实际国民生产总值的需求量增加
   D. 减少，从而实际国民生产总值的需求量减少

4. 假设经济实现充分就业，总供给曲线是垂直线，减税将（　　）。
   A. 提高价格水平和实际产出　　B. 提高价格水平但不影响实际产出
   C. 提高实际产出但不影响价格水平　D. 对价格水平和产出均无影响

5. 其他条件不变，价格水平下降会导致（　　）。
   A. 实际货币供给量减少，AD 曲线左移
   B. 实际货币供给量增加，AD 曲线右移
   C. 实际货币供给量减少，总需求沿着 AD 曲线减少
   D. 实际货币供给量增加，总需求沿着 AD 曲线增加

6. 若扩张性总需求的政策对产出的影响为零，而对价格的影响最大，则表明（　　）。
   A. 总供给曲线是水平的　　　　B. 总供给曲线向右上方倾斜

C. 总供给曲线是垂直的　　　　　D. 不能确定

7. 在其他条件不变的情况下，总需求曲线会因为（　　）。

A. 政府购买增加而左移　　　　　B. 税收增加而右移

C. 价格水平下降而右移　　　　　D. 名以货币供给增加而右移

8. 下列选项中，（　　）不是总需求曲线斜率为负的原因。

A. 利率效应　　　　　　　　　　B. 实际余额效应

C. 汇率效应　　　　　　　　　　D. 挤出效应

9. 假定经济实现了充分就业，总供给曲线是一条垂线，那么（　　）。

A. 增税将导致价格水平上升，产出增加

B. 减税将导致价格水平上升，产出不变

C. 增加政府购买将导致产出增加，价格水平不变

D. 增加货币供给将导致价格水平上升，实际产出增加

10. 在（　　）情况下对国民收入的影响是不确定的。

A. 总供给和总需求同时增加　　　B. 总供给减少而总需求增加

C. 总供给和总需求同时减少　　　D. 总供给增加而总需求减少

 多选题

1. 总需求曲线的位置发生移动，可能是因为（　　）。

A. 名义货币供给量增加，而价格水平不变

B. 名义货币供给量不变，而价格水平变化

C. 政府购买支出改变

D. 净出口变化

2. 下列关于劳动需求的叙述中，正确的有（　　）。

A. 劳动需求曲线向右下方倾斜的原因是由于劳动的边际产量递减

B. 厂商对劳动的需求量决定于实际工资等于劳动的边际产量的那一点

C. 厂商对劳动的需求量决定于名义工资等于劳动的边际产量的那一点

D. 厂商对劳动的需求量决定于名义工资等于劳动的边际产量价值的那一点

3. 若扩张总需求的政策对产出的影响等同于简单乘数效应，则表明（　　）。

A. 经济处于严重萧条时期　　　　B. 总供给曲线为一条水平线

C. 产出对价格具有完全弹性　　　D. 总供给曲线为一条垂线

4. 古典学派认为，（　　）。

A. 名义货币供给量增加，价格水平和名义工资上升

B. 名义货币供给量增加，价格水平不变，实际工资增加

C. 货币是中性的

D. 名义货币供给量增加，实际产出不变

5. 扩张总需求的政策在古典模型中无效的原因有（　　）。

A. 经济已经处于潜在 GDP 的水平，充分就业是经济的常态
B. 该政策只会引起价格水平的上升，对实际产出没有影响
C. 需求变化只改变货币工资和价格水平等名义值
D. 需求变化会改变实际工资和就业产量

判断题

1. 总需求曲线是全社会所有个别商品需求曲线的加总。　　　　　　（　　）
2. 若扩张总需求政策的产出效应最大，则表明总供给曲线是垂直的。（　　）
3. 大萧条时，增加政府购买可以使产出增加。　　　　　　　　　　（　　）
4. 总供给曲线右移可能是因为原材料价格上涨。　　　　　　　　　（　　）
5. 假定其他条件不变，总供给的增加将导致国民收入的增加和价格水平的下降。
　　　　　　　　　　　　　　　　　　　　　　　　　　　　　　（　　）

简答题

1. 总需求曲线与单个商品的需求曲线有何不同？
2. 说明未预料的通货紧缩会改变人们的收入分配，从而进一步减少总需求。

计算题

1. 假定经济中存在以下关系：$Y = C + I$，$C = 90 + 0.9Y$，$I = 900 - 90r$，$L = (0.9Y - 900r)P$，$M = 900$

　　试求：(1) 总需求曲线的表达式；
　　　　　(2) 如果某年价格水平 $P = 1$，求该经济的收入和利率水平；
　　　　　(3) 如果该年货币供给超过 900，会发生什么情况？

2. 假定上题中总供给函数 AS 为 $Y = 1000 + 1100P$。

　　试求：(1) 均衡收入和价格水平为多少？
　　　　　(2) 若充分就业的收入水平为 2100，用扩张性货币政策的话，要增加多少货币供应才能实现充分就业？

第 14 章

失业与通货膨胀

内容提要

本章主要讲解了失业的含义及类型,失业率的计算、充分就业及自然失业率、失业的影响及奥肯定律;通货膨胀的含义、衡量指标;通货膨胀的分类、产生原因及影响;菲利普斯曲线的提出及其政策含义等。

重点难点

本章重点为失业的类型、充分就业及自然失业率;通货膨胀的衡量指标、成因及经济效应;菲利普斯曲线的含义。难点为奥肯定律、附加预期的菲利普斯曲线及短期菲利普斯曲线。

学习目标

通过本章学习,学生应了解什么是失业及失业率,现实中都有哪些失业现象,什么是充分就业及自然失业率;能够掌握失业的类型及影响,通货膨胀的衡量指标及形成原因、产生的经济效应,并熟悉菲利普斯曲线所反映的关系及其政策含义等。

知识框架

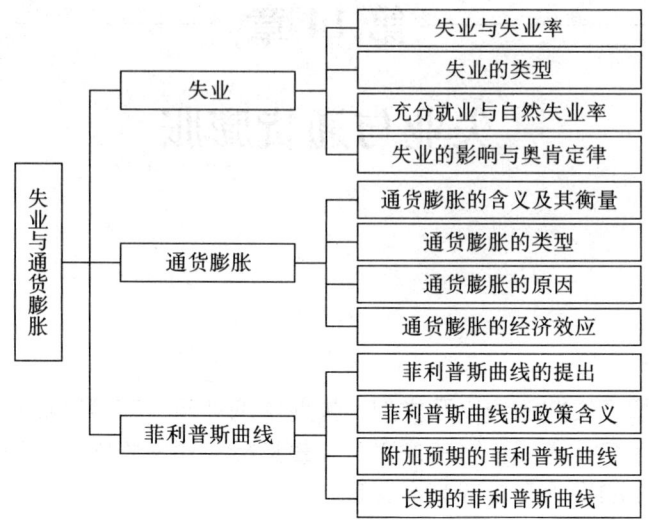

 **引入案例**

津巴布韦的通货膨胀

从 2004 年起,津巴布韦的通货膨胀率就已很高。由于通货膨胀日益严重,人们手中的货币严重贬值、购买力下降,因货币面值较小,而物价飞涨,就有了人人都是百万穷翁,要买东西得扛一麻袋钱去的局面。为了方便携带,政府只能发行大面额的货币,因通货膨胀率不断的攀升,津巴布韦政府因此陷入了不断发行新货币的恶性循环中。下面是津巴布韦政府发行新货币的历程:

1. 2006 年 6 月 1 日,在国家通货膨胀率突破 1000% 的情况下,津巴布韦中央银行发行面值 10 万津元的无记名支票以方便携带。

2. 2007 年 8 月 1 日,津巴布韦中央银行发行面值为 20 万元的钞票。在黑市上,这种 20 万元的新钞票仅价值 1 美元。当期的津巴布韦的通货膨胀率超过 5000%。

3. 2007 年 12 月 24 日,津巴布韦发行新版货币,最高面值为 75 万津巴布韦元,其他两种为 25 万和 50 万津元。此外,央行还宣布个人储户存款不能超过 5000 万元,超额的要被充公。按当期官方汇率,20 万津元仅仅相当于 6.66 美元,而在黑市上只能换到 0.12 美元。75 万津元的大额钞票只能买到一个汉堡包。当期的通胀率达 8000%。

请思考:津巴布韦的通货膨胀程度如何?通货膨胀是好事还是坏事?

20 世纪 60 年代以前,欧美等一些国家物价稳定,但在 60 年代到 80 年代初期,世界各主要资本主义国家的通货膨胀率和失业率连续急剧上升,甚至高达两位数。经济增长停滞、失业与通货膨胀的并发成为经济学家最为棘手的问题之一。同时,失业与通货膨胀理论也是当代宏观经济学的重要组成部分。

14.1 失业

在现代经济学中,失业的本意是泛指资本、土地、劳动力等各种生产要素没有被雇佣,但资本、土地等资源对社会经济的不利影响远没有劳动力大量失业所带来的影响深刻和严重。这里的失业问题主要是谈劳动力的失业。劳动力是最重要的资源,失业意味着劳动力处于没有工作的"闲置状态",并且带来多层面的其他经济和社会问题。

14.1.1 失业与失业率

1. 失业的含义

失业是各国经济中面临的普遍问题。失业(Unemployment)是指有劳动能力、愿意接受现行工资水平但仍然找不到工作的现象。简单说就是有劳动能力的人想找工作都找不到工作的社会现象。

需要注意的是,失业如果仅从字面上理解,无非是失去职位或工作,但这一直观解释不够准确。例如,妇女自愿辞职回家当家庭主妇,她虽然离开了工作岗位,但并不构成失业,而是脱离了劳动队伍。另外,对于刚刚走出大学校门的毕业生,如果未能很快找到工作,即便没有失去工作也属于失业者。

2. 失业率

(1) 相关概念:失业人口、劳动人口

从整个经济来看,通常把一定年龄阶段的具有劳动能力的人口称作劳动人口(即劳动力),其中一部分处于工作状态的,称为就业者(就业人口),一部分处于寻找工作而尚未找到的称为失业者(失业人口)。

(2) 失业率

失业率就是劳动力中没有工作而又在寻找工作的人所占的比例,即失业人口占劳动人口的比例。

 特别提示

劳动力是所有的就业者和失业者的总和。失业率不是失业人口与总人口的比例,而是失业人口占劳动人口的比例。

14.1.2 失业的类型

失业有很多种类。根据主观愿意就业与否，分为自愿失业与非自愿失业。

所谓自愿失业是指工人所要求的实际工资超过其边际生产率，或者说不愿意接受现行的工资条件和收入水平而未被雇用而造成的失业。这种失业在西方不被看作真正的失业。凯恩斯提出与此相对的失业是非自愿失业，这种失业由于劳动人口主观不愿意就业而造成，是指具有劳动能力并愿意按现行工资率就业，但由于有效需求不足而找不到工作造成的失业，所以被称为非自愿失业。非自愿失业无法通过经济手段和政策来消除，因此不是经济学所研究的范围。

宏观经济学通常将失业分为三种类型：摩擦性失业、结构性失业及周期性失业。

1. 摩擦性失业

摩擦性失业指生产过程中难以避免的、由于转换职业等原因而造成的短期、局部失业。这种失业的性质是过渡性的或短期性的。它通常起源于劳动的供给方，因此被看作是一种求职性失业。像人们换工作或找新的工作便属于这类。在这里，工作机会和寻找工作的人的匹配在经济中并不总是顺利地发生，结果一些人便得不到工作。摩擦性失业被认为任何时候都存在，但对任何个人或家庭来说，它是过渡性的。因此，摩擦性失业不被认为是严重的经济问题。

2. 结构性失业

结构性失业是指劳动力的供给和需求不匹配所造成的失业，其特点是既有失业，也有职位空缺，失业者或者没有合适的技能，或者居住地点不当，因此无法填补现有的职位空缺。结构性失业在性质上是长期的，而且通常起源于劳动力的需求方。结构性失业是由经济变化导致的，这些经济变化引起特定市场和区域中的特定类型劳动力的需求相对低于其供给。

在特定市场中，劳动力的需求相对较低可能由于以下原因：一是技术变化。尽管技术变化被认为能减少成本，扩大整个经济的生产能力，但它可能也会对某些特定市场（或产业）带来破坏性的影响。二是消费者偏好的变化。消费者产品偏好的改变在某些地区扩大了生产，增加了就业，但在其他地区减少了生产和就业。三是劳动力的不流动性。这种不流动性延长了由于技术变化或消费者偏好改变而造成的失业时间。工作机会的减少本应引起失业者流动，但不流动性却没有使这种情况发生。

3. 周期性失业

周期性失业是指经济周期中的衰退或萧条时，因社会总需求下降而造成的失业。这种失业通常是由整个经济的支出和产出下降造成。当经济中的总需求的减少降低了总产出时，会引起整个经济体系的普遍失业。

相关思考

失业率如何测量？失业率衡量失业是否有局限性？

尽管可以将失业分成不同的类型，但更重要的是非自愿失业的程度。这就需要看失业率。而失业率的计算虽然是经过复杂的统计计算出来的，但仍有其局限性。

首先，凡是被支付了报酬的工人都被统计在就业者中，而不能明确区分是全日制工作还是打短工。例如，一个每周工作15小时的工人和每周工作40小时的工人在计算失业率时是没有办法区分的。这样，在统计中忽略了实际工作时间少于劳动者意愿提供的劳动时间，低估了实际的失业率。第二，在这种估计计算当中还存在劳动者未能充分利用其技能的问题。例如，一个高级专家，由于经济原因，找不到合适的工作，而只是在做简单的工作、实际上他处在一种半失业状态之中，这样也可能低估失业率。第三，劳动者可能由于许多主客观因素而虚报、谎报就业状况谋取好处，骗取失业救济金等，这都可能导致计算的不准确。

14.1.3 充分就业与自然失业率

充分就业几乎在任何时期都是头号宏观经济目标。怎样才算充分就业？显然，充分就业并非是百分之百就业。因为即使有足够的职位空缺，失业率也不会等于零，也仍然会存在摩擦性失业和结构性失业。在一个日新月异的经济中，永远会存在职业流动或行业的结构性兴衰，所以总有少部分人处于失业状态。

有关充分就业的定义，西方经济学家曾提出几种说法。凯恩斯认为，如果"非自愿失业"业已消除，失业仅限于摩擦性失业和自愿失业的话，就是实现了充分就业。另外一些经济学家认为，如果空缺职位总额，恰好等于寻找工作人员的总额，就是实现了充分就业。还有些经济学家认为，如果再要提高就业率，必须以通货膨胀为代价的话，那么就已实现了充分就业。

与充分就业相联系的一个概念就是自然失业率。自然失业率的概念是由货币主义代表人物弗里德曼提出的，它是指在没有货币因素干扰的情况下，让劳动市场和商品市场的自发供求力量起作用时，总需求和总供给处于均衡状态下的失业率。这是经济社会在正常情况下的失业率，它是劳动力市场供求均衡时的失业率，既不会出现通货紧缩，又不会通货膨胀。简单说自然失业率为充分就业条件下的失业率，也是经济处于潜在产出水平时的失业率。

货币主义提出自然失业率的概念，在于反对凯恩斯"非自愿失业"提法。他们认为，在排除了垄断的劳动市场上，工资是有弹性的，劳工有流动性。供求信息较易获得，因而所有有劳动技能并愿意就业的人迟早会获得工作，失业是摩擦性的或结构性的,这种失业是不能以提高通货膨胀率为代价而消除的。

特别提示

充分就业不是失业率为零的状态,现实中总会存在失业现象。

14.1.4 失业的影响与奥肯定律

失业问题之所以重要,是因为失业对个人、家庭乃至整个社会都会产生重大影响,带来重大损失。因而,几乎所有宏观经济政策的制定都要考虑对失业率的影响。

1. 失业的影响

失业会产生诸多影响,一般可以将其分成两种:社会影响和经济影响。

(1) 社会影响

失业的社会影响虽然难以估计和衡量,但它最易为人们所感受到。失业不但使失业者及其家属的收入和消费水平下降,还会给人们的心理造成巨大的创伤,影响社会安定团结。失业者长期找不到工作,就会悲观失望,高失业率往往伴随着高犯罪率和各种社会骚乱。失业威胁着作为社会单位和经济单位的家庭的稳定。没有收入或收入遭受损失,户主就不能起到应有的作用。家庭的要求和需要得不到满足,家庭关系将因此而受到损害。高失业率通常与吸毒、高离婚率及高犯罪率联系在一起。西方有关的心理学研究表明,解雇造成的创伤不亚于亲友的去世或学业上的失败。此外,家庭之外的人际关系也受到失业的严重影响。一个失业者在就业的人员当中失去了自尊和影响力,面临着被同事拒绝的可能性,并且可能要失去自尊和自信。最终,失业者在情感上受到严重打击。

(2) 经济影响

失业的经济影响可以用机会成本的概念来理解。从经济方面来看,失业造成人力资源浪费,导致产量损失。众所周知,劳动力是重要的生产要素,失业导致劳动力闲置,而劳动力资源具有即时性,本期可利用的劳动力不能转移到下期使用,即本期可利用的劳动力闲置就是这部分资源的永久性浪费。另外,劳动力的闲置还会导致大量生产设备及其他经济资源的闲置,产量降低,国民收入减少。

当失业率上升时,经济中本可由失业工人生产出来的产品和劳务就损失了。衰退期间的损失,就好像是将众多的汽车、房屋、衣物和其他物品都销毁掉了。从产出核算的角度看,失业者的收入总损失等于生产的损失,因此,丧失的产量是计量周期性失业损失的主要尺度,因为它表明经济处于非充分就业状态。

2. 奥肯定律

20世纪60年代,美国经济学家阿瑟·奥肯根据美国的数据,提出了经济周期中失业变动与产出变动的经验关系,被称为奥肯定律。

奥肯定律的内容是:失业率每高于自然失业率一个百分点,实际GDP将低于潜在 GDP 两个百分点。换一种方式说，相对于潜在 GDP，实际 GDP 每下降两个百分点，实际失业率就会比自然失业率上升一个百分点。

西方学者认为，奥肯定律揭示了产品市场与劳动市场之间极为重要的关系，它描述了实际 GDP 的短期变动与失业率变动的联系。根据这个定律，可以通过失业率的变动推测或估计 GDP 的变动，也可以通过 GDP 的变动预测失业率的变动。例如，实际失业率为 8%，高于 6% 的自然失业率 2 个百分点，则实际 GDP 就将比潜在 GDP 低 4% 左右。

奥肯定律可以用公式表示为：$\dfrac{y-y_f}{y_f} = -\alpha(u-u^*)$。其中，y 为实际产出，$y_f$ 为潜在产出，u 为实际失业率，u^* 为自然失业率，α 为大于零的参数。

> **知识拓展**
>
> **失业的治理**
>
> 由于失业带来了巨大的经济影响和社会影响，因此降低失业率、实现充分就业成为政府宏观经济调控的重要目标。政府通过多种对策来解决失业问题。一般来说，治理摩擦性失业，要用完善劳动力市场、沟通市场信息、促进人员流动的办法来解决。治理结构性失业，要用增加人力资本投资、加强职工培训的方法来解决；治理周期性失业，需要政府用财政政策和货币政策的办法来对付。

14.2 通货膨胀

14.2.1 通货膨胀的含义及其衡量

1. 通货膨胀的含义

通货膨胀是指物价总水平在一定时期内持续地普遍上升过程，或者是说货币价值在一定时期内持续下降的过程。可见，通货膨胀不是指某种商品或劳务的价格上升，而是指物价总水平的上升。物价总水平是指所有商品和劳务交易价格总额的加权平均数，这个加权平均数就是价格指数。需要注意的是，发生通货膨胀时经常表现为物价上涨及货币购买力下降，但并非所有的物价上涨都是通货膨胀。

2. 通货膨胀的衡量

由于通货膨胀通常表现为物价总水平上涨，因此衡量通货膨胀的指标通常是价格指数。价格指数一般包含消费价格指数、生产者价格指数、GDP 平减指数、批发物价指数等。

(1) 居民消费价格指数

居民消费价格指数（Consumer Price Index，CPI），主要反映一定时期居民消费者生活消费品和劳务价格变化情况的指标。它是根据居民消费的食品、衣物、居住、交通等消费品和劳务价格加权平均计算出的结果。计算公式为：

$$CPI = \frac{一组固定商品按当期价格计算的价值}{一组固定商品按当期价格计算的价值} \times 100 \tag{14.1}$$

【例 14-1】假定经济中只有 A、B、C 三种商品进行交易，这些产品价格变动见表 14-1。

表 14-1　　　　　　A、B、C 三种商品的价格及数量情况

品种	数量（件）	基期价格（元）	当期价格（元）	价格变化百分比（%）
A	200	1	2	100
B	100	3	4	33
C	300	2	4	100

要计算价格指数的话，则需要先计算出该组商品基期价格总额和当期价格总额。具体计算过程如下：

基期价格总额 = 1 × 200 + 3 × 100 + 2 × 300 = 1100 元

当期价格总额 = 2 × 200 + 4 × 100 + 4 × 300 = 2000 元

则当期和基期的 CPI：

基期价格指数 = 1100/1100 × 100 = 100

当期价格指数 = 2000/1100 × 100 = 181.81

由于在实际中，一般不直接、也不可能计算通货膨胀，而是通过价格指数的增长率来间接表示。而居民消费价格指数通常可以灵敏地反映居民日常生活成本的变化，所以是衡量通货膨胀的常见的、最重要的指标，老百姓非常关心。对于普通人来说，可以简单通过 CPI 数据来判断社会是否处于通货膨胀状态。

居民消费价格指数用来衡量通货膨胀的优点在于，它的变动能比较准确地反映出通货膨胀对居民生活所带来的影响程度，在这点上，有其他指标无法比拟的优势，但是，该指标也有其局限性。例如，只选择消费品，而消费品只是社会最终产品的一部分，CPI 不足以反映整个物价的变动情况，因此具有片面性；另外，也无法分析出商品或劳务价格的上涨中，有多少成分是由于生产者提高质量、改善品质所致，有多少是真正的价格上涨。

知识拓展

我国 CPI 的构成

我国 CPI 主要由食品、烟酒及用品、居住、衣着等八大类构成，同时又分为

262个基本分类。在权重体系中，食品是所有八大类商品中权重最大的分类项。另外，CPI的权重一般是每5年调整一次。

每一类的权重是不一样的，在我国食品类的权重最大。居住类其次，但是居住类不包括商品房的价格上涨。正因为食品类占比最大，因此只要与食品有关的蔬菜、肉食、水果等上涨，通常会引起CPI上涨。

（2）生产者价格指数

生产者价格指数（Producer Price Index）是衡量工业企业产品出厂价格变动趋势和变动程度的指数，是反映某一时期生产领域价格变动情况的重要经济指标，也是制定有关经济政策和国民经济核算的重要依据。PPI能够反映生产者获得原材料的价格波动情况，推算预期CPI，从而估计通胀风险。通常作为观察通货膨胀水平的重要指标。

（3）GDP平减指数

GDP平减指数又称GDP折算指数，能综合反映物价水平变动情况。它等于以当年价格计算的本期GDP与以基期不变价格计算的本期GDP之比。该指数的计算基础比CPI更广泛，涉及全部商品和服务，除消费外，还包括生产资料和资本、进出口商品和劳务等。理论上说，这一指数能够更加准确地反映一般物价水平走向，是对价格水平最宏观的测量。但是由于国内生产总值平减指数的编制耗时耗力，通常只能一年编制一次。因此在时效上，该指数很难满足经济决策的需要。

（4）通货膨胀率

有了价格指数，可以用通货膨胀率来更准确地衡量通货膨胀的程度。通货膨胀率被定义为从一个时期到另一个时期价格水平变动的百分比。用公式表示为：

$$\pi_t = \frac{P_t - P_{t-1}}{P_{t-1}} \tag{14.2}$$

式中，π_t为t时期的通货膨胀率，P_t和P_{t-1}分别为t时期和t-1时期的价格水平。若用消费价格指数CPI来衡量价格水平，则通货膨胀率就是不同时期的消费价格指数变动的百分比。例如【例14-1】中的消费价格指数，从基期的100增加到当期的181.81，那么这一时期的通货膨胀率就为$\pi = \frac{181.81 - 100}{100} = 81.81\%$。

 **知识拓展**

我国 2017 年 3 月的 CPI

2017 年 3 月，全国居民消费价格总水平同比上涨 0.9%。其中，城市上涨 1.0%，农村上涨 0.6%；食品价格下降 4.4%，非食品价格上涨 2.3%；消费品价格下降 0.1%，服务价格上涨 2.7%。一季度，全国居民消费价格总水平比去年同期上涨 1.4%。3 月，全国居民消费价格总水平环比下降 0.3%。其中，城市下降 0.3%，农村下降 0.4%；食品价格下降 1.9%，非食品价格上涨 0.1%；消费品价格下降 0.5%，服务价格上涨 0.1%。

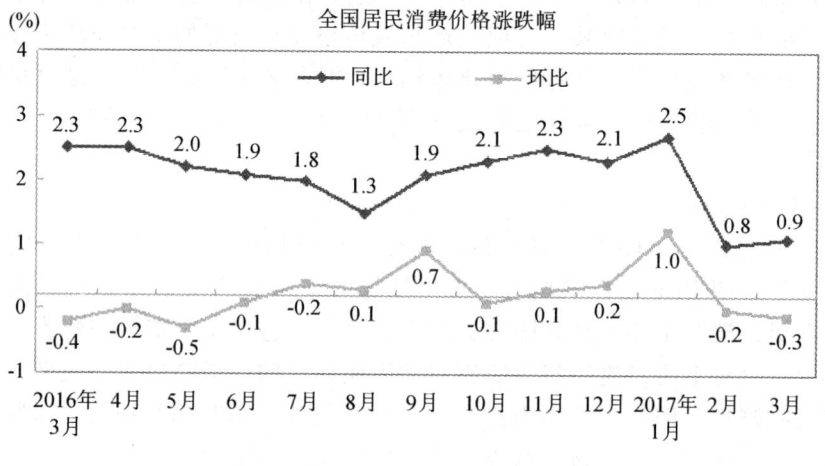

14.2.2 通货膨胀的分类

西方经济学家把错综复杂的通货膨胀按照不同的划分标准划分成不同的类型。以下三种划分是常见和比较有意义的。

1. 按照通货膨胀的原因分类

（1）需求拉上型通货膨胀：因社会总需求过度增长，超过了社会总供给的增长幅度，导致商品和劳务供给不足、物价持续上涨的通货膨胀类型，具有自发性、诱发性、支持性等特点。

（2）成本推进型通货膨胀：又称供给型通货膨胀，是指在没有超额需求的情况下由于供给方面成本的提高所引起的一般价格水平持续和显著的上涨。

（3）结构型通货膨胀：指物价上涨是在总需求并不过多的情况下，而对某些部门的产品需求过多造成部分产品的价格上涨现象。

（4）输入型通货膨胀：指由于国外商品或生产要素价格的上涨，引起国内物价的持续上涨现象（汇率所致）。

(5) 财政赤字型通货膨胀：其本质是属于需求拉动型通货膨胀，但它的侧重点是强调因财产出现巨额赤字而滥发货币，从而引起的通货膨胀。

(6) 信用扩张型通货膨胀：指由于信用扩张，即由于贷款没有相应的经济保证，形成信用过度创造而引起物价通货膨胀总水平上涨。

2. 按照通货膨胀的剧烈程度分类

(1) 爬行的通货膨胀，这是一种使通货膨胀率基本保持在 2%～3%，并且始终比较稳定的一种通货膨胀，物价指数以缓慢的趋势上升，而且不会导致通货膨胀预期的通货膨胀。爬行的通货膨胀被看作实现充分就业的一个必要条件，国外所谓通货膨胀有益无害的观点指的就是这种状态。

(2) 温和的通货膨胀，指物价上涨率平均保持在 3% 以上，但尚未达到 10% 的通货膨胀。

(3) 奔腾的或严重的通货膨胀，是达到两位数以上的通胀状态，这是一种不稳定的、迅速恶化的、加速的通货膨胀。所以在这种通货膨胀发生时，人们对货币的信心产生动摇，经济社会产生动荡，所以这是一种较危险的通货膨胀。

(4) 恶性的通货膨胀，也称为极度的通货膨胀。这种通货膨胀一旦发生，通货膨胀率非常高（一般达到三位数以上），而且完全失去控制。其结果是导致社会物价持续飞速上涨，货币大幅度贬值，人们对货币彻底失去信心，这时整个社会金融体系处于一片混乱之中。正常的社会经济关系遭到破坏，最后容易导致社会崩溃，政府垮台，这种通货膨胀在经济发展史上是很少见的，通常发生于战争或社会大动乱之后。如 1923 年的德国，当时第一次世界大战刚结束，德国的物价在一个月内上涨了 2500%，一个马克的价值下降到仅及战前价值的一万亿分之一；中国从 1937 年 6 月到 1949 年 5 月，伪法币发行量增加了 1445 亿倍，同期物价指数上涨了 36807 亿倍。

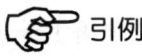 引例解析

津巴布韦的通货膨胀

引例中，津巴布韦国家也发生了严重的通货膨胀，恶性程度较高，甚至出现了停用津巴布韦货币，用美元的情况。就这种恶性程度的通胀，对经济、对社会、对百姓生活都百害而无利。

3. 按照人们的预料程度加以区分

(1) 未预期到的通货膨胀，是指价格上升速度超出人们的预料，或者人们根本没有想到价格会上涨。例如，国际市场原料价格的突然上涨所引起的国内价格的水平上升，或者在长期中价格不变的情况下突然出现的价格上涨。

(2) 预期到的通货膨胀，当每年的通货膨胀率大体相同时，这时通货膨胀对社会经济的正常运行几乎没有什么影响。因为这时工资、利率、地租等生产要素的价格

的变动将与产品价格的变动保持同步,各类产品的相对价格及产品价格与要素价格的比率都不会发生太大的变化。

例如,当某一国家的物价水平年复一年地按5%的速度上升时,人们便会预计到,物价水平将以同一比例继续上升。既然物价按5%的比例增长成为意料之中的事,则该国居民在日常生活中进行经济核算时会把物价上升的比率考虑在内。例如,当考虑到通货膨胀率时,则劳动者要求的工资、银行贷款时要求的利率都会以相同的速度上涨。因此,预料之中的通货膨胀具有自我维持的特点,有点像物理学上的运动中物体的惯性。因此,预期到的通货膨胀有时又称为惯性的通货膨胀。

14.2.3 通货膨胀的原因

关于通货膨胀的原因,西方经济学家给出了种种解释,可分为三个方面:第一个方面为货币数量论的解释,强调货币在通货膨胀过程中的重要性,认为货币供给量过多是引起通货膨胀的根本原因;第二个方面是用总需求与总供给来解释,包括从需求的角度和供给的角度,从而形成了需求拉动通货膨胀和成本推动通货膨胀。第三个方面是从经济结构因素变动的角度来说明通货膨胀的原因,从而形成了结构型通货膨胀。

通货膨胀的原因具体如下:

1. 货币发行过多

不论何种类型的通货膨胀,其直接原因只有一个,即货币供应过多,用过多的货币供应量与既定的商品和劳务量相对应,必然导致货币贬值、物价上涨,出现通货膨胀。政府通常为了弥补财政赤字,或刺激经济增长,或平衡汇率等原因增发货币。而一旦货币发行过多,就会出现通货膨胀现象。

2. 需求增加过旺

需求拉动通货膨胀是指总需求超过总供给所引起的一般价格水平持续显著上涨现象。这种通胀被称为"过多的货币追求过少的商品"。

3. 成本上升推动

成本推动通货膨胀又称为供给通货膨胀,是指在没有超额需求的情况下,由于供给方面成本的提高而引起的一般价格水平持续显著的上涨。而这里的成本主要分为工资上涨、利润推动及原材料成本上升等。这些成本的上升会使总成本提高,从而使总供给减少,形成通货膨胀。

4. 结构不平衡

结构通货膨胀是指没有需求拉动和成本推动的情况下,只是由于经济结构因素的变动而引起的一般价格水平持续和显著的上涨。

5. 预期和惯性

在实际中,一旦形成通货膨胀,便会持续一段时期,这种现象被称之为通货膨胀惯性。对通货膨胀惯性的一种解释是人们会对通货膨胀作出相应的预期。预期是人们对未来经济变量作出一种估计,预期往往会根据过去的通货膨胀的经验和对未来经济形势的判断,作出对未来通货膨胀走势的判断和估计,从而形成对通胀的预期。预期对人们经济行为有重要的影响,人们对通货膨胀的预期会导致通货膨胀具有惯性。

除了上述引发通货膨胀的因素外,实际上还有很多其他因素也会引起通胀,如财政赤字的出现、信用膨胀产生、国外输入等。

14.2.4 通货膨胀的经济效应

通货膨胀经济效应是指通货膨胀对经济增长的影响,具体可以从以下方面进行分析:

1. 通货膨胀的再分配效应

(1) 通货膨胀不利于靠固定收入维持生活的人,将降低固定收入阶层的实际收入水平。对于固定收入阶层来说,其收入是固定的货币数额,落后于上升的物价水平。其实际收入因通货膨胀而减少,而且由于他们的货币收入没有变化,因而他们的生活水平必然相应降低。

哪些人属于固定收入阶层呢?最为明显的就是那些领救济金、退休金的人,那些工薪阶层以及依靠福利和其他转移支付维持生活的人。他们在相当长时间内所获得的收入是不变的。特别是那些只得少量救济金的老人,遇到这种经济灾难,更是苦不堪言,他们是通货膨胀的牺牲品。

相反,那些靠变动收入维持生活的人,则会从通货膨胀中得益,这些人的货币收入会走在价格水平和生活费用上涨之前。例如,那些从利润得到收入的企业就能从通货膨胀中获利,如果产品价格比资源价格上升得快的话,则企业的收益将比它的成本增长得快。

(2) 通货膨胀不利于储蓄者。随着价格水平上涨,存款的实际价值或购买力就会降低。而那些保险金、养老金及其他固定价值的证券财产等,它们本来是作为防患于未然和养老的,在通货膨胀时,实际价值也会下降。

(3) 通货膨胀靠牺牲债权人的利益而使债务人获利。只要通货膨胀率大于名义利率,实际利率就为负值。假如甲向乙借款1万元,一年后归还;而这段时间内价格水平上升一倍,那么一年后甲归还给乙的1万元仅相当于借时的一半。这里假定借贷双方没有预期到通货膨胀的影响。但是,如果一旦预期到通货膨胀,则上述的再分配就会改变。

2. 通货膨胀的产出效应

通货膨胀的产出效应主要指通货膨胀对整个经济的产量与就业水平的影响。短期内,能否刺激经济增长取决于经济系统中是否存在一定量的可以利用的闲置资源。长期中,经济系统中的生产能力通常是不断提高的,当生产能力得到扩大时,总需求也会相应地扩张,带动实际产出水平的提高和通货膨胀率的提高。

前面我们假定国民经济的实际产出固定在充分就业的水平,而实际上,国民经济的产出水平是随着价格水平的变化而变化的。主要可能出现三种情况：

（1）随着通货膨胀出现，产出增加，收入增加

其实这就是需求拉上的通货膨胀的刺激，促进了产出水平的提高。许多经济学家长期以来坚持这样的看法，即认为温和的或爬行的需求拉上通货膨胀对产出和就业将有刺激扩大的效应。假设总需求增加，产生经济复苏，造成一定程度的需求拉上的通货膨胀。在这种条件下，产品的价格会跑到工资和其他资源的价格的前面，由此而扩大了企业的利润。利润的增加就会刺激企业扩大生产，从而发生减少失业、增加国民产出的效果。这种情况意味着通货膨胀的再分配后果会被由于更多的就业、产出而获得的收益所抵消。

（2）成本推动通货膨胀会使收入或产量减少，从而引起失业。

这实际说的是通货膨胀引起的产出和就业的下降。假定在原总需求水平下，经济实现了充分就业和物价稳定。如果发生成本推进通货膨胀，则原来总需求能购买的实际产品的数量将会减少。那就是说，当成本推进的压力抬高物价水平时，一个已知的总需求只能在市场上支持一个较小的实际产出。所以，实际产出会下降，失业会上升。20世纪70年代的情况就证实了这一点。1973年末，石油输出国组织把石油价格翻了两番，则成本推进通货膨胀的后果使1973至1975年的物价水平迅速上升，与此同时，美国失业率从1973年的不到5%上升到1975年的8.5%。

（3）超级通货膨胀导致经济崩溃

有些经济学家认为，在第一种情况下，随着价格持续上升，居民和企业会产生通货膨胀预期，即估计物价会再度升高。这样，人们就不会让自己的储蓄和现行的收入贬值，而宁愿在价格上升前把它花掉从而产生过度的消费购买。这样，储蓄和投资都会减少，使经济增长率下降。

第一，随着通货膨胀而来的生活费用的上升，劳动者会要求提高工资，不但会要求增加工资以抵消过去价格水平的上升，而且要求补偿下次工资谈判前可以预料到的通货膨胀带来的损失。于是企业增加生产和扩大就业的积极性就会逐渐丧失。

第二，企业在通货膨胀率上升时会力求增加存货，以便在稍后按高价出售以增加利润，这种通货膨胀预期除了会鼓励企业增加存货外，还可能鼓励企业增加新设备。然而，企业这些行为到无法筹措到必需的资金时就会停止，银行会在适当时机拒绝继续为企业扩大信贷，银行利率也会上升，企业会越来越难贷到款。企业被迫减少存货，生产就会收缩。

第三，当出现恶性通货膨胀时，情况会变得更糟。当人们完全丧失对货币的信心时，货币就再不能执行它作为交换手段和储藏手段的职能。这时，任何一个有理智的人将不愿再花精力去从事财富的生产和正当的经营，而会把更多的精力用在如何尽快把钱花出去，或进行种种投机活动。等价交换的正常买卖、经济合同的签订和履行、经营单位的经济核算，以及银行的结算和信贷活动等，都无法再实现。市场经济机制也无法再正产运行，别说经济增长，大规模的经济混乱也不可避免了。

14.3 菲利普斯曲线

如前所述,失业与通货膨胀是短期宏观经济运行中的两个主要问题。如果经济决策者的目标是低通货膨胀和低失业,则他们会发现低通货膨胀和低失业目标是冲突的。当决策者想通过刺激政策增加产出时,虽然也降低了失业率但是通胀率也可能提高。相反,决策者若采取紧缩政策控制通胀等经济过热问题时,失业可能就增加了。因此,有必要从理论上探讨失业和通货膨胀之间的关系,而两者的关系,主要是由菲利普斯曲线来说明的。

14.3.1 菲利普斯曲线的提出

1958 年,在英国任教的新西兰籍经济学家威廉·菲利普斯根据 1861 – 1957 年英国的失业率和货币工资变动率的经验统计资料,提出了一条用以表示失业率和货币工资变动率之间交替关系的曲线,即菲利普斯曲线。这条曲线表明:当失业率较低时,货币工资增长率较高;反之,当失业率较高时,货币工资增长率较低,甚至是负数。

根据成本推动的通货膨胀理论,货币工资可以表示通货膨胀率。因此,这条曲线就可以表示失业率与通货膨胀率之间的交替关系。即失业率高表明经济处于萧条阶段,这时工资与物价水平都较低,从而通货膨胀率也就低;反之失业率低,表明经济处于繁荣阶段,这时工资与物价水平都较高,从而通货膨胀率也就高。失业率和通货膨胀率之间存在着反方向变动的关系。用公式可表示为:

$$\pi = -\varepsilon(u - u^*) \tag{14.3}$$

式中,π 为通货膨胀率,u 为实际失业率,u^* 为自然失业率,参数 ε 为衡量价格对于失业率的反应程度。

菲利普斯曲线如图 14 – 1 所示。

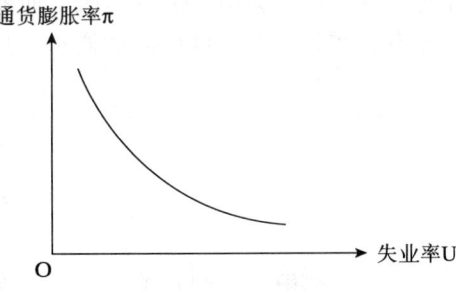

图 14 – 1 菲利普斯曲线

图中,横轴 U 值代表失业率,纵轴 π 代表通货膨胀率,向右下方倾斜的曲线即为菲利普斯曲线。这条曲线表明,当失业率高时通货膨胀率就低,当失业率低时通货膨胀率就高。

菲利普斯曲线提出了如下几个重要的观点：通货膨胀是由工资成本推动所引起的，这就是成本推动通货膨胀理论。正是根据这一理论，把货币工资增长率同通货膨胀率联系了起来。

第二，失业率和通货膨胀存在着交替的关系，它们是可能并存的，这是对凯恩斯观点的否定。

第三，当失业率为自然失业率时，通货膨胀率为0。因此可以把自然失业率定义为通货膨胀为0时的失业率。

第四，由于失业率和通货膨胀率之间存在着交替关系，因此可以运用扩张性的宏观经济政策，用较高的通货膨胀率来换取较低的失业率，也可以运用紧缩性的宏观经济政策，以较高的失业率来换取较低的通货膨胀率。这就为宏观经济政策的选择提供了理论依据。

14.3.2 菲利普斯曲线的政策含义

菲利普斯曲线被修正后，迅速成为西方宏观经济政策分析的基石。它表明，政策制定者可以选择不同的失业率和通货膨胀率的组合。菲利普斯曲线为实施政府干预、进行总需求管理提供了一份可选择的菜单。

只要他们能够容忍高通货膨胀，他们就可以拥有低的失业率，或者他们可以通过高失业来维持低通货膨胀率。换言之，在失业和通货膨胀之间存在着一种"替换关系"，即用一定的通货膨胀率来换取一定的失业率的减少；或者，要降低通货膨胀率来稳定物价，就要以较高的失业率为代价。例如，假定政府认为失业率或通货膨胀率超过4%，社会就无法接受了，那么这4%的失业率或通货膨胀率就成为一定时期社会所能承受最大极限。

菲利普斯曲线与标准的凯恩斯理论是有差异和出入的。标准的凯恩斯理论认为，失业和通货膨胀是不会并存的，在未达到充分就业时增加总需求并不会引起通货膨胀，只有在充分就业后再增加总需求才会引起通货膨胀。而菲利普斯曲线却表明失业和通货膨胀可以并存，两者为负相关关系，可以此消彼长，只有高失业率和高通货膨胀率才不会并存。

 趣味阅读

威廉·菲利普斯

威廉·菲利普斯1914年生于新西兰的一个农民家庭。15岁那年，他就因为

生活所迫到澳大利亚的一个金矿里做工，晚上收工后，他在昏暗的灯光下自学电机工程。1937 年他到了英国，在伦敦电力局找了一份工作，还参加了英国电机工程师协会。"二战"爆发后他投笔从戎，在太平洋战场上作战，还在日本兵的战俘营里呆过一段艰难岁月。一直到战争结束后，32 岁的菲利普斯脱下军装，到伦敦经济学院学习社会学，这时他才在课堂上接触到经济学，并深深为之吸引。其实，真正触发菲利普斯的灵感的，不如说是经济学里把国民收入视为循环流量和把经济系统视为水压机的想法（在萨缪尔森那本《经济学》里就有这样的内容）。菲利普斯据此设计了一种解释凯恩斯经济学的教学模型，他在有机玻璃的管子里装进彩色的水流，运用动力学的原理，使这些彩色的水流来流去，模拟国民收入流程。他自产自销，造了许多这样的模型卖给研究机构和大学。这个精巧的设计还帮助他谋到了一个在伦敦经济学院教书的职务。

后来，菲利普斯对稳定政策和经济动态系统的关系产生了浓厚的兴趣。1954 年他在《经济学杂志》上发表了一篇《封闭经济中的稳定政策》，其中讨论的就是反应滞后对宏观稳定政策的影响。菲利普斯有着那种工程师特有的根深蒂固的经验主义倾向，他总觉得在做理论思辨之前要先搞计量分析，于是，他开始着手做这方面的研究。结果在 1958 年，菲利普斯在《经济学》杂志上发表了那篇著名的《1861 - 1957 年英国失业率和货币工资变化率之间的关系》，后来所说的菲利普斯曲线就是在这篇文章中首先提出来的。菲利普斯利用近 100 年间的英国工资的统计资料，讨论了工资变动率和失业率之间的关系。菲利普斯发现：名义工资的变动率是失业率的递减函数；即使当名义工资的增长率处在最低的正常水平，失业率仍然为正（菲利普斯的统计大约为 2% - 3%）。

菲利普斯写作此文的最初动机可能是为了回击别人对他的博士论文的批评。当研究结果出来之后，他并没有进一步寻找理论上的解释。最早给菲利普斯曲线以理论解释的是他的同事理查德·利普西。利普西认为，失业率与劳动力市场上过度需求的程度呈负相关的关系（对劳动力的需求越多，就业机会越多，失业率越低），劳动力市场上过度需求的程度又和名义工资上升率呈正相关的关系，所以，可以推出失业率和名义工资上升率也呈负相关的关系。利普西严格地从微观的劳动力市场的角度解释菲利普斯曲线，从这一点来说，也许他在宣传菲利普斯曲线的众多学者中是最较真的。

但真正使菲利普斯曲线一夜之间扬名的，还要算萨缪尔森和索洛 1960 年在《美国经济评论》上发表的那篇《关于反通货膨胀政策的分析》。事实上，"菲利普斯曲线"这个名称就是萨缪尔森和索洛在这次讨论中给起的。这两位经济学家用美国的数据换掉英国的数据，并用物价上涨率代替名义工资增长率，得出了短期内通货膨胀率和失业率之间的替换关系。有了菲利普斯曲线，新古典综合派就可以方便地开出宏观经济政策的药方：要想降低失业率，不妨提高通货膨胀率，为了治理通货膨胀，难免在失业上作出牺牲（但实际上，凯恩斯式的需求政策往往是把充分就业目标置于降低通货膨胀率目标之前）。有了这两位大师的推崇，菲利普斯曲线从此就被绣上了新古典综合派的旗帜，写进了新古典综合派的宪章。

14.3.3 附加预期的菲利普斯曲线

1968年货币主义的代表人物、美国经济学家弗里德曼指出了菲利普斯曲线分析的一个严重缺陷，即它忽略了影响工资变动的一个重要因素：工人对通货膨胀的预期。弗里德曼指出某企业和工人关注的不是名义工资，而是实际工资。当劳资双方谈判新工资协议时，他们都会对新协议期的通货膨胀进行预期，并根据预期的通货膨胀相应地调整名义工资水平。根据这种说法，人们预期通货膨胀率越高，名义工资增加越快。由此，弗里德曼等人提出了短期菲利普斯曲线的概念。这里所说的"短期"，是指从预期到需要根据通货膨胀做出调整的时间间隔。

短期菲利普斯曲线就是预期通货膨胀率保持不变时，表示通货膨胀率与失业率之间关系的曲线。需要注意的是，附加预期的菲利普斯曲线有一个重要性质，这就是当实际通货膨胀等于预期通货膨胀时，失业处于自然失业率水平。这意味着，附加预期的菲利普斯曲线在预期通货膨胀水平上与自然失业率相交。

应该指出，附加预期的菲利普斯曲线表明，在预期的通货膨胀率低于实际的通货膨胀率的短期中，失业率与通货膨胀率之间仍存在替换关系。由此，向右下方倾斜的短期菲利普斯曲线的政策含义就是，在短期中引起通货膨胀率上升的扩张性财政与货币政策是可以起到减少失业的作用的。换句话说，调节总需求的宏观经济政策在短期是有效的。

 特别提示

附加预期的菲利普斯曲线，失业率与通货膨胀率仍然存在替换关系。

14.3.4 长期的菲利普斯曲线

按照一些西方学者的说法，在长期中，工人将根据实际发生的情况不断调整自己的预期，工人预期的通货膨胀率与实际的通货膨胀率迟早会一致。这时工人会要求改变名义工资，以使实际工资不变，从而较高的通货膨胀就不会起到减少失业的作用。

长期菲利普斯曲线的政策含义是，从长期看，政府运用扩张性政策不但不能降低失业率，还会使通货膨胀率不断上升。

本章小结

本章主要讲解了失业的含义及类型、失业率的计算、充分就业及自然失业率、失业的影响及奥肯定律；通货膨胀的含义、衡量指标；通货膨胀的分类、产生原因及影响；菲利普斯曲线及其政策含义等。本章重点为失业的类型、充分就业、失业的影响及奥肯定律；通货膨胀的衡量指标、成因及经济效应；菲利普斯曲线的含义等。难点为奥肯定律、附加预期的菲利普斯曲线及短期菲利普斯曲线。

 重要概念

失业　失业率　充分就业　自然失业率　自愿失业　非自愿失业　摩擦性失业　结构性失业　周期性失业　奥肯定律　通货膨胀　居民消费价格指数　生产者价格指数　GDP平减指数　通货膨胀率　再分配效应　菲利普斯曲线　附加预期的菲利普斯曲线　长期菲利普斯曲线

 **本章练习**

 单选题

1. 自然失业率（　　）。
A. 是处于潜在产出水平时的失业率
B. 依赖于价格水平
C. 恒为零
D. 是没有摩擦性失业时的失业率

2. 通货膨胀的收入再分配效应指（　　）。
A. 收入结构变化　　　　　　　　　B. 收入普遍上升
C. 收入普遍下降　　　　　　　　　D. 债权人收入上升

3. 菲利普斯曲线说明（　　）。
A. 通货膨胀导致失业
B. 通货膨胀是由行业工会引起的
C. 通货膨胀与失业率之间呈负相关
D. 通货膨胀与失业率之间呈正负相关

4. 充分就业的含义是（　　）。
A. 人人都有工作，没有失业者　　　B. 消灭了周期性失业的就业状态
C. 消灭了摩擦性失业的就业状态　　D. 消灭了自愿失业的就业状态

5. 在通货膨胀改变收入分配比例的过程中，受害最大的是（　　）。
A. 从事商业活动的部门　　　　　　B. 从事商业活动的个人
C. 依靠固定工资收入的成员　　　　D. 持有实物资产的单位和个人

6. 我国目前主要是以哪项指标反映通货膨胀的程度（　　）。
   A. 居民消费价格指数　　　　　　　　　B. GDP 平减指数
   C. 批发物价指数　　　　　　　　　　　D. GNP 平减指数
7. 成本推动说解释通货膨胀的前提是（　　）。
   A. 总供给给定　　　　　　　　　　　　B. 总需求给定
   C. 货币需求给定　　　　　　　　　　　D. 货币供给给定
8. 通货膨胀改变了原有收入和财富分配的比例，这是通货膨胀的（　　）。
   A. 强制储蓄效应　　　　　　　　　　　B. 收入分配效应
   C. 资产结构调整效应　　　　　　　　　D. 财富分配效应
9. 根据菲利普斯曲线，通货膨胀（　　）。
   A. 有可能和失业增加同时存在
   B. 不可能和失业增加同时存在
   C. 有可能和国民收入水平的增长同时发生
   D. 不可能和国民收入水平的增长同时发生
10. 在成本推动型通货膨胀下，若扩张总需求，则价格水平（　　）。
    A. 提高　　　　　　　　　　　　　　　B. 下降
    C. 不变　　　　　　　　　　　　　　　D. 不确定

多选题

1. 下列关于自然失业率的说法，不正确的有（　　）。
   A. 自然失业率包括了结构性失业和摩擦性失业的失业率
   B. 自然失业率是历史上最低限度水平的失业率
   C. 自然失业率是充分就业状态下的失业率
   D. 自然失业率一定大于周期性失业率
2. 关于失业及其与经济增长之间的关系，说法正确的有（　　）。
   A. 失业变动与产出变动的经验关系，被称为奥肯定律
   B. 失业会给社会稳定及经济增长带来冲击和产出上的损失
   C. 奥肯定律表明实际 GDP 必须保持与潜在 GDP 同样快的增长，以防止失业率的上升
   D. 奥肯定律是失业率每低于自然失业率 1%，则实际 GDP 将高于潜在 GDP2%
3. 由于通货膨胀风险增加，人们预期（　　）。
   A. 银行提高贷款利率
   B. 银行对购房者提供浮动利率贷款
   C. 人们更多愿意投资不动产
   D. 人们更愿意持有现金

判断题

1. 只有不存在任何失业时，经济才实现了充分就业。 （ ）
2. 菲利普斯曲线想要说明的是低失业率和低通货膨胀率不可兼得。 （ ）
3. 通货膨胀发生时，利息的收入者、房租的支出者、政府都是受益者。 （ ）
4. 设 2013 年的消费物价指数为 100，2014 年的消费物价指数为 102，则 2014 年通货膨胀率为 2%。 （ ）
5. 失业率是指失业人数占就业人数的百分比。 （ ）

 简答题

1. 摩擦性失业与结构性失业相比，哪一种失业问题更严重？
2. 为什么发生恶性通货膨胀时，人们宁愿坐出租车而不愿坐公交车？
3. 什么是菲利斯曲线？短期和长期菲利普斯曲线有什么联系和区别？

 计算题

1. 设某经济某一时期有 1.9 亿成年人，其中 1.2 亿人有工作，0.1 亿人在寻找工作，0.45 亿人没工作但也没在找工作。试求：（1）劳动力人数；（2）劳动力参与率；（3）失业率。
2. 若价格水平在 1984 年为 107.9，1985 年为 111.5，1986 年为 114.5，试问 1985 年和 1986 年通货膨胀率各是多少？如果人们以前两年通货膨胀率的平均值作为第三年通货膨胀的预期值，计算 1987 年的预期通货膨胀率。如果 1987 年的利率为 6%，计算该年的实际利率？

第 15 章

宏观经济政策

 内容提要

本章主要讲解了宏观经济政策的四大目标，财政政策的含义、工具、分类、自动稳定器、斟酌使用的财政政策及财政政策的效果，货币政策的含义、工具、分类及货币政策的效果，财政政策和货币政策的混合使用。

 重点难点

本章重点是宏观经济政策的四大目标，财政政策的含义、工具、分类、自动稳定器、斟酌使用的财政政策，货币政策的含义、工具、分类，财政政策和货币政策的混合使用。难点是财政政策和货币政策的效果分析。

 学习目标

通过本章学习，学生应掌握宏观经济政策的四大目标，财政政策的含义、工具、分类、自动稳定器、斟酌使用的财政政策及财政政策的效果，货币政策的含义、工具、分类及货币政策的效果，财政政策和货币政策的混合使用。同时了解财政政策和货币政策的局限性，以及我国近年来采用的财政政策和货币政策措施。

第 15 章 宏观经济政策

知识框架

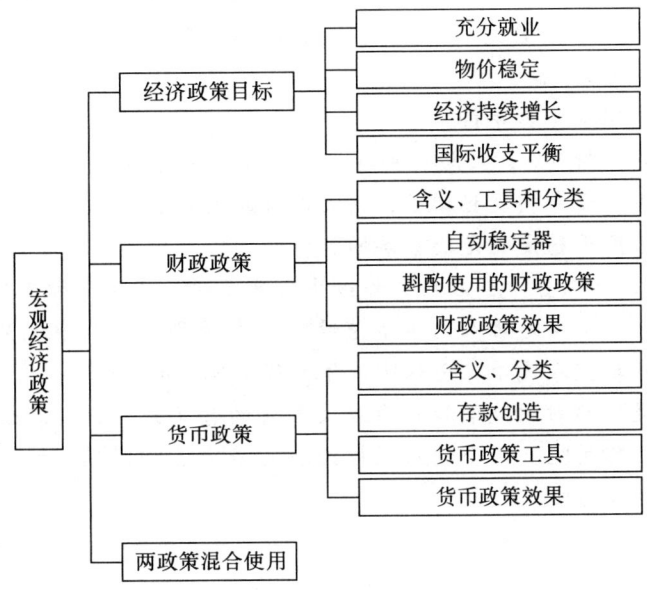

2016 年我国宏观经济分析与 2017 年经济政策选择

2016年，我国经济总量达到744127亿元，约合11万亿美元，增速达到6.7%，超过印度重回世界主要经济体增速的首位。第四季度的经济亮点进一步突出，经济增速也超过前三个季度的水平，达到6.8%，表现出一定程度的回暖特征。根据中央经济工作会议的部署和贯彻落实供给侧结构性改革的主线要求，2017年财政政策要坚持做到"财政政策要更加积极有效，预算安排要适应推进供给侧结构性改革、降低企业税费负担、保障民生兜底的需要"。

2017年3月5日，全国人民代表大会第五次会议正式开幕。国务院总理李克强做了政府工作报告。报告将中国年度经济增长目标下调至6.5%，并为全年中国经济与政策走势奠定了基调。

一、经济增速下调至6.5%

经济增速小幅下调是比较务实的，未来也会进一步淡化增长目标的约束。同时，今年城镇新增就业1100万人以上，就业目标比去年提升100万，是今年宏观政策稳中求进的体现。

二、货币政策收紧

货币政策目标 M2 虽然下降为 12%，只比去年下降 1 个百分点，但考虑到今年价格指数大幅上扬，名义 GDP 增速大幅上升，货币发行增速与名义 GDP 增速之比明显比去年紧。

三、财政赤字率与去年持平

财政赤字率保持 3%，虽与去年持平，但并不意味着今年财政不作为。相反，紧货币的背景下，今年实现稳增长，需要财政政策更加积极。

四、确保人民币稳定仍是决策层的目标

在 2017 年工作任务中，政府工作报告明确提到保持人民币在全球货币体系中的稳定地位，这一提法是比人民币币值稳定更高的要求，其中也必然暗含防范人民币大幅贬值以动摇人民币在全球货币体系稳定地位的可能。

本案例中提到的财政政策和货币政策各自的含义是什么？在宏观经济调控过程中如何发挥其作用呢？两个政策调控经济的着力点相同吗？请同学们带着这些问题开始本章的学习吧。

15.1 宏观经济政策目标

宏观经济政策（Macroeconomic Policy），是指国家或政府有意识、有计划地运用一定的政策工具，调节控制宏观经济的运行，以达到一定的政策目标。宏观经济政策包括财政政策、货币政策、收入分配政策和对外经济政策等。宏观经济政策的理论基础是凯恩斯主义的总需求决定国民收入的理论，即 IS—LM 模型，该模型是分析财政政策和货币政策效应的工具。从西方国家战后的实践来看，国家宏观调控的政策目标，一般包括充分就业、经济增长、物价稳定和国际收支平衡四大目标。

15.1.1 充分就业

充分就业是指包含劳动在内的一切生产要素都以愿意接受的价格参与生产活动的状态。西方经济学家通常以失业率高低作为衡量充分就业与否的尺度。失业率是指失业人数占劳动力的比率。那么为什么会有失业呢？按照凯恩斯的解释，失业一般分为三类：摩擦性失业、自愿失业和非自愿失业。

1. 摩擦性失业

摩擦性失业是指生产过程中由于难以避免的摩擦造成的短期、局部性失业，如劳动力流动性不足、工种转换的困难等所引致的失业。

摩擦性失业是由国家经济制度的动态结构造成的。在这种经济现象中，由于产业结构等方面的不断变化，原有的工作不断消失，新的工作不断产生，而工人在交换工

作时需要时间，因而就产生了相应的临时性失业，即摩擦性失业。它的规模决定于失业工人和他寻找工作碰到一起时所遇到的结构上的困难。这种结构上的困难，主要是指缺乏就业机会的信息，缺乏就业的知识，以及缺乏迅速移动必须具备的先决条件。摩擦性失业也和工人自由寻找新工作和随意变换工作有关。在自由经济中，摩擦性失业是一种经常性的失业，并非周期性的。减少摩擦性失业的办法，主要是增加劳动力的流动性和多提供有关就业机会的信息。

2. 自愿失业

自愿失业是由英国资产阶级庸俗经济学家阿瑟·塞西尔·庇古提出的经济概念，是指工人不愿意接受现行工资水平而形成的失业。

造成自愿失业的原因归纳起来主要有下列几种情况：（1）立法方面的原因；（2）社会风俗习惯；（3）工资福利方面进行的集体谈判不能达成协议；（4）工人的个性执拗；（5）为失业者支付的失业救济金过高，有的甚至比他们在职时获得的纳税后收入还要多，致使一些人宁愿失业，靠救济金生活；（6）人们过分挑选工作种类和工作条件；（7）准备升学以便将来得到更优越的工作；（8）贪图闲暇与安逸等。

 趣味阅读

自愿失业

什么叫自愿失业呢？不是社会上没有工作岗位，而是觉得工资太低了、工作太辛苦，自愿待在家里也不工作。

一个朋友说，她的孩子大学毕业后呆在家里不工作，还说："我的目标是几年之内把整个世界都转一圈，然后再学点英语，准备出国读书。"我的朋友说："我养你这么大容易吗？怎么你就不找个工作呢？"她儿子说："你赚钱多没人花，这不太好吧？还是我帮你花吧。"这不是个别现象，就有这样一大批年轻人，他们不是找不到工作，而是主动放弃了就业的机会，赋闲在家，不仅衣食住行全靠父母，而且花销不菲。社会上称之为"啃老族"，也叫"傍老族"。他们的年龄大都在二三十岁之间。

据调查，目前"啃老族"的构成主要有六类人群：

第一类，高校毕业生，他们对就业过于挑剔，认为这也不行，那也不行，挑来挑去没有工作。

第二类，以工作太累太紧张、不适应为由，自动离岗离职的人，他们觉得在家里待着舒服。

第三类，"创业幻想型"的年轻人，他们有强烈的创业愿望，但缺乏真才实学而又不甘心当个打工者。

> 第四类，频频跳槽者，跳来跳去，最后"跳"回家里无事可做，靠父母养活。
>
> 第五类，单位下岗的年轻人。
>
> 第六类，文化低、技能差，怕苦怕累，索性躺在家中"啃"父母。
>
> 由于就业压力和父母宠爱交织在一起，催生出一个独特的现象——"啃老"。我听到很多大学毕业生说："我大学读了这个专业，就是找不到对口的单位！"甚至有人说，"我递出一百份简历都没有一个回信的，我很失望。"可很多企业负责人也跟我反映说："现在的大学生，吃苦精神差，忠诚度也差，跳槽是经常的事。一两年换一个工作。"
>
> 一个企业家告诉我，他的公司在北京亚运村，企业是国内这个领域数一数二的，工作环境非常不错，待遇也不错。一个刚毕业的大学生应聘上岗，通过了面试，最后企业决定要她，说她各方面都符合要求。第二天等她上班的时候，她没来，还打了一个电话给他说："老板，你这儿的工作合适，工资也不低，就是上班的路有点儿远，一天在路上耽误时间太久了，所以我决定不干了。"老板听了觉得太惊讶了，他对我说："现在新毕业的大学生真不能招，有一点儿困难，他们就立刻不干，所以我们只能找那些经过市场摔打磨炼过的人。"
>
> 所以，虽然大学毕业生大有人在，但企业用人却面临紧张情形，那些忠诚、能干、肯吃苦的人不多。

3. 非自愿失业

非自愿失业又称"需求不足的失业"，指工人愿意接受现行工资水平与工作条件，但仍找不到工作而形成的失业，是 1936 年由英国经济学家凯恩斯在其著作《就业、利息和货币通论》中提出的概念。凯恩斯认为，如果工资品的价格较货币工资稍微上涨，劳动者愿意在当时的货币工资下提供劳动供给，而在同一时间的总劳动需求都大于就业量，那么就有非自愿失业的存在。

非自愿失业的根本原因是有效需求不足。只要存在着有效需要不足，工人即使愿意接受降低工资率，仍然不会有雇主雇佣他们。换言之，假定产品没有销路，哪怕工资率再低，并且工人愿意按低工资被雇佣，厂商也不会增雇工人。因此，要消除非自愿失业，关键在于提高有效需求。

综上所述，按照凯恩斯对于失业的理解，充分就业包含两种含义：一是指除了摩擦失业和自愿失业之外，所有愿意接受各种现行工资的人都能找到工作的一种经济状态，即消除了非自愿失业就是充分就业。二是指包括劳动在内的各种生产要素，都按其愿意接受的价格，全部用于生产的一种经济状态，即所有资源都得到充分利用。失业意味着稀缺资源的浪费或闲置，从而使经济总产出下降，社会总福利受损。因此，失业的成本是巨大的，降低失业率，实现充分就业就常常成为西方宏观经济政策的首要目标。

15.1.2 物价稳定

物价稳定是指价格总水平的稳定，就是要抑制住通货膨胀、避免通货紧缩、维持币值的稳定，因此又常把这一目标称之为"稳定币值"。物价稳定一般用价格指数来衡量一般价格水平的变化。价格稳定不是指每种商品价格的固定不变，也不是指价格总水平的固定不变，而是指价格指数的相对稳定。价格指数又分为消费物价指数（CPI）、批发物价指数（PPI）和国民生产总值折算指数（GNP Deflator）三种。物价稳定并不是通货膨胀率为零，而是允许保持一个低而稳定的通货膨胀率，所谓低，就是通货膨胀率在1%－3%之间，所谓稳定，就是指在相当时期内能使通货膨胀率维持在大致相等的水平上。这种通货膨胀率能为社会所接受，对经济不会产生不利的影响。"稳定物价"的当务之急，在于是否能持续地、稳健地推进相关行业的体制改革。国家应当从宏观上把握，从价格形成机制入手，优化市场竞争主体，杜绝和防范部门垄断利益要挟市场价格，逐步形成竞争性的市场价格。

15.1.3 持续均衡的经济增长

经济增长通常是指在一个较长的时间跨度上，一个国家人均产出（或人均收入）水平的持续增加。它包括：一是维持一个高经济增长率；二是培育一个经济持续增长的能力。经济增长率的高低体现了一个国家或地区在一定时期内经济总量的增长速度，也是衡量一个国家或地区总体经济实力增长速度的标志。通常用一定时期的实际GDP平均年增长率来衡量。

经济增长和失业常常是相互关联的，美国经济学家阿瑟·奥肯描述了失业率和GDP之间的这一关系。奥肯（A. M. Okun）是美国的著名经济学家，曾任约翰逊总统时期的经济顾问委员会主席。他为了使总统、国会和公众相信，如果把失业率从7%降到4%，会使全国经济受益匪浅，便根据统计资料估算，由于降低失业率而带来的实际GDP的增加数额，结果产生了著名的奥肯定律。这个定律是宏观经济学中最可靠的经验定律之一，用来近似地描述失业率和实际GDP之间的交替关系。其内容是：GDP每增长2%，失业率下降1个百分点。因此，如何维持较高的经济增长率以降低失业率，从而实现充分就业，是西方国家宏观经济政策追求的目标之一。

15.1.4 国际收支平衡

国际收支平衡是指一国的国际收与支大体相当，没有大的顺差和逆差。国际收支平衡对现代开放型经济国家是至关重要的。西方经济学家认为，一国的国际收支状况不仅反映了这个国家的对外经济交往情况，还反映出该国经济的稳定程度。当一国国际收支处于失衡状态时，就必然会对国内经济形成冲击，从而影响该国国内就业水平、价格水平及经济增长。

以上四大目标相互之间既存在互补关系，也有交替关系。互补关系是指一个目标的实现对另一个的实现有促进作用。如为了实现充分就业水平，就要维护必要的经济增长。交替关系是指一个目标的实现对另一个有排斥作用。如物价稳定与充分就业之间就存在两难选择。为了实现充分就业，必须刺激总需求，扩大就业量，这一般要实施扩张性的财政和货币政策，由此就会引起物价水平的上升。而为了抑制通货膨胀，就必须紧缩财政和货币，由此又会引起失业率的上升。又如经济增长与物价稳定之间也存在着相互排斥的关系。因为在经济增长过程中，通货膨胀是难以避免的。再如国内均衡与国际均衡之间存在着交替关系。这里的国内均衡是指充分就业和物价稳定，而国际均衡是指国际收支平衡。为了实现国内均衡，就可能降低本国产品在国际市场上的竞争力，从而不利于国际收支平衡。为了实现国际收支平衡，又可能不利于实现充分就业和稳定物价的目标。由此，在制定经济政策时，必须对经济政策目标进行价值判断，权衡轻重缓急和利弊得失，确定目标的实现顺序和目标指数高低，同时使各个目标能有最佳的匹配组合，使所选择和确定的目标体系成为一个和谐的有机的整体。

 知识拓展

我国宏观经济政策目标

自改革开放以来，我国事实上一直把经济增长作为主要的政策目标。我国政府确定的宏观调控的主要目标是促进经济增长、增加就业、稳定物价、保持国际收支平衡。就业作为仅次于经济增长的重要目标被列入政府宏观调控的视野。实际上四大目标的次序选择在不同时期是有所侧重的。在经济"软着陆"期间，宏观经济政策以稳定物价为优先目标。自"软着陆"以来，政府扩大内需的目的是力图保持较快的经济增长。随着国有企业改革的推进和国民经济战略改组的实施，就业问题也随之严峻。政府虽然努力以经济增长带动就业，但并不是以就业作为宏观经济政策的优先目标。事实上，就业增长是作为经济增长的配套措施和"副产品"。

15.2 财政政策及其效果

财政政策是国家干预经济的主要政策之一，是国家整个经济政策的组成部分，同其他经济政策有着密切的联系。财政政策的制定和执行，要有金融政策、产业政策、收入分配政策等其他经济政策的协调配合。下面我们具体分析财政政策的相关问题。

15.2.1 财政政策含义

财政政策是指政府变动税收和支出以便影响总需求进而影响就业和国民收入的政策。变动税收是指改变税率和税率结构。例如，经济萧条时，政府采用减税措施，给个人和企业多留些可支配收入，以刺激消费需求从而增加生产和就业。改变所得税结构，使高收入者增加些赋税负担，使低收入者减少些负担，同样可以起到刺激社会总需求的作用。变动政府支出指改变政府对商品与劳务的购买支出以及转移支付。例如，在经济萧条时，政府扩大对商品和劳务的购买支出，多搞些公共建设，就可以扩大私人企业销路，还可以增加消费，刺激总需求。当然，在经济高涨，通货膨胀上升太高时，政府也可以采用增税、减少政府支出等紧缩性财政措施以控制物价上涨。

15.2.2 财政政策工具

财政政策工具也称财政政策手段，是指国家为实现一定财政政策目标而采取的各种财政手段和措施，财政政策工具有收入政策工具和支出政策工具。收入政策工具主要是税收。支出政策工具分为购买性支出政策和转移性支出政策，其中，购买性支出政策又有公共工程支出政策和消费性支出政策之别。具体包括：

1. 税收

税收是国家凭借政治权力参与社会产品分配的重要形式，是实行财政政策的有力手段之一，具有无偿性、强制性、固定性、权威性等特点。税收促进财政目标实现的方式即是灵活运用各种税制要素。（1）适当设置税种和税目，形成合理的税收体系，从而确定税收调节的范围和层次，使各种税种相互配合。（2）确定税率，明确税收调节的数量界限，这是税收作为政策手段发挥导向作用的核心。（3）规定必要的税收减免和加成。

因此，税收可以通过调整税率和增减税种来调节产业结构，实现资源的优化配置，可以通过累进的个人所得税、财产税等来调节个人收入和财富，实现公平分配。

2. 财政支出

财政支出是政府为满足公共需要的一般性支出（或称经常项目支出）。它包括购买性和转移性支出，这两类支出对国民经济的影响有不同之处。

购买性支出又称政府购买，是指政府对商品和劳务的购买。如购买军需品、机关公用品、政府雇佣报酬、公共项目工程支出等。政府购买是一种实质性支出，有着商品和劳务的实际交易，因而直接形成社会需求和购买力，是国民收入的一个组成部分。因此，政府购买是决定国民收入大小的主要因素之一，其规模直接关系到社会总需求的增减，对整个社会总支出水平具有十分重要的调节作用。在总支出水平过低时，政府可以提高购买支出水平，增加社会整体需求水平，以此来对付衰退；反之，当总支出水平过高时，政府可以减少购买支出，降低社会总需求，以此来抑制通货膨胀。因此，政府购买是财政政策的有力手段。

转移性支出又称转移支付，是指政府在社会福利保险、贫困救济和补助等方面的支出。政府在转移支付时并无相应的商品和劳务的交换发生，因而是一种不以取得本年生产的产品和劳务作为报偿的支出，因此，转移支付不能算作国民收入的组成部分，转移支付仅仅是通过政府将收入在不同的社会成员之间进行转移和重新分配，全社会的总收入并没有变动。但转移支付依然是政府进行宏观调控和管理，特别是调节社会总供求平衡的重要工具。例如，社会保障支出和财政补贴在现代社会里发挥着"安全阀"和"润滑剂"的作用，在经济萧条失业增加时，政府增加社会保障支出和财政补贴，增加社会购买力，有助于恢复供求平衡；反之，则减少相应这两种支出，以免需求过旺。

3. 国债

国债是国家按照信用有偿的原则筹集财政资金的一种形式，同时也是实现宏观调控和财政政策的一个重要手段。国债对经济的调节作用主要体现在三种效应上：

一是排挤效应。即通过国债的发行，使民间部门的投资或消费资金减少，从而起到调节消费和投资的作用。

二是货币效应。这是指国债发行所引起的货币供求变动。它一方面可能使"潜在货币"变为现实流通货币，另一方面可能将存于民间的货币转移到政府或由中央银行购买国债而增加货币的投放。

三是利率效应。这是指通过国债利率水平的调整以及对资本市场的供求变化来影响市场利率水平，从而对经济产生扩张或紧缩效应。

在现代信用条件下，国债的市场操作是沟通财政政策与货币政策的主要载体，同时也是它们的耦合点。因此，国债作为财政政策工具实施时，除了与其他财政政策手段协调外，还特别要与货币政策相协调。

 知识拓展

宏观经济政策工具

宏观经济政策工具是用来达到政策目标的手段。在宏观经济政策工具中，常用的有需求管理、供给管理、国际经济政策。

1. 需求管理

宏观经济政策走势需求管理是指通过调节总需求来达到一定政策目标的宏观经济政策工具。它包括财政政策和货币政策。需求管理政策是以凯恩斯的总需求分析理论为基础制定的，是凯恩斯主义所重视的政策工具。

需求管理是要通过对总需求的调节，实现总需求等于总供给，达到既无失业又无通货膨胀的目标。它的基本政策有实现充分就业政策和保证物价稳定政策两

个方面。在有效需求不足的情况下,也就是总需求小于总供给时,政府应采取扩张性的政策措施,刺激总需求增长,克服经济萧条,实现充分就业;在有效需求过度增长的情况下,也就是总需求大于总供给时,政府应采取紧缩性的政策措施,抑制总需求,以克服因需求过度扩张而造成的通货膨胀。

2. 供给管理

供给学派理论的核心是把注意力从需求转向供给。供给管理是通过对总供给的调节,来达到一定的政策目标。在短期内影响供给的主要因素是生产成本,特别是生产成本中的工资成本。在长期内影响供给的主要因素是生产能力,即经济潜力的增长。供给管理政策具体包括控制工资与物价的收入政策、指数化政策、人力政策和经济增长政策。

3. 国际经济政策

国际经济政策是对国际经济关系的调节。现实中每一个国家的经济都是开放的,各国经济之间存在着日益密切的往来与相互影响。一国的宏观经济政策目标中有国际经济关系的内容(即国际收支平衡),其他目标的实现不仅有赖于国内经济政策,而且也有赖于国际经济政策。因此,在宏观经济政策中也应该包括国际经济政策。

15.2.3 财政政策分类

根据财政政策调节国民经济总量和结构中的不同功能来划分,可以将财政政策划分为扩张性财政政策、紧缩性财政政策和中性财政政策。

1. 扩张性财政政策

扩张性财政政策(又称积极的财政政策)是指通过财政收支活动来增加和刺激社会的总需求的政策,通过减税、增加财政支出等手段扩大社会需求,进而提高社会总需求水平,缩小社会总需求和社会总供给之间的差距,最终实现社会总供需的平衡。当经济面临衰退时,一般采用这种政策。扩张性财政政策在模型上体现为 IS 曲线向右方移动。

2. 紧缩性财政政策

紧缩性财政政策(又称消极的财政政策)是指通过财政收支活动来减少和抑制总需求;当经济面临增长过快,预计会出现过热时,一般采用这种政策。紧缩性财政政策在模型上体现为 IS 曲线向左方移动。

3. 中性财政政策

中性财政政策(又称稳健的财政政策)是指财政的分配活动对社会总需求的影响保持中性,既不产生扩张效应,也不产生紧缩效应,以保证经济的持续稳定发展。当经济稳定增长时,一般采用这种政策。

 **知识拓展**

2017年宏观调控更倚重财政政策

2017年,在防风险和汇率贬值压力并存的情况下,中国宏观调控所倚重的工具正在由货币政策转向财政政策。今年的政府工作报告和财政部《财政预算草案报告》中对财政政策的定调是要"更加积极有效"。从预算增速和赤字率等指标来看,一般公共预算内财政政策在"量"上基本符合预期;亮点主要在于两方面:一是预算外准财政的加码;二是财税政策更加追求质量。

减收增支是财政政策发挥逆周期调控的应有之意。与2016年执行数相比,2017年全国一般公共预算收入168630亿元,同比增长5%;一般公共预算支出19.49万亿元,同比增加6.5%。2015年以来,财政支出增速持续高于财政收入增速,面临较大的财政收支压力;不过,这一缺口正在相对收窄。2017年财政政策的一项主要任务是"继续实施减税降费政策,进一步减轻企业负担"。测算显示:与不减税降费的基准情形静态比较,2017年企业减负总规模约为1.06万亿元。

财税体制改革是十八届三中全会《决定》确立的全面深化改革的一大重头戏。今年两会上也提出要切实做好"深入推进财税体制改革,加快建立现代财政制度"。重点改革事项之一是继续完善"营改增",增值税税率今年将由目前的17%、13%、11%和6%四档税率简并至三档。降低间接税比例、提高直接税比例是深化财税改革既定的方向。目前,房地产税法已经被列入本届人大五年立法规划,但2017年尚无提请人大常委会审议的安排。这意味着房地产税至少不会在2017年年底之前推开。个人所得税的改革方案正在研究设计和论证中,总的思路是"综合与分类相结合"——将部分收入项目实行按年汇总纳税,如工资薪金、劳务报酬、稿酬等,并设计专项开支扣除项目,如计生、"二孩"家庭教育支出等;对财产转让等项目继续实行分类征收。个税改革进展将采取"方案总体设计和实施分步到位"的立法惯例,不会打突击战。

15.2.4 自动稳定器

自动稳定器亦称内在稳定器,是指经济系统本身存在的一种减少各种干扰对国民收入冲击的机制,能够在经济繁荣时期自动抑制膨胀,在经济衰退时期自动减轻萧条,无须政府采取任何行动。其主要通过下述三项制度发挥作用:

1. 税收的自动变化

在经济扩张和繁荣阶段,随着生产扩大,就业增加,国民收入GNP和居民收入增加,在税率不变的情况下,政府税收会相应增加,特别是实行累进税制的情况下。

税收增加意味着居民可支配收入会少增加一些,从而消费和总需求会少增加一些,因而具有遏制总需求扩张和经济过热的作用。当经济处于衰退和萧条阶段时,国民收入GNP下降,税收相应减少,人们的可支配收入会少下降一些,从而消费和总需求会少下降一些,因而可以抑制衰退。可见,在税率既定(给定)不变的条件下,税收随经济周期自动地同方向变化,起着抑制经济过热或缓解经济紧缩的作用。

2. 政府转移支付的自动变化

财政转移支付(包括失业救济金和各种福利支出)有助于稳定可支配收入,进而稳定消费需求。在经济繁荣阶段,失业率下降,失业人数减少,失业救济金和其他福利的支出会随之自动下降,从而抑制可支配收入和消费需求增长;反之,在经济萧条阶段,失业率上升,失业人数增加,失业救济金和其他福利的支出会随之自动上升,从而抵消可支配收入和消费需求下降。

3. 农产品价格维持制度

这实际上是以政府财政补贴这一政府转移支付形式,保证农民和农场主的可支配收入不低于一定水平。在经济繁荣时期,对农产品的需求增加,农产品价格上升,政府根据农产品价格维持方案,抛售库存的农产品,吸收货币,平抑农产品价格,以减少农民和农场主的可支配收入;而在经济萧条时期,对农产品的需求减少,农产品价格下降,政府根据农产品价格维持方案,增加政府采购农产品的数量,向农民和农场主支付货币或价格补贴,增加他们的可支配收入。

自动稳定器是财政制度对经济波动的第一道防线,它们的作用越健全,经济运行越不需要政府干预。但在现实经济生活中,这类"自动稳定器"只能缓和经济衰退或抑制通货膨胀的程度,而不能根本扭转经济衰退与通货膨胀的趋势,不能从根本上解决经济活动中存在的问题。因而政府根据经济运行的实际情况进行适当干预,仍是必不可少的。

15.2.5 斟酌使用的财政政策

斟酌使用的财政政策也称权衡性财政政策。西方经济学者认为,为确保经济稳定,政府要审时度势,根据对经济形势的判断,逆经济风向行事,主动采取措施稳定总需求水平,主动采取一些财政措施,变动支出水平或税收以问鼎总需求水平,使之接近物价稳定的充分就业水平。在经济萧条时,政府要采取扩张性的财政政策,降低税率、增加政府转移支付、扩大政府支出,目的是刺激总需求,以降低失业率;在经济过热时,采取紧缩性财政政策,提高税率、减少政府转移支付、降低政府支出,以抑制总需求的增加,进而遏制通胀。

根据斟酌使用的财政政策,政府在财政方面的积极财政政策主要是为实现无通货膨胀的充分就业水平,为实现这一目标,预算可以盈余,也可以为赤字,而不能以预算平衡为目的。这样的财政称为功能财政。功能财政思想是凯恩斯主义的财政思想。其基本观点包括:

1. 财政预算应从其对经济的功能上来着眼，政府财政的基本功能是稳定经济。当国民收入低于充分就业的收入水平时，政府有义务实行扩张的财政政策，增加支出或减少税收，以实现充分就业；反之，当国民收入高于充分就业的收入水平时，政府有责任减少支出或增加税收，以抑制通货膨胀。

2. 政府预算的首要目的是提供一个没有通货膨胀的充分就业，即经济平衡，预算平衡是第二位的。虽然功能财政思想实质上就是斟酌使用的财政思想对经济的调控，逆经济风向而行会在经济衰退和萧条期导致或扩大政府财政的赤字，经济高涨期导致或扩大政府财政的盈余，从而难以维持财政预算的平衡，但功能财政思想就认为，政府为了实现充分就业和消除通货膨胀，需要赤字就赤字，需要盈余就盈余，而不应为实现财政收支平衡妨碍财政政策的正确制定和实行。

3. 政府预算盈余或赤字的问题本身与严重的通货膨胀或持续的经济衰退相比是不重要的。政府作为宏观经济中那只"看得见的手"，其主要职能就是调控宏观经济，解决经济中出现的大的经济波动，维持经济的平稳运行。

功能财政思想的提出，是对原有的平衡预算思想的否定，这一思想与机械地追求政府收支平衡相比，是一大进步。然而这种政策的实施也存在一定的困难，它不仅是由于经济波动难以预测，经济形势难以估计，而且决策也需要时间，效果也滞后，因此，这种预算也难以充分奏效。例如，为消除通货膨胀而采取紧缩政策，即增加税收或减少政府支出，但由于政策滞后，也许经济已转入衰退，但仍在实行紧缩，结果会使衰退更加严重。

 知识拓展

平衡预算思想

平衡预算的财政政策思想是指财政收入和支出平衡，财政预算盈余等于 0 的财政思想。平衡预算的财政思想主要分年度平衡预算、周期平衡预算和充分就业平衡预算三种。年度平衡预算，要求每个财政年度的收支平衡。这是在 20 世纪 30 年代大危机以前采用的政策原则。周期平衡预算是指政府在一个经济周期中保持平衡。在经济衰退时实行扩张政策，有意安排预算赤字，在繁荣时期实行紧缩政策，有意安排预算盈余，以繁荣时的盈余弥补衰退时的赤字，使整个周期的盈余和赤字相抵而实现预算平衡。这种思想在理论上似乎非常完整，但实行起来非常困难。这是因为在一个预算周期内，很难准确估计繁荣与衰退的时间与程度，两者不会相等，因此连预算也难以事先确定，从而周期预算也难以实现。充分就业平衡预算是指政府应当使支出保持在充分就业条件下所能达到的净税收水平。

> 显然,平衡预算的财政思想强调的是财政收支平衡,以此作为预算目标,或者财政的目的,而功能财政思想强调,财政预算的平衡、盈余或赤字都只是手段,目标是追求无通货膨胀的充分就业和经济的稳定增长。

15.2.6 财政政策效果分析

从 IS—LM 模型看,财政政策效果的大小是政府收支变动(包括变动税率、政府购买和转移支付等)使 IS 曲线移动,从而对国民收入变动的影响。从 IS 和 LM 图形看,这种影响的大小,随 IS 曲线和 LM 的斜率不同而有所区别。

下面我们首先用 IS—LM 模型来分析政府实行一项扩张性财政政策的效果。见图 15-1,开始时 IS 和 LM 相交于 E_0 点,决定均衡的国民收入 y_0,均衡利率 r_0。当政府实行扩张的财政政策,政府购买增加,即自发总需求增加时,IS 曲线向右平移到 IS_1,与 LM 相交于 E_1 点,决定均衡的国民收入 y_1,均衡利率 r_1。其中 $y_1 - y_0$ 代表了实际均衡收入的变动,从而代表了财政政策效果的大小。在政府实行扩张性财政政策引起国民收入增加的过程中,由于货币供给量没变(LM 曲线没有变动),而货币需求随着国民收入的增加而增加,因此引起利率上升。利率上升减少了私人的投资与消费,即一部分政府支出的增加实际上只是对私人支出的替代,并没有起到增加国民收入的作用,这就是经济学上著名的"挤出效应"。具体来说,"挤出效应"是指政府开支增加所引起的私人支出减少的现象。从图 15-1 还可以看出,如果利率不变,仍为 r_0,那么,国民收入应为 y_2。$y_2 - y_1$ 就是由于挤出效应所减少的国民收入增加量。

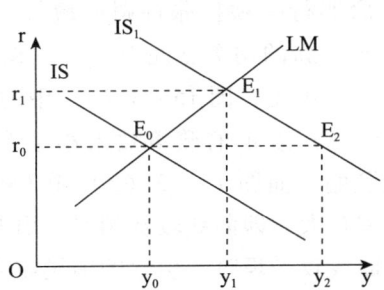

图 15-1 财政政策的效果分析图

在没有实现充分就业的情况下,财政政策效果的大小即"挤出效应"的大小主要取决于 IS 曲线和 LM 曲线的陡峭程度。IS 曲线和 LM 曲线的陡峭程度不同,即斜率大小不同,财政政策的效果大小也不同。下面我们通过两组 IS—LM 模型进行分析。

1. 财政政策效果因 IS 曲线的斜率不同而异

在图 15-2(a)和 15-2(b)中,假定 LM 曲线完全相同,并且起初的均衡收入 y_0 和利率 r_0 也完全相同,政府实行一项扩张性财政政策,现在假定是增加一笔支出 ΔG,则会使 IS 曲线右移到 IS_1,右移的距离是 E_0E_2,E_0E_2 为政府支出乘数和政府支出增加额的乘积,即 $E_0E_2 = K_g \Delta G$。在图形上就是指收入应从 y_0 增加至 y_2,$y_0y_2 = K_g \Delta G$。但实际上收入不可能增加到 y_2,因为 IS 曲线向右上移动时,货币供给没有变化(即 LM 曲线不动)。均衡利率上升了,利率的上升抑制了私人投资,也就是产生了"挤出效应"。由于存在政府支出"挤出"私人投资的问题,因此新的均衡点只能处于 E_1,收入不可能从 y_0 增加至 y_2,而只能增加到 y_1,而 y_0y_1 表示财政效果的大小,从图 15-2 可见,图 15-2(a)中的 y_0y_1 小于图 15-2(b)中的 y_0y_1,也就是说图 15-2(a)表示的政策效果小于图 15-2(b),原因在于图 15-2(a)中 IS 曲线比较平缓,而图 15-2(b)中 IS 曲线较陡峭。IS 曲线越平坦,实行扩张性财政政策时被挤出的私人投资就越多,从而使得国民收入增加较少。

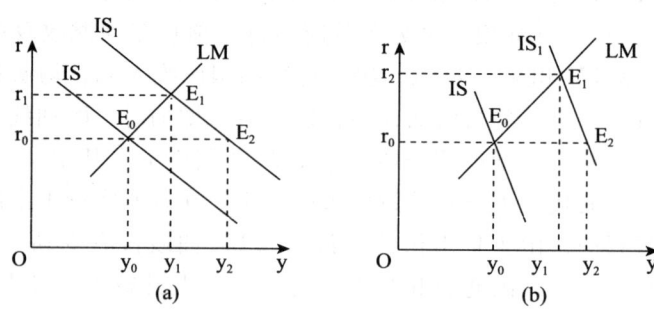

图 15-2 财政政策效果因 IS 斜率而异

2. 财政政策效果因 LM 斜率不同而异

在图 15-3(a)和 15-3(b)中,假定 IS 曲线完全相同,并且起初的均衡收入 y_0 和利率 r_0 也完全相同,政府实行一项扩张性财政政策,现在假定是增加一笔支出 ΔG,则会使 IS 曲线右移到 IS_1,新的均衡点处于 E_1,均衡收入从 y_0 增加至 y_1,y_0y_1 表示财政效果的大小,从图 15-3 可见,图 15-3(a)中的 y_0y_1 小于图 15-3(b)中的 y_0y_1,也就是说图 15-3(a)表示的政策效果小于图 15-3(b),原因在于图 15-3(a)中 LM 曲线比较陡峭,而图 15-3(b)中 LM 曲线较平缓。政府同样增加一笔支出,在 LM 曲线斜率较大,即曲线较陡峭时,引起国民收入变化较小,也即财政政策效果较小;而 LM 曲线较平坦时,引起的国民收入变化较大,即财政政策效果较大。其原因是:当 LM 曲线斜率较大时,表示货币需求的利率敏感性较小,这意味着一定的货币需求增加将使利率上升较多,从而对私人部门投资产生较大的"挤出效应",结果使财政政策效果较小。

3. 结论

(1)在 LM 曲线不变时,IS 曲线越陡峭,则 IS 曲线移动时收入变化就越大,即财政政策效果越大;反之,IS 曲线越平缓,则 IS 曲线移动时收入变化就越小,即财政政策效果越小。

(2)在 IS 曲线不变时,LM 曲线越平缓,则 IS 曲线移动时收入变化就越大,即财政政策效果越大;反之,LM 曲线越陡峭,则 IS 曲线移动时收入变化就越小,即财政政策效果越小。

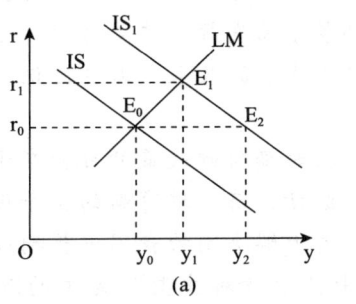
(a)

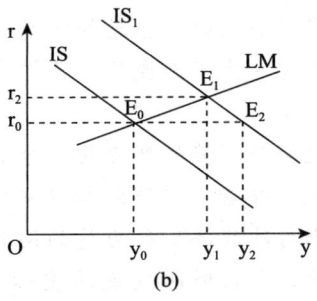
(b)

图 15-3 财政政策效果因 LM 斜率而异

我国的财政政策如何更加积极有效

李克强总理在 2017 年《政府工作报告》中提出要继续实施积极的财政政策。当前,财政政策实施的外部环境发生了新变化,为使财政政策更为积极有效,需要摒弃狭隘的财政观,优化积极财政政策的目标和任务,调整财政政策的重心,盘活财政资源和社会资源,提升财政应对不确定性的能力,着力解决制约经济发展的深层结构性因素。

1. 财政政策实施外部环境的新变化

2017 年 1-2 月份,宏观经济"筑底"趋势日益明显,延续了 2016 年下半年好转的趋势。固定资产投资同比增长 8.9%,制造业、基础设施和房地产开发三大领域投资增速全面回升;民间固定资产投资自 2016 年 9 月以来持续回升,2017 年 1-2 月份同比名义增长 6.7%,增速比去年全年提高 3.5 个百分点;自 2016 年 2 月以来,制造业采购经理指数(PMI)总体持续好转,今年 2 月份达到 51.6%,连续 5 个月处于 51% 以上;工业生产者出厂价格(PPI)自去年 9 月"转正"以来持续增长,表明供求关系发生了变化,工业领域由通缩转变为恢复性的上涨。此外,还应注意影响宏观经济的一个重要中观和微观现象:市场出清、行业集中度提升,在供给端完成了部分市场的自我修复。经过四五年的市场出清,经过"寒冬"磨砺而坚持下来的企业,虽实现扩张仍尚需时日(大约一至两年),但暂无生存之虞。并且经过这一轮的市场出清,行业集中度明显提升,也为经济总体趋稳带来积极因素。同时,经过市场的自我调节,去库存加快,特别是房地产去库存有了明显进展。市场出清和部分自我修复,使经济下行压力有所缓解。

2. 优化、调整积极财政政策的目标和重心

近年来,我国的积极财政政策主要围绕供给侧结构性改革的"三去一降一补"

五大任务展开，其重心在于减税降费和以 PPP 的方式推动基础设施投资。积极财政政策在稳定经济运行、推动经济结构调整方面发挥了重要作用。随着财政政策实施的外部环境发生了新变化，为提高财政政策的效果，需要优化、调整政策的目标和重心。

依据宏观经济形势的新变化，今后一段时期财政政策的目标在于，尽快促使经济完成探底，并着力化解结构性失衡，激活经济，培育新的竞争优势。这就要求在立足短期对冲经济下行力量的同时，着力解决制约我国中长期经济发展的深层因素。为此，积极财政政策的重心应由"数量对冲型"为主的政策取向转向"结构调整型"为主的政策取向，即由注重弥补有效需求不足向注重解决结构性失衡的政策转变。在经济下行的始发期，财政政策主要立足于弥补有效需求不足，对冲经济下行，稳住经济，因而，此时的财政政策更多呈现"数量对冲型"特点。但随着下行力量减弱、经济渐趋稳定，则要更加注重解决影响经济发展的深层次问题，财政政策便呈现"结构调整型"特点。对于我国当前而言，应将财政政策的重心转向解决结构性失衡、培育新的竞争优势。不仅要优化财政投资的方式和结构，弥补经济社会发展"短板"，而且要优化企业的发展环境，创造有利于工业创新发展的税费环境，以新的比较优势催生经济发展新动力。

3. 拓展财政政策的空间

当前，社会上流行的财政观已成为财政政策的羁绊，束缚其作用空间。这一财政观主要体现在三个方面：其一，将赤字和债务混同，认为 2016 年中国实际赤字远超 10%，并将扩大赤字等同于扩大债务。其二，以税收占比不高、财政支出压力较大为由，认为没有减税的空间，应减费而不是减税。其三，减税、增加支出、控制赤字不能同时实现。倘若依据这些观点，财政政策难以发挥更为积极有效的作用。

15.2.7　财政政策局限性

财政政策的实际效果取决于许多复杂的因素，在现实生活中，财政政策的实践还会遇到多种困难。财政政策的局限性主要体现在以下几个方面：

1. 财政政策存在"挤出效应"，影响政策效果。
2. 财政政策会存在"时滞"。首先，财政政策的形成过程需要较长的时间。因为财政政策的变动一般是一个完整的法律过程，这个过程包括议会与许多专门委员会的讨论，政府部门的研究，各利益集团的院外活动等。这样，在财政政策最终形成并付诸实践时，经济形势可能已经发生意想不到的变化。因此，就会影响其所要达到的目标。其次，财政政策发挥作用也有时滞。有些财政政策对总需求有即时的作用。如政府购买的变动对增加总需求有直接而迅速的作用，减税对增加个人可支配收入有即时的作用，但对消费支出的影响则要一定时间后才会产生。

3. 有些财政政策的实施会遇到阻力。如增税一般会遭到公众的普遍反对；减少政府购买可能会引起大垄断资本的反对；削减政府转移支付则会遭到一般平民的反对。

4. 公众的行为可能会偏离财政政策的目标（动态不一致）。如政府采取增支减税政策扩大总需求时，人们并不一定会把增加的收入用于增加支出，也可能转化为储蓄。

5. 在竞争性部门中，政府投资效率不如民间投资，影响社会总投资效率，长期使用财政政策会抑制民间投资积极性。

6. 非经济因素。除此之外，财政政策的实施，还要受到政治因素的影响（如选举）。

15.3 货币政策及其效果

15.3.1 中央银行和商业银行

要了解货币制度，必须先具备一些银行方面的知识，因为货币政策要通过银行制度来实现。在银行制度方面，中央银行是核心，商业银行是主体，下面我们简单介绍一下这两大金融机构的基本知识。

1. 中央银行

中央银行是一国的最高金融机构，它统筹管理全国的金融活动，实施货币政策以影响经济。一般认为，中央银行主要具有如下三个职能：

（1）发行的银行。中央银行代表国家发行国家法定的货币。

（2）银行的银行。中央银行为商业银行提供贷款，充当最后贷款人的角色；集中保管商业银行的存款准备金；还为各商业银行集中办理全国的结算业务。

（3）国家的银行。作为国家的银行，其主要作用体现在：①代理国库；②提供政府所需资金；③代表政府与外国发生金融业务关系；④监督、管理全国金融市场活动；⑤制定和执行货币政策等。

2. 商业银行

商业银行是以盈利为目的的金融企业。其主要业务是负债业务、资产业务和中间业务。负债业务主要是吸收存款，包括活期存款、定期存款和储蓄存款。资产业务主要包括发放贷款和投资两大类业务。放款业务是为企业提供短期贷款，包括票据贴现、抵押贷款等。投资业务是购买有价证券以取得利息收入。中间业务是指代客户办理支付事项和其他委托事项，从中收取手续费的业务。

15.3.2 存款创造

了解了中央银行和商业银行以后，我们再来说明货币是由谁供给以及怎样供给的。这里所说的货币是指狭义的货币（M_1），是通货（Cu）和活期存款（C）之和。货币供给量中的大部分是活期存款，并且通过活期存款的派生机制来创造货币。下面我们就来看看商业银行的活期存款派生机制，即商业银行是如何进行存款创造的。

1. 存款创造的基本原理

（1）原始存款和派生存款

原始存款一般是指商业银行接受客户现金存入和中央银行对商业银行的再贷款而形成的存款。这是商业银行从事资产业务的基础。

派生存款是相对原始存款而言的，指由商业银行发放贷款、办理贴现或投资等业务活动而衍生出来的存款。派生存款产生的过程就是商业银行不断吸收存款、发放贷款、形成新的存款，不断地在各银行客户之间转移，最终使银行体系的存款总量增加的过程。因此，商业银行创造派生存款的实质，是以非现金方式为社会提供货币供给量。

（2）两个前提条件

商业银行能否创造派生存款是有条件的。目前各国商业银行采用的部分准备金制度和非现金结算制度构成商业银行创造信用的基础，也是商业银行存款创造的前提条件。

①部分存款准备金制度。商业银行在经营过程中，各国都会以法律的形式规定存款类金融机构吸收的存款必须要按照一定的比例，上交给中央银行，形成一定的准备金，这就是存款准备金制度。商业银行按照法律规定必须上交的最低数额的准备金，即法定准备金。商业银行根据自身情况，也可以多交准备金，则超过法定准备金的部分，称为超额准备金。

法定准备金（R_d）是活期存款（D）与法定准备金率（r_d）的乘积，用公式表示为：

$$Rd = D \cdot rd \tag{15.1}$$

额准备金（E）则是银行实有准备金与法定准备金之差，也是超额准备金率（e）与活期存款（D）之积。用公式表示为：

$$E = R - D \cdot rd$$

$$E = D \cdot e \tag{15.2}$$

法定准备金率的高低，直接影响商业银行创造存款货币的能力。

②非现金结算制度。非现金结算制度即银行的转账结算制度。在该制度下，由于各个商业银行在中央银行均开有存款账户，客户在取得银行贷款后，一般并不立即提取现金而是转入其在银行的活期存款账户。这时，银行一方面增加了贷款，另一方面有增加了活期存款。这种通过银行转账方式发放贷款而创造的存款，就是上面提到的派生存款。

2. 存款创造的过程

如前所述，商业银行将吸收的原始存款留出法定准备金后，就可将其余的超额准备金用于贷款,客户取得贷款后,不提取现金,全部转入企业的另一银行存款账户。接受这笔新存款的银行,除保留一部分法定准备金外,又将其余部分用于放款。这样,又会出现另一笔存款。如此不断延续下去,即可创造出大量存款。

为了便于说明存款创造的过程,我们通过下列实例说明。为了便于说明,我们先做以下假设:(1)每家银行只保留法定准备金。其余部分全部贷出,超额准备金为零;(2)银行客户收入的款项全部存入银行,而不提取现金;(3)只有活期存款而不增加定期存款;(4)法定准备金率为20%。

现在假定在整个银行体系中,第一家银行接受客户 A 企业存入现金10000元,那么这10000元在整个商业银行体系不断地贷款、存款后,最终变成多少呢?

假设 A 企业将10000元存入第一家银行,则该银行增加原始存款10000元,按20%比例上交2000元法定准备金后,剩下的8000元全部贷给 B 企业,B 企业用于支付所欠 C 企业的货款;C 企业又将这8000元存入第二家银行,则该银行存款额增加8000元。该银行留存1600元的法定准备金后,将余下的6400元贷给了 D 企业,D 企业用来偿还了 E 企业的货款;E 企业又将这6400元存入了第三家银行,该银行又继续可以贷款……如此循环下去,最后整个银行体系的存款创造结果如表15-1。

表15-1　　　　存款派生过程(法定准备金率 rd=20%)　　　　单位:元

银行名称	存款增加额	法定准备金	贷款增加额
第一家银行	10000	2000	8000
第二家银行	8000	1600	6400
第三家银行	6400	1280	5120
第四家银行	5120	1024	3276.80
第五家银行	4096	819.20	……
……	……	……	……
合计	50000	10000	40000

从表15-1可见,商业银行接受客户现金存入10000元,经过银行体系运用后,最终活期存款总额变成50000元。活期存款总额超过原始存款的数额,就是派生的存款总额。

需要指出的是,不但客户存入现金会导致银行创造出多倍于原始存款的派生存款,中央银行对商业银行的再贷款以及其他任何中央银行的资产业务活动,都可以为商业银行提供存款货币创造的源头。而客户手中的现金,也正是来自于中央银行,中央银行是货币供给量的源头。

3. 存款创造的结果

从上面的实例中我们可以看到,商业银行似乎"凭空"创造出来很多的货币。那么到底可以创造多少存款货币呢?上例中的存款总额50000元是如何出来的呢?

在上例中,每一列数字中每一行数字都是前一数字的80%(假设法定准备金率为 20% 时），这样一个数列就构成了一个等比级数，其总和为：

$$\triangle D = \triangle R [1 + (1 - r_d) + (1 - r_d)^2 + (1 - r_d)^3 + \cdots]$$

$$= \triangle R \cdot \frac{1}{r_d} \tag{15.3}$$

式中，$\triangle D$ 表示经过派生后最终的存款总额；$\triangle R$ 表示原始存款（接受客户现金存入或央行对商业银行的再贷款）；r_d 表示法定存款准备金率。

上例中，法定准备金率为 20%，存款总额为 $10000 \times \frac{1}{20\%} = 50000$ 元。那么，银行体系创造出多少倍的派生存款呢？这就是存款乘数问题。

存款乘数是指银行商业银行能创造存款货币的最大扩张倍数，也称为派生倍数。即：派生后的存款总额与原始存款之比。通常用 K 表示存款乘数，计算公式为：

$$K = \frac{\triangle D}{\triangle R} = \frac{1}{r_d} \tag{15.4}$$

由上式可知，存款乘数是法定存款准备金率的倒数。法定存款准备金率越高，存款扩张的倍数越小；法定准备金率越低，扩张的倍数越大。

需要说明的是，如果客户从银行提取现金，则会引起原始存款的减少，在银行体系无超额准备金的情况下，必然会出现多倍紧缩的过程。其紧缩过程与扩张过程相似，只不过方向相反而已，这里不再赘述。

4. 存款创造乘数的修正

上述的存款、货币创造过程，是在前面的三个假设条件下进行的。但在实际经济活动中，存款乘数还会受到其他因素的制约，如银行持有的超额准备金、现金漏损等。考虑这些因素的话，存款乘数需要被修正。

（1）存在超额准备金

现实中，商业银行除了交法定准备金外，为了应付随时的支付需要，银行往往还会保留部分超额准备金。那么。银行的超额准备金如何影响派生存款乘数呢？我们可以把它们看做法定准备金那样发挥作用。假定一家银行得到 10000 元的存款，如果法定准备金比率是 20%，银行持有 5% 超额准备金，则该银行保留 25% 作为该存款的准备金，而贷出 7500 元，下一家银行收到 7500 元的存款。显然相比上例，减少了可贷款的数量。所以存在超额准备金时，存款乘数不是 $K = 1/r_d$，而是：

$$K = \frac{1}{r_d + e} \tag{15.5}$$

式中，e 为超额准备金率，是银行自愿保留的超额准备金在存款总额中的比例。

（2）存在现金漏损

前面假设客户将收入的款项全部存入银行系统，而没有任何现金流出。但事实上，多数客户总会或多或少进行提现。假定银行要按照 20% 上交法定准备金，并且保留 5% 的超额准备金，同时客户提现 1500 元。此时，银行能够贷出的只能是 6000 元，然后这 6000 元变成下一家银行的存款，但是已经比举例中提到的少了很多。此时存款乘数变为：

$$K = \frac{1}{r_d + e + c} \tag{15.6}$$

式中，c 为现金漏损率或提现率，即社会公众或企业持有的通货在存款总额中的比例。

（3）活期存款转为定期存款

前面我们假设银行只有活期存款（用 D 表示）而没有定期存款（用 T 表示），客户存入的全部是活期存款。但现实中，银行还有定期存款，并且在存款创造过程中，有些存款将会变成定期存款。而且很多国家对活期存款和定期存款分别规定了不同的准备金率。因此，商业银行还要按照定期存款准备金率（用 r_t 表示）来上交准备金。而这些准备金是不能进入存款创造过程的。

另外，活期存款与定期存款之间也会保持一定的比例关系。令 t = T/D，则存款乘数变为：

$$K = \frac{1}{r_d + e + c + r_t \times t} \tag{15.7}$$

式中，t 为定期存款占活期存款的比例，r_t 为定期存款准备金率，其他同前。

根据以上分析，存款乘数不仅受到法定准备金率 r_d 的影响，还受到 e、c、r_t、t 等各种因素影响。而银行的存款创造能力，不仅决定于存款乘数，还受到贷款需求量、原始存款的制约。

【例 15 - 1】如果原始存款 30 万元，派生存款 90 万元，则存款乘数 K 是多少？如果 r_d 为 15%，e 为 3%、c 为 5%，原始存款还是 30 万元，此时银行的派生存款是多少？

（1）K =（30 + 90）/30 = 4

（2）k = 1/（15% + 3% + 5%）= 4.35

存款总额 = 30 × 4.35 = 130.5（万元）

派生存款 = 130.5 - 30 = 100.5（万元）

相关思考

商业银行的存款创造能力与哪些行为主体有关？

商业银行的存款创造过程实际上并非取决于银行自身，最终创造的派生存款总额也与很多因素有关，同时受很多主体行为的制约。想一想，银行的存款创造能力与哪些主体行为有关？我们居民个人会不会也对银行的货币创造产生影响呢？

15.3.3 货币政策含义及分类

货币政策是指中央银行通过调节货币供给量来调节利率进而影响投资和总需求从

而达到一定经济目的的政策。货币政策和财政政策不同，财政政策直接影响总需求的规模，这种直接作用是没有任何中间变量的；而货币政策则是通过利率的变动来对总需求发生影响，因而是间接地发挥作用。

货币政策一般划分为扩张性货币政策和紧缩性货币政策。

1. 扩张性货币政策

扩张性货币政策是通过货币供给量增加来带动总需求的增长。货币供给增加时，利率会降低，消费和投资会增加，从而总需求增加。因此，经济萧条时多采用扩张性货币政策。扩张性货币政策在模型上体现为 LM 曲线向右方移动。

2. 紧缩性货币政策

紧缩性货币政策是通过货币供给量减少来使总需求的下降。货币供给减少时，利率会提高，消费和投资会减少，从而总需求减少。因此，经济出现严重的通货膨胀时多采用紧缩性货币政策。紧缩性货币政策在模型上体现为 LM 曲线向左方移动。

15.3.4 货币政策工具

货币政策工具是中央银行为达到货币政策目标而采取的手段。货币政策工具分为一般性工具和选择性工具。一般性货币政策工具是指中央银行能够经常使用的且能对货币供给总量或信用总量进行调节的工具。主要包括：存款准备金政策、再贴现政策、公开市场业务，俗称"三大法宝"；选择性货币政策工具包括贷款规模控制、特种存款、对金融企业窗口指导等。一般性货币政策工具多属于间接调控工具，选择性货币政策工具多属于直接调控工具。这里我们主要介绍一般性货币政策工具。

1. 再贴现政策

再贴现政策是中央银行通过提高或降低再贴现率来影响商业银行的信贷规模和市场利率，从而调节市场货币供给量，以实现货币政策目标的一种手段。

一般来说，再贴现政策包括两方面：一是制定和调整再贴现率，二是规定何种票据具有向中央银行申请再贴现的资格。关键是正确制定和调整再贴现率。中央银行通过调整再贴现率可以影响或干预商业银行的准备金及市场银根松紧。当中央银行提高再贴现率，使之高于市场利率时，商业银行向中央银行借款或贴现的资金成本上升，这就必然减少向中央银行借款或贴现，从而收缩对客户的贷款。反之，则会扩大信贷规模。

再贴现政策的作用，在于不仅影响商业银行筹资成本，从而限制商业银行的信用扩张，以达到调整银根松紧的目的。而且再贴现率的变动，一定程度上反映了中央银行的政策意向，具有告示效应。另外，再贴现政策的实施可以按国家产业政策的要求，有选择地对不同种类的票据进行融资，促进结构调整。

尽管再贴现有上述作用，但也存在局限性：一是再贴现业务的主动权在商业银行，而不在中央银行，这就限制中央银行的主动性。二是再贴现率的调节作用有限。繁荣时期提高再贴现率未必能够抑制商业银行的再贴现需求，因为商业银行的盈利更高；萧条时期降低再贴现率也未必能刺激商业银行的借款需求，因为此时的盈利水平更低。三是再贴现率不能经常调整，容易引起市场利率的经常波动，会使商业银行或企业无所适从。

2. 公开市场业务

公开市场业务是指中央银行在金融市场上公开买卖有价证券，以改变商业银行等存款货币机构的准备金，进而影响货币供应量和利率，并最终实现货币政策目标的政策行为。此业务的操作方法：当中央银行判断社会上资金过多时，卖出证券，相应地收回一部分资金；相反，则央行买入证券，直接增加金融机构可用资金的数量。

公开市场操作具有如下优点：（1）中央银行能及时运用公开市场操作，买卖任意规模的有价证券，从而精确地控制银行体系的准备金和基础货币，使之达到合理的水平。虽然其发生作用的途径同再贴现率政策和准备金政策基本相同，但它的效果比这两种政策更为准确，并且不受银行体系反应程度的影响。（2）主动性强。在公开市场操作中，中央银行始终处于积极主动的地位，完全可以按自己的意愿来实施货币政策。按照经济学家弗雷德曼之意，中央银行实施公开市场操作是"主动出击"，而非"被动等待"。（3）告示效应强，影响范围广。中央银行可在金融市场上公开买卖证券，其操作的方向和力度代表了货币政策的取向，给商业银行和公众以明确的信号，可以影响他们的预期和经济行为；同时，中央银行的买卖行为还会影响证券市场的供求和价格，进而对整个社会投资和产业发展产生影响。

公开市场业务虽然能够有效发挥作用，但是必须具备以下三个条件，才能充分有效地发挥作用：（1）中央银行必须具有强大的、足以干预和控制整个金融市场的金融实力；（2）要有一个发达、完善和全国性的金融市场，证券种类齐全且达到一定规模；（3）必须有其他政策工具的配合。如没有存款准备金制度，就不能通过改变商业银行的超额准备来影响货币供应量。公开市场业务最大的不足是缺乏这三个条件的国家不能有效地运用这个政策手段；此外，它的收效缓慢，因为国债买卖对货币供给及利率的影响需要一定时间才能缓慢地传导到其他金融市场，影响经济运行。

 **知识拓展**

我国的公开市场业务

我国公开市场操作包括人民币操作和外汇操作两部分。外汇公开市场操作1994年3月启动，人民币公开市场操作1998年5月26日恢复交易，规模逐步扩大。1999年以来，公开市场操作已成为中国人民银行货币政策日常操作的重要工具，对于调控货币供应量、调节商业银行流动性水平、引导货币市场利率走势发挥了积极的作用。

> 中国人民银行从1998年开始建立公开市场业务一级交易商制度，选择了一批能够承担大额债券交易的商业银行作为公开市场业务的交易对象，目前公开市场业务一级交易商共包括40家商业银行。这些交易商可以运用国债、政策性金融债券等作为交易工具与中国人民银行开展公开市场业务。从交易品种看，中国人民银行公开市场业务债券交易主要包括回购交易、现券交易和发行中央银行票据。其中回购交易分为正回购和逆回购两种，正回购为中国人民银行向一级交易商卖出有价证券，并约定在未来特定日期买回有价证券的交易行为，正回购为央行从市场收回流动性的操作，正回购到期则为央行向市场投放流动性的操作；逆回购为中国人民银行向一级交易商购买有价证券，并约定在未来特定日期将有价证券卖给一级交易商的交易行为，逆回购为央行向市场上投放流动性的操作，逆回购到期则为央行从市场收回流动性的操作。现券交易分为现券买断和现券卖断两种，前者为央行直接从二级市场买入债券，一次性地投放基础货币；后者为央行直接卖出持有债券，一次性地回笼基础货币。中央银行票据即中国人民银行发行的短期债券，央行通过发行央行票据可以回笼基础货币，央行票据到期则体现为投放基础货币。

3. 存款准备金政策

存款准备金政策是指中央银行通过规定或调整商业银行交存中央银行的存款准备金率，控制商业银行的信用创造能力，间接地调节社会货币供应量的活动。

以法律形式规定商业银行向中央银行交存一定比例的存款准备金，始于1913年美国《联邦储备法》，当时硬性规定法定准备金率，没有伸缩性。后来20世纪30年代的经济大危机，让美国中央银行及金融监管当局意识到，利用存款准备金这一强力的经济手段，可以抑制盲目的经济扩张和信用膨胀。于是，1935年美国立法授权联邦储备银行可以根据经济、金融的实际情况随时调整存款准备金率。此后，西方国家效仿美国，纷纷以法律形式规定存款准备金率，并授权央行根据实际需要，可以随时调整。

存款准备金政策的作用机制如下：中央银行可以调整存款准备金率来影响货币乘数或存款乘数，控制商业银行的货币创造，从而调节货币供给量。当经济扩张，发生通货膨胀时，中央银行可以提高法定准备金率时，商业银行可提供放款及创造信用的能力就下降。因为准备金率提高，货币乘数就变小从而降低了整个商业银行体系创造信用、扩大信用规模的能力，其结果是社会的银根偏紧，货币供应量减少，利息率提高，投资及社会支出都相应缩减，反之亦然。

与其他货币政策工具相比，存款准备金政策具有如下优点：（1）主动性强。中央银行具有完全的自主权，它是三大货币政策工具中最容易实施的手段；（2）见效快。存款准备率的变动对货币供应量的作用迅速，一旦确定，各商业银行及其他金融机构都必须立即执行；（3）影响广。所有存款类金融机构的信贷规模都会受到影响，从而对社会投资、消费产生影响，最终影响经济运行。

存款准备金政策的不足之处在于：一是作用过于巨大。存款准备金政策通常被认为是最猛烈的工具。这既是它的优点，也正是它的局限性。因为，每次存款准备金率稍作调整，即使变动0.5%，都会对金融和信贷状况产生显著影响，因此它是最强有力的工具。但同时由于其调整对整个经济和社会心理预期的影响都太大，因而法定准备金率不宜随时调整，不宜作为中央银行日常调控货币供给的工具。二是其政策效果在很大程度上受商业银行超额存款准备的影响。在商业银行有大量超额准备的情况下，中央银行提高法定存款准备金率，商业银行会将超额准备的一部分充作法定准备，而不收缩信贷规模，这就难以实现中央银行减少货币供给的目的。

 知识拓展

我国的存款准备金政策

中国人民银行从1984年专门行使央行职能后，开始实行存款准备金制度，在我国的货币政策实施中发挥了积极的作用，如抑制经济过热、物价上涨过快、货币投放过多的状况。在实际运用中主要有以下特点：

第一，调整频繁。1984年规定企业存款为20%，储蓄存款为40%，农村存款为25%。1985年统一规定为10%，1987年提高到12%，1988年提高到13%，1989年规定另外再缴存5%－7%的备付金，加上法定准备金率相当于18%－20%，显然比率过高。1998年改革了存款准备金政策，合并了法定准备金和备付金账户，将准备金率降到8%。此后，存款准备金率不断调整，特别是2007年内调整了10次，2011年调整了7次，2015年调整了5次。其已经成为我国中央银行货币政策中运用频繁的政策工具之一。

第二，有同有异。一方面，不区分存款种类，也没有规模差异，无论是活期存款还是定期存款，不管数量多少，都实行统一的法定准备金率。另一方面，对不同机构或地区差别对待。例如，从2004年起对不同金融机构实行差别准备金制度，对资本充足率低于规定要求的存款机构提高0.5%；又如2008年对汶川地震灾区则下调2%，2008年9月对一般地区的中小金融机构下调准备金率1%。

第三，对准备金存款付息。从建立准备金制度起就一直对法定存款准备金和超额准备金支付利息。对准备金存款利率不断调整，总体上略低于中央银行一年期贷款利率。

15.3.5 货币政策效果分析

货币政策的效果是指变动货币供给量的政策对总需求的影响。从 IS－LM 模型看，货币政策效果的大小是中央银行变动货币供给量使 LM 曲线移动，从而对国民收

入变动的影响。这种影响的大小，随 IS 曲线和 LM 的斜率不同而有所区别。

下面我们首先用 IS-LM 模型来分析央行实行一项扩张性货币政策的效果。见图 15-4，开始时 IS 和 LM 相交于 E_0 点，决定均衡的国民收入 y_0，均衡利率 r_0。当政府实行扩张的货币政策，LM 曲线向右平移到 LM_1，与 LM 相交于 E_1 点，决定均衡的国民收入 y_1，均衡利率 r_1。其中 $y_1 - y_0$ 代表了实际均衡收入的变动，从而代表了货币政策效果的大小。

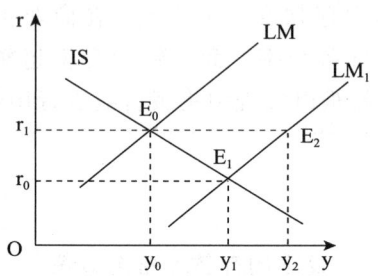

图 15-4 货币政策的效果分析图

在没有实现充分就业的情况下，货币政策效果的大小主要取决于 IS 曲线和 LM 曲线的陡峭程度。IS 曲线和 LM 曲线的陡峭程度不同，即斜率大小不同，货币政策的效果大小也不同。下面我们通过两组 IS—LM 模型进行分析。

1. 货币政策的效果因 IS 曲线斜率不同而异

在图 15-5 (a) 和 15-5 (b) 中，假定 LM 曲线完全相同，并且起初的均衡收入 y_0 和利率 r_0 也完全相同，央行实行一项扩张性货币政策，现在假定增加货币供给量 ΔM，则会使 LM 曲线右移到 LM_1，新的均衡点处于 E_1，收入从 y_0 增加至 y_1，而 $y_0 y_1$ 表示货币效果的大小，从图 15-5 可见，图 15-5 (a) 中的 $y_0 y_1$ 大于图 15-5 (b) 中的 $y_0 y_1$，也就是说图 15-5 (a) 表示的政策效果大于图 15-5 (b)，原因在于图 15-5 (a) 中 IS 曲线比较平缓，而图 15-5 (b) 中 IS 曲线较陡峭。IS 曲线越平坦，实行扩张性货币政策时利率下降时，由于投资对利率敏感系数大，从而投资和国民收入增加较多；反之，IS 曲线越陡峭，投资对利率敏感程度较差，利率下降时，投资和国民收入增加的较少。

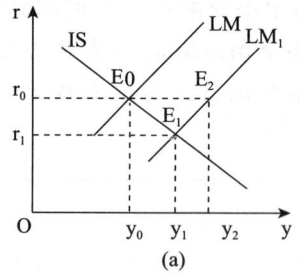 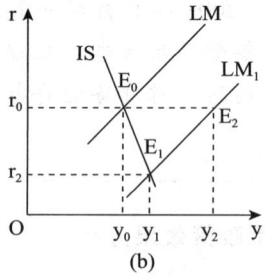

图 15-5 货币政策效果因 IS 斜率而异

2. 货币政策效果因 LM 曲线斜率不同而异

在图 15-6（a）和 15-6（b）中，假定 IS 曲线完全相同，并且起初的均衡收入 y_0 和利率 r_0 也完全相同，央行实行一项扩张性货币政策，现在假定增加货币供给量 ΔM，则会使 LM 曲线右移到 LM_1，新的均衡点处于 E_1，均衡收入从 y_0 增加至 y_1，$y_0 y_1$ 表示货币效果的大小，从图 15-6 可见，图 15-6（a）中的 $y_0 y_1$ 大于图 15-6（b）中的 $y_0 y_1$，也就是说图 15-6（a）表示的政策效果大于图 15-6（b），原因在于图 15-6（a）中 LM 曲线比较陡峭，而图 15-6（b）中 LM 曲线较平缓。

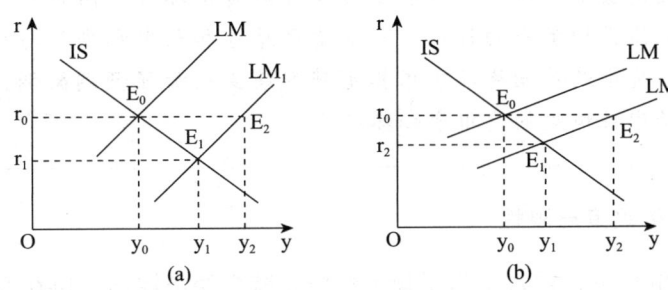

图 15-6 货币政策效果因 LM 斜率而异

3. 结论

（1）在 LM 曲线不变时，IS 曲线越平缓，则 LM 曲线移动时收入变化就越大，即货币政策效果越大；反之，IS 曲线越陡峭，则 LM 曲线移动时收入变化就越小，即货币政策效果越小。

（2）在 IS 曲线不变时，LM 曲线越陡峭，则 LM 曲线移动时收入变化就越大，即货币政策效果越大；反之，LM 曲线越平缓，则 LM 曲线移动时收入变化就越小，即货币政策效果越小。

 知识拓展

2017 年，我国货币政策回归中性

2017 年中央经济工作会议表示，我国的货币政策要保持稳健中性，那么中国央行 2017 年"货币政策回归中性"，这意味着什么呢？

对于 2017 年的货币政策基调，虽然央行的提法仍是"稳健"，但其内涵已经发生明显变化：去杠杆、挤泡沫、防风险将成为政策考量的重要甚至是首要因素。适应货币供应方式新变化，调节好货币闸门，努力畅通货币政策传导渠道和机制，维护流动性基本稳定。

中央经济工作会议还提出，要把防控金融风险放到更加重要的位置，下决心处置一批风险点，着力防控资产泡沫，提高和改进监管能力，确保不发生系统性

金融风险。对此，国家金融与发展实验室理事长李扬认为，会议对货币政策的提法，在稳健后面增加了"中性"二字，这意味着发生了明显调整：保持经济稳定依然是重要目标，但是资产泡沫和风险事件越来越成为危及经济稳定的因素，因此要遏制这些情况。无独有偶，央行主管的媒体金融时报在24日发表社论《调节好货币闸门 维护流动性基本稳定》，其同样引用了中央经济工作会议的内容称：很显然，稳健中性的货币政策是中央面临当前经济新形势做出的重要决策。当前，货币政策的关键是要继续保持稳健和中性适度的货币环境，同时发挥好宏观审慎政策在维护金融体系稳定中的作用。当前货币总量和利率水平是与经济基本面的变化相匹配的，货币政策始终注重根据形势发展变化加强预调微调，为供给侧结构性改革保持了中性适度的货币金融环境。

15.3.6 货币政策局限性

国家实行货币政策，常常是为了稳定经济，减少经济波动，但在实践中也存在一些局限性。

1. 从货币市场均衡的情况看，增加或减少货币供给要影响利率的话，必须以货币流通速度不变为前提。如果这一前提并不存在，货币供给变动对经济的影响就要打折扣。在经济繁荣时期，中央银行为抑制通货膨胀需要紧缩货币供给，或者说放慢货币供给的增长率，然而，那时一般说来支出会增加，而且物价上升快时，公众不愿把货币持在手上，而希望尽快花费出去，从而货币流通速度会加快，这无异在流通领域增加了货币供给量。这时候，即使中央银行减少货币供给，也无法使通货膨胀率降下来。反之，当经济衰退时期，货币流通速度下降，这时中央银行增加货币供给对经济的影响也就可能被货币流通速度下降所抵消。货币流通速度加快，意味着货币需求增加，流通速度放慢，意味着货币需求减少，如果货币供给增加量和货币需求增加量相等，LM曲线就不会移动，因而利率和收入也不会变动。

2. 在通货膨胀时期实行紧缩的货币政策可能效果比较显著，但在经济衰退时期，实行扩张的货币政策效果就不明显。那时候，厂商对经济前景普遍悲观，即使中央银行松动银根，降低利率，投资者也不肯增加贷款从事投资活动，银行为安全起见，也不肯轻易贷款。特别是由于存在着流动性陷阱，不论银根如何松动，利息率都不会降低。这样，货币政策作为反衰退的政策，其效果就相当微弱。即使从反通货膨胀看，货币政策的作用也主要表现于反对需求拉上的通货膨胀，而对成本推进的通货膨胀，货币政策效果就很小。因为物价的上升若是由工资上涨超过劳动生产率上升幅度引起或由垄断厂商为获取高额利润引起，则中央银行想通过控制货币供给来抑制通货膨胀就比较困难了。

3. 货币政策作用的外部时滞也影响政策效果。中央银行变动货币供给量，要通过影响利率，再影响投资，然后再影响就业和国民收入，因而，货币政策作用要经过相当长一段时间才会充分得到发挥。尤其是市场利率变动以后，投资规模并不会很快发生相应变动。利率下降以后，厂商扩大生产规模，需要一个过程，利率上升以后，厂商缩小生产规模，更不是一件容易的事。总之，货币政策即使在开始采用时不要花很长时间，但执行后到产生效果却要有一个相当长的过程，在此过程中，经济情况有可能发生和人们原先预料的相反变化，例如，经济衰退时中央银行扩大货币供给，但未到这一政策效果完全发挥出来经济就已转入繁荣，物价已开始较快地上升，则原来扩张性货币政策不是反衰退，却为加剧通货膨胀起了火上加油的作用。货币政策在实践中存在的问题不止这些，但仅从这些方面看，货币政策作为平抑经济波动的手段，作用也有限的。

15.4 两种政策的混合使用

由于财政政策和货币政策会对国民收入和利率产生不同影响，对总需求结构产生不同影响，因此，对总需求调节时，常常需要把两种政策组合起来使用。财政政策和货币政策的组合方式不同，产生的政策效果也不同。一般来说，财政政策和货币政策的组合形式有以下四种。

15.4.1 "双松"的政策组合

"双松"的政策组合是指政府在采取扩张性财政政策的同时使用扩张性的货币政策，如图15-7所示。

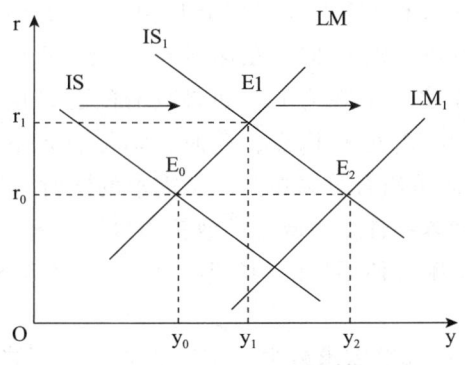

图15-7 "双松"的政策组合

在图15-7中，IS曲线和LM曲线相交于E_0点，形成均衡收入y_0，均衡利率r_0。现政府实行扩张性财政政策，则IS曲线右移到IS_1，与LM相交于E_1点，对应的均衡收入上升为y_1，均衡利率水平上升为r_1。如果政府配合采用扩张性的货币政策，则LM曲线向右移到LM_1，与IS_1交于E_2点，此时，均衡收入上升为y_2，均衡利率仍为r_0。这说明，"双松"的政策组合可以在刺激总需求的同时，维持利率水平基本不变。

但如果扩张性财政政策和扩张性货币政策的政策力度不一样,即 IS 曲线和 LM 曲线右移的距离不同,则两政策配合使用后的均衡利率的变动是不确定的,可以高于或低于均衡利率 r_0。

"双松"政策组合能引起总需求增加,从而使经济复苏、高涨。当经济严重萧条时,可采用这种组合,一方面用扩张性的财政政策增加总需求,另一方面用扩张性的货币政策降低利率,减少"挤出效应",从而更为有效地刺激经济。

15.4.2 "双紧"的政策组合

"双紧"的政策组合是指政府在采取紧缩性财政政策的同时使用紧缩性的货币政策,如图 15-8 所示。

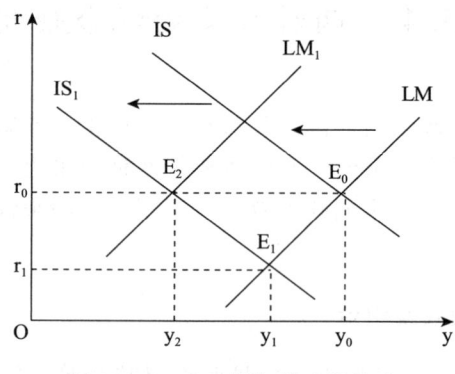

图 15-8 "双紧"的政策组合

在图 15-8 中,IS 曲线和 LM 曲线相交于 E_0 点,形成均衡收入 y_0,均衡利率 r_0。现政府实行紧缩性财政政策,则 IS 曲线左移到 IS_1,与 LM 相交于 E_1 点,对应的均衡收入下降为 y_1,均衡利率水平下降为 r_1。如果政府配合采用紧缩性的货币政策,则 LM 曲线向左移到 LM_1,与 IS_1 交于 E_2 点,此时,均衡收入下降为 y_2,均衡利率仍为 r_0。这说明,"双紧"的政策组合可以在抑制总需求的同时,维持利率水平基本不变。但如果紧缩性财政政策和紧缩性货币政策的政策力度不一样,即 IS 曲线和 LM 曲线左移的距离不同,则两政策配合使用后的均衡利率的变动也是不确定的,可以高于或低于均衡利率 r_0。

"双紧"政策组合能引起总需求减少,国民收入水平下降。当经济严重的通货膨胀时,可以一方面用紧缩性的财政政策压缩总需求,另一方面用紧缩性的货币政策提高利率,抑制通货膨胀,从而达到更为有效地起到抑制经济的目的。

15.4.3 "一松一紧"的政策组合

"一松一紧"的政策组合是指政府在采取扩张性财政政策的同时使用紧缩性的货币政策,如图 15-9 所示。

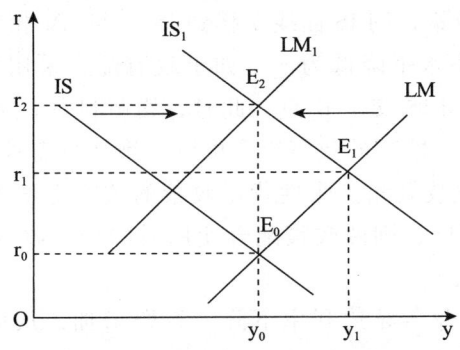

图 15-9 "一松一紧"的政策组合

在图 15-9 中，IS 曲线和 LM 曲线相交于 E_0 点，形成均衡收入 y_0，均衡利率 r_0。现政府实行扩张性财政政策，则 IS 曲线右移到 IS_1，与 LM 相交于 E_1 点，对应的均衡收入上升为 y_1，均衡利率水平提高为 r_1。如果政府配合采用紧缩性的货币政策，则 LM 曲线向左移到 LM_1，与 IS_1 交于 E_2 点，此时，均衡利率提高为 r_2，均衡收入仍可维持在 y_0。这说明，"一松一紧"的政策组合可以在维持总需求不变的同时，提高利率水平。但如果扩张性财政政策和紧缩性货币政策的政策力度不一样，即 IS 曲线右移和 LM 曲线左移的距离不同，则两政策配合使用后的均衡收入的变动也是不确定的，可以大于或小于均衡收入 y_0。

"一松一紧"政策组合会导致利率的上升，产生"挤出效应"。当经济萧条但又不太严重时可采取这种组合，一方面用扩张性的财政政策刺激总需求，另一方面用紧缩性的货币政策控制通货膨胀，从而帮助政府在刺激总需求的同时，避免经济过热。

15.4.4 "一紧一松"的政策组合

"一紧一松"的政策组合是指政府在采取紧缩性财政政策的同时使用扩张性的货币政策，如图 15-10 所示。

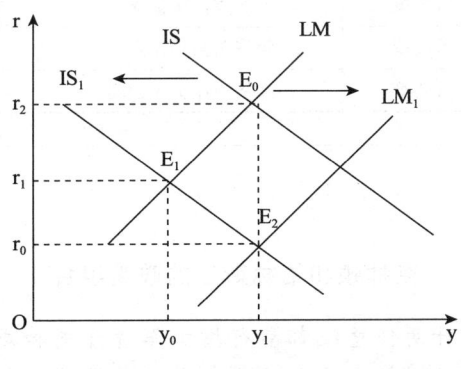

图 15-10 "一紧一松"的政策组合

在图 15-10 中，IS 曲线和 LM 曲线相交于 E_0 点，形成均衡收入 y_0，均衡利率 r_0。

现政府实行紧缩性财政政策，则 IS 曲线左移到 IS_1，与 LM 相交于 E_1 点，对应的均衡收入下降为 y_1，均衡利率水平降低为 r_1。如果政府配合采用扩张性的货币政策，则 LM 曲线向右移到 LM_1，与 IS_1 交于 E_2 点，此时，均衡利率下降为 r_2，均衡收入仍可维持在 y_0。这说明，"一紧一松"的政策组合可以在维持总需求不变的同时，降低利率水平。但如果紧缩性财政政策和扩张性货币政策的政策力度不一样，即 IS 曲线左移和 LM 曲线右移的距离不同，则两政策配合使用后的均衡收入的变动也是不确定的，可以大于或小于均衡收入 y_0。

"一紧一松"政策组合会导致利率下降，投资增加，从而能抑制总需求过度减少。当经济出现通货膨胀但又不太严重时可采取这种组合，一方面用紧缩性的财政政策压缩总需求，另一方面用扩张性的货币政策降低利率，刺激投资，遏制经济的衰退。这样既能降低通货膨胀水平，维持物价稳定的目标，也有利于政府减少支出，同时还不至于使收入水平过度降低。

如何搭配使用财政政策和货币政策，不仅取决于经济因素，而且取决于政治、社会、文化等因素。因为财政政策和货币政策作用的结果，会使国内生产总值的组成比例发生变化，从而对不同阶层和不同集团的利益产生不同的影响。例如，政府在经济过热时，实行紧缩性的财政政策，提高利率，这对中产阶级以上的那部分人来说，他们收入中的较多部分上缴国家财政，国家利用税收进行公共投资，如用来改善公共交通。这时，不论穷人还是富人都可共同享受这些公共物品，即在一定的经济社会中，国民收入的分配会发生变化。因此，政府在做出混合使用财政政策的决策时，必须统筹兼顾，充分考虑各方面的利益。

不同的财政政策和货币政策的搭配对产出和利率的影响如表 15-2 所示。

表 15-2　　　　两种政策不同搭配的适用情况及对产出和利率的影响

政策选择	适用情况	产出（y）	利率（r）
扩张性财政政策和扩张性货币政策	严重通货膨胀	增加	不确定
紧缩性财政政策和紧缩性货币政策	严重经济萧条	减少	不确定
扩张性财政政策和紧缩性货币政策	经济萧条但不严重	不确定	上升
紧缩性财政政策和扩张性货币政策	经济通胀但不严重	不确定	下降

 案例讨论

克林顿和格林斯潘的政策组合

美国的里根和老布什两任总统都奉行增加军费开支和减税的经济政策，美国的经济却没有实现稳定的增长，反而财政赤字节节攀升，1992 年达到 2904 亿美元的天文数字，美国经济面临周期性和结构性的衰退。1993 年克林顿当选总统，

采取了一系列措施，如增加税收和压缩财政支出，减少财政赤字。政策推出的初期，克林顿政府遇到了很大阻力，但是后期的实践证明其成效非常显著。

为什么里根和布什政府实施的扩张性财政政策，没有实现经济稳定增长？为什么克林顿政府实施增税等财政政策却实现了经济增长呢？这样归功于克林顿政府紧缩性财政政策和美联储主席格林斯潘扩张性货币政策的完美配合，既缓解了美国的财政赤字问题，同时实现了经济的长期增长。原来在克林顿总统获得了美联储主席格林斯潘的帮助，当克林顿当选时，格林斯潘表示很愿意助克林顿一臂之力。他暗示如果克林顿着手进行紧缩财政，那么联储会情愿以更加扩张性的货币政策来抵消财政紧缩对经济活动的负面影响。

该案例采用了哪种政策搭配，并用 IS—LM 模型加以分析。

本章小结

本章主要学习了经济政策的四大目标、财政政策的含义、工具、分类、自动稳定器、斟酌使用的财政政策、功能财政的思想、财政政策的效果及局限性；货币政策的含义、分类、工具、效果及局限性；两种政策的混合搭配等知识。了解了商业银行和中央银行两大金融机构以及商业银行的存款创造功能，为货币政策的学习奠定了基础。

重要概念

充分就业　摩擦性失业　自愿失业　非自愿失业　奥肯定律　财政政策　自动稳定器　斟酌使用的财政政策　功能财政　挤出效应　货币政策　存款创造　公开市场业务　存款准备金率　再贴现率

 本章练习

 单选题

1. 以下哪项不是宏观经济政策的目标（　　）。
   A. 充分就业　　　　　　　　B. 财政盈余
   C. 物价稳定　　　　　　　　D. 经济增长
2. 其他条件不变，如果税收增加，则（　　）。
   A. 国民收入增加　　　　　　B. 国民收入减少
   C. 国民收入不变　　　　　　D. 以上都可能
3. 如果 LM 曲线不变，紧缩性财政政策会使（　　）。
   A. 利率上升，收入增加　　　B. 利率上升，收入减少

C. 利率下降，收入增加 D. 利率下降，收入减少

4. （　　）在经济中不具有内在稳定器作用。

A. 累进所得税制 B. 政府购买的变化
C. 政府保障支出制度 D. 农产品价格维持制度

5. "挤出效应"发生于（　　）。

A. 货币供给的减少引起利率的提高，挤出了私人部门的投资和消费
B. 对私人部门增税，引起私人部门的可支配收入和支出的减少
C. 政府支出增加，提高了利率，挤出了私人部门支出
D. 政府支出减少，引起消费支出下降

6. 下列哪种情况增加货币供给的政策效果更好（　　）。

A. LM 曲线和 IS 曲线都陡峭 B. LM 曲线和 IS 曲线都平缓
C. LM 曲线陡峭，IS 曲线平缓 D. LM 曲线平缓，IS 曲线陡峭

7. 中央银行在公开市场上卖出政府债券的目的是（　　）。

A. 收集一笔资金帮助政府弥补财政赤字 B. 增加商业银行在中央银行的存款
C. 减少流通中的货币量以紧缩货币供给 D. 通过买卖债券获取利差收入

8. 公开市场业务是指（　　）。

A. 商业银行的信贷活动
B. 商业银行在公开市场上买进或卖出政府债券
C. 中央银行增加或减少对商业银行的贷款
D. 中央银行在金融市场上买进或卖出政府债券

9. 经济处于通胀但不严重的形势下，应采用（　　）政策来应对。

A. 扩张性的财政政策和紧缩性的货币政策
B. 扩张性的财政政策和扩张性的货币政策
C. 紧缩性的财政政策和扩张性的货币政策
D. 紧缩性的财政政策和紧缩性的货币政策

10. 假定 IS 曲线和 LM 曲线的交点所表示的均衡的国民收入还低于充分就业的国民收入，根据 IS—LM 模型，如果不让利息率上升，政府应该（　　）。

A. 增加投资 B. 在减少投资的同时增加货币供给
C. 减少货币供给量 D. 在增加投资的同时增加货币供给

判断题

1. 宏观经济政策的制定和实施意味着国家对经济的干预。　　　　　　　（　　）
2. "挤出效应"越大，财政政策对经济活动的影响越大。　　　　　　　（　　）
3. 财政制度内在稳定器有助于缓解经济波动，但不能消除经济萧条和通货膨胀。
　　　　　　　　　　　　　　　　　　　　　　　　　　　　　　　（　　）
4. 中央银行购买政府债券将引起货币供给量的减少。　　　　　　　　　（　　）

5. 扩张性的财政政策和货币政策同时使用,会引起利率上升的同时产出增加。
( )

简答题

1. 什么是自动稳定器?它主要通过哪几项制度发挥作用?
2. 中央银行的货币政策的工具主要有哪些?
3. 简述功能财政的思想。

计算题

1. 假设货币需求为 $L = 0.2y$,货币供给量为 200,$c = 90 + 0.8y_d$,$t = 50$,$i = 140 - 5r$,$g = 50$。(单位:亿美元)

(1) 导出 IS 和 LM 方程。
(2) 求均衡收入、利率和投资。
(3) 若其他情况不变,g 增加 20 亿美元,均衡收入、利率和投资各为多少?
(4) 是否存在"挤出效应"?

2. 假设货币需求为 $L = 0.2y - 10r$,货币供给为 200,$c = 60 + 0.8y_d$,$t = 100$,$i = 150$,$g = 100$。(单位:亿美元)

(1) 求 IS 和 LM 方程。
(2) 求均衡收入、利率和投资。
(3) 政府支出从 100 亿美元增加到 120 亿美元时,均衡收入,利率和投资有何变化?
(4) 是否存在"挤出效应"?

案例题

2016 年,中国的宏观经济从总体来看,全年经济运行主要呈现三方面的特征:

1. 实现了年初的经济增长目标,但下行压力犹存。预计 2016 年 GDP 增速维持在 6.7% 左右,处在政府年初设定的目标区间内,但短期内下行压力依然较大。一方面,需求萎缩。消费增长相对平稳,对外贸易弱势持续,出口额和进口额大体上保持了同比负增长态势,贸易顺差持续收窄。投资增速系统性下滑,尤其是民间投资增速急剧下滑成为影响需求收缩的主要因素。另一方面,供给无明显扩张。如果认为 2015 年的能源类大宗商品价格下行成为供给侧良性冲击的话,那么 2016 年的能源类大宗商品价格反弹回升将负向回补 2015 年的刺激效果。随着能源类大宗商品价格同比负增长持续收窄并逐渐转正,当前的能源价格水平对生产成本下降几乎无明显的正向贡献,也难以刺激企业扩张供给的意愿。

2. 通货膨胀率温和上涨,既无通缩也无通胀压力。2016 年 CPI 增长 2.0%,PPI 增长 -1.4%,分别较 2015 年上涨 0.6 和 3.8 个百分点。物价上涨的原因,一是低基数效应,二是食品价格上涨,三是国际大宗商品价格反弹,四是去产能推动煤炭等能源价格上涨。一般情况下,前两个属于周期性因素影响的价格增速正常波动,而后两个因素是供给端要素价格上涨产生的价格传递,推动通货膨胀率上升。大宗商品价格上涨首先传导至生产领域,推动 PPI 增速上升,随后 PPI 中的生活资料价格上涨导致 CPI 中非食品价格增速上升,最终传导 CPI 增速整体上行。

3. 财政政策、货币政策的边际效应递减,政策风险上升。一方面,财政政策积极取向不改,赤字压力影响财政支出进度,同时受到地方债置换、结构性减税等因素的影响,基建逆周期的调节力度减弱。另一方面,货币政策基本维持中性,M2 同比增速整体平稳,央行仅启用了一次降准,旨在弥补外汇占款减少导致的流动性收缩。但由于投资机会和空间减小,超发的流动性大量滞留在实体经济系统之外,货币政策对实体经济刺激效应减弱。在此情况下,赤字财政导致地方债违约风险上升,财政风险加大。经济缺乏好的投资机会导致企业倾向于将长期存款转为短期存款,伺机进入房地产市场和资本市场,可能加剧流动性"脱实入虚",推升资产价格泡沫。

请你结合我国 2016 年的宏观经济形势,谈谈对我国 2017 年宏观经济调控应采取什么样的财政政策和货币政策以及两政策如何搭配?

第16章

经济增长与经济周期理论

 内容提要

本章主要讲解了经济增长的含义及特征、经济增长的源泉、经济增长带来的影响（益处和代价）、主要的经济增长理论；经济周期的含义及其特点、经济周期的分类、乘数－加速数模型这些主要的经济周期理论。

 重点难点

本章重点为经济增长的含义、经济增长的源泉、经济周期的含义及各阶段表现。难点为经济增长理论、乘数—加速数模型。

 学习目标

通过本章学习，学生应了解并掌握什么是经济增长，与经济发展有何区别；经济增长的源泉是什么；经济增长带来哪些影响；能够掌握什么是经济周期，经济周期的各个阶段分别有哪些具体情况；了解经济周期的特征，主要的经济增长理论及经济周期理论。

 知识框架

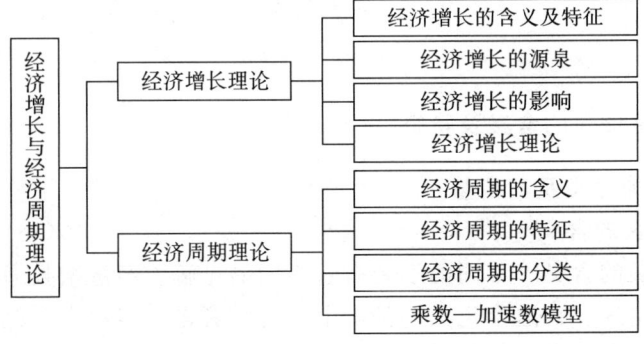

 引入案例

中国经济正处于小周期的上升期

申万宏源证券研究所董事、总经理、首席宏观分析师李慧勇日前表示,目前中国经济和全球经济正处于小周期的上升期,通胀预期开始替代通缩预期。由于新常态背景下各种指标的关系比以前复杂,这一上升期能持续多久仍存不确定性,但持续到2017年一季度问题不大。

李慧勇认为,在2017年中国经济增长的三驾马车中,保增长仍将需要依靠投资,预计基建投资将保持高增长。

他认为,目前政策托底对于保增长和防风险仍是必需的,但时间和节奏上要求更高。最有效的手段是淡化总量、突出结构。预计2017年中国财政政策将加大力度,货币政策将继续稳健偏宽松。

李慧勇认为,从大周期看,2020年之前中美有望形成大的共振。未来四年最重要的事情是中国的改革和美国特朗普新政。一个大胆的猜想是中美再次引领世界复苏。

李慧勇表示,在总体缺乏新的增长点的背景下,他维持对全球经济和中国经济L型、主要矛盾是通货紧缩的判断。他认为,L型底部并不是平坦的,而是由若干V型构成,在小的上升期伴随着物价上涨会带来通胀预期,而在下降期伴随着物价回落会带来通缩预期。

思考:中国整体上处于哪个经济周期阶段?如何实现经济的复苏?

资料来源:中国证券网 2016 年 12 月 19 日

经济增长及经济周期理论也是现代经济学的重要理论。它涉及的主要问题有:什么是经济增长,经济增长的源泉是什么;经济周期的含义、特征及原因等。一般认为,经济增长由供给能力在长期中变动决定,经济周期由总需求在短期中变动决定。

16.1 经济增长理论

16.1.1 经济增长的含义及特征

1. 经济增长的含义及其衡量

(1) 经济增长的含义

对于经济增长的含义,不同的学者有着不同的见解。经济增长通常指一个国家或地区实际产量的增加。在这个定义的基础上,有学者进一步提出,经济增长不仅表现

为产品总量的增加,还应该表现为实际人均产量的增加。后一种是把一国或地区的人口因素考虑在内,而不仅仅局限于量的增长。

另外,经济增长的程度通常可以用增长率来描述。若用 Y_t 表示 t 时期的总产量,Y_{t-1} 表示 t-1 时期的总产量,则总产量意义下的经济增长率可表示为:

$$G_t = \frac{Y_t - Y_{t-1}}{Y_{t-1}} \tag{16.1}$$

式中,G_t 为总产量意义下的经济增长率。

(2) 经济增长的衡量

经济学家一般采用国内生产总值(GDP)作为衡量商品和劳务生产总量的标准。然而,国内生产总值增长率不能完全看作就是经济增长率。

首先,国内生产总值增长含有的物价上涨因素必须剔除。前面说过,国内生产总值有名义和实际之分。真实衡量经济增长的只能是实际国内生产总值的变动。如某年国内生产总值增长 20%,但一般物价水平也上升 20%,则实际国内生产总值并没有增加。

其次,应考虑人口变动因素。假如某一国家某一时期 GDP 增长 3%,人口增长也是 3%,则按人口平均计算的 GDP 根本没有增加。如人口增长超过 GDP 增长率,人均 GDP 就要下降,从而人们实际生活水平就要下降。

第三,有些经济学家认为,衡量经济增长,不应以实际的 GDP 为标准,而应以国家的生产能力即潜在的 GDP 为标准,方可除去总需求变动因素。

第四,一些经济学家认为,不管是用实际的 GDP 还是潜在的 GDP 来作为衡量经济标准,都有缺陷。若经济增长局限在物质产出上,会忽视人类其他方面福利的增进,如工作时间缩短、产品质量改进、医疗进步等都难以得到反映;又如,不经过交易市场的许多活动无法统计到经济增长中去;还有,对增长给社会带来的环境污染、资源枯竭等难以计算进去。

总之,经济增长的衡量标准问题还有待进一步研究。

2. 经济增长的特征

参照西方发达资本主义国家长期以来的经济运行情况,以库兹涅茨为代表的经济学家们总结出经济增长的六个基本特征:

(1) 按人口计算的产量的高增长率和人口的高增长率。这里出现三个指标,分别是产量增长率、人口增长率、人均产量增长率。经济增长的一个显著特点就是这三个指标都比较高,这一点已经为西方发达国家长期以来的运行情况所证明。

(2) 生产率本身的增长也是迅速的。无论从劳动生产率还是包括其他生产要素的生产率,它们都是高的。一定量的投入换来了更多的产出应归功于技术进步,是技术进步使得生产率大幅提高。

(3) 经济结构的变革速度是高的。在国民收入增加的同时,经济结构也相应地发生了迅速变化,经济结构的变化包括以农业为主变为以非农业为主,消费结构、生产部门平均规模、进出口比例及规模变化等。

（4）伴随着经济增长，社会结构与意识形态发生了明显的改变。例如，各国在经济增长过程中都出现了明显的城市化现象、教育与宗教的分离等。

（5）经济增长在世界范围内迅速扩大。经济上发达的国家借助不断增强的技术力量，特别是在运输和通信的日新月异的大环境下，通过和平或战争的手段，向世界其他地方延伸。同时，发达国家也将比较先进的生产技术和经济增长机会带给相对落后国家和地区，这就使经济增长成为世界性的概念。

（6）世界经济增长的情况是不平衡的。各个国家的经济增长情况有极大差别，在少数发达国家快速、持续增长的同时，大多数国家的生产力水平低下，致使世界上大多数人口的生活水平远远低于现代生产技术能够提供的最低水平，而且世界上贫富差距还在继续拉大。

相关思考

经济增长与经济发展相同吗？

经济增长与经济发展是两个既有联系又有区别的概念。经济增长一般指一国或地区产品产量的增加或人均产量（国民收入）的增加，而经济发展的含义要更广泛一些。不仅指人均收入增加，还包括适应这种增长的社会制度和意识形态的变化。经济增长理论大多数专门研究发达国家经济增长问题，而经济发展理论研究一个国家如何由不发达状态过渡到发达状态。

16.1.2 经济增长的源泉

为了对经济增长进行研究，我们首先有必要思考经济增长的源泉都有哪些。即经济增长离不开哪些必要因素？一般来说，经济增长的源泉有以下几个：

1. 劳动力数量的增加与质量的提高

劳动是经济增长的源泉之一，这一点在古典经济学的劳动价值理论中已经有很好的论述。在劳动力的质量不发生变化的情况下，随着劳动投入的增加，该国的国民总产量也会随之有所增加。劳动力数量的增加包括劳动者数量的上升和劳动时间的延长。当经济发展到一定程度，劳动者质量的重要性便显现出来，成为经济增长的重要源泉。随着人们对教育投资的加大，使得劳动者的各方面素质都有了提高，工人变得更有知识和技能，工作效率也就提高了，最后自然就带动了经济的增长。

2. 资本投入的增加

很明显，一个国家若要实现经济增长，必须要有一定量的资本的积累。在其他条件一定的情况下，要提高人均产出，就必须增加人均拥有的资本品的数量，这就需要资本的投入。另外，有一个需要注意的问题，就是如果其他的因素不变，随着物质资本的增加，会出现边际收益递减的现象，使资本带来的产量逐渐减少。严格来说，资本包括有形的物质资本和无形的人力资本。由于人力资本主要指劳动力的技术水平、健康状况等，这与上述的劳动力质量的内涵重复，所以在此研究资本的投入变化时，暂且不考虑人力资本，只注重有形的物质资本。

3. 技术的进步

除了生产要素投入量的增加，技术进步的发生使相同的要素投入量带来更大的产出，生产效率提高。因此它也是推动经济增长的重要因素。技术进步体现在产品的更高质量、更好的生产方法和组织生产的更好的方式上。当今经济不同于以往一个主要方面就是技术创新成为经济中的常规活动。在创新过程中，知识转化为生产力，在生产过程中得到应用，发挥了巨大的作用。许多企业为了在市场竞争中保持优势，通常都将销售额的很大一部分用于研发。大量的技术创新在提高供给的同时，也创造出了大量的需求，推动了经济的快速发展。

4. 资源配置效率

资源的重新配置，即将资源从生产效率低的部门转移到高生产效率的部门。其中，劳动资源的配置占主要地位。例如，劳动力经常发生从低收入岗位向高收入岗位的转移，或者从农村向城市的转移。在转移过程中一般会同时发生劳动生产率的提高和收入的增加。我国改革开放以来，大力进行结构调整、发展制造业和第三产业，经济得到了快速发展。

上述的四个方面又是相互联系的。例如，新技术的应用，需要物化在资本品上，技术创新也需要投资才能产生，同时技术创新只有进入传统部门，提高了劳动生产率，传统部门才能释放出资源和劳动力，转移到效率更高的部门。可见，经济增长的这几个源泉实际上是相互联系、不可分割的。

16.1.3 经济增长的影响

1. 经济增长的益处

经济增长会给一个人、一个国家甚至整个世界带来各种影响。具体来说有以下几个方面：

（1）经济增长可以提高人民的平均生活水平。一个国家或地区的人民生活质量与国民产出水平有很大的关系，要提高人民的生活水平，就要提高人均的国民产出水平，即依靠经济增长。

（2）经济增长可以使收入的再分配更容易执行。当一个国家或地区经济增长的时候，并不是所有的人都可以得到平均的利益。即便在发达国家，也有许多处于社会底层的社会成员生活在贫困之中，他们的生活水平不能随着经济的增长而提高。这就需要国家管理部门进行收入的再分配，如果经济没有增长，即国民产出不变，那就势必要减少一部分人的收入来实行重新分配，这必然会遇到很大阻力。而在经济增长中，可以将国民产出增量的一部分进行再分配，这不会导致一部分收入的降低，所以会比较容易执行。

（3）经济增长可以促进消费结构和生活方式的改变。个体家庭的消费模式是随着收入水平的变化而进行调整的。相同的道理，一个社会的总体消费模式也会随着平均收入的提高而向更高层次的模式演变。在经济增长的过程中，随着人们平均收入的提高，基本生活需要得到满足，消费需求向更舒适、更丰富多彩转变，不仅注重物质享受，更注重精神享受。

（4）经济增长可以增加一国的综合实力，提高其在国际上的声望和地位。当今世界，一个国家的实力，一个民族的地位，主要取决于其经济发展的水平。只有经济实力比较雄厚，才有资格在国际政治经济事务中有较大的发言权。对于经济落后的国家，只有通过加快发展经济，才能提高其地位；而对于经济相对发达的国家，也必须保持一定的增长速度，才能维持其在国际上的地位。

 知识拓展

中国经济增长对世界经济的影响与贡献

由于实现增长和消除贫困一直是各国经济发展的共同目标，而在全球化的大环境下，这一目标的实现不可能被割裂和孤立，事实上，世界经济发展历程本质上是世界各国相互影响和不断融合的过程，伴随着全球经济一体化进程的加速，国际经济贸易得到了高速发展，资源、资本和劳动力实现全球范围的优化配置。客观看待一国经济在国际经济中的地位，对于各国战略的制定和实施、国际经贸和政治关系的正确处理以及全球经济的平衡发展都有着重要的意义。

改革开放以来，中国经济的市场化程度不断深入，国际化程度日益提高，中国经济与世界各国经济的关系日趋紧密，中国的资源、劳动、产品甚至是工业化进程都不断地给全球经济的持续发展输送了强劲的增长动力。近年来，伴随着中国经济进一步发展壮大及国际地位的显著提升，所谓"中国威胁论"亦或其他对中国经济发展的偏见甚嚣尘上。事实上，只要本着客观公正的态度来看待中国经济的增长问题，或是真正从全球经济的发展角度来分析中国崛起的影响，都不难得出一个简单的结论：中国经济增长，对世界经济的影响是高度积极的，世界经济的稳定和繁荣离不开中国的可持续发展。特别是自全球经济危机以来，中国为世界经济有效摆脱困境并实现再平衡发挥了也将继续发挥着不可替代的重要作用。

中国的经济增长不但在经济增长、解决贫困问题、就业问题等方面对世界经济做出巨大的贡献，在全球经济秩序、金融稳定、和平发展等方面也发挥了巨大的作用。

中国的持续稳定增长提升了全球经济复苏的信心，对全球经济的稳定功不可没，在全球性经济危险后续影响持续发酵的背景下，中国经济保持平稳较快的增

长，为世界经济贸易乃至社会政治格局的稳定承担了一个负责任的大国应有的作用，中国经济是世界经济可持续发展的是一剂强心剂，为全球各国的经济发展提供了全新的"中国道路"。

资料来源：中国日报网 2016 年 3 月 29 日

2. 经济增长的代价

经济增长是把双刃剑，它让我们享受其带来的巨大好处的同时，也会带来不利的结果。

（1）经济增长往往需要大量的资源投入来支持。我们的资源是有限的，今天为促进经济增长而耗费的资源会透支我们的将来，我们的子孙会为之付出代价；另外，在一国的产出一定时，要增加资本的投入，就必然会减少目前的消费，即为了促进经济增长，人们要以牺牲目前的消费为代价；同样，增加劳动投入也意味着减少闲暇，而闲暇本身也是有价值的，放弃闲暇也是为促进经济增长而付出的代价。

（2）经济增长可能在一定时期内造成环境的恶化。自然界的新鲜空气、清洁的水资源、美丽的风景都可能会随着经济的增长和无节制的开发而被破坏，这些同时又降低了人们的生活质量，在很大程度上抵消了经济增长给人们带来的好处，甚至会对生态平衡造成破坏，对人类的生存产生威胁。

（3）经济增长还会带来一系列的社会问题。例如，在经济高速增长同时，随之产生的急剧社会变动会使一些人感到紧张和难以适应，不仅体现在物质上，也体现在精神上。与经济增长相伴随的都市化进程中，人们从分散的各个地方涌入城市，造成紧张和矛盾的集中，这自然会加大人们的压力，如果得不到有效的管理和疏导，会提高离婚率、犯罪率、自杀率等，产生一系列的社会问题和危害。

由上述内容可以看出，我们在追求经济增长的同时，一定不能忽略其不利的一面。从长远来讲，只有能够重视并能够采取合理的措施避免经济增长带来的坏处，经济增长才有其意义。

 特别提示

经济增长是把双刃剑，既有好处也有弊端，对于有的国家来说，甚至是以牺牲环境为代价而带来的经济增长。而各国或地区的经济增长应该追求的是一种可持续发展的经济增长。

16.1.4 经济增长理论

宏观经济学对经济增长理论进行的研究，经历了较长时间。分别形成了以下三个阶段的经济增长理论。

1. 古典增长理论

18 世纪的亚当·斯密是历史上最早对经济增长系统探讨的经济专家。尽管他认为分工、资本和制度是增长三个不可缺少的因素，经济自由决定着增长，但在资本主义早期，土地资源的重要性往往使古典经济学家注重土地对增长约束，特别是托马斯·马尔萨斯和大卫·李嘉图。他们认为，由于土地有限，随着人口增加，人们赖以生存的土地会日益稀缺，土地报酬递减，人口和生活资料必须平衡的规律最终只会使人类生活在一个只能维持基本生活的贫困境界，并且由于农产品价格随人口增加而上升，地租就不断上涨，利润率不断下降，最终都将使资本积累和经济增长完全停止。

2. 新古典增长理论

后来的历史证明，马尔萨斯、李嘉图等人的观点并不正确。产业革命以来的事实证明，土地已不再成为产出的制约因素，资本积累和技术进步才是影响经济增长的支配力量。于是，新古典增长理论应运而生，其代表人物是美国经济学家索洛。在他的增长模型中，先假设技术不变，则产出取决于资本和劳动投入。每单位劳动分摊到资本（厂房、设备等）称人均资本，可用 k 表示。再以 △k、s、y、n、σ 分别表示人均资本增量、储蓄率、人均产量、人口增长率（若全部人口参加劳动，则 n 也是劳动增长率）、折旧率，则新古典增长模式可用以下基本方程表示：

$$k = sy - (n + \sigma)k \tag{16.2}$$

上述方程表示，人均储蓄量（即人均积累量），一方面用于装备新工人（nk），一方面用于折旧（σk），这两部分总和就是（n + σ）k。如果还有多余，就可用于提高人均资本水平。用于（n + σ）k 部分的人均积累量称资本广化，用于提高人均资本水平的部分 △k 称资本深化。若 △k = 0，则 sy =（n + σ）k。若 s、n、σ 都不变，则人均产量也不变，这一状态称长期均衡状态。

新古典增长理论告诉我们，随着资本深化，即如果资本存量增加快于劳动的增加，即使没有技术变革，劳动边际产出和工资都会上升，但资本收益会递减，直到经济进入长期稳定状态。这个结果比马尔萨斯所预言的人类只能维持生存工资的悲惨世界强多了。但如果经济增长仅靠没有技术进步的资本积累的话，经济终将停滞。新古典经济增长理论中，技术变革是一个经济体系外部产生的外生变量，似乎是发明家赐予的神秘礼物。这显然与日新月异的技术创新的现实不符。正是在这样的背景下，内生增长理论产生了。

3. 内生增长理论

内生增长理论是一种新经济增长理论，其特点是试图使经济增长率内生化。所谓增长率内生化，是指把推动经济增长的因素如储蓄率、人口增长率和技术进步等重要参数作为内生变量予以考虑，因而可以从模型内部来说明经济增长。

这里我们讨论技术如何当作内生变量。过去的经济增长理论总是把技术进步当作外生变量。新经济增长理论则认为，一个经济社会的技术进步快慢和路径是由这个经济中的家庭、企业在经济增长中的行为决定的。如卢卡斯认为，发达国家拥有大量人力资本，经济持续增长是人力资本不断积累的结果。

总之，技术进步是经济系统的内生变量。这种新经济增长理论有很强的政策含义，那就是，政府应当通过各种政策，例如对研究和开发提高补贴，对文化教育予以支持，用税收等政策鼓励资本积累等，以促进经济增长。

16.2　经济周期理论

16.2.1　经济周期的含义

经济周期有时也称为经济波动或商业周期、商业循环，是指总体经济活动的扩张和收缩交替反复出现的过程。即国民总产出、总收入和总就业的波动。这种波动以经济中的许多成分普遍同期地扩张或收缩为特征，持续时间通常为 2－10 年。在现代宏观经济学中，经济周期发生在实际 GDP 相对于潜在 GDP 上升（扩张）或下降（收缩或衰退）的时候。具体的经济波动情况见图 16－1。

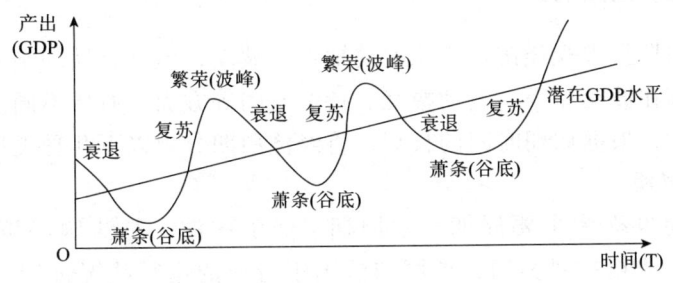

图 16－1　经济周期运行图

图 16－1 描述了经济周期的四个阶段。若以向右上方倾斜的线表示经济的长期稳定的增长趋势，曲线部分则表示经济活动围绕"长期趋势"上下波动的实际水平。

经济学家一般把经济周期分为四个阶段：衰退、萧条、复苏、繁荣，周而复始。复苏（扩张）阶段是总需求和经济活动的增长时期，通常伴随着就业、生产、价格、货币、工资、利率和利润的上升；而衰退阶段则是总需求和经济活动的下降时期，通常伴随着就业、生产、价格、货币、工资、利率和利润的下降。而谷底和波峰分别是整个经济周期的最低点和最高点，也是用来表示萧条与繁荣的转折点。

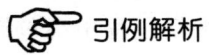 引例解析

中国经济正处于小周期的上升期

结合经济周期的四个阶段，引例中可以分析出中国经济处于复苏、扩张的上升期。就中国的实际情况看，主要通过增加投资、刺激消费、扩大出口等方式拉动经济。

16.2.2 经济周期的特征

从图 16-1 可以看出，经济周期波动有三个特征：

第一，每一个经济周期都包括谷底（经济活动水平扩张）、波峰、衰退和扩张四个阶段。扩张与衰退是相互交替的，在交替中有两个不同的转折点。如果经济是由扩张转向衰退或者收缩，则转折点是波峰；如果经济由衰退或者说经济活动水平收缩转向扩张，那么转折点就是谷底。由于扩张和衰退是互相交替的，谷底与波峰也是相互交替的。

第二，虽然经济周期的四个阶段从逻辑上肯定这个顺序排列，但它们在每次周期中的长度和实际形态将会有很大的差异。例如，一次周期的谷底或波峰可能仅仅持续几周，也可能持续几个月。

第三，在一定时期内，存在着生产能力的增长趋势。所以，在某一谷底阶段中，其实际的生产和就业水平，有可能出现比以前周期的波峰时期还要高的状况。

16.2.3 经济周期的分类

尽管经济周期是宏观经济运行状况周期性的波动，但这种波动绝非有规则的简单重复，每个周期在波动原因、波动幅度、持续时间等方面都有所不同。经济学家在对周期进行研究时，根据周期时间的长短，将经济周期分为以下几种类型。

1. 朱格拉周期

朱格拉周期也称为主要周期、中周期、经济中波，是法国经济学家朱格拉于 1860 年提出的。朱格拉对美国、英国与法国银行业的运行状况进行了较长时间的观察研究，提出宏观经济一次周期性的波动历时 9-10 年，分为繁荣、危机和清算三个阶段，以国民产出、失业率、多部门的利润和价格等主要经济指标的变动为标志。朱格拉是第一位对经济周期的阶段进行划分的经济学家，现在我们所面对的经济周期是这种周期，只是通常认为其长度为 8-10 年。

2. 基钦周期

基钦周期也称为短周期，是美国经济学家基钦于 1923 年提出的。他对较长时间内美国与英国的价格水平、利率以及银行结算等指标进行分析后发现，在一次主要周期的发生过程中也会有经济运行的波动，主要同市场商品可供量和企业存货量的变化有关，影响因素主要是企业存货增减而引起的投资数量的变动。一般情况下，基钦周期的长度为 3-5 年，约为主要周期的一半，即在一次主要周期的波动过程中会包括两次次要周期的波动。

3. 康德拉季耶夫周期

康德拉季耶夫周期也称为长周期，是俄国经济学家康德拉季耶夫在对美国、法国、英国以及其他一些国家 1780-1920 年的经济研究后提出，西方国家经济波动每次历时 50-60 年。康德拉季耶夫概括了长期波动的主要特点：（1）长期波动包含着传统的周期波动。在长期波动的上升期，繁荣的年份较多，在下降期则以萧条的年份为主。(2) 在长期波动的衰退期，农业和交通运输方面有特别多的发现和发明，但这些通常只能在下一个高涨期时才能得到大规模的应用。(3) 在一次长周期高涨开始时，通常黄金产量会增加，并且由于新国家特别是殖民地国家的参与，世界市场一般有所扩大。(4) 在长期波动的上升期，即在经济力量的扩展高度紧张时期，一般会发生灾难性的和广泛的战争和革命。

4. 库兹涅茨周期

库兹涅茨周期也称为长周期、建筑业周期，是由美国经济学家库兹涅茨于1930年提出的。库兹涅茨对美国、英国、德国和法国主要发达国家的生产和价格的长期变动情况进行分析，并剔除了其间短周期和中周期的变动，重点分析了有关数列资料中反映出的长期消长过程，提出在主要工业国家存在着长度从15年到25年不等，平均长度为20年的长周期。库兹涅茨周期与人口增长引起的建筑业增长与衰退相关。

5. 熊彼特周期

熊彼特周期在对前人提出的经济周期种类进行分析之后于1939年对经济周期做出了独特的说明。他认为，一个长周期一般以社会上的重大创新为标志，长度通常为48－60年。这里所说的创新既包括新产品的开发、新材料的使用、新生产方法的利用，也包括新市场的开拓、新的生产组织方法的推行。他还提出，每一个长周期包括6个中周期，每一个中周期包括3个短周期。短周期约为40个月，中周期为9－10年，长周期为48－60年。

16.2.4 乘数—加速数模型

为什么经济发生周期性波动？经济学家提供了不同的解释。其中具有代表性的是乘数—加速数模型。

乘数—加速数模型是一种传统的经济周期理论。这种理论认为，经济波动的根源在于经济自身，因而是内生的。具体说就是，投资的变动会引起收入或消费若干倍的变动（乘数作用），而收入或消费的变动会引起投资若干倍的变动（加速数作用）。正是乘数和加速数的交互作用，造成了经济的周期性波动。因此，这种理论称为乘数—加速数模型。

假定经济起初由于某种原因使自发支出（投资或政府购买，或出口）增加10亿美元，如果乘数是2，则国民收入增加20亿美元。产量或销售额增加了，厂商会增加设备或建造新厂房，即要增加投资。如果增加1单位产品生产需增加1单位资本品，则投资与产量增量之间这一比率就称为加速数，现在加速数就是1。于是，国民收入增加20亿美元，就会使投资增加20亿美元。投资增加20亿美元，又会使产出或收入增加40亿美元。产出的增加又会使投资再增加，并进一步使收入或产量再增加。

当然，经济并不会无限扩张下去，因为终究会遇到约束因素。例如，一些生产要素的短缺就会使经济的扩张受到限制。一旦经济停止扩张，或增长速度放缓，投资就会下降,经济开始走向衰退,从而出现周期性波动。

 知识拓展

不同的经济周期理论

实际经济周期理论与乘数—加速数模型相反,他们认为经济波动是随机的、不可预测的。因为波动的原因不来自经济内在力量,而来自实际的、外生的事件。例如某种重要的投入(如石油)价格变动、自然灾害或技术冲击(如新发明),因此实际经济周期理论强调的不是需求方的冲击,而是对供给一方的冲击。

货币主义(如弗里德曼)和新古典经济学家(如卢卡斯)认为,引起经济波动的重大干扰来自政府,尤其是政府的货币政策。其中,新古典主义强调预期和未预期的货币政策变动对经济的不同影响。例如,当人们预期到政府要增加货币供给时,就会预期物价水平要上升,从而要相应增加工资和提高利率,于是名义货币供给量虽增加了,实际货币供给量并未变化,因而实际工资、利率和实际产出都不会变化,从而货币政策没有什么效果。

新凯恩斯主义者认为,供给方面的干扰(如实际经济周期理论认为的)和货币方面的干扰(如新古典主义认为的)都可能成为引起经济波动的冲击。他们和实际经济周期理论、新古典理论的区别在于,他们不相信市场经济总能吸收各种冲击的影响而恢复充分就业;相反,在大多数情况下,经济中存在一种机制,扩大这些冲击并使冲击的作用持续。例如,假定外在冲击使投资需求下降,会使产出有乘数作用地下降。反之,当干扰使投资增加会使产出有若干倍地增加。经济要恢复到原来局面,需要有一个相当长的过程。例如,经济也许会花费几年时间才会恢复到没有发生衰退时应有的水平,社会会因此付出沉重代价。

由于各个学派的经济学家对引起经济周期波动的原因有不同看法,因此,对如何治理经济波动的经济政策也有不同的主张。

 本章小结

本章主要讲解了经济增长的含义及特征、经济增长的源泉、经济增长带来的影响(益处和代价)、主要的经济增长理论;经济周期的含义及其特点、经济周期的分类、乘数—加速数模型这些主要的经济周期理论。

 重要概念

经济增长 经济发展 古典增长理论 新古典增长理论 内生增长理论 经济周期 朱格拉周期 基钦周期 康德拉季耶夫周期 库兹涅茨周期 熊彼特周期 乘数—加速数模型

 **本章练习**

 单选题

1. 根据现代经济周期的意义，经济周期是指（   ）。
A. GDP 总值上升和下降的交替过程
B. GDP 人均值上升和下降的交替过程
C. GDP 增长率上升和下降的交替过程
D. 以上各项均对

2. 以下关于经济增长和经济发展的表述，正确的是（   ）。
A. 经济增长是一个"量"的概念，经济发展则是一个比较复杂的"质"的概念
B. 经济增长可以表示为 GDP 总量增加，也可以表示为人均 GDP 的增加
C. 经济发展反映一个经济体总体的发展水平
D. 以上三项表达均正确

3. 加速原理断言（   ）。
A. GNP 的增加导致投资数倍增加
B. GNP 的增加导致投资数倍减少
C. 投资的增加导致 GNP 数倍增加
D. 投资的增加导致 GNP 数倍减少

4. 为提高经济增长率，可采取的措施是（   ）。
A. 加强政府的宏观调控   B. 刺激消费水平
C. 减少工作时间   D. 推广基础科学及应用科学的研究成果

5. 朱格拉周期是一种（   ）。
A. 短周期   B. 中周期
C. 长周期   D. 不能确定

6. 经济之所以会发生周期性波动，是因为（   ）。
A. 乘数作用   B. 加速数作用
C. 乘数和加速数的交织作用   D. 外部经济因素的变动

7. 导致经济周期性波动的投资主要是（   ）。
A. 存货投资   B. 固定资产投资
C. 意愿投资   D. 重置投资

8. 一国在一段时期内 GDP 的增长率在不断降低，但是总量却在不断提高，从经济周期的角度看，该国处于（   ）阶段。
A. 复苏   B. 繁荣
C. 衰退   D. 萧条

9. 当经济达到繁荣时，会因（   ）而转入衰退。

A. 加速系数下降 B. 边际消费倾向提高
C. 加速系数上升 D. 总投资为零
10. 经济增长的标志是（ ）。
A. 失业率的下降 B. 城市化进程的加快
C. 社会福利水平的提高 D. 社会生产能力的不断提高

多选题

1. 当某一社会经济处于经济周期的衰退阶段时（ ）。
A. 经济的生产能力超过它的消费需求
B. 总需求逐渐增长，但没有超过总供给
C. 存货的增加与需求的减少相联系
D. 总需求超过总供给
2. 经济增长有哪些影响（ ）。
A. 经济增长可以提高人民的平均生活水平
B. 经济增长可以促进消费结构和生活方式的改变
C. 经济增长可以增加一国的综合实力
D. 经济增长也会带来环境的恶化
3. 经济周期主要的阶段有（ ）。
A. 衰退 B. 复苏
C. 萧条 D. 繁荣

判断题

1. 经济增长就是经济发展。（ ）
2. 经济增长与技术进步没有关系。（ ）
3. 经济增长不会带来负面影响。（ ）
4. 萧条阶段通常伴随产出下降、失业率上升。（ ）
5. 乘数—加速数模型是典型的经济周期理论。（ ）

简答题

1. 经济波动为什么会有上限和下限的界限？
2. 简述政府可以如何采取措施对经济波动实行控制？

计算题

1. 已知资本增长率为 2%，劳动增长率为 0.7%，产出或收入增长率为 3.1%，资本产出占国民收入份额 $a=0.25$，劳动产出占国民收入份额 $b=0.75$，在以上假定条件下，技术进步对经济增长的贡献是多少？

参考文献

[1] 高鸿业. 西方经济学 [M]. 北京：中国人民大学出版社，2013.

[2] 萨缪尔森. 经济学 [M]. 北京：人民邮电出版社，2013.

[3] 范里安. 经济学：现代观点 [M]. 上海：格致出版社，2015.

[4] 曼昆. 经济学原理 [M]. 北京：机械工业出版社，2013.

[5] 林勇. 经济学原理简明教程 [M]. 北京：高等教育出版社，2011.

[6]《西方经济学》编写组. 西方经济学（精编本）[M]. 北京：高等教育出版社，2013.

[7] 尹伯成. 西方经济学简明教程 [M]. 上海：格致出版社：上海人民出版社，2013.

[8] 余少谦. 西方经济学 [M]. 厦门：厦门大学出版社，2007.

[9] 何维达，赵晓. 经济学教程 [M]. 北京：科学出版社，2008.

[10] 张建伟. 经济学基础 [M]. 北京：人民邮电出版社，2015.

[11] 袁志刚. 西方经济学 [M]. 北京：高等教育出版社，2011.

[12] 厉以宁. 西方经济学（第三版）[M]. 北京：高等教育出版社，2012.

[13] 郝军. 经济学基础 [M]. 北京：人民邮电出版社，2015.

[14] 赵英军. 西方经济学 [M]. 北京：机械工业出版社，2012.